Geburt

Mechtilde Lichnowsky

Geburt

Liebe, Wahnsinn, Einzelhaft

Herausgegeben von

Evelyne Polt-Heinzl

Löcker

Gedruckt mit freundlicher Unterstützung der Kulturabteilung der Stadt Wien.

Die Ausgabe folgt der 1954 noch zu Lebzeiten der Autorin erschienenen Neuausgabe des Romans im Bechtle Verlag. Eigenheiten der Orthografie und der Zeichensetzung wurden beibehalten, eindeutige Fehler wie ungleiche Schreibweisen von Eigennamen oder Abkürzungen korrigiert.

© Erhard Löcker GesmbH, Wien 2008
Herstellung: Gemi s.r.o., Prag
ISBN 978-3-85409-492-0

»Wer teilte die Menschheit in Geschlechter?«

Mechtilde Lichnowskys Werk umfasst an die zwanzig Bücher, die genremäßig eine erstaunliche Bandbreite abdecken und oft Gattungsgrenzen sprengen; sie schrieb u. a. drei Theaterstücke, vier Romane, mehrere essayistische Prosabücher, die erzählerische Elemente nutzen, zwei klassische Novellen, ein freirhythmisches Langgedicht, einen Band mit Kinderversen und eigenen Zeichnungen, ein so genanntes Tierbuch, das sich ebenso wenig auf dieses Genre reduzieren lässt wie ihr Bericht über Ägypten ein bloßes Reisebuch ist. Bis in die 1930er Jahre war Mechtilde Lichnowskys als Autorin durchaus präsent, ihre Bücher wurden rezensiert und erreichten oft mehrere Auflagen. Noch die 1949 im Wiener Berglandverlag erschienene Sammlung mit sprachkritischen Essays »Worte über Wörter« fand einige Beachtung, und in den 1950er Jahren legte der Esslinger Bechtle Verlag einen Teil ihrer Bücher neu auf, von ihrem großen Roman »Geburt« wurde sogar eine Buchgemeinschaftsausgabe hergestellt. Aber an den Erfolg vor der Machtübernahme durch den Nationalsozialismus konnte sie – wohl auch, weil sie dem deutschen Kulturraum entflohen war – nicht mehr anknüpfen. Immerhin wurde sie 1950 zum ordentlichen Mitglied der Bayerischen Akademie der Schönen Künste gewählt und erhielt 1954 den Kunstpreis für Literatur der Stadt München. Zwei nachgelassene Romane sind bis heute unveröffentlicht geblieben.

Geboren wird Mechtilde Lichnowsky am 8. März 1879 als drittes Kind des Grafen Maximilian von Arco-Zinneberg auf Schloß Schönburg im Rottal (Niederbayern). 1892 bis 1896 besucht sie die Klosterschule Sacré Coeur in Riedenburg, Vorarlberg, und lebt in den folgenden Jahren in München und auf

Schönburg. 1899 beginnt ihre bis zu seinem Tod 1918 dauernde Freundschaft mit dem späteren Psychiater Wilhelm von Stauffenberg, durch den sie sich mit Psychoanalyse beschäftigt und Hugo von Hofmannsthal kennen lernt. Dauerhaft ist auch ihre Freundschaft mit Hermann Keyserling und Annette Kolb, Rainer Maria Rilke unterstützt sie ebenso wie den jungen Johannes R. Becher. Die Verlobung mit dem britischen Attaché Ralph Harding Peto scheitert an Familienrücksichten. 1904 heiratet sie den Diplomaten Karl Max Fürst von Lichnowsky, mit dem sie zwei Söhne und eine Tochter hat. 1912 bis 1914 wohnt die Familie in London, wo ihr Mann bis zum Ausbruch des Kriegs, den er erfolglos zu verhindern versucht, deutscher Botschafter ist. In dieser Zeit lernt sie Virginia Woolf kennen – und damit auch offenere Erzählkonzepte. 1915 beginnt die Freundschaft mit Karl Kraus, der bis 1928 jeden Sommer auf Schloss Kuchelna bei Mechtilde Lichnowsky zu Gast ist. Nach dem Tod ihres Mannes 1928 lebt sie abwechselnd in Böhmen, München und in Cap d'Ail in Südfrankreich. Hier heiratet sie 1937 Ralph Harding Peto, der 1945 in London stirbt. Doch Lichnowsky ist bei Kriegsausbruch zu Besuch in München, und die Nazis verweigern ihr in der Folge die Ausreise. Sie überlebt den Faschismus auf den Familiengütern in Kuchelna und Grätz, ohne zu publizieren; einen Antrag auf Aufnahme in die Reichsschrifttumskammer hat sie nie gestellt. Nach der Befreiung betreibt sie ihre Auswanderung nach England, wo sie von 1946 bis zu ihrem Tod am 4. Juni 1958 lebt.

Ihr umfangreichstes Buch ist der Roman »Geburt. Liebe Wahnsinn Einzelhaft«, er erschien 1921 und erlebte bis 1926 sieben Auflagen. Der Titel lässt an die expressionistische Emphase denken, die nach dem ‚neuen Menschen' rief angesichts eines maroden Gesellschaftssystems, das dann im Ersten Weltkrieg final implodierte. Tatsächlich wurde der Roman zwischen März 1917 und August 1921 geschrieben, also mitten im Krieg begonnen, doch er verhandelt nicht Weltpolitik, sondern zeichnet ein mentalitätsgeschichtliches Epochenporträt. Mit der Figur des jungen Albert Kerkersheim, der sich im Pool der dargebotenen Optionen und Konzepte zu orientieren versucht, trägt das Buch auch Züge eines Entwicklungsromans. Damit geht Lichnowsky auf Distanz zum expressionistischen Aufbruchspathos und setzt ihm einen reflektierten Umgang mit Sprache als Erkenntnis- und Analyseinstrument entgegen, mit dem sie der ‚Normalität' des gesellschaftlichen Zusammenlebens zu Leibe rückt.

Der Roman beginnt wie ein Dogma-Film. Die Perspektiven sind verrutscht, die Bilder verwackelt, alles droht ständig zu kippen, schlingert dahin und man kann nicht gleich erkennen, wo der eigentliche Fokus der Szene und der Kamera hinzielen will und wird. Lichnowskys Sprache bildet die in ihrem Zusammenwirken gestörten Sinne und die daraus entstehende Irritation der Wahrnehmung ab; zwar ist an der grammatischen Präzision wie stets bei dieser Autorin kein Fehl zu finden, aber was die Blickrichtung betrifft wird die Erwartungshaltung des Lesers einigermaßen durcheinander gewirbelt. Drei Männer torkeln durch die Nacht, der eine schwankt bedenklich, der andere auch, aber doch anders, nur der dritte ist »vollkommen seiner mächtig«, allerdings nur was seinen Schritt betrifft, denn das »S'sses Maria«, das er von Zeit zu Zeit zwischen den Zähnen hervorzischelt, charakterisiert ihn nicht gerade als wirklichen Herrn der Lage.

Wie die unstete Kamera die Sehgewohnheiten herausfordert, verlangt Mechtilde Lichnowsky ihren Lesern einiges ab. Die direkte Umsetzung von Trunkenheit – ein Zustand zwischen Vernunft und Wahnsinn – in Sprach- und Satzbilder ist ein unvermittelt starker Einstieg. Entlang der Ereignisse auf Figurenebene führt der Roman dann die ideengeschichtlichen Debatten und Befindlichkeiten der Zeit vor und sprengt ohne großes theoretisches Getöse das Erzählkontinuum im freien Wechsel zwischen erzählender und essayistischer Geste. Den Eindruck des Schwebenden vermittelt auch die raffinierte Erzählkonstruktion, die Sicherheiten in Bezug auf Position, Geschlecht und Ort der Erzählstimme immer wieder aufbricht. In der Literatur der 1920er Jahre ist abseits von Robert Musils großem Romanunternehmen kaum Vergleichbares zu finden. Dass Lichnowskys Roman trotzdem so radikal ins literarhistorische Abseits geraten konnte, ist geschlechtsspezifischen Rezeptionsmechanismen geschuldet. Sprachlich, inhaltlich und kompositionell anspruchsvolle oder gar ‚schwierige' Romane sind ein Terrain, auf dem sich männliche Autoren bewähren und in die erste Liga der Kanonlisten einschreiben können, sehr selten aber Autorinnen.

Die drei Männer der Eröffnungsszene sind drei der Hauptakteure, die unterschiedliche Lebens- und Werthaltungen repräsentieren. Der in der Mitte torkelt, ist der Schriftsteller Matthias Lanner. Er ist ebenso wortgewaltig wie psychisch labil, ein scharfer Formulierer in seinen Schriften und ein sprach- und hilfloser Verweigerer in Gefühlsdingen. Soeben ist er bei einem seiner Rezitationsabende einigermaßen entgleist. »Meinen Wahnsinn trage ich zugedeckt durch die Räume«, hatte der immer Erregtere ausgerufen und sich in eine mehr und mehr ins Abstruse kippende Philippika gegen alle »Flächlinge« und Kleingeister der Welt hineingesteigert. Als der Vortragende das Podium verließ, trugen »der Tisch und der zurückgerissene Stuhl allein die Erregtheit ihres Gastes zur Schau [...], indem sie nicht mehr zueinander in Eintracht standen, sondern wie zwei sich herausfordernde, beleidigende Kerle, die man beschwichtigen oder trennen müßte.« So wie hier bezieht Lichnowskys Prosa ihre ganz eigene Dynamik häufig aus dem freien Flottieren der Perspektive zwischen den Akteuren und den sie umgebenden Dingen, die mit stummer Beredtheit überraschende Auskünfte über ihre Nutzer geben.

Links neben Lanner geht einer »auch nicht ganz im Gleichgewicht«, das ist der junge Albert Kerkersheim, eine Perspektivfigur des Romans. Weite Passagen sind Auszüge aus seinem Tagebuch, in denen er die Hochs und Tiefs seiner ersten Liebe zur jungen Genovewa Soulavie erstaunlich scharfsinnig analysiert und sich über seine Stellung im Leben klar zu werden versucht. Er macht sich Gedanken über die Menschen seines Umfelds, ihre Beziehungen zu einander, ihre Art, das Leben zu bewältigen oder zu verweigern. Schwankend ist Albert Kerkersheim nicht nur in seinen tastenden Schritten hinaus ins Leben, sondern auch realiter: Er hinkt, wie Ödipus, nur dass er beide Elternteile früh verlor und nun bei seiner Tante Isabelle Aign wohnt, wegen ihres orientalischen Aussehens und Gebarens auch Isis genannt, wie jene altägyptische Göttin, die sich in Treue zu ihrem ermordeten Bruder und Gatten Osiris verzehrt. In Genoveva verliebt sich Albert nicht zuletzt wegen ihres perfekten harmonischen Ganges, denn wie jemand geht, das beobachtet er mit großer Leidenschaft und er vermag daraus eine ganze Menge über die Menschen zu erfahren.

Der dritte Mann der nächtlichen Szene ist Isabelles Bruder Gregor Vormbach, der als noch gut erhaltener Junggeselle ebenfalls im Haus der Familie Aign wohnt und ein Leben als Rentier führt. Er hat einige spleenige Marotten, freigeistige bis lockere Moralbegriffe und sehr behäbige Lebensgewohnheiten mit einer Leidenschaft für gediegenes Essen und Rennpferde. Gregor und Albert bringen den derangierten Matthias Lanner zu sich nach Hause. Hier soll er sich ausschlafen und erholen, denn der Weg auf Gut Vau, wo Lanner wohnt, ist weit.

Nun sind sie alle versammelt im Haus der Familie Aign, wo seit Jahren ein »großes Nebeneinander« herrscht: Der erfolgreiche Psychiater Johann oder John von Aign vergräbt sich in die Arbeit in seiner Klinik. Mit Isabelle hat er drei Söhne und eine Tochter, zu denen er gar kein und sie ein eher beobachtendes, allenfalls von ferne lenkendes Verhältnis hat. Im Romangeschehen spielen die Kinder kaum eine Rolle. In der Ehe mit Aign hat Isabelle den Kampf um eine Verständigungsebene vor langer Zeit aufgegeben und sich, vielleicht auch ein wenig selbstgerecht, radikal zurückgezogen, gleich bleibend freundlich, aber unnahbar. Während die emotionale Verkrustung bei Aign einen erfolgreichen Mann ergibt, führt sie bei Isabelle zu einer schmerzlich empfundenen Petrifizierung.

Teil des familiären Nebeneinander ist auch noch Johns jung verwitwete Cousine Miele, »der Typus des gutartigen Weibes, das heißt tüchtig in Pflichterfüllung, unermüdlich in der Hingabe, anpassungsfähig bis zur höchsten Charakterlosigkeit, unübertrefflich als Gattin und Mutter, sentimental bis zum Überlaufen, aber auch als Gegenpol spitzig bis zur Selbstvernichtung.« So sieht es Isabelle, und ihre Abneigung gegen diese Art weiblicher Koketterie mag sie ein wenig ungerecht machen, auch selbstüberheblich, denn sie ist überzeugt, Miele bis in ihre geheimsten Regungen zu durchschauen. Doch in diesem Punkt spricht die Autorin durch ihre Figur, Lichnowskys Kampf gegen Allüren und Verhaltensweisen der gleichzeitig hausmütterlich-tüchtigen wie hilflos-schutzbedürftigen »kleinen Frau« durchzieht ihr ganzes Werk. Sie »stellt immer Opfertod dar und will dafür gesegnet sein. Bleibt der Dank aus, so … merkt man es ihr an«, lautet Alberts Urteil über Miele, mit dem Isabelle wie die Erzählerstimme und wohl auch die Autorin einverstanden sind.

Diese von Schicksal und Familienbanden zusammen gewürfelte Handvoll Menschen sehen wir nun den ganzen Roman hindurch aneinander vorbei agieren, selbst jene, die sich zueinander hingezogen fühlen wie Isabelle und ihr Neffe Albert, werden in den entscheidenden Momenten aneinander scheitern – diese beiden an ihrem allzu großen Distanz- und Diskretionsbedürfnis. »Es ist so angenehm, wenn man seine Sachen allein weiß«, sagt Isabelle einmal zu ihrem Neffen, und: »Wir können doch nicht, weil wir gemeinsam miteinander in dieser Welt leben, aufgedeckten Herzens verkehren.« Dabei fühlt sie sich Albert »mit einer stummen, verstehenden Liebe« zugetan, auch in Erinnerung an seine Eltern, die einander aufrichtig geliebt haben, doch »das scheint die Vorsehung ungern zuzulassen … Solche trennt sie durch den Tod«.

Lichnowsky stattet jede ihrer Figuren mit einer Biografie aus, die ihr aktuelles Verhalten erklärt und ihr Scheitern verstehbar macht. Als erkenntnisleitendes Interesse steht über den geschilderten zwischenmenschlichen Verwicklungen die radikal, aber ohne jede Larmoyanz gestellte Frage nach dem Verhältnis der Geschlechter zueinander und den Folgen geschlechtsspezifischer Prägungen und Vorurteile. John von Aign ist der selbstgewisse

Erfolgsmensch und Familienpatriarch. Das drückt sich auch in seiner Sprache aus. Lichnowsky ordnet den Akteuren sorgfältig gefügte Sprachmasken zu; was eine Figur ausmacht, ist aus der Art ihrer Rede herauslesbar. Zielt der expressionistische Aufschrei auf die »Geburt« eines neuen Menschen, fordert Lichnowsky einen neuen, reflektierten Umgang mit Sprache als Voraussetzung für eine kritische Sicht auf Realität. Wer sich gedankenlos mit sprachlichen Phrasen begnügt, muss das Leben, in einem umfassenderen Sinn verstanden, verfehlen. John stehen jede Menge vorgeformter Sprachhülsen und »fertige Wortzwillinge zu Gebote …. Kraut und Rüben, Stock und Stein, Grund und Boden, Eile und Weile«. Kraft seiner Funktion als Pater familiaris bringt er seine Sätze im familiären Gespräch immer an, »aber sie sind nie in das Vorhergesagte einzufügen, sondern stehen unorganisch im Raum. Er liefert sie fertig gekauft und hat sie stets auf Lager«, er ist »Schall und Echo in einer Person« und hält stets »den Monolog der Tüchtigen«. Dabei ist er »ganz einfach furchtsam, sehr wenig selbstsicher, tritt daher immer mit Stahlrüstung auf«. Für eine Frau wie Isabelle, die selbstbewusst auf Austausch von gleich zu gleich beharrt, ist da kein Platz. Dass sie eine medizinische Ausbildung macht und inkognito als Pflegerin in seiner Klinik arbeitet, ist ihm unverständlich. Wenn dieser Entschluss Isabelles ein Versuch war, eine Gemeinsamkeit mit ihrem Mann herzustellen, ist er fehlgeschlagen. »Er hätte eine in der Gesellschaft sich hervortuende, weltängstliche und doch weltsichere Dame« als Gattin gesucht, ein »Bedürfnis nach Leistungen außerhalb des mütterlich-häuslichen Berufes« verstand er nicht. Letztlich wäre John, hinter dessen glatter und selbstzufriedener Fassade sich auch eine gewisse Verbitterung erahnen lässt, wohl mit Miele glücklicher geworden, die sich ihm auch zunehmend annähert.

Beruflich muss sich John mit der Beobachtung seiner Klienten beschäftigen und dabei kommt er mit seinem Schablonendenken und seinen Phrasen gut zurecht; für eine Auseinandersetzung mit seiner Frau fehlt ihm die Motivation, aber wohl auch das Instrumentarium und der Zugang. »Er zeigte nicht das geringste Interesse für die Art ihrer Gehirntätigkeit, für ihre Reaktion Reizworten gegenüber, für ihre Reflexe, Handbewegungen, auch bei seinen Kindern stellte er niemals Betrachtungen in dieser Linie an. [...] Sie hatte bald bemerkt, daß ihm der Sinn für Humor fehlte, daß er dagegen alles, was sie ernst meinte, scherzhaft auffaßte, aus wirklicher Freude an dem Ernst, den sie aufbrachte. Er lachte herzlich und gutmütig, ja entwaffnend, wenn sie Feuer und Flamme war und in voller Rüstung stand.« Immer wieder wird Lichnowsky in ihren Werken diese Verständigungsgrenzen zwischen den Geschlechtern aufspießen, in der Novelle »Das Rendezvous im Zoo« (1928) ebenso wie im Roman »Delaide«, dem letzten Buch, das 1935 in Deutschland erscheinen konnte. Auch Isabelle scheitert an den Gummiwänden, die John aus seiner ausschließlichen Definitionsgewalt um sie errichtet. Da ihr keine Diskursqualität zugestanden wird, prallen ihre Argumente, Einwände oder Wünsche ungehört an seiner inappellablen Instanz ab. Kraft seiner Autorität als Gatte – und Nervenarzt – teilt er Lob wie Tadel aus, verweigert jede von ihr gewünschte Auseinandersetzung und will väterlich erzieherisch wirken, was ein freier Geist wie Isabelle nicht ertragen kann. »Wären nicht die Gatten, die furchtbaren, längst wären die Frauen anders«, denkt Lanner, und das führt der Roman am Beispiel Isabelle – John vor, denn »die Menschen glauben, daß Ehen darauf basiert seien, daß, was dem einen recht, dem andern billig ist. In Wirklichkeit ist es aber so: was dem einen billig ist, ist dem andern teuer.« Die Perspektive gehört bei Lichnowsky zwar zumeist den Frauen, aber sie zeigt auch die Folgekosten dieser Verfangenheit in Denk- und Wahrnehmungsschleifen für das männliche Gegenüber. Aus heutiger Sicht liest sich der Roman über weite Strecken wie eine Vorwegnahme von Deborah Tannens Analysen über geschlechtsspezifische Kommunikationsstrukturen.

Dass Isabelle in ihrer Ehe so radikal resigniert, hat mehrere Gründe. Zum einen ist dem Psychiater-Gatten im Streitfall berufs- und zeitbedingt das Erklärungsmuster Hysterie – eine

Begriffsmaske, mit der Freud die Verständigungsbasis zwischen den Geschlechtern nachhaltig beschädigt hat – allzu rasch zur Hand. Das trieb Isabelle über Jahre mehr und mehr ins Verstummen. Ein wenig mitbeteiligt an der Ehemisere mag auch ein Erlebnis aus ihrer Jugend sein. Als junges Mädchen waren sie und Matthias Lanner zueinander in plötzlicher Liebe entflammt; noch bevor daraus der Beginn einer Realität werden konnte, entdeckten ihre Eltern die Annäherung und entfernten den unerwünschten Bewerber rasch und mit unbewusster Mithilfe des jungen Schriftstellers: Er verfiel in ein schweres Nervenfieber und verschwand für viele Jahre aus der Stadt. Als er dann wiederkehrte als Freund ihres Bruders Gregor, vermied er Isabelle gegenüber jedes Zeichen des Erkennens. Möglicherweise hat Lanner tatsächlich alle Erinnerungen an die frühe Begegnung radikal verdrängt. Das vermutet sein Freund und Wohltäter Raßmann, auf dessen Gut Vau Lanner beinahe wie in liebevoll betreuter »Einzelhaft« wohnt, ohne dass er selbst diese Zusammenhänge ahnt.

Isabelle hat ihr Erlebnis mit Matthias Lanner, der vielleicht nicht zufällig die Initialen mit der Autorin teilt, nie ganz vergessen; als er nun nach zwei Jahrzehnten einer unbefriedigenden Ehe wieder in ihrer Nähe auftaucht, ohne dass es zu einer Verständigung oder gar einem Zusammenfinden kommt, bricht die Verzweiflung über ihr emotional ungelebtes, ihr falsches Leben auf. Die Liebe zwischen ihr und Lanner, so glaubt Isabelle, wäre eine Möglichkeit gewesen, eine gleichberechtigte intellektuelle Partnerschaft zu leben. Und sie greift zu einem unorthodoxen Mittel: Sie schreibt Lanner, der auf den Landsitz und damit in die Obhut Raßmanns zurückgekehrt ist, eine Serie von anonymen Briefen. Es sind Liebesbriefe voll irritierender Gedanken und Sprachbilder, die eine neue Sicht auf Konventionen und herkömmliche (Sprach)Urteile einfordern und erproben. Die Briefe verfehlen ihr Ziel nicht. Alle Theorien, die darin entwickelt werden, kommen Lanner vertraut vor, er spürt eine enge geistige Verwandtschaft mit dem Schreiber, fragt sich irritiert, wer dieser unbekannte Diskussionspartner sein könnte. Am meisten aber verstört ihn, dass er das Geschlecht des Briefschreibers nicht zu erraten vermag. Genau das ist Isabelles Intention ebenso wie die der Autorin, die immer anschreibt gegen geschlechtsspezifische Determinierungen. »Wer teilte die Menschheit in Geschlechter?« schreibt Isabelle in einem ihrer Briefe, und diese Frage stellt Lichnowsky in allen ihren Büchern. Schonungslos ist ihr Blick dabei stets in beiden Richtungen. Soziale Gesten der Macht ortet sie in patriarchal unerschütterlicher Selbstgewissheit genauso wie in der koketten Hilflosigkeit der »kleinen Frau«. Darin liegt die Modernität von Lichnowksys Büchern, und das erklärt vielleicht auch, weshalb die feministische Literaturwissenschaft diese Autorin bisher nicht entdeckt hat. Ihre Bücher sind für einen feministischen Kampf schwer zu vereinnahmen, aber sie ist eine leidenschaftliche Kämpferin für eine geschlechtsneutrale Beurteilung von Menschen, ihrem Verhalten und ihren Leistungen.

Die Folgekosten dieses Konzeptes freilich sind oft hoch, das ist auch am Beispiel Isabelles zu sehen, die auf das Unverständnis ihrer Umgebung immer radikaler mit Rückzug und Versteinerung reagiert. »Das Schreiben und das Lieben«, so Lanner zu Albert, »ist nur schön in den vier Wänden, im Wald, fern von den Wilden.« In Liebesdingen hat die Heimlichkeit dort ihre Grenzen, wo sie das geliebte Gegenüber einschließt. Und so scheitert denn auch die von Isabelle etwas halbherzig inszenierte Enttarnung Matthias Lanner gegenüber. Die entscheidende Begegnung findet auf einer Brücke statt. Aber es gibt keine Brücke mehr zwischen diesen beiden Leben. Lanner versteht nichts und erkennt in Isabelle die anonyme Briefschreiberin nicht. Er scheitert an der Praxis der Liebe wie an der Theorie, die er in seinem Buchprojekt »Liebe Wahnsinn Einzelhaft« vergeblich zu fassen versucht. Erst als Isabelle wenig später an Typhus stirbt, der in Aigns Anstalt ausgebrochen ist, wird ihm alles klar und er flieht wiederum, dieses Mal vielleicht endgültig, in geistige Umnachtung. »Isabelle Aign wurde liebevoll in der Familiengruft eines städtischen Friedhofs beigesetzt«, das klingt harmlos und ist doch der finale

Sieg der bürgerlich-rationalen Welt des Ehegatten, denn Isabelle hatte testamentarisch die Verbrennung ihrer Leiche verfügt und den Verzicht auf eine klassische Begräbniszeremonie. Noch über den Tod hinaus ist es für John selbstverständlich, sich über Isabelles Wünsche und Ansprüche hinwegzusetzen, in der Überzeugung, im Recht zu sein gegenüber ihren »hysterischen Überspanntheiten«.

Das Wesentliche des Romans ist nicht, dass die Liebesgeschichten scheitern, sondern wie die Autorin das Scheitern organisiert. Es liegt an den gesellschaftlichen Rücksichtnahmen und Prägungen, die das Leben der Menschen bestimmen. Bei Isabelle ist es die Scheu, sich Lanner wirklich entschlossen zu erkennen zu geben; bei Genoveva liegen die Gründe in der charakterlichen Deformierung, die die gängigen Erziehungsmechanismen mit sich bringen. Just sein alternder Onkel Gregor sticht Albert als Werber bei Genoveva aus. Denn welches Mädchen kann schon widerstehen, wenn »einer, der ein Herr war, wie Papa, ihr Dinge sagte, wie die Herren von den Tauchnitzromanen«. Es steckt immer auch ein Versagen der Vaterfiguren dahinter – derjenige von Genoveva interessiert sich ausschließlich für Gemmen und Münzen –, wenn heranwachsende Mädchen ihre erste Neigung sehr viel älteren Männern zuwenden. Auch »Faust hat Gretchen weder mit Schmuck noch mit Wissen-an-sich betört, noch mit der reifen Schönheit seines Gesichts, sondern nur die Tatsache, daß er, dem alles und alle zu Gebote standen, […] *sie* zu erwählen schien, *sie* wichtignahm – das ist das Betörende«. »Damen sind gar nicht wie Menschen«, sagt Genoveva einmal zu Albert und meint damit das Gezierte und Gekünstelte. In der Ehe mit Gregor wird wohl auch sie ihre Frische und Spontaneität rasch verlieren, denn es ist erstaunlich, wie »leicht sich Echtheit abbiegen läßt mit ein paar jahrelang konsequent geführten Handgriffen«. Albert will am »Echten« festhalten und verfügt dabei doch über ein erstaunliches Maß an Realismus: »Alles wahre Fühlen ist transzendent; alles Diesseitige, jede mögliche Form der Äußerung, Metapher. Nur Menschen, die dieses Wissen gemeinsam teilen, können lieben; und dieser gemeinsame Boden erst kann den Untergrund zu dem Kunstwerk bilden, das zwei dann miteinander errichten, selbst in der Trennung ... Alles zu vergeistigen ist das Ziel ... Aber wahrscheinlich gelangen wir dahin nur durch Erleben und Durcheilen aller, auch der gegenteiligen Phasen.«

»Geburt« ist ein Roman, der von den sorgfältig und bedächtig entwickelten Gedanken und Charakterbildern lebt und vor allem von der Lebhaftigkeit und Beweglichkeit der Sprache. Lichnowsky sensibilisiert zum genauen Hinhören und Hinsehen auf Menschen wie Dinge. Mit einem ganz eigenen Brennglas vermag sie aus der Art, wie jemand isst oder lacht, aus kleinsten Details der Kleidung, Sprechweise oder Gestik, komplette Porträts und schlüssige Psychogramme zu entwickeln, die sprachlich oft mit überraschenden Schräglagen arbeiten. »Worte sind so geheimnisvoll wie Sterne. Man kann sie messen, kennt ihre Bahnen und weiß doch nichts von ihnen. Sind sie bewohnt? Haben die Menschen die Worte gemacht?« Das schreibt Albert in seinem Tagebuch und das könnte als Leitsatz über Lichnowskys Werk stehen. Sie scheut vor keinem noch so schillernden und unorthodoxen Sprachbild zurück, aber sie setzt es stets vorsichtig und präzise, denn »Metaphern sind scheinbar harmlose Zugtiere, die man einspannen kann, damit sie den Satz fortziehen. Man kann sie nicht behutsam genug anfassen, sonst schlagen sie aus, zertrümmern den Satz und gehen mit ihm durch«, wie es in ihrem Buch »An der Leine« (1924) heißt. Das verleiht Lichnowskys Prosa eine Kraft und Originalität, für die es in der Literatur der Zeit kaum Vergleichsbeispiele gibt, es rückt ihre Bücher aber eben auch fern vom Segment leicht konsumierbarer Romanware. Wem nur am Plot liegt, der braucht ein Buch Mechtilde Lichnowskys nicht unbedingt zur Hand zu nehmen, wem es um literarische Auseinandersetzung mit gesellschaftlichen Zwängen, menschlichen Verhaltensweisen und auch mit der Sprache geht, der ist bei ihr gut bedient. Ihre Schreibgeste ist anspruchsvoll und den Leser vereinnahmend, aber dafür kann man viele Dinge – etwa weshalb es keine protestantischen Tiere gibt und man es lieber schneien lassen soll, statt ein Lexikon zu schreiben – nur in ihren Büchern erfahren.

Bei Erscheinen hat der Roman einige Verstörung ausgelöst, auch bei Karl Kraus. Er glaubte sich in der Figur des Matthias Lanner karikiert, und das sehen Kraus-Exegeten heute noch so. Unter diesem Aspekt gesehen ist der Roman tatsächlich nicht geglückt. Allerdings ist die Tatsache, dass Lanner alleiniger Herausgeber der Zeitschrift »Die Grille« ist und Rezitationsabende gibt, für eine Identifizierung wohl eine allzu geringe Beweislast. Vielleicht war diese Verstimmung aber doch der Grund, dass Kraus in der »Fackel« von seiner Freundin zwar hin und wieder Karikaturen abdruckt und vor allem ihre Vertonungen für sein »Theater der Dichtung« rühmt, die Schriftstellerin Lichnowsky aber weitgehend unterschlägt.

I

Von den dreien, die zu nächtlicher Stunde den Domplatz kreuzten, stolperte der eine bedenklich, und der ihn auf linker Hand begleitete, fast noch ein Knabe, obwohl schlank und beweglich, schritt auch nicht ganz im Gleichgewicht. Die Temperatur eines vorgeschrittenen April, winterlich gesunken, zwang sie alle, die Kragen ihrer Überzieher hochzustellen. Der sternenlose Himmel gab kein Licht, die Stadt nur aus vereinzelten Laternen.

An der Gangart des Jüngsten würde niemand einen Betrunkenen erkennen, vielmehr einen deutlichen Unterschied zwischen ihm und dem Nachbarn wahrnehmen, dessen Abbrechen und Ausdehnen unvorherzusehender Windungen manchmal fast den Schwankenden zu Boden riß. Beim jungen Kerkersheim aber schien es, als schritte er einmal mit dem Bein, das andere Mal mit der Schulter, vielleicht nur, weil sich die zwei, die außen gingen, ungewöhnlich beeilten. Teils trieb sie ein unangenehmer Wind, teils die Notwendigkeit, Matthias Lanner, den sie in die Mitte genommen hatten, irgendwo zu bergen.

Am rechten Flügel ging der Größte, breitschultrig und hüftenschlank wie ein Araber, vollkommen seiner mächtig. Von Zeit zu Zeit ließ er, insbesondere wenn Matthias Lanner Reden hielt, zwischen den Zähnen ein unzufriedenes »s'sses Maria« hören, um so mehr, als er ihn um viele Grade spitzere Winkel zum Pflaster bilden sah. Dabei war es unmöglich, die furchtbare Geschichte, die Lanner erzählte zu unterbrechen: man mußte seine Anreden dulden, er focht sie willkürlich ein: »Meine Freunde«, »Geliebte im Herrn«, sagte er und wiederholte fast schluchzend, daß ein magerer Rappe da vorn stände, den er aus Mitleid erschießen wollte, aber nach jedem Schuß zucke das Pferd in rührender Bescheidenheit bedauernd zusammen, könne aber nicht umfallen. Windmühlen, so versicherte er, hielten langsam Schritt, winkten in erschreckender Weise mit den Flügeln, während sie mit abscheulich blaßblauen Augen hin und her sahen. Es wurde immer schlimmer: jetzt kreuzte er den angeschwollensten Strom, statt über der Brücke, über einer Leiter, die in der Mitte zusammenzubrechen drohte, während die Sprossen bei jedem Schritt weiter auseinanderstrebten. »Und wie bin ich glücklich gewesen!« jammerte er: »Warum mußte das zu Ende gehen! Wo schwand die Seligkeit hin? Wie nie war ich glücklich. Wie ihr es niemals sein könnt. Ihr braucht ja Weiber dazu. Alkohol, Schiffe, Gegenden, Hotels, hahahaha. Mache ich dir große Sorgen, kleiner Albert, du zu meiner Linken, und du, meine rechte Hand, Gregor der Große, du Papst der Sybariten, du weinst wohl?«

Er schien aus Nebeln in klarere Schichten zu gelangen. Aber Gregor machte nur »s'sses Maria!«, denn die Begebenheit war ihm ebenso unangenehm als unverständlich. Als sie endlich in der Rauchgasse vor seiner Türe angelangten und im Haus, wo er dem Freund ein Bett zur Verfügung stellen wollte, denn Matthias Lanner wohnte außerhalb der Stadt und hätte in diesem Zustande nicht allein fahren können, und als auch der junge Albert Kerkersheim zwei Stock höher, wo er wohnte, gelandet war, atmete Gregor auf wie einer, den unliebsame Pflichten nicht mehr belasten.

*

Folgendes hatte sich am Abend zugetragen: Auf dem Podium, einer Meute ahnungsloser Bewunderer gegenüber, saß (nicht zum ersten Male) der Schriftsteller Matthias Lanner mit der wasserköpfigen, mehrfach gehobenen Stirne unter ergrautem, hellbraunem Haar, das wie Straußenfedern nach rückwärts fiel. Ein Auge höher als das andere gestellt, hatten beide wie Lichter in den Saal gestarrt, so daß den Zuhörern in den ersten Reihen gleich zu Beginn Angst wurde.

Wie gewöhnlich, trug er seine eigenen Sachen vor, die niemand kannte, da er sie nicht in seiner Zeitschrift drucken ließ, sondern in Schubladen aufzubewahren pflegte. An diesem Abend erschien er von einer Kraft seltsam berauscht, die dem Bewußtsein Umgebung, Stunde, Raum, sich selbst und die Wirkung seines Tuns entzog, ihn dafür in eine Ekstase versetzte, die das Publikum verblüffte, anstatt es zu beseelen. Die Stimme des Vortragenden, ohne laut zu sein, tönte wie gewöhnlich bis in die letzten Reihen angenehm instrumental, obwohl sie bei manchen Lauten ein wenig knarrte. An diesem Abend schien sie wie von innen gewaltsam vorwärtsgepreßt und dabei so verhalten, daß jeder Zuhörer in ihr ein bis zum Schrei wachsendes Anschwellen vorausahnte und sich zunächst niemand wunderte, als es wirklich geschah.

Seine Bekannten und Freunde saßen in nächster Nähe: der Kunstsammler Baron Soulavie, Nachkomme eines französischen Emigranten, der junge Albert Kerkersheim und sein Onkel Gregor Vormbach, Isabelle und Johann von Aign, der hervorragende Nervenarzt, Schwester und Schwager Gregors des Großen. Jeder erinnerte sich in späterer Zeit dieses Abends, in welchem der Dichter, seiner nicht mächtig, oder wie er sich ausdrückte, ihrer endlich mächtig geworden war, bis ihn diese Anstrengung umwerfen mußte. Tatsächlich hatte er – so sah es aus, im Schlafe laut gesprochen, mit weit geöffneten Augen, unbekümmert um die flackernden Blicke und das unbehagliche Sesselrücken der Zuhörer.

Der Autor trug ohne Mienenspiel einige Stücke vor, die er mit eisiger Kälte wie Brocken fallen ließ. Bei Dialogen fügte er Regiebemerkungen ein, und alle hatten den Eindruck, daß er unvorbereitet spreche und womöglich in diesem Augenblick die kleinen Sachen schuf, die er ihnen brachte. Er sprach zehn Gedichte etwa, einige Prosastücke aus einem Heft, das er mit einem Griff geöffnet hatte, dann klappte er es mit der Handfläche zu und sprach wieder frei, in anfangs suchender Weise, über Lieblingsautoren.

Die Leute fanden sich nicht zurecht und waren überzeugt, er habe diesen Teil seines Abends eingefügt, um sich für einen zweiten, den sie, seiner bösen Unruhe wegen, ahnten, vorzubereiten.

Die Zeit verging.

Lanner lächelte mit einem Male wie ein Seliger, während er nach einem Wort suchte, das er schließlich auf der Decke des Saales fand und anwandte.

Er lächelte wieder, legte die Hände vor sich hin, flach zu beiden Seiten seiner Papiere, dann nickte er mit dem Kopf aber – statt der erhofften Satire, wie man sie von ihm gewohnt war, nickte er wieder und jeder wußte ihn meilenweit von sich und den Hörern entfernt.

Was wird?

Da ließ er einen Satz fallen, so leise und bedauernd, daß man sich bei einem Begräbnis glaubte:

»Es gibt Leute, die können nicht ›Montblanc‹ sagen, einmal on, einmal an, die es halbwegs können, sagen ›Montblonc‹ oder ›Mantblanc‹.

Sie lassen sich charakterlos von ›on‹ oder ›an‹ verführen. Es fehlt die Kraft, das eine vom anderen entfernt zu halten... (crescendo): Das eine vom anderen entfernt zu halten (crescendo furioso): Das eine vom anderen entfernt zu halten, *das* ist Kultur!« Dieses letzte brüllte er in den Saal. Die Lungen des Publikums taten einen Satz und wußten nicht mehr, war es an der Zeit, aus- oder einzuatmen. Die Hände fanden sich nicht zum Beifall, man war entwurzelt. Lanner aber faltete die seinen und begann von neuem:

»Die menschliche Einfalt bis zur Dummheit inklusive – aber nicht die Einfalt der Bescheidenen, die fromm der Weisheit nahesteht, sondern die mit Dünkel gepaarte Dummheit der Gespreizten würde, in Quadratmeilen umgesetzt, die Erdoberfläche mit dem Stillen Ozean und noch einem Stückchen von der Größe des Kaspischen Meeres ausmachen. Erlassen Sie mir die Berechnung. Ich habe lange gemessen. Man sammle die Beweise von Denkfaulheit, Denkunvermögen bei (soweit das heute zu übersehen ist) intakter Beschaffenheit des Gehirns, Falschdenken infolge gewissenlosem und verkehrtem Hüpfen von Punkt zu Punkten und man wird, erblassend bis zur Schläfrigkeit, erkennen, daß wahrlich menschliche Dummheit alles an Größe überragt. Ich könnte mir den Durchschnitt an einer Viertelstunde aus dem Leben des dümmsten mir bekannten Menschen im Verhältnis zu den Millionen Erdenbewohnern berechnen, dividiert, multipliziert und subtrahiert nach bekannten Systemen – aber – die Rechnung wird wohl nicht stimmen, da ich wahrscheinlich doch nicht den Dümmsten kennengelernt habe.«

Im Saale wurden die Leute unruhig – man hörte leise Bemerkungen, nicht so sehr des Textes wegen, als weil Lanners Augen so unbeteiligt starr ins Weite blickten, ohne die sonst gern angewandte Ironie, die jedem Freude machte weil man den Geist im Hintergrunde ihrer Bosheiten fühlte.

Nichts beirrte den Sprecher. Ohne die gefalteten Hände zu trennen, ohne den Augen ihre ausdrucksvolle Beweglichkeit zu erlauben, fuhr er fort, von dem Dümmsten sprechend: »Mein Gott, wo mag er sich jetzt aufhalten, dieser sympathische Philister, denn mir ist nicht um irgend welchen lieben, echten Kretin aus der Anstalt zu tun, ich will den Dummen, der aus einem als normal befundenen Großhirn den Dünkel gebiert und aus dem Kleinhirn seinen idealen Hahnentritt. Wo atmet augenblicklich dieses Juwel, worauf ich meinen Gradmesser aufbauen muß!? Ich will ihn photographieren, analysieren, sezieren, vorher aber mit ihm in idealer Gemeinschaft leben, damit er sich gehörig spiegeln könne in den ihn fressenden Linsen meiner Augen. Ich fürchte – den Dümmsten gibt es nicht, der Dümmste ist Legion.«

Lanners Gesicht blieb unbewegt – ein gleiches Gelbgrau war seine Farbe, nur die Augen legten darin einen dunklen Ton. Man konnte denken, er spräche unter einer goldenen Maske, so wirkte die Beleuchtung der Tischlampe. Einige fürchteten, Lanner sei verrückt geworden – aber alles ging zu schnell, um solchen Gedanken Taten folgen zu lassen; was hätte auch geschehen, wer ihn unterbrechen sollen? Er würde vielleicht in einen noch unerquicklicheren Zustand geraten, fürchtete man, das beste war – den Dingen ihren Lauf lassen; sich selbst – und das war die Hauptsache – brachte man schon beizeiten in Sicherheit. Was aber – wenn er plötzlich einen Revolver hervorzieht, dachte ein

Phantast, und schießt mitten in unsere Reihe? Es war nicht geheuer – aber die Spannung doch so groß, daß sie Ruhe trug und jeder auf ihr Herr seiner eigenen Nerven blieb.

Lanner rief nun, in der Pose eines Savonarola, mit brennenden Augen und feuchtem Haar, beide Hände die Tischplatte am Rande umklammernd: »Mein Gott! Die Menschen habe ich geliebt bis zum höchsten Haß hinauf, aber sie wollen weder gehaßt noch geliebt werden... Die Dummheit ist die Mauer.« Er wurde mild: – »Es wäre so einfach. Wie denn? Handle in jeder Kleinigkeit bis zur höchsten Tat, so daß du vor dem Tagebuchstift eines Großen bestehen könntest. Das ist das Geheimnis. Stelle dir nur vor, es führt einer Buch über dich. Wie seltsam anregend, von einem Geist Beobachtung fühlen. Es muß nicht Kierkegaard, Dostojewskij sein, nicht Sokrates, und doch ihresgleichen. Als Mann erfreue, beglücke, verwirre ihn. Verrate ihn nie. Als Weib überrasche ihn, übertreffe seine Erwartung und vergiß nicht – der Geist sieht alles.«

Lanner machte hier eine kleine Pause, ohne die Augen von ihrem Punkt wegzuwenden, ohne den Körper zu regen. Das Publikum war mit einem Male erwärmt worden, die Herzen schlugen, nein, der Mann war nicht verrückt, die Leute fühlten, wie sie teilnahmen an der Geburt eines Ereignisses, und einige gedachten mit Genugtuung ihres guten Spürsinns, der sie Eintrittskarten hatte nehmen lassen. Unangenehm war diesen Zuhörern das patriarchalische Duzen in Lanners Vortrag, das sie an ihm nicht kannten.

Nun fuhr er fort in ganz anderem Tone, wie ein Schlafender diesmal, und sofort bemächtigte sich der Zuhörer die eben abgelegte Furcht in stärkerem Maße.

»Meinen Wahnsinn trage ich *zugedeckt* durch die Räume.«

Einige kühlere Köpfe lachten im Hintergrund. Lanner wiederholte: »Meinen Wahnsinn trage ich zugedeckt durch die Räume. Ihr aber schreitet, in den Händen das unbedeckte Gefäß, das mit dem Euren gefüllt ist. Wir alle erhielten, so hoffe ich, dem Körper zugeteilt, die Seele, den Geist und den unzähmbaren Kern zum Wahnsinn. Seele und Geist umschlingen ihn, behüten ihn, wie sie der Körper umschlingt.

Und so wie Seele und Geist aus dem Körper sprechen, wahrheitsgemäß – so solltet Ihr den Kern Eures Wahnsinns durch Seele und Geist sprechen und handeln lassen. Ihr würdet auf Schwingen wandeln. Ihr würdet Könige des Geistes sein, göttliche Dichter und in allen Künsten herrschen.

›Quäquäquä‹, meldet sich die Flachstimme, ›was hilft uns deine schöne Lehre, ich habe einen zu kurzen Hals zu verbergen, einen Wanst, eine Kartoffelnase, meinen Kahlkopf, bin kurzsichtig, habe nicht immer die beste Gesinnung, habe überhaupt keine, will auch nichts davon wissen, ich bin nämlich ein Schwindler, dann weiß ich nicht wer ein Großer ist, und zudem vergesse ich an den Tagebuchstift zu denken. He? Was sagst du mir zum Trost?‹

›Zu dir, o Flächling, war es nicht gesprochen!‹ (Flächling ab nach rechts.)

(Durch die Tür links treten ein vierzig Flächlinge.)

Die *Flächlinge* (tadellos im Chor sprechend): ›Ha!... So leicht wird dir das nicht gemacht. Wir wollen eine Antwort, auch wenn zu uns nicht gesprochen wurde. Unsere Frage lautet: Was hilft uns deine schöne Lehre – uns, die wir so viel zu verbergen haben?‹

›Hier gibt es nur Totschlag oder Totschweigen.‹

Die *Flächlinge* (im Chor, dreistimmig, Sopran detoniert nach oben, Alt nach unten, Baß singt immer in Sexten. Sonst im Takt auf die Melodie von ›Fuchs, du hast die Gans gestohlen‹):

›*Feigling, Feigling, Feiglinglingling,*
Feigling, Hysterie,
Saucharakter, Saucharakter,
Klingling, linglingling hihi,
Saucharakter, Saucharakter,
Hysterie hihi!‹«

Das ertrug niemand, auch Lanner selbst nicht, der dieses Stück mit beißendem Ernst vorgetragen und zu singen wußte, brav und treuherzig wie Kinder in der Fronleichnamsprozession.

Niemand sah die Ironie, den Schmerz, die Verzückung. Man glaubte, einen zu erkennen, der nicht mehr Herr seiner selbst war.

Der Vortragende, dessen feuchtes Haar in wirren Locken stand, war irgendwie vom Podium abgegangen. Einige Besonnene klatschten vereinzelt in die Hände. Gregor Vormbach stieg zu ihm und ein Vorhang wurde gezogen, so daß der Tisch und der zurückgerissene Stuhl allein die Erregtheit ihres Gastes zur Schau trugen, indem sie nicht mehr zueinander in Eintracht standen, sondern wie zwei sich herausfordernde, beleidigende Kerle, die man beschwichtigen oder trennen müßte.

Während sich am folgenden Tag die Zeitungen des Falles bemächtigten und je nach ihrem Reichtum an Vertretern das Volk in Psychiatrie aufklärten oder in gut gelaunter Prosa die Eindrücke eines dafür bezahlten Träumers brachten, lag Lanner bei seinem Freunde Gregor Vormbach, der niemand zu ihm ließ und mit ehrlicher Freude jene Vorstehhunde die Treppe hinunterwarf, die da, den Bleistift in den Klauen, schnüffelnd seine Türe stellten, wie es die Dressur von ihnen verlangte.

Vormbach ließ Dr. Raßmann holen, stellte keine Fragen, brachte das Essen, räumte es wieder ab und ließ den Diener nicht in das Zimmer. Dr. Raßmann gab einige Verhaltungsmaßregeln, sagte, er brauche nicht wieder zu kommen, man möge aber Lanner nicht mitteilen, daß er dagewesen sei.

II

Graf Albert Kerkersheim lebte seit dem dreizehnten Jahr bei der Schwester seiner frühverstorbenen Mutter, wo er Fremden weiter nicht auffiel, in einem Punkte ausgenommen: man nannte ihn, den Letzten seines Namens, niemals Kerkersheim, sondern »den armen Albert« oder, wenn seine Pflegeeltern nicht zugegen waren, »den Lahmen«.

Auch Tante Isabelles Gatte, der Nervenarzt John von Aign, konnte die Vorstellung, daß sein Neffe ein armer Kerl sei, nicht verdrängen, und, ohne viel dabei zu fühlen, bediente er sich stets dieses Eigenschaftswortes »arm«, während Albert, ähnlich dem betrogenen Gatten, der gewöhnlich als letzter die Unhaltbarkeit eines guten Glaubens einsieht, nicht wußte wie stereotyp er im Kreis der Bekannten bedauert wurde.

Allerdings hatte er unter jahrelanger ärztlicher Behandlung und auf schier endlosen, qualvollen Krankenlagern früh denken und viel wünschen gelernt; und mehr als je beherrschten ihn heute Gedanken und Verlangen vielfältigster Natur. Die Kameraden seines Alters mied er so freundlich er konnte, denn sie störten ihn bei seinen Erlebnissen und zeigten namentlich eine dumme Art gesunden Menschenverstandes da, wo Albert Scheu oder Andacht empfand.

Nichts Wichtiges war ihm fremd; aber mehr noch als die Zusammenhänge erkannte er die Kontraste. Leise war er vom Christentum als Konfession abgekommen, um als Künstler dessen Mystik um so gläubiger zu genießen. Wenn Onkel Johnny etwa sagte: »Die Religion hat den Zweck…«, so fühlte Albert die Auflehnung seines eigenen Denkens gegen die beiden Hauptwörter dieses Satzes; eines mußte fallen, waren sie beide im

Sinne des Dozierenden gebraucht. Aber des Neffen Mund lief nie über, am wenigsten von dem, des sein Herz voll war.

Im Haus herrschte großes Nebeneinander. Bei den jüngeren Vettern, von welchen der älteste schon manikürte, war er beliebt, da er für alles, was sie ihm erzählten, der ernsteste, geduldigste und allerlebhafteste Zuhörer war. Die äußere Struktur seines Lebens zeigte ein ziemlich einförmiges Graubraun; desto bunter ging es in seiner Vorstellungswelt zu.

Der Onkel verbreitete als Spezialist einen Dunst von Kenntnissen und medizinischem Künstlertum, der im Haus (vielleicht mit nicht genug Überzeugung) stillschweigend eingeatmet wurde, während die Tante, zwar nicht nach Schönheit aussehend, doch durch die steinerne Ruhe ihres merkwürdig gefärbten asiatischen Kopfes berechtigt, blendete.

Beim Erscheinen eines vierten Familienmitgliedes, Isabelles Bruder, Gregor Vormbach, belebten sich die Gatten automatisch; Johnny von Aign dadurch, daß er sich mit gutem Gewissen als das lebendig-schlechte des Sybariten Gregor halten zu können glaubte, und Isabelle, weil der Humor des Bruders den ihrigen und sie selbst zu einer Fröhlichkeit verführte, die nie tief schlummerte.

Am lebhaftesten wurden diese drei, wenn sich ihnen neuerdings der Schriftsteller Matthias Lanner zugesellte, von dem der Hausherr überzeugt war, er werde ihm über kurz oder lang mit Paranoia »eingebracht« werden.

Jahrelang hatte sich Lanner in der Stadt nicht blicken lassen und erst seit kurzem ein Schlößchen am Strom außerhalb der Stadt bezogen.

Zum engen Familienkreis gehörte noch ein Mitglied, eine etwa dreißigjährige Base Johnnys, die nie den wahren Grund von dem nach kaum dreimonatiger Ehe erfolgten Tod ihres jungen Gatten erfuhr, sondern an einen Herzschlag glauben konnte. Ein Brief des Unglücklichen an den Hausarzt hatte die junge Frau damals vor dem Einblick in eine ihr fremde Welt bewahrt, und diesem und Vetter Aign war es gelungen, auch vor der Welt, die der junge Mensch freiwillig verlassen hatte, eine glaubwürdige Version aufrechtzuerhalten.

Es ist schwer festzustellen, wie in Mieles Seele die wahren Tatsachen aufgenommen worden wären. Heute war sie wohl soweit, den Titel ihres armen kleinen Romans zu genießen. Er hieß vielleicht: »Die Mädchenwitwe« oder »Rosenknospe und Rauhreif«.

Miele gefiel allen Menschen, wenigstens sagte einer dem andern: »Sie ist ein Juwel.« Und das war sie, sowie es jedem gelingt, ein Juwel zu werden, der es sich ernstlich vornimmt, das heißt sich finden und schleifen, in Gold oder Diamanten fassen und sich in jeder Weise tragen läßt, als Ring, als Nadel, als Schnalle auf Schuhen wie auf Hüten.

So zielsicher indessen die Art, sich im Leben zu benehmen, erscheinen mag, so wenig bewußt ist sie oft; solch ein Juwel braucht gar nicht das Ziel »ich will ein Juwel sein« in dieser konkreten Form zu kennen; noch viel sicherer arbeitet der starke Naturtrieb, der vom Willen nicht abzuhängen braucht. Und so war Mieles Wesen beschaffen: Triebhaft setzte bei ihr der Wunsch ein, es allen recht zu machen, ohne daß sie sich viel Rechenschaft über die wahre Natur dieses Triebes zu geben vermocht hätte, die einer Gefallsucht (sie suchte es allen recht zu machen, das ist, allen zu gefallen) gleichkommt, einer Gefallsucht, die sich mit der gewöhnlichen weiblichen Gefallsucht zunächst nicht vergleichen ließ, da sie hauptsächlich durch Tugend und Selbstlosigkeit gefallen wollte, etwa so wie die Heiligen daran dachten, durch Tugend und Selbstlosigkeit Gott wohlgefällig zu sein. Allerdings erwarteten die Heiligen keinen Dank, im Gegenteil, Gottes Nähe erkannten sie daran, daß er nicht antwortete, viele schwere Jahre lang. Miele aber, die ihre Enttäuschungen mit Recht den Undank der Welt nannte, suchte ihr Glück in der sofortigen Antwort, im sofortigen Dank, sie fühlte sich beglückt durch einen Händedruck, durch dankerfüllte Phrasen, durch vertrauensvolle Mitteilungen, die ihr viele machten, und, wiederum, wer stände so weit über den Ereignissen, daß er davon unberührt bliebe und nicht Schwatzhaftigkeit für entgegengebrachtes Vertrauen hielt. Sie war ein verliebter Pflichtmensch, verliebt in die Liebe, verliebt in den Gedanken, als unentbehrlich zu gelten bei einem Kind, bei einem Kranken, bei den ihr untergebenen Leuten, bei dem Postamt, wo sie ein Paket aufgab, bei dem Schaffner, der ihr Billett verlangte, bei der Köchin, die etwas nicht wußte, und das immer, so lange sie niemand wegstieß. Ihr Ton war mild, ihr Auge schwarz und feucht, der Vortrag im Sprechen demütig eindringlich und das Ganze immer hübsch und lieblich. Sie konnte ihre nassen Kirschenaugen auf einen richten und mit nicht ganz unfreiwilliger Kindlichkeit fragen: »Wie ist das bitte mit der modernen Kunst, ich verstehe sie nicht, ich möchte sie sehen lernen«, wobei Albert Kerkersheim, der einen Jahre zurückliegenden Groll gegen sie nährte, in seinem Herzen wütende Gegenfragen rüstete: »Neue Kunst? Alte Kunst? Was verstehst du von Kunst, du Kunsthistorikerin mit deiner eingelernten Weisheit?« Einmal erschien sie mit dem irgendwo gelesenen Aphorismus: »Nicht wahr, Kunst ist das Geständnis und das Verständnis einer Zeit?« und Albert dachte: »Jetzt stelle dich einmal vor das Leben hin, vor die Natur, vor ein Werk von Menschenhand, sehend, hörend und urteilend mit Hilfe deines schönen Satzes !«Aber er schwieg, Isabelle ignorierte, Gregor schnüffelte beschämt über seine eigene Unbildung, Lanner machte Augen so schmal wie Messerklingen und Johnny antwortete und bestand die Prüfung mit einem Monolog über die Zeit, die Kunst, das Genie; und Miele genoß stolz ihre Überzeugung, nicht unwichtige Beiträge zu geistreichen Ge sprächen geliefert zu haben.

Also der Typus des gutartigen Weibes, das heißt tüchtig in Pflichterfüllung, unermüdlich in der Hingabe, anpassungsfähig bis zur höchsten Charakterlosigkeit, unübertrefflich als Gattin und Mutter, sentimental bis zum Überlaufen, aber auch als Gegenpol spitzig bis zur Selbstvernichtung, das ist Ironie für die Um- und Mitwelt, als Ausdruck für uneingestandene Selbstenttäuschung.

Die Summe ihrer Fähigkeiten, ihres Charakters, ihrer Begabung, könnte in die Bezeichnung »Typus des gutartigen

Weibes, aber kein Weib« gefaßt werden. Wenn auch ihr Weh und Ach zu kurieren war, so spielte da mehr Neugierde als Trieb, mehr naive Eitelkeit als Geschlechtsehrgeiz die Hauptrolle, und so wäre sie höchst geeignet für die landläufige Gründung einer Familie gewesen, als Inhaberin eines Vertrauenspostens, insbesondere in Betrieben, wo sie schweren Brutalitäten ausgesetzt sein könnte, zum Beispiel in einer Ehe mit eingefleischtem Egoisten. Der tragische Konflikt lag in der Tatsache, daß ihr nur Männer gefielen, die ihr überlegen waren; tatsächlich war es jeder an Verstand, sie aber wußte sich fleißiger, ausdauernder als die meisten, stimmte so konziliant allen zu und war nur zuweilen anderer Meinung, um eigenes Denken vorzutäuschen; bewußt hielt sie sich für unbedeutend; instinktiv aber stellte sie das Gegenteil dar. Die Männer aber, denen das schwarze Auge gefiel, fanden wenig Anregung im Gespräch mit ihr, diejenigen, die weniger Ansprüche an ihren Geist stellten, glaubte sie mißachten zu müssen.

»Die alten Griechen«, pflegte Lanner zu sagen, »könnten den Gedanken nicht fassen, daß Eisenbahn, Telegraph und Telephon, von den Mitteln der Zukunft nicht zu sprechen, diese unverständlichen Mädchen oder Frauen, von denen Europa angefüllt ist, nicht näheren Zielen zuzuführen imstande waren, und würden mit Recht an unserm dünkelhaft mit Fortschritt bezeichneten Tiefstand verzweifeln.« Dabei dachte er nicht an Miele Stortzing, die er wahrscheinlich nie gesehen hatte, trotzdem sie ihn sichtbar schützte und schätzte. Sie hielt so manches Gespräch auf, bis es ihr gelungen schien, die feindlichsten Ideen, durch ihre Dazwischenkunft von Gift befreit, in dem kleinen Netz ihres Verstandes unterzubringen, es ihrem lernbegierigen Gedächtnis darzubieten; tauchte davon aber eine ihr eigene Anwendung des Gehörten wieder auf, waren die Autoren über die ihnen zugesprochene Ansicht wenig entzückt. Heldenhaft schlug sie sich von Lanner weg zu Vetter Johnny, wenn jener, wie sie dachte, einen Angriff auf den ihr heiligen Witwenstand wagte, was ihm nie eingefallen war, oder wenn er aufstellte, daß er den Unterschied zwischen Straßenmädchen und Familientochter nicht wahrnehmen könne, weil der sichtbare Unterschied nicht im Wesen der beiden, sondern in der Sphäre ihres äußeren Lebens liege, sowie in der Erziehung und dem Zwang der Umstände, die allerdings zwei fast ganz verschiedene Individuen zu schaffen imstande wären. Dessenungeachtet seien beide für beide Lebensrichtungen gleich talentiert und gingen beide, soweit sie gehen könnten, ohne in Ungelegenheit zu kommen.

Natürlich stimmte Miele dem Vetter bei, der »denn doch bitten müsse«. Auch sie »müsse da doch mit Entschiedenheit erklären«... Lanner ließ sich aber nie dazu verleiten, Miele ernst zu nehmen. Er ignorierte sie vollkommen und fuhr fort, seine These mit Beweisen zu kräftigen: »Das liebe, brave Familienmädchen folgt keiner eigenen Lebensphilosophie, sondern ist durch die Art ihrer Aufzucht gezwungen, schlecht und recht den Stiefel zu machen, den die ›öffentliche Meinung‹ von ihr erwartet. Da aber die öffentliche Meinung nicht über kritischen Geist verfügt, sind dem lieben, braven Mädchen die herrlichsten Arkaden geöffnet, durch welche es genau so weit gehen kann, als es selbst wünscht. Mehr tut die Hure auch nicht, wenn auch anders und um anderer Dinge willen.«

»Sie meinen also«, erwiderte Isis, »daß sie, wenn sie nur geschickt ist und die öffentliche Meinung blendet...«

»Sich keinen Zwang antut; ja, das meine ich; daß sie tatsächlich weniger in Handlung umsetzt als die andere, kommt für mich nicht in Betracht; ebenso wenig wie der Umstand, daß das Straßenmädchen ehrlich von ihrem Beruf lebt und dies nicht leugnet; ich vergleiche nur die Gesinnung beider, und eben da finde ich wenig Unterschied.«

Johnny Aign waren solche Gespräche nicht nur wegen des jungen Albert Kerkersheims Gegenwart unangenehm und wegen der mädchenhaften Kusine, sondern auch, weil er zu denen gehörte, die sich dagegen auflehnen, vor die Zumutung gestellt zu werden, eine Frage anders zu sehen, als sie sie zu sehen *wünschen*. Solchen Menschen ist schon die Existenz dieser Fragen peinlich, nicht aus Prüderie, die war bei einem Arzt in seiner Stellung undenkbar, sondern weil die Existenz der Frage Ungelegenheit bringt; soll sie ewig offen bleiben? Wann endlich wird sie geschlossen? Soll sie beantwortet werden? Soll man über sie nachdenken, wie dann handeln? Wie fällt das Resultat aus? – Begegnete er in seinem Wissen brachen, finsteren Stellen, so fürchtete er sich vor dem, was ein Licht aufhellen würde, weil er nicht sicher war, so handeln zu wollen, wie er dann vielleicht sollte. Johnny Aign würde jedes Gesetz begrüßen, Gesetze begrüßte er überhaupt sehr freundlich, wenn es ihn nur von solchen Fragen befreien wollte; gab es denn überhaupt Schwierigkeiten für einen normalen, willensgeraden Menschen wie er einer war? Hatte er nicht skeptisch spielend in seinen Jünglingsjahren alles Wissen erworben? Kannte er Konflikte einem anderen Menschen gegenüber, die er nicht durch ein Wort, eine Geste eingefleischten Anstands sofort gelöst hätte? Überhaupt – alles Leid, aller Kampf ist Hysterie, und was Hysterie war, nun – *er* wußte es. Aber im ganzen legte er sich keine allzu große Last von Gedanken auf, war auch zu sehr von den täglichen Pflichten seines Berufes in Anspruch genommen. Mit allerlei Kampfmitteln bewaffnet, stellte er sich aber Isis gegenüber, wenn sie Lanner zustimmte und »ihr eigenes Geschlecht preisgab«.

Um zehn Uhr abends kamen diese verschieden gearteten Menschen in Dr. John von Aigns Arbeitszimmer häufig zusammen, man aß spät und blieb lange auf.

Des Morgens schienen die Räume dieses Stockwerks ausgestorben zu sein; nur die Söhne erfüllten das Speisezimmer mit lärmenden, rasch erledigten Schulfrühstücken. Abends aber, während die Knaben schliefen, saß wieder jeder an seinem angestammten Platz in der Nähe der Tischlampe und pflegte, mehr oder minder unbewußt, seine Maske.

Isabelle lag gewöhnlich auf dem hochlehnigen Kanapee, geradem Oberkörper, aber bequem angelehnt, den Kopf frei, das Gesicht von der nahen Lampe erhellt, fast die Figur zu ihrem eigenen Sarkophag. Ihr Mann in einem tiefen Ledersessel am

Kamin, Lanner, wenn er nicht wie ein unruhiger Hund auf- und abging, ihm gegenüber auf niedrigem Polsterstuhl, Miele am Tisch mit einer Handarbeit, Gregor Vormbach dem Kamin gegenüber, den Sitz tief, die Beine bis zur Unendlichkeit vorgestreckt oder ein Bein über das andere zu einer Vier gekreuzt, und Albert Kerkersheim im Hintergrund des Zimmers in der Nähe der englischen Stehuhr, auf dem besten Stuhl, den niemand benutzte, weil er zu weit vom Licht entfernt war.

Um zwei Uhr ging die letzte Bahn nach den Vororten, manchmal erschien Dr. Raßmann, um Lanner, bei dem er in Vau wohnte, abzuholen.

III

Kerkersheims Pflegeeltern bewohnten den ersten und zweiten Stock über Gregor Vormbachs Zimmern. Der Nervenarzt, einem verarmten Freiherrngeschlecht entsprossen, hatte vor zwanzig Jahren als Dreiunddreißiger die vermögende, damals siebzehnjährige Isabelle Vormbach geheiratet. Von Gregor in die Familie eingeführt, von Isabelle als Bräutigam angenommen, war es ihm schon nicht mehr so schwer gefallen, die zögernden Eltern zu seinen Gunsten zu überzeugen, und überglücklich führte er in die kleine Kreisstadt, wo er angestellt war, ein gesundes, heiteres Mädchen, das ihm bald Kinder schenkte und eine unverrückbare Zufriedenheit mit sich und seinem Schicksal.

Dr. von Aigns Beruf war weniger einer inneren Veranlagung entsprungen als einer einfachen Berechnung. Von Natur aus hätte er ebenso wirksam Zahnarzt oder Laryngologe werden können, er hatte sich sogar eine Zeitlang zum Gynäkologen ausbilden lassen wollen; dann aber sagte ihm seine nie von Zweifeln verdrängte Überzeugung, daß er wie kein zweiter den Intellekt anderer, Seele und Körper, soweit er Ausdruck der Gehirntätigkeit war, zu beherrschen geeignet sei. Auch mußte er einsehen, daß in unseren Tagen, wo die Chirurgie einen ziemlichen Höhepunkt ihrer Möglichkeiten erreicht hatte, wo den Frauenarzt zugunsten des Nervenarztes ein etwas matterer Glanz umgab, dem Psychiater die größte Hoffnung auf die Möglichkeit von Entdeckungen, also Bedingungen sich hervorzutun, gegeben waren, kannte er doch die Tätigkeit jeden Nervs, hielt sich im Reich der Gehirnwindungen für genügend orientiert, um zu praktizieren, hatte gelernt, sichere Diagnosen zu stellen mit Hilfe zuverlässig bearbeiteter, besprochener Symptome. Selten kam ein Zweifel auf, er war ein glücklicher Schüler vorsichtiger Lehrmeister.

Vor Verantwortung fürchtete er sich nicht, da er sich nie gezwungen fühlte, fremde Sorgen, fremdes Leid auf eigene Schultern zu nehmen, ihm zudem die Phantasie fehlte, die den Menschen oft wider seinen Willen zwingt, in die Seele des Nächsten zu steigen.

Er schwelgte in der bewußten Kraft, Einfluß auf andere zu gewinnen, ohne im anderen zu leben, was diesen gezwungen haben würde, die seinige aus der Kraft des Einflußnehmenden zu schöpfen.

Aber gerade in dieser Unmöglichkeit, Kontakt herzustellen zwischen Gemüt und Gemüt, Geist und Gefäß, lag das von vielen Patienten irrtümlich als Kunst und Verständnis empfundene Vermögen des Arztes, im Patienten das zwar bedauerliche, aber auch wohlanstehende Bewußtsein zu erwecken, es sei mit ihm, dem Armen, etwas nicht in Ordnung, ja er sei bedeutend pflegebedürftig. Hier setzte erfolgreich das aufrichtige Bemühen Aigns zu Rechtschaffenheit ein, wobei ihm seine Lust am Spielen gewisser Rollen die besten Dienste leistete: Besonders gern trat er als Schiedsrichter, als Samariter und Tröster auf. Die unschöpferische Art seiner Phantasie begünstigte ein theatralisches Pathos, dem eigen, der herztönende Phrasen für Herz, Rollenspieler für Persönlichkeiten, Drapierungen für Empfindungen oder Ansichten hält. Stets war er vom Hochgefühl des braven Mannes beseelt, der kostenlos, im Gegenteil, man bezahlte ihn dafür, eine Art von Seelsorger mit königlicher Autorität in den Augen Tausender wurde. Dr. von Aign kam zugute, daß er häufig, Kollegen gegenüber, recht behielt; sowohl dem Pedanten als auch dem Phantasten, auch dem Reintechniker, dem Allerweltspraktiker, den verschiedensten Spezialisten konnte er häufig nachweisen, wie der Fall von ihm im Gegensatz zu ihnen richtig gesehen und behandelt worden war. Auch als Schriftsteller zeichnete er sich aus, die meisten Fachzeitschriften brachten Aufsätze dieses geschätzten Mitarbeiters. Sein satzkurzer, von Fremdwörtern durchsetzter Stil war von andern leicht zu unterscheiden, er wußte und genoß es, und verfehlte nie bei einer unglücklich endenden Krankengeschichte die schönen Worte »exitus letalis« zu setzen.

In den Sprechstunden verfügte er über ein joviales Ermunterungsgehaben, wodurch die meisten Patienten ihre ohnehin abgenutzten Fäden verloren, wonach er väterlich-anwaltlich das jeweilige Endchen den Erstaunten behutsam zurückreichen konnte.

Schon als junger Arzt hatte er bald den Respekt vor der Natur verloren, stark in der Überzeugung befangen, ihre Gesetzmäßigkeit in den meisten Fällen übersehen, erkennen und unter seinen Willen bändigen zu können, sofern sich die Bedingungen als günstig erwiesen. Kam es aber vor, daß sein Kranker gar nicht so reagierte, wie er laut Diagnose sollte, so fiel es ihm schwer, Unwillen zu verbergen. Häufiger zwang ihn der Beruf, mit den Angehörigen zu sprechen statt mit den Erkrankten selber. Wenn der Fall es irgendwie zuließ, sagte er Eltern den Goetheschen Vers auf, wonach er zu einer Heirat als Heilmittel raten konnte. Er zitierte ihn auch bei anderer Gelegenheit.

Nie gefiel er sich besser, als wenn er mit einer Fülle von Sätzen und Metaphern, die ihm mechanisch zu Gebote standen, dem Kranken seinen Zustand – er war dann fast Dichter, sagte er sich – beschrieb. Dieses Fast-Dichter Sein war es, was Isabelle Vormbach, die siebzehnjährige, zunächst an dem jungen Arzt gefesselt hatte. Er konnte einen Vortrag über Goethe halten zu einer Zeit, wo das junge Mädchen von Rosegger schwärmte.

Sie hatte einmal einen wirklichen Dichter gesehen, einen Träumer, mit durchsichtig braunen Augen, war damals noch nicht erwachsen gewesen, ihr Herz hatte nur an Büchern gepocht, Glieder, Haut, Zähne von Gesundheit und Jugend gestrahlt, und andere zum Lachen zu bringen, war ihre Hauptsorge gewesen.

Ein junger Mann, als unerhört begabt und auch als erholungsbedürftig geschildert, wurde damals bei den Eltern eingeführt.

Etwa acht Tage hatte dieser in dem Schlosse verlebt, als sich an zwei Menschen das Wunder wiederholte, das vielbedeutende,

so viel kostende, so unverständlich, so unabwendbar bleibende, welches da beginnt, wo sich ein Herz bewußt wird, wo sich ein Mensch erregt eingesteht, er erwarte eine Wiederholung der gestern gleichgültig beginnenden, höchst ungleichgültig endenden Begegnung mit einem andern Menschen:
»Bei Tisch werde ich sie wiedersehen«, wußte der Jüngling.
»Er ist in zwei Stunden wieder zurück«, sagte sich das ganz junge Mädchen.
Er... wer, was ist Er? Das ist kein unbestimmter Artikel – so wie wenn man sagt: Der Baum, er gibt Schatten. Nein, dieser *Er* ist in ein unerhörtes Gefühl gebettet, das bisher noch kaum in dem Ich vorherrschte, aber wenn, dann tausendmal vergrößert, ein Er, das in der eigenen Brust wie ein neues Ich wohnt...
Und vierundzwanzig Stunden vorher wäre diese Doppelfeststellung nicht möglich gewesen.
Noch sagte sich keiner der beiden: »Ich liebe.«
Aber ein gewaltiger Unterschied lag in der Tatsache, daß der eine mehr wußte als der andere. Der Blitzstrahl war deshalb vielleicht bei dem Mädchen elementarer – weil unverstanden; beim Jüngling aber um so umstürzender in seiner Gewalt, als er ihn erkannte. Es hätte umgekehrt gehen müssen, aber Isabelle, gesund, kindlich, von seltener Anmut, besaß einen unzerbrechlichen Stahlkörper mit fünf Sinnen, der eine unverrückbare Harmonie zu ihrem inneren Menschen herstellte, während sich der Jüngling, der Matthias Lanner hieß, in qualvollen Zustand ataktischer Synkopen befand, die Denken und Fühlen, Wissen und Können in seinem Unbewußtsein um die Wette mit den fünf Sinnen aufführten.
Die Katastrophe setzte bald ein, ehe das Kind Isabelle die Wonne ihres Daseins für Glück halten, ehe der Dichter Matthias Lanner den Strom seiner Empfindungen in Worte kleiden und sie der Seligentdeckten hinüberbringen konnte, in dem Augenblick, als er die Verzauberte in seine Arme drückte und sich sanft geschlossenen Auges über ihr Gesicht zu ihren Lippen beugte ... in diesem Augenblick trat die Mutter in die Bibliothek, wo sie

Tochter und Gast, wo sie zwei Menschen auseinanderriß, deren Schicksal zum erstenmal einen Augenblick lang gleiche Bahn gelaufen war.

Matthias Lanner verfiel in einen Zustand, Nervenfieber genannt, und wurde in ein Krankenhaus transportiert, von zwei tüchtigen Ärzten gepflegt, von denen der eine Dr. von Aign, der andere ein junger Assistent, Dr. Raßmann, war. Die Gräfin hatte niemandem den Zusammenhang von Lanners Erkrankung mitgeteilt, später werde sie Lanner das Versprechen abnehmen, über die Sache schweigen zu wollen. Isabelle erlebte den heißen Schmerz eines Kindes, fühlte sich eine Zeitlang sogar rechtmäßig bestraft, denn sie hatte die furchtbare Sünde des Sichwegwerfens begangen, sagte die Mutter, die es besser wusste ... der Blitzstrahl dieses kurzen Gewitters war durch sie hindurchgefahren, ohne zu zünden, ohne zu verletzen, sagte sich wiederum die Mutter zuversichtlich und verschwieg systematisch vor der Familie die wenigen Tatsachen, die sie kannte.

Anderthalb Jahre darauf heiratete das junge Mädchen den Freiherrn von Aign, der sich nicht genug seines Glückes rühmen konnte, an seiner jungen Frau eine kluge, ungewöhnlich heitere Gefährtin und später auch Mitarbeiterin gefunden zu haben. Auch er erfuhr nichts, Matthias Lanner aber war auf Reisen, und niemand hörte je von ihm, jahrelang.

Isabelle schien anfangs begeistert von ihrem Beruf, einen Mann zu beglücken. Aber die Form blieb Form, es wollte sich der Inhalt, auf den sie gefaßt war, nicht ergießen. Auf Zündungen folgte keine Explosion, auf Scherz keine neu befruchtende Heiterkeit, Fragen blieben ohne Antwort, Anrufe ohne Widerhall, Sorge steckte nicht mit Angst an, Erlebnis war schon in der Erzählung keines mehr, und, das Merkwürdigste von allem, das, was den Inhalt seiner Tage ausmachte, die berufliche Beobachtung eines Menschen, fiel ihr gegenüber fort. Er zeigte nicht das geringste Interesse für die Art ihrer Gehirntätigkeit, für ihre Reaktion Reizworten gegenüber, für ihre Reflexe, Handbewegungen, auch bei seinen Kindern stellte er niemals Betrachtungen in dieser Linie an, wie etwa ein Künstler in einem ganz bestimmten, bewußten Verhältnis zu dem Kopfbau, dem Ausdruck, zur Beschaffenheit der Glieder, der Haut seiner Nachkommen, seiner Frau oder Freundin steht, von den Fähigkeiten des Geistes zu schweigen.

Als sie noch sehr jung war, schlug sie ihm zum Vergnügen vor: »Mach doch einen Wassermann an mir!« Er zeigte Unwillen; »dann ob ›Babinski‹«, fand sie kindisch. Sie hatte bald bemerkt, daß ihm der Sinn für Humor fehlte, daß er dagegen alles, was sie ernst meinte, scherzhaft auffaßte, aus wirklicher Freude an dem Ernst, den sie aufbrachte. Er lachte herzlich und gutmütig, ja entwaffnend, wenn sie Feuer und Flamme war und in voller Rüstung stand.

Nach einigen Jahren derartiger Erfahrung, fand sie den Ton, der ihr Leben auf durchschlagende Weise vereinfachte, den vollendeter Weltlichkeit und freundlicher Höflichkeit, ähnlich dem einer vernünftigen, fürsorglichen ältesten Tochter ihrem verwitweten Vater gegenüber.

Sie pries sich glücklich für ihres Mannes Seelenblindheit, von der er so gern beruflich dozierte; und während sie sich anfangs in dieser merkwürdigen unbeabsichtigten und unbewußten Kälte nicht zurechtfand, sondern schwer an der daraus folgenden Kränkung litt, konnte er seinerseits die Melancholien seiner Frau nur dem Umstand zuschreiben, daß sie ein Kind erwartete oder stillte und pessimistisch empfand, wo sie sonst gelacht hätte. Er meinte es herzlich gut.

Sie hatten vier Kinder, eine Tochter und drei Söhne. Für den Gatten war die, man kann sagen, landläufige Betätigung einer Sinnenlust eine indiskutable Angelegenheit, von der zu sprechen nicht mehr nötig war, eine Angelegenheit irdischer Genüsse, wie etwa für andere das Bordeauxtrinken oder die Musik; vielleicht eine Kombination beider im Superlativ, wenn auch auf anderem Gebiet.

Auch hierin kannte er keine Zweifel, also verirrten sich seine Gedanken fragend niemals ins Privatleben. Er behielt sie in der

Nervenheilanstalt den Patienten gegenüber, prüfte hier nach bestem Kennen und Können erprobter Methoden, vergaß keine der ihm bekannten Möglichkeiten und gewann mit wenig Kunstgriffen in die seelisch-körperliche Beschaffenheit ihrer vita sexualis genügend Einblick, um Diagnosen festzustellen.

Es fiel ihm nicht schwer, Männern zu sagen: »Sie, wenn Sie mit Ihrer Frau so und so – können Sie sich auf das und das gefaßt machen« und umgekehrt: »Ja, meine liebe, gnädige Frau, das sind höchst wichtige Dinge, die Sie nicht außer acht lassen dürfen; gesetzt den Fall, zum Beispiel …« und tausend ähnlich gehaltener Sätze, die dem Laien Neuland eröffneten, Autoritätsglauben einflößten und zweifellos durchaus stimmten, wenngleich sie zwar den Nagel nicht auf den Kopf trafen, ihn aber so weit eintrieben, daß man keine Zweifel mehr daran hätte hängen können. Die Rolle war leicht zu spielen, besonders, da sein Publikum nicht aus Weisen bestand und die Angehörigen von Nervenkranken nichts so sehr fürchteten, als durch Widerrede den Anschein hervorzurufen, selbst pflegebedürftig zu sein. Die Patienten und deren Verwandten horchten also mehr oder minder stumpfgläubig. Fand er nichts bekannt Verdächtiges, fiel ihm eine unscheinbare Besonderheit nicht leicht auf. Auch erforschte er den Boden nicht sehr eingehend. Ohne Fragen zu vergessen oder zu übersehen, unterschätzte er, was er nicht kannte. Und er kannte nicht, was er nicht erlebt hatte. Bedenken wir, daß der Dichter eines so vollkommen erfassend erlebt, daß er nicht mehr *alles* zu kennen braucht, um es dennoch gestalten zu können, so führt diese Erwägung zu einer den Arzt betreffenden ähnlichen Schlußfolgerung. Aber Dr. von Aign brachte diese Intensität keinem Objekt gegenüber, konnte also nie so tief dareindringen, daß er auch die nicht betrachteten Dinge im Vorbeigehen mit aufnehmen mußte, wie der Dichter, der das Sterben kannte, ohne es erlebt zu haben, nur weil er so brennend um die Liebe besorgt war. Dr. von Aign, tüchtiger, unermüdlicher, auch leidenschaftlicher Arbeiter, übersah bei seiner vielleicht zu materialistischen Gesinnung, daß der Mensch nicht nur aus Körper und dem daraus abgeleiteten geistigen Vermögen besteht, sondern daß eine geheimnisvolle mit einem altmodischen Wort bezeichnete Gewalt noch herrscht, die weder von der Gehirnfunktion abzuhängen scheint noch von dem, was wir Seele nennen; und das ist der Charakter. Gewiß ist er immer wieder auf Gehirnfunktion und -anlage zurückzuführen, aber er bildet doch im ganzen Menschen eine Synthese für sich, deren Quellen wie die des Nils wahrscheinlich viele tausend Jahre für die Europäer der ganzen Welt unentdeckt bleiben werden.

Kollege Dr. Raßmann hatte mit Dr. von Aign lange Diskussionen über diese Frage geführt, für deren Beantwortung er sich gern zum Krüppel hätte schlagen lassen, vorausgesetzt, daß ihm der Kopf zur weiteren Erforschung bliebe. Alle seine Versuche scheiterten an der menschlichen Pietät, jener unausrottbaren, tiefsten Verehrung eines Körpers, der sich nicht mehr regen kann, nicht mehr wehren und dem man vom Augenblick seiner rettungslosen Todeseinsamkeit und Selbstlosigkeit ein Scheinselbst verleiht, das fremde Eingriffe, wie sie im Leben rücksichtslos und reuelos häufig genug vollzogen werden, endgültig verhindert. Wie gern hätte Dr. Raßmann das Gehirn eines berüchtigten Verschwenders mit dem eines Geizigen und den Geizigen A mit den Geizigen B und C verglichen, aber erstens war ein Gestorbener nie mehr ein Geiziger gewesen, die Verwandten wunderten sich über die unberechtigte Feststellung dieses sogenannten Charakterfehlers, und zweitens war es aus Gründen der Pietät selbstverständlich unmöglich, sein Gehirn zur Ein-, An- und Durchsicht zu erhalten. Dr. von Aign teilte Raßmanns brennende Wißbegier nicht, sondern bekannte sich zu der Ansicht »wir Ärzte sind (zum Wohl der Menschheit) da am Platze, wo wir unsere Kunst und unser Wissen zum Heilen und Helfen anwenden können«. Raßmann erwiderte jedesmal auf diese Überzeugung, er sei Arzt nicht, zu helfen und zu heilen, sondern weil er, Raßmann, dem Sinn des Lebens auf die Spur kommen wolle, wonach ihm stets bewiesen wurde, wieviel er für die leidende Menschheit arbeitete, und er sei nur zu bescheiden, dies zuzugeben.

Für Isabelle standen die Dinge anders: Siebzehnjährig fand sie sich in der Unabhängigkeit der verheirateten Frau, die noch nicht erkannt hat, wie klein die Auswahl willkürlicher Akte vom Leben bemessen werde, fünfundzwanzigjährig hatte sie sich viermal den Titel Mutter erworben, und immer noch mußte sie sich sagen, daß die Sache eigentlich unglaublich sei – sowohl betreffs ihrer Heirat als auch ihrer Mutterschaft.

Der große Eindruck dieser Erlebnisse war im positiven wie im negativen Sinne ausgeblieben, von Enttäuschung konnte indessen nur insofern gesprochen werden, als sie mit großer Herzensbereitschaft die Ehe eingegangen war und von dem Gatten teils liebevoll, teils als längst bekanntes Familienmitglied behandelt wurde, also ohne überquellende Verehrung. Sie fühlte, daß sie für ihn weder die Offenbarung holder Weiblichkeit noch der Kamerad durch dick und dünn, weder das langersehnte Glück noch ein Geheimnis für einen Künstler des Lebens und der Liebe war. Wer also war sie? Einfach Madame Soundso. Ja, hatte man sie denn im Schlaf zu all diesen Würden gebracht: Gattin, Mutter, Frau Doktor, Baronin von Aign, Gastgeberin und Hausfrau? War sie nicht ein mal etwas anderes gewesen?

Das schien niemand außer ihr zu wissen.

Sie sah andere ihres Alters, noch unvermählt, in der tiefsten Romantik unerforschter Liebeskummer. Und sie?

Sie kannte einen überirdischen Augenblick in der Bibliothek des Elternhauses. Was war aus dem jungen Mann geworden? Verschwunden wie die Erscheinungen der Heiligen; aber die Erinnerung wuchs mit jedem Jahr.

Ein Dichter … warum hörte man nichts von ihm? Sie fragte einmal ihren Bruder Gregor, aber er wußte nichts.

Warum hatte sie Aign geheiratet? Passivität der impulsiven Naturen: Fünfzehnjährig laufen diese beiden äußersten Punkte eines Naturells bei sehr lebendigen Menschen nebeneinander, abwechselnd, ohne sich zu vermischen. Erst in späterer Entwicklung wird günstigenfalls aus diesen zwei äußersten Punkten ein fester Mittelkern.

Impulsiv war sie dem Engel, der vor ihr stand, in die geöffneten Flügel gesunken. Apathisch und kaum erstaunt hatte sie das Verbot der Mutter hingenommen und wurde zwei Jahre darauf dem heutigen Gatten angetraut. Sie hielt diesen Schritt für einen guten, freute sich auf die Möglichkeit, ihr Gemüt dem zu widmen, der ihr seinen Namen versprochen hatte, und wußte nicht anders, als daß Seele Seele wiedererwecke. Und hiermit hatte sie nicht so unrecht. Aber Aigns Seele war schwer zu finden und schlief immer so schnell wieder ein. Isabelle sparte nicht. Sie war geduldig und still, sie wußte sich bescheiden, aber umsichtig in jede Lage wie ein tüchtiger Waidmann hereinzupirschen. Aber – man kann sagen, hier kam sie nicht zu Schuß, das Ersehnte wurde von ihr als eine Fata Morgana erkannt. Versuchte sie sein Interesse auf ihre eigene Person zu lenken, indem sie ihm aus der Kindheit erzählte und Zusammenhänge aufdeckte, die sie sehr wohl übersah, so hörte er nur wenig zu oder gab einen allgemeingültigen guten Rat, da, wo sie gar nicht um Rat verlegen war, sondern im Gegenteil ihre eigene Klugheit herausstreichen wollte, damit er doch vielleicht sehen könne, daß sie seiner nicht unwert sei. Das Erlebnis mit dem jungen Mann wollte sie ihm nicht etwa vorenthalten, aber, wie ihm diese Angelegenheit genau so wiedergeben, wie sie sich abgespielt hatte – – Johnny Aign war ja noch nicht in ihr Herz eingedrungen, das sie ihm vergebens entgegenhielt, mädchenhaft und arglos. – Seine Antwort war dann stets eine zärtliche Umarmung und glücklicher Ehehimmel schien über beiden zu blauen, sie aber zog das nicht gesehene Herz wieder ängstlich behutsam zurück. Denn noch hätte er ihr auf die Erzählung des Erlebnisses ihrer frühen Jugend mit einem heiteren Lachen geantwortet, ohne es irgendwie zu bewerten. Er hätte sich im stillen sogar erfreut gedacht, was für ein rührendes kleines Mädchen er doch geheiratet habe, das so gewissenhaft beichtet und an die alberne kleine Episode so viel Ernst verschwendete.

Johnny Aign, der sich, wenn er den weißen Kittel abgelegt hatte, selten um den Ausdruck menschlicher Gesichter, um Bewegung des Körpers als Aufschluß für die Beschaffenheit einer

Seele kümmerte, praktisch, wie er in der Einteilung seines Tages und seiner Anstrengung war, fand doch zeitenweise Wohlgefallen an dem ungewöhnlich gesunden Gebaren dieser trotz ihrer vier Kinder mädchenhaften Gefährtin, besonders da ihm sein Beruf nicht allzu häufig solches zu sehen gestattete. Jahre vergingen, ehe Isabelle sich vollkommen zurechtgefunden und ihre beiderseitigen Naturen erkannt hatte.

Aufkeimende Bitterkeit verwandelte sie in Arbeitslust. Sie liebte ihre Kranken, saß manchmal beim Pförtner der Anstalt und seiner Frau. Niemand kannte sie als die Gattin des Chefarztes, und die von ihr gestellte Bedingung des Inkognitos wurde von ihm um so williger eingehalten, als er dieses Bedürfnis nach Leistungen außerhalb des mütterlich-häuslichen Berufes nicht verstand. Isabelle erlernte die Pflege, studierte Anatomie und Chemie, nach dem sie so viel Kenntnis der alten Sprachen, als nötig war erworben hatte. Sie arbeitete, vollkommen ausgebildet, teils in Privatpflege, teils in der Anstalt ihres Gatten, hieß dort Frau Marie Jonas, sagte dem Arzte Johnny Aign »Herr Doktor«, wenn sie ihm begegnete, und nicht einmal die Kinder hatten davon gehört, geschweige denn Onkel Gregor. Man wußte nur, daß sie pflegen ging. Ihr Gatte hatte sich seinerseits auch mit der Tatsache abgefunden, daß sie, wie er glaubte, nicht wie andere Frauen war. Er hätte eine in der Gesellschaft sich hervortuende, weltängstliche und doch weltsichere Dame, die ihren Donnerstag hatte, Besuche machte und empfing, und alljährlich bei den Hoheiten Audienz nahm, einer, die mit dem Totengräber der Irrenanstalt verkehrte, vorgezogen.

Aber, »er war ja der gutmütigste Gatte von der Welt«, beeilte er sich stets hinzuzufügen, wenn er ihr dieses Mißbehagen auseinandergesetzt hatte. Sie pflegte dann wortlos ein paar Audienzen zu nehmen, besuchte einige Stadtnattern, Zimmerküche und Hofkokotten, wie sie sie nannte, mit einem schönen Pelz über dem Byronkragen, Schwedischen an den Händen und ihrem Fohlengesicht unter einem strengen Hut. Die Urteile über sie bestanden meistens aus Fragen, die gegenseitig gestellt wurden, weil niemand eigentlich in der Lage war, zu urteilen. Oder sie sagten: »Sie ist in den Wolken« oder »sie pflegt«. »Ah, die Aign – merkwürdig, Charme hat sie ja gar keinen; ich dachte, sie wäre ein Blaustrumpf, aber das kann man auch nicht sagen.« Herren äußerten sich zuweilen in der Behauptung: »Figur hat sie keine; aber eigentlich ist sie ganz hübsch.« »Sie trägt kein Mieder, mit Verlaub zu sagen,« erwiderten Damen. Aber es gab immer jemand, der die Schlußbemerkung vorbrachte: »Ich habe sie gern, sie ist wirklich sehr nett.«

Isis konnte bei aller Harmlosigkeit in einem Salon unheimlich aussehen: wie ein in einen Menschen verzaubertes Tier, das noch letzte Gewohnheiten an vergangene Fauna, weil unablegbar, beibehielt. Ihren Oberkörper konnte sie in den niederen Polsterstühlen, die sie mit Vorliebe benutzte, wie einen Leuchtturm drehen, weil sie tatsächlich Fischbein und Eisenstäbe verschmähte. Die einfarbig schimmernde, leicht orange getönte Haut ihres Gesichts zu den schwarzen Augen und dem über dem Umweg einer merkwürdig hohen Stirne beginnenden Aschblond ihres Haares forderte zu Bemerkungen heraus, auch wenn sie voller Lebhaftigkeit sich und andere zu unterhalten schien. Es half nichts, niemand traute ihr, man fühlte Originalität, wo man sie entbehren konnte, Überspanntheit, wo sie aus innerer Intensität mit den mongolischen Augen funkelte, Unweiblichkeit, wo sie selbständig vorging und sogar Roheit, wo sie sich im Abwandeln der beliebten goldenen Mittelstraße weniger gefügig zeigte.

Gewiß, sie trug kein Mieder, bürstete ihr Haar chinesisch glatt über den Schädel, trug à la Byron tagein, tagaus einen weißen, offenen Flatterkragen, hatte einmal einem Wagenschlag, der sich schwer öffnete, in aller Seelenruhe Malefizluder gesagt, und dann fehlte ihr diese leichte, geistvolle Art, mit hübschen Nichtigkeiten in Wort und Gebärde über das Leben mit seinen wechselnden Zwischenfällen hinüberzukommen. Stets machte sie ihr geschlossenes Löwinnengesicht. In Wirklichkeit hatte sie mehr den Ausdruck eines Fohlens, das eine Vollblutstute zum Erstaunen des Züchters mit einem Pinzgauerhengst gebracht hätte.

So wie Tieren ein menschlicher Ausdruck aufgeprägt ist, in Zügen wie in Bewegungen des Körpers und der Gliedmaßen, so glich Isis mehr, als zivilisierten Menschen eigen, einem arglos ernsten Tier mit seiner ganzen Unabhängigkeit und Zielsicherheit. Sie aß, ging, schlief, bewegte einen Finger zum Gesicht, fuhr sich ins Auge, zog ein Ohr – haute eine Fliege weg, immer mit dem gleichen Ernst der Selbstverständlichkeit. Wäre sie ein wirkliches Tier gewesen, würde sie ebenso ihre Jungen geleckt, geschoben, gefüttert haben, hätte ihnen besorgt unter die Schweife gesehen mit einem sicheren gleichgültigen Griff, hätte Fressen gesucht und verteilt und hätte sich mit zufrieden atmenden Flanken im Lager bei ihnen eingerollt, hätte Hafer, Fleisch oder Kräuter gefressen und sich mit Klauen, Hufen und Zähnen gegen Insekten gewehrt.

Da sie ein Mensch war, beherrschte sie die übrigen wesentlichen Kräfte und lebte eigentlich, entgegengesetzt der allgemeinen Ansicht, genau wie andere, das heißt sie hatte Sorgen, Freuden, Spannungen, Schwächen, faßte Vorsätze, verlangte von sich selbst Erfüllung erhoffter Wunder, verlor weder den Kopf noch den Mut, lag zuweilen völlig gestrandet auf Sand oder Felsenriffen und nährte sich von bitteren Kräutern, bis die Kraft eines unversiegbaren Humors sie wieder auf das hohe Meer warf und sie mit allen Segeln von dannen fahren ließ.

Johnny von Aign hätte alles haben können von seiner Frau. Aber er nahm nur ihre Oberfläche, und selbst für diese fehlte es ihm an Phantasie.

*

Tante Isis, wie sie genannt wurde, liebte den Neffen mit einer stummen, verstehenden Liebe, die niemand anzweifelte, die aber keiner, nicht einmal Albert, zu erkennen vermochte. Sie verbarg ihre Ansichten über ihn sorgfältig, teils weil es schwer war, gegen festgeprägte Familiensprichwörter aufzutreten, teils weil sie sich ängstlich davor scheute, ihn als den Liebling erklärt zu hören, was unbedingt erfolgt wäre, weil Miele Stortzing in ihrer offensichtlichen Liebe für den ihr nicht verwandten, aber durchaus als solchen angenommenen Vetter nicht zu überbieten gewesen wäre und Isis sich nicht imstande fühlte, die Superlative Mieles zu verdoppeln. Sie konnte warten – sie wußte mehr als jene, die sich des Wortes bedienten. Ihr heiteres Schweigen, so hoffte sie, würde eines Tages belohnt werden. Wäre sie eine Frau wie viele andere gewesen, würde sie sich ihre Liebe zu dem jungen Albert zu zeigen erlaubt haben, und zwar in den dafür üblichen Formen der Liebkosung und des Wortes, was ihr gewiß nicht schwer gefallen wäre, da sie das feine Gesicht der vergötterten, frühverblichenen Schwester in dem seinigen wiederfand. Sie tat es nicht, und Albert, obwohl er sich in ihrer Nähe frei und wohl fühlte, blieb verschlossener, als ihr lieb war. Sie fühlte aber mit dem Instinkt wahrer Liebe, daß sie dieses vermißte Entgegenkommen just in der Hand hatte, denn sie wußte mehr, als Tatsachen zu sagen schienen, und achtete Alberts Verhalten. Sie wartete den richtigen Augenblick ab. Nur Liebe kann das, weil Liebe nicht verlorengeht und die größte sich im kleinsten Augenblick nicht beengt fühlt und auch in Verdrängung nicht schmäler wird. Zeit gibt es nicht. Warten bedeutet darum nicht: mit Liebe aussetzen, sondern verdichten, aufstapeln: ein edler Wein.

Wäre sie eine Frau wie andere gewesen, hätte sie sich nicht gescheut, in Alberts Zimmer Nachforschungen zu halten. Viele Menschen tun das, sagen, es geschehe aus Liebe; würden zuweilen ohne Skrupel ein Tagebuch durchforschen, aus Liebe; um zu erkennen, ob der Junge nicht in Gefahr schwebt, und überhaupt mehr von dem geliebten Jungen zu erfahren.

Aber Tante Isis war nicht wie andere Menschen, auch nicht wie andere Frauen.

Sie hatte geheiratet, Kinder geboren und staunte noch immer darüber. Da sie klug war, Naturstudien getrieben und über die meisten Probleme nachgedacht hatte, mußte sie von der historischen Richtigkeit dieser Tatsachen überzeugt sein. Aber sie empfand nicht ihre Natürlichkeit: Natürlich erschien ihr das

Laufen, das Überspringen einer Hürde, das Hineinbeißen in Obst, das Schauen, das Aufhorchen, der Zorn, das Lachen, das Übersetzen des kleinen Menschenlebens in das große Leben der Welt, die Mitteilbarkeit des Erlebten, die Umhalsung des geliebten Dinges, die Tötung des gehaßten. Aber ihrem Gatten »du« zu sagen, ihn Johnny rufen, zumal in Gegenwart anderer, von ihm als »mein Mann« zu reden, sie tat es, gelassen und sicher – aber jedesmal mußte sie es bewußt tun, mit Überwindung des Unnatürlichen. Ihre Kinder hatte sie niemals in mütterlicher Verzückung auf den Popo geküßt, nie in Gegenwart anderer umarmt, sie hatte das physische Muttergefühl nie erlebt und wunderte sich so lange darüber, bis sie aufstellen konnte, daß es gewiß nur bei untergeordneten Naturen existiere, daß die wahre Liebe der Mutter eine väterliche sein müsse und daß es nichts Tieferes und Selteneres gebe als die seelische, ihre Kinder tief achtende Liebe des Erwachsenen, dessen Blick für ihr Glück durch keinerlei Triebhaftigkeit getrübt wurde, also sehend und weise blieb. Es konnte neben der Triebhaftigkeit der Liebe also auch nie die Triebhaftigkeit des Unwillens, einer Laune, einer Wut über ein etwas mißlungenes Kind bestehen – keine blinde Tigerleidenschaft fürs Junge und auch keine Tigergrausamkeit.

»Oh, ihr Mütter!« sagte Tante Isis manchmal zu sich selbst, wenn sie vergaß, daß sie viermal geboren hatte. Ihre Tochter, ein Jahr älter als Albert, war verheiratet, lebte auf dem Lande und fand ihr Leben so natürlich, als ein Leben sein kann. Die drei Söhne, siebzehn, fünfzehn und dreizehnjährig, besuchten das Gymnasium und befanden sich in einem Zustand der Aufkeimung, die sie von weitem überwachte, ohne viel dazwischenzufahren. Keiner war ihr gegenüber verschlossen, sie selbst aber fing nie an, sich ihnen zu nähern, so fügte es sich, daß sie sich selbst bemühten. Mit Albert war es eine andere Sache – ihn hatte sie erst übernommen, als sein Vater starb, das heißt, im Alter von dreizehn Jahren. Da war er schon ein fester Kern gewesen, schon von einer kleinen Schale überzogen und Tante Isis mußte erst zusehen, ob er abfärben würde, ehe sie den eigenen Farbton anzuwenden versuchen konnte. Es zeigte sich, daß sie beide verschieden, aber waschecht waren und gegenseitig miteinander zu rechnen hatten.

Ihr Nichtstuer von Bruder, Gregor, liebte den Neffen auch und nahm ihn gern mit, wenn er in die Stadt ging.

Es gibt im Organ männlicher Menschen eine Tonart, die man die Frühstücksstimme nennen könnte. Sie kracht wie frisches Brot, die Worte lösen sich gleich knusprig-gebratenen Kastanien aus den Schalen, während die Stimmbänder langsamer als Saiten der Baßgeige und nicht etwa in hohlem Rhetorenton vibrieren. Folge der Nachtruhe oder sorgfältig vorgenommener Waschungen, sicher ist, daß diese krachende Frühstücksstimme nur von wenig Menschen produziert wird.

So aber, wie bei manchen in der Früh, war Gregor Vormbachs Sprechorgan immer. Was anderen nur in den Morgenstunden zu gelingen scheint, konnte er zu jeder Tageszeit: angenehm sonor aus wohlgepflegter Gurgel krächzen. Seinen kurzen Oberkörper bettete er erfreut in den niedrigsten Lehnstuhl, die Beine hoch gekreuzt, in dem er den Knöchel des einen etwas oberhalb des Knies über das andere legte, daß er kleine Gegenstände wie Mokkatasse, Zigaretten, Aschenbecher auf der flachen Bahn von Schienbein zu Wade ablegen konnte. Er nannte das, einen Vierer machen. Er wußte mit seinen Beinen umzugehen, wie ihm beliebte. Die Natur hatte ihm zur Passion der schönen Fußbekleidung auch den schönen Fuß, den schmalen Knöchel, das flache Reiterbein gegeben. Er fluchte zwar über die Schuster, war aber stets vollendet beschuht. Wie jemand, der, was er sagen will, längst im Bilde sieht, aber zunächst persönlich genießen will, ehe er es anderen preisgibt, sprach er langsam und fast ohne Betonung. In nichts hätte man eine Pose entdecken können, trotzdem er manche kleine Angewohnheiten zeigte, wie das Blicken aus zweierlei Augen – in dem er das eine oval, das andere dreieckig vom Lid umrahmte, oder ein gewisses kindliches Lecken, womit er Erklärungen einleitete. Sonst ließ er die einzelnen Teile seines Gesichts hängen wie ein Dachshund seine Ohren.

Die Art seiner Gescheitheit war das Resultat einer strengen Erziehung, die zunächst die Beherrschung aller Phasen der Bescheidenheit bis zum Takt forderte. Nichts scheint das Denken schärfer zu einer Spitze zu schleifen wie die Furcht, durch Reden vorlaut zu wirken.

Dieser Mensch ohne besondere Superiorität war zum idealen Dritten prädestiniert.

Wenn Gregor seinen Neffen Albert ansah, überlegte er sich jedesmal dessen mögliche Beziehungen zum weiblichen Geschlecht. Zuweilen ließ er ein ganz zerstreutes »Na« fallen und meinte damit, daß der Junge es nie zum »Herzensbrecher« bringen würde und daß man sich dabei beruhigen müsse, es sei eben unabänderlich. Die Familie, mit Ausnahme von Tante Isis, war auch davon überzeugt, daß Albert zwar ein strebsamer junger Mann sei mit vielseitiger Begabung, daß er aber wohl nicht heiraten könne, sich überhaupt mit diesem Problem nicht befasse. Insofern stimmte diese Ansicht mit der Wirklichkeit überein, als Albert tatsächlich nie daran dachte – dafür allerdings um so flammender die Hingabe seiner Seele an die Gottheit seiner Tag- und Nachtträume empfand.

Noch sah er jene nicht in ihren Umrissen, doch spürte er ihr Übergewicht, und sein Auge war im voraus geblendet, so daß der Blick längst eine weiche, abwartende Ruhe in Lid und Augenstellung angenommen hatte, wenn er ihn nicht gerade zur Beobachtung irgendwelchen Phänomens der Natur gebrauchte. Albert Kerkersheim war nicht groß, so zart im Bau wie in der Gesichtsfarbe. Was er in die Augen faßte, das hielt er, und aus ihnen strahlte etwas Helles mit einer Kraft, die jeden überzeugte, noch ehe er gesprochen hatte. Er glich dem englischen Jockei alter Stiche. In der Nähe der grauen Augen machte die weiße Stirne zur weißen Nase eine scharfe Ecke, die mit spärlichen Augenbrauen besetzt, aber gut schräggeschweift war und eine deutliche Grenze zwischen Schädel und eigentlichem Antlitz bildete. Der Mund, groß und kindlich, nicht aber naiv, zeigte mit den Ohren das einzige Rot in diesem überzarten Gesicht, das ein langer, etwas nach vorne geneigter Hals zu tragen hatte. Daß er einen unförmlichen Schuh wegen der Verkürzung des linken Beines trug, schien ihn nicht zu beschäftigen. In Wirklichkeit aber war dieser Umstand die Ursache geheimgehaltener Verzweiflungen. Sein Schönheitssinn litt wie sein Temperament, das mit dem beschwerten Körper nicht Schritt halten konnte. Immerhin hatte sich sein Geist darein finden müssen, da schon das zarte Kind mit der Tatsache einer unnormalen Körperbeschaffenheit und Entwicklung zu rechnen gehabt hatte.

Die Mutter war früh einem Lungenleiden erlegen, der Vater in den Tropen einem Fieber zum Opfer gefallen, als Albert unter Lehrern und Ärzten, seiner Anlage gemäß, Beobachtungen zu Theorien umwerten konnte. Er lernte einfach, ohne sich dessen so recht bewußt zu werden, Menschen und Weltzustände kennen, wie sich allmählich dem weidenden Jungvieh die Geheimnisse einer Wiese erschließen.

Keinem Studium gab er sich, älter geworden, mit größerer Spannung hin, als der Beobachtung der Familienmitglieder, obzwar er nicht immer erfassen konnte, warum die Dinge so lagen, warum *solch* ein Wort gefallen war und nicht ein *anderes*, weshalb Tante Isis bei dieser Gelegenheit geistesabwesend da saß, wie Onkel Johnny wohl denken mochte, wenn er so sprach oder wenn dies oder jenes geschah. Nichts entging ihm; die Zeit aber sollte ihm erst Aufschluß bringen. Seine Onkel, die beiden Schwäger zu vergleichen, brachte ihn auch zu den glücklichsten Einfällen; es konnte nichts mehr Verschiedenes geben, ohne daß sich die Natur etwa grotesker Mittel bedient hätte, die Kontraste herzustellen, nichts schärfer Entgegengesetzteres, und doch würden sie beide zu sehr ähnlicher Wertschätzung gesunken sein, hätte man sie einem Menschen gegenübergestellt in der Art von Balzacs Médecin de Campagne. Wenn Albert einem Abbé, so glich Gregor einem Kardinal des achtzehnten Jahrhunderts. Er hatte trotz seiner jungen Sechsundvierzig eine merkwürdige Alteherrengewohnheit: er hielt sich ein Nasentröpfchen, ohne es je zu verlieren, das er, so schien es, pflegte, wie ein anderer seine

Haarwelle. Kristallklar glänzte es fast immer an seiner großen, umständlich verknorpelten Nase. Sein hellbraunes Raucherauge blickte schelmisch, aber etwas glotzend über sie hinweg, während ein paar Haare mongolisch träg rechts und links am Munde verliefen, als Schatten eines Schnurrbartes. Seine Finger konnte er biegen wie Lederriemen, seine Faulheit war so organisiert, daß sie wieder nach Arbeit aussah. Die Sorge um sein Wohlergehen glich einer Leistung.

Onkel Johnny aber arbeitete von früh bis spät mühelos, als sei er aus Holz und Stahl gemacht. Nie sah er ermüdet aus, schlief nie länger als von vierundzwanzig Stunden sieben. Die Welt hielt ihn für einen schönen Mann, photographische Linsen wandelten seine blonden Haare und die stahlblauen Augen in schwarze um, so glänzten sie, noch heute bei seinen achtundfünfzig Jahren. Er vertrat in der Familie das Gesetz, die Rechtschaffenheit, das Deutschtum, die Bildung in jeder Form. Er konnte Monologe halten über Wagner, Goethe, Michelangelo, Rabelais, schwärmte für englische Maler und griechische Tragödien, zitierte geschickt aus Shakespeare und sammelte Luxusausgaben aller Bibliotheken und Pressen.

Dem Neffen hatte er angeraten, Jus zu studieren und ihm die diplomatische Karriere als die für ihn geeignetste hingestellt, wozu Tante Isis nie beistimmen konnte und Albert nicht viel erwiderte. Er hatte den heimlichen Wunsch, Schriftsteller zu werden, hatte mit einer Serie von Sonetten begonnen, die er bei der Nummer acht abbrach, um für ein Possentheater seiner Erfindung Kasperlstücke zu schreiben. Niemand störte ihn ja in seinen unter dem Dach gelegenen Zimmern, denn seine Nachbarn, die Vettern, konnten nicht über den Vorraum, der, in zwei Teile getrennt, einzeln abgesperrt wurde. Alberts Wohnzimmer zeigte vier Wände, die, bis zur Decke mit Büchern bestanden, nur wenig anderem Hausgerät Platz gönnten. Selbst die tiefen Fensterbuchten gaben hohen Fachgestellen Raum, ein weißer Kachelofen, ein Schreibtisch ohne Aufsatz, zwei Lehnstühle und noch ein schmaler, mit Reißbrettern, Papieren und Büchern belegter Tisch standen auf der safrangelben Filzbespannung des Bodens. Hier, in Gesellschaft einer kurzhaarigen blauen Katze und seinen zweitausend Bänden aus dem Nachlaß des Vaters, gehörte Albert seinen Träumen, die meist den Anschluß an die Wirklichkeit in dem Vorsatz fanden:

»Ich muß mit Lanner sprechen.« Der Vater war gewesen, was man in damaliger Zeit in katholischen Kreisen einen Liberalen nannte, das heißt ein geistig nicht beeinflußbarer, eigenwilliger Charakter mit liebenswürdigem Humor und Bescheidenheit dort, wo jene in ihre Denkuntauglichkeit Dogmen vorschoben. Dieses »Ich muß mit Lanner sprechen« Alberts hatte noch nie ohne Zeugen stattgefunden. Er brachte dem Dichter rückhaltlose Bewunderung entgegen, fand die Sprache seiner Schriften mit keiner anderen vergleichbar und liebte seine barocke Art, die Menschheit abwechselnd zu streicheln und zu geißeln. Mit Lanner von Büchern zu sprechen, von guten und dummen, von falschen und vor allem von dem Menschen als Problem, vom Menschen in all seinen Phasen und Phrasen, welches Glück! In jüngster Zeit hatte er sich Wachstuchhefte besorgt, in die er Buch führte über Gedanken, Erlebnisse, Pläne. Niemand hatte ihn dabei je angetroffen, es blieb ein Geheimnis zwischen ihm und seiner Katze Glauka.

IV

Achtundvierzig Stunden nach dem Vortrag begann Lanner selbst zu fragen und Gregor konnte sich überzeugen, daß sein Freund keine Erinnerungen von jenem Abend behalten hatte, sondern von den Einzelheiten, die ihm Gregor aufzählte, peinlich berührt, nichts von dem Lokal wußte, in dem sie nachher zu dritt gesessen, am wenigsten der Art und der Morgenstunde, in der sie nach Gregors Wohnung gezogen waren.

»Was sagt denn der da oben?«

»Albert?«

»Nein, das ist einer, auf den man bauen kann – aber Onkel Johnny, der Nervenprophet?«

»Das übliche: verschrobener Phantast; haltloser Charakter – Säufer –«

»Warum das letzte ohne Attribut? – Wie sagt man da übrigens: verkommener Säufer, gewissenloser Säufer, unheilbarer Säufer – Was meinst du?«

Gregor war zufrieden, den Geretteten wieder bei gewohntem Humor zu finden und wagte sich mit geistlichem Zuspruch hervor, da er sich Lanners vorgestrige Haltlosigkeit nicht zu erklären wußte.

»Weißt du – Spaß beiseite – du bist schon… ich verstehe dich nicht – ich halte ja immer zu dir… Hast du denn… vorher… *auch* gesoffen?«

»Gewiß habe ich das!«

»Aber das ist doch sonst nicht so folgenschwer – ich zum Beispiel… vertrage…«

»Lassen wir das!« Über Lanners Augen ging ein tiefer Schatten. »Es ist eine Sehnsucht in mir nach Etwas… die ich nicht in Worten sagen kann. Sehe ich in Stoffen Falten, da auf dem Tisch zum Beispiel, so bohrt sich mein Blick in die innersten Winkel und fühlt etwas wie Beruhigung. Die Menschen blicke ich an mit dem heiligen Ernst eines Irren und sage mir: ›Du bist es nicht, du bist es nicht und du bist es ebensowenig – ich suche es überall…‹ Habe keine Angst, ich fange nicht wieder an.«

Er starrte auf die alte grüne Tischdecke und zog an der Zigarre.

Sein Auge schien plötzlich zu lächeln.

»Ich weiß, was du jetzt denkst,« meinte er, »sage es nicht, Gregor!«

»Ich sage es dennoch… ich meine ja nicht, daß du heiraten sollst, ich tue es vorläufig auch nicht, wahrscheinlich nie – weil ich mit einer nicht reiche… aber dir fehlt…«

»Es fehlt viel«, unterbrach Lanner, »aber das nicht. Höre: Beim Aufzählen der elementaren Notwendigkeiten fällt uns spontan ein: das Essen, das Trinken, das Schlafen.«

»Und!!!« Gregor Vormbach glich einem Fuchs, der sich die Lefzen leckt.

»Meinetwegen: und die Stillung der Sinnenlust. Du bist ein Primaner, Sankt Gregor. *Aber* niemand denkt bei meiner Aufzählung an das elementarste Bedürfnis: die Flucht. Sie gilt als ein Produkt der Feigheit, während sie, richtig angewendet, der Weisheit entspringt. Regelmäßig wie Essen und Trinken *sollte* das Fliehen eingehalten werden. In der Regelmäßigkeit liegt ihr Wert. Dadurch entfiele auch der verpönte Beweggrund der Feigheit.

»Aber weshalb fliehen? Vor was?« wunderte sich Gregor, der sein Leben auf das Gegenteil der Flucht aufgebaut hatte, vorausgesetzt, daß nicht damit Arbeit oder Altruismus gemeint war.

»Vor was? Vor dem, wozu uns die zivilisierten Menschen machen, und natürlich vor den Zivilisierten selber. Wichtig ist aber, daß wir ungestört zu uns gelangen, und uns in die Hand nehmen, prüfen, verbessern, stärken, damit wir uns lieben, achten können. Abhängigkeit, Duldsamkeit, Rücksicht, im Umgang mit den Nächsten könnte dabei wichtige Lebensfasern abtöten. Die

Einsamkeit ist aber auf die Dauer ebenso schlecht wie das Leben ohne die Flucht. Richtig dosieren – nur dann können wir noch vor dem Tode, wie ein großer Dichter sagt, ›unserer Seelen endlich habhaft werden‹. Um dieses innere Leben nicht zu verlieren, fliehe der Mensch regelmäßig, wie er regelmäßig, um das Leben seiner Organe nicht zu gefährden, ißt und schläft. Höchst unwichtig wird dann, ohne daß er genötigt ist, dies zu zeigen, das äußere Leben, sein bürgerliches, öffentliches, sein Familienleben. Und nur dann vermag er auch dieses als ein Weiser weise zu gestalten.«

Das war zuviel für Vormbach, und Lanner wußte es. Aber – aus Freundschaft hörte Gregor immer zu, deshalb konnte Lanner ruhig weiter gehen, als der Freund zu fassen vermochte.

Nach kurzem Nachdenken wußte Gregor nichts anderes mit seiner tiefen Stimme, die wie brennende Holzscheite krachte, zu sagen, als:

»Aber – *du* bist im richtigen Augenblick nicht geflohen – du hast einfach gesoffen!«

Lanner rückte wie ein Raubvogel seinen Kopf aus dem Halse.

»Gesoffen? Die paar Lackerln Alkohol? Nicht der Rede wert. Ihr kennt das eben nicht. Ich hatte das schon als ganz junger Mensch. Mein Gott – wärt Ihr nur etwas mehr Feuer und Flamme! Brennende!«

»Oh, das weißt du nicht – nur rede ich nicht davon –«

»Ja, ja – mit einem *Teil* Eurer selbst, aber so *ganz* entbrannt, wutentbrannt, augentbrannt. Bringe mir den jungen Albert. Der ist zu machen. Lasse ihn nicht durch Onkel Johnny verbiegen.«

»Keine Gefahr!«

»Bringe ihn mir öfter. Das ist ein Philosoph. Noch ist er Kind, schwitzt im falschen Augenblick. Ihr sollt zu mir nach Vau herauskommen. Aber ja ohne den oberen Onkel. Der lähmt. Man schone mich.«

»Schade, daß du *sie* so wenig kennst.«

»Deine Schwester? Sie ist eine Frau – weißt du… die..

»Na ja.«

Jeder saß hier vor einem Thema. Es gibt ein starkes Gefühl, das am Sprechen hindert: das Bewußtsein, jedes Wort erst durch sieben andere erklären und verteidigen zu müssen. Da schwiegen sie also lieber.

»Ja«, begann Gregor und schnüffelte auf, wie es seine Gewohnheit war, »ja, der junge Albert, ein Kind. Ansichten hat er – –«

Und er blies wieder abwärts. Seine Nase war infolge der fortgesetzten Lüftungen, Schleusenmanipulationen und infolge ihrer Länge ewig kalt und von spiegelnder Glätte an den Rändern ihrer Flügel und am Knorpelsteg.

»Die Ärzte sagen, er hätte in schlimme Geschichten kommen können, wäre nicht rechtzeitig eingegriffen worden. Studieren soll er ein halbes Jahr lang nicht.«

»Das holt er spielend nach – Seele und Geist hat er. Das fehlt Euch – na – Gregor, du bist ja eine Seele von einem Hund – verzeih.«

Aber Gregor dachte nicht daran, gekränkt zu sein. Erstens saß er zu bequem in seinem tiefen Lehnsessel, die Beine zu einer Vier gekreuzt – die Mokkatasse auf dem flachen Oberschenkel, er *konnte* einfach nicht anders sitzen; zweitens war er beschäftigt mit einem seiner hellbraunen Augen, auf die Zigarre zu schielen, deren Spitze er genießend beroch – und endlich war er doch ein wenig geschmeichelt, der Freund des berüchtigten Schriftstellers zu sein, und so gestattete er ihm jede Wendung und jede Spitze.

»War Raßmann da?« forschte Lanner.

»Ja, Raßmann war da.«

»Was für ein wundervoller Arzt. Tut alles für einen, und ist immer unsichtbar. Was sagte er dir?«

»Nichts. Nur daß ich dafür zu sorgen hätte, daß dich niemand stört.«

»Ja, er kennt mich. Darum kann ich auch jahrein, jahraus mit ihm leben. Er und seine kleine Mutter sind die eingeborenen Gäste von Vau.«

»Johnny hält nicht viel von ihm.«

»Weil er nicht praktiziert.«

»Und weil er ihn immer alles fragen kann, ohne fürchten zu müssen, daß er ihm nachher unbequem wird.«

»Raßmann hat die Geduld eines Anglers; ist der Fisch am Haken, so läßt er seinem Zuschauer das Vergnügen des letzten Rutenschwunges. Auf den Fisch verzichtet er.«

Lanner erhob sich. Er fühlte sich im Gleichgewicht.

»Kommt nach Vau, du und Kerkersheim.«

Als Gregor allein war, dachte er nicht mehr an das Vorgefallene, auch dem Freund sandte er keine besorgten, zweifelvollen Gedanken nach, suchte auch nicht den Zusammenhang zwischen Gewußtem, Erlebtem und einem noch nicht entdeckten X; sondern er besah mit etwas schwimmenden Augen seine Schuhe, die in ihrer polierten Bräune, sicherlich von ärztlich geprüften Händen liebevoll gerieben, auf Hölzer gespannt, jetzt seinem Fuß wieder angegossen und angeschnallt, bearbeitetem Buchsholz glichen.

Dann stellte sich automatisch das Bild vom Weibe ein, wofür er gerne das spanische Wort mujeres gebrauchte. Es wechselte in undeutlichen Umrissen. Bald sah er es dreizehnjährig in der schwarzen Alpakaschürze mit den tanzenden Augen der gewitzigten Geographieschülerin, die in Kalkutta zu Haus ist oder die Sitten und Gebräuche der Patagonier aufzählt, ohne zu lächeln, bald schwebte an ihm eine zärtliche Schulterbewegung vorüber, die er im Foyer des Theaters blitzartig registrieren konnte, bald erinnerte er sich eines unendlichen Seidenstrumpfes, der sich fehlerlos über ein Bein schmiegte, eines weißen Gebisses zwischen lustiggeschwungenen Lippen, honigfarbener Haarbrandungen – denn Wellen genügten ihm nicht – sah Bänder und Hände, vernahm behexende Worte aus einem dahinschmelzenden Organ, verlor sich in gerührter Dankbarkeit und fand sich siegreich wieder in nie angezweifeltem Selbstvertrauen.

Viel Schwung brachte Gregor Vormbach nicht auf – aber was *er* Feuer und Flamme nannte. Die mondäne Frau liebte ihn, abgesehen davon, daß er eingehendes Verständnis für ihre Art und Unart zeigte, wegen seines Aussehens, der Kleidung, seiner Stimme, seiner Sybaritenansichten, insbesondere aber, weil er mit einer fast kindlichen Gutmütigkeit des Augenblickes eine gewisse vorsichtige, kalte Vernunft da anwandte, wo er nicht mitgerissen werden wollte. Und diese scheinbare Uneinnehmbarkeit erhöhte seinen Wert; auch galt er in wichtigen Dingen des Geschmackes als unfehlbarer Schiedsrichter.

Sein guter Name, seine Unabhängigkeit, sein Junggesellentum sicherten ihm die Güter und Vorteile, deren Besitz Lanner als zeit- und geistraubend verwarf.

Er bewohnte im Hause seines Schwagers geschmackvoll eingerichtete Zimmer und genoß die Bedienung einer kleinen Familie: Sein Diener war der Mann der Köchin, und deren Tochter versah den Haushalt. Es ging alles wie auf Rollen, denn die Köchin war ein Drachen mit Rauch auf dem Kopf. Da sie aber ungefähr achtundachtzig verschiedene Eierspeisen zuzubereiten verstand und Hummer in Madeira, junge Gemüse jung ließ, Fleisch dagegen richtig ausreifen, zudem mindestens hundert ideale Mehlspeisen kannte, und da zu alledem Gregor Vormbachs frisch gebügelte Wäsche ihm beim Anziehen nie Kummer, sondern eine wirkliche, ungläubig hingenommene Freude bereitete, so war dieses ideale Reptil – das aus einer Manschette wieder eine Manschette und keine Säge bügelte, ein Tier, das man unbedingt unter allen Umständen in seinem Hause hegen mußte.

Nach einigen Augenblicken faulen Glotzens wurde Gregor mit einem Male Händler und sah, sich umwendend, nach einer ziemlich blau gehaltenen Ölskizze, die eine Gähnende darstellte, deren Glieder nach allen Himmelsrichtungen ausgestreckt, einem fleischgetönten Schal entsprießten. Gregor besaß genug erworbenes Kunstverständnis, sich nicht mit falschen Kunstwerken zu umgeben. In diesem Augenblick freute er sich des billigen Kaufs, genoß immerhin auch hebend den schönen Farbenton an seiner Zimmerwand, die er hatte weißen lassen, wozu sich der Hausbesitzer, sein Schwager, mühsam entschließen mußte, da ihm Stoffbespannung allein edel genug für ein sogenanntes Herrenzimmer erschien, wenn schon Holztäfelung verschmäht wurde. Johnny hatte gefestigte Ansichten. Menschen fühlen sich selten gezwungen, Rückschlüsse zu machen. Erlebnisse schweben an ihnen vorbei, fast ohne sie zu berühren, werden nicht prüfend zerlegt, nach Wurzeln durchsucht, auch nicht mit anderen verglichen, noch weniger wird für sie nach einer vorhandenen oder zu prägenden philosophischen Formel gefahndet: Es wird nicht gedacht, oder wie es im Sprachgebrauch so treffend heißt, sie denken nicht *nach*, was so viel bedeutet, wie hinter ein voranjagendes Problem zu setzen oder einem verflossenen Ereignis die Fülle auftauchender Gedanken zurückzusenden.

Mit solcher Arbeit war auch Gregor nicht gewohnt, sich zu befassen. Diese Enthaltsamkeit hatte ihn jung erhalten, wenn auch etwas holzig werden lassen; so gefiel er sich indessen und begriff nicht, wie sich seine Freunde und die Öffentlichkeit ernster mit dem eigenartigen Vor- trag Lanners beschäftigen konnten als er selbst. Er beruhigte sich ein für allemal bei dem Gedanken »Lanner hat gesoffen«, hätte es aber für eine Taktlosigkeit gehalten, anderen diese Erklärung zu geben. Auch fand er Gefallen daran, die Leute im Dunkeln zu lassen, zumal er verlegen gewesen wäre, viel mehr zu sagen, war er doch am Abend der Vorlesung ziemlich unachtsam auf seinem Platz in der dritten Reihe gesessen, da er in der Betrachtung einiger frischhautiger Hälse, hochkantiger Füße und verlorener Profile von Köpfen und Körpern versunken war, und sich des intensiver werdenden Vortrags eher freute, der ihm gestattete, mit ungeschützten Blicken die Erwählten in der Menge kundig zu zerlegen.

Es läutete.

Bald darauf trat Albert Kerkersheim ein.

Onkel und Neffe standen gut miteinander. Der Jüngere tastete, forschte, erwarb Kenntnisse über den andern, dem Älteren kam ein Suchen nicht in den Sinn, manchmal spielte er den Pädagogen, zuweilen vergaß er diese Rolle ganz und gar, immer aber glänzte sein Gesicht, wenn er den Neffen kommen sah. Er merkte nicht, daß dieser sich nicht offenbarte, sondern freute sich an der bescheidenen Kindlichkeit des jungen Albert, den Lanner einen Philosophen genannt hatte.

»Das ist gescheit, daß du kommst. Wir können zusammen ausgehen. Gerade wollte ich mich anziehen.«

»Eigentlich müßte ich zu meinem Schreinermeister.«

»Blödsinn, Schreinermeister. Was soll dir das helfen. Der macht dich auch nicht gesund. Übrigens siehst du viel besser aus. Du sollst nicht da in der Werkstatt hocken.«

»Onkel Johnny sagt, du gibst mir schlechte Ratschläge.«

»Na, gibt er dir vielleicht gute? Das mit der Werkstatt ist Unsinn. Du sollst an die Luft.«

»Onkel Gregor«, wagte Albert mit einem lustigen Niederschlagen der Augenlider, »erzähle von dir – warum sagt dir Onkel Johnny immer, daß du Dummheiten machst?«

»Weißt du, Albert, in Punkt Dummheiten habe ich wirklich eminente Sachen gemacht. Aber das versteht Onkel Johnny nicht. Ich habe nie begriffen, wie er eine von uns hat heiraten können. Wir sind so anders.«

»Aber von Tante Isis sagt man nie, sie macht Dummheiten.«

»Sie hat eben auch nie welche gemacht.« »Sie hat wirklich nie welche machen *können*.« »*Können* will ich nicht sagen.«

Er schnüffelte auf. »Ist sie nicht schön?« »Tante Isis?«

»Na ja, Tante Isis, natürlich! Sieht sie nicht aus wie ein Araberschimmel? Apropos«, sein hellbraunes Auge verklärte sich.

»Was?«

»Mein Pferd, du weißt, ich habe ein Pferd!«

»Ein Pferd?«

»Ja. Das heißt, es gehört mir nicht.«

»Was ist das für ein Pferd, Onkel Gregor?«

»Du wirst sehen. Fabelhaft. Was *das* kann. Man muß es kaufen. Der Mann weiß nicht, was er hat. Irgendwo gestohlen muß er es haben.«

»Aber – er wird dann merken, daß es dir so gefällt... und dann...«

»Was dann?« erwiderte Onkel Gregor mit einer Kopfbewegung, die einen Stoß mit dem Ellbogen bedeuten sollte.

»Ob es billig ist? und – hast du einen Stall und Hafer und einen Mann, Onkel Gregor?«

»Das ist das Entsetzliche«, gab er kleinlaut zu. »Aber das Pferd ist eine Perle. Was das kann! Leider geht es Paß... aber eben so fabelhaft schnell und ruhig, wie nur Paßgänger gehen. Und dann erinnert einen das an den Orient... Klein ist es auch.«

»Welche Farbe?«

»Die gewisse helle, graue Rostfarbe, die entsteht, wenn man ein braunes Pferd rasiert. Und sanft wie eine Häsin. Eine Stute. Man kann dann von ihr ziehen.«

Er sah sich als glücklicher Vater von einem Dutzend hoffnungsvoller Fohlen.

»Wo hast du sie entdeckt?«

»Sie ging mit einem Fuchs. Beide waren an einen Kremser gespannt und gingen wie der Teufel, aber nicht weil der Fuchs, sondern weil die Stute wollte, wie in einer guten Ehe. Der Mann ließ mich aufsitzen, so habe ich sie studieren können.«

»Wirst du sie kaufen?«

»Ja, das ist das Entsetzliche... wenn man Geld hätte –«

»Und den kleinen Greuze, den du neulich kaufen wolltest?«

»Ja... Wenn du das Tier gesehen haben wirst, wirst du begreifen, daß man zögert zwischen beiden. Der Mensch braucht das Pferd, der Mensch braucht auch das Bild, und dann noch andere Dinge...« Er sah den Neffen mit der Nase an.

Albert war gekommen, sich nach Lanners Befinden zu erkundigen.

»Wie geht's ihm?«

»Längst in Vau! Ausgezeichnet geht's ihm. Er liebt dich übrigens. Wir wollen zu ihm nach Vau fahren, du und ich zu seinen berühmten Essen.«

»So gut?«

»Das auch – aber – wenn das Onkel Johnny wüßte! Nur Eingeweihte kommen und wissen sich dabei zu benehmen. Du wirst ja sehen. Aber nicht davon reden – oben.«

Albert war verschwiegen wie alle, die die Augen offen halten; er hatte zu bald bemerkt, wie die anderen die ihren schließen – und Schlafende zu erwecken, war seine Sache nicht. Er hatte schon beobachtet, daß unerwünscht Geweckte meistens mürrische Laune zeigen, und es wurde für ihn selbstverständlich, von der Einladung nach Vau nichts verlauten zu lassen.

Voll Hochgefühl wie er war, wußte er doch, auch vor Onkel Gregor die geheime Freude zu verbergen. Gespannt, was es mit dieser Tafelrunde für Bewandtnis hatte, näherte sich seine Vorstellungskraft dem Begriff der Orgie, und das freute ihn erst recht in seinem Durst nach Wissen über das Leben in seiner Gesamtheit wie in dem geringsten Funken, der, aus dem großen Herd vor seinen Augen schießend, niederging. Er mußte die Zusammenhänge greifen und begreifen.

»Wann fahren wir hinaus?«

»Das weiß ich nicht. Übrigens ist Onkel Johnny gekränkt, daß er lieber zu mir kommt als zu Euch. Lanner sollte ihm wieder einen Besuch machen.«

»Onkel Johnny findet ihn ja unausstehlich.«

»Ja, weil Lanner die Gesetze der Gesellschaft nicht einhält.«

»Er will vielleicht nicht zur Gesellschaft zählen, Onkel Gregor.«

»Jjaa – das weiß man; aber er schadet sich.«

»Warum hast du ihn in das Lokal gebracht, Onkel Gregor?«

»Ich? Er ging ja ganz von selbst hin. Wir sind ihm nur gefolgt.«

»Mir gefällt er – aber ich hatte zum ersten Male Angst um ihn.«

»Das ist nichts. Dir will ich's sagen – er hatte *vorher* gesoffen. Überhaupt, er hat den Säuferwahnsinn.«

Das konnte Albert nicht glauben. Freilich, er kannte ihn kaum – aber bestimmt, Lanners Art hatte mit Alkohol nichts zu tun. Ihn mußten andere Räusche beherrschen. Aber ganz konnte Kerkersheim die Verbindung zwischen Hirten, Propheten und Diogenes nicht herstellen. Er fand ihn fromm, aber zuweilen sah er, daß Lanner auch zynisch werden konnte. Er versuchte dem Onkel diese Wirren zu zeigen.

»Wie geht das zusammen?«

»Oh, sehr gut, eins nach dem anderen. Ich habe ihn schon ausschließlich als Diogenes gesehen, und einmal weinte er wirkliche Tränen in meiner Gegenwart, weil eins seiner Tiere krepiert war.«

»Tiere?«

»Ja, in Vau hat er eine Menge Tiere.«

»Oh, das ist schon viel besser; aber wo ist der Bruch, wo ist und warum ist irgendwo ein Bruch in ihm?«

Aber Vormbach legte weniger Wert auf die Ergründung dieser Frage. Das mochte Albert fühlen. So steckte er den Philosophen ein und war ganz Neffe.

»Onkel Gregor, gut bist du immer angezogen! Und auch gewachsen wie sich's gehört.«

Vormbach hörte das gern; wer nicht? Indessen, solche Bemerkung freut den am meisten, bei dem sie nicht ganz zutrifft; obwohl der Onkel Gregor sie völlig verdiente, zeigte er dennoch einen Augenblick lang unter seiner langen Nase ein paar glückliche Zähne, und besah sich selbst über die Schulter in sympathischer Verlegenheit mit einem Auge, das sich anstrengen mußte, um über die hohe Nasenwand hinüber zu schielen, während das andere nur herabzusehen brauchte.

»Es ist wahr«, dachte er, an Lanners vorgestrige Bemerkung anknüpfend, die ihm eingefallen war, »es ist wahr, dieser kleine Neffe von mir hat einen klugen Kopf.«

»Weißt du«, meinte er, »Frauen lieben gut angezogene Männer. Das ist sehr wichtig. Leider verstehen sie nichts, man muß daher selbst viel darüber wissen – es wirkt dann um so sicherer.«

»Eine Frau«, dozierte Albert, »die etwas an mir liebt, ohne es zu verstehen – –«

Er schüttelte irgendwie entmutigt den Kopf ohne den Satz zu vollenden.

»Wichtig ist nur das Gernhaben!« sentimentalisierte Gregor und roch beseligt an dem nassen Ende seiner Zigarre.

»Ich sage dir, wichtig ist nur das Gernhaben. Meinetwegen versteht sie sonst nichts. Aber wenn sie bei meinem Anblick glänzt und lächelt! Komme erst einmal auf den Geschmack und dann benachrichtige mich.«

»Ich meine, Onkel Gregor, was fängst du mit ihrem Glänzen und Lächeln an, wenn sie dich nicht versteht?«

Der Onkel himmelte mit seinen rauchverbrannten, hellbraunen Augen.

»Bitte, belehre deine Großmutter nicht, du hast von nichts eine Ahnung.«

Da war wieder so ein Punkt, wo Albert wie ein Schnellkünstler seine Natur rasch unter die Neffenhaut huschen ließ, weil er, sehr bejahend, anders dachte, und um den Onkel zu reizen, zu verallgemeinern begonnen hatte. Er wollte von Miele Stortzing sprechen, die, von allen geliebt und geschätzt, mit der Familie lebte und auch von ihm als eine außergewöhnlich ethisch veranlagte, dabei hübsche junge Dame anerkannt werden mußte, die nichts als Gutes wollte, nichts als das Glück der andern, nichts als die Befriedigung gewährende Zuversicht: ich habe geholfen, ich habe mich nützlich, ich habe es allen recht gemacht. Aber einmal im falschen Augenblick hatte sie, die fast zehn Jahre ältere, dem damals etwa Vierzehnjährigen »Burschi« gesagt. Und dieses Wort hatte er ihr nie verziehen, hauptsächlich weil er es ihr nie hatte zurückschleudern können.

»Gehen wir! Gehen wir! Zieh dich an, mein Neffe, lasse deinen Schreinermeister fahren, ich zeige dir mein Wundertier.«

Albert sagte zu.

V

Die Katze Glauka saß mit Vorliebe auf Kerkersheims Wachstuchheften, wenn er sie aus der Schublade, wo sie aufbewahrt wurden, hervorholte und auf den Tisch legte. Bevor er schrieb, blätterte er zuweilen in dem zuletzt Eingetragenen.

März 89. Es könnte schon ein herrliches Leben sein, wenn da nur wäre: Cadmium, grüner Zinnober, Indigo, stil-de-grain, rose-de-Chine... mais il y a la question de la femme...

Und dann gibt es stille und aufregende Landschaften, auch Bücher, die einem allein gehören. Übrigens denke ich nicht daran, Maler zu sein. Mein Auge sieht, das ist richtig; meine Hand enthält sich.

*

Glauka heißt meine Katze. Sie ist blau wie ein Sternsaphir. Wenige Menschen in Deutschland kennen das Tier Katze. Es ist grobe Unkultur, nur vom Hunde zu wissen. Jeder sagt, und glaubt dabei originell zu sein, »ich weiß nicht – *mir* ist sie *direkt* unangenehm; eventuell (e-wenntu-Ell) im Hause, der Mäuse wegen (Genitiv), aber im Zimmer nie!« Gegen anerzogene Idiosynkrasien läßt sich wirklich nichts machen. Onkel Gregor sagte einmal, in Deutschland könne auch niemand fahren, immer rissen die Leute am Zügel. Tante Isis wollte ihrem Bruder antworten und begann einen Satz mit: »Die wenigsten deutschen Männer...« dann brach sie ab. Ich hätte große Freude am Umgang mit dem Pferd – aber leider – – Dazu werde ich's nie bringen.

Onkel Gregor leitet seine Sätze häufig mit den Worten ein: »Frauen und Pferde«.

*

Das Gehen ist eine Frage von Bau. Der Bau ist aber kein Zufall, möchte ich glauben. Vielleicht irre ich mich. Im Gehen Parketthölzchen legen. Vorwärtskommen, nicht wackeln; nicht steif und nicht »elastisch« wie Heilande der »Heilsarmee«, und wie dämmerhaft schöne Lords aus deutschen Romanen. Warum schrieb ich den Blödsinn »Question de la femme?«

*

Die Männer aller Völker haben, ehe sie dachten, Gefäße gemacht, vor deren Schönheit wir staunen. Symbolisch, sicherlich unbewußt, formten sie, wonach sie trieben: Gefäß, Öffnung. Die Bewegung des Töpfers, die ewige schöne Bewegung: Liebkosung des Tones, des Randes, der Rundung, bis die Form steht. Die erste Schöpfung: Ein Weib? Nein: Eine Vase.

Der Forscher sagt: Nahrung, Wasseraufnahme. Gewiß. Aber jede Hohlform würde genügt haben. Wozu die Überproduktion, wozu die Ausschmückung? Wozu die herrliche Form, die wie ein Körper ohne Glieder ist? Es gibt vielleicht nichts anderes? Wird immer wieder das, was wir sind, wenn wir etwas beginnen? Gott schuf... nach seinem Ebenbild.

Mein Vater starb vor acht Jahren. Ich sehe es immer wieder – ich werde das Bild nie und nimmer verlieren. Übers Meer kam er zu uns heim – es war im Dezember. Todkrank. Einige Wochen lang blieb er bei uns... Ich sehe alles jetzt mit geschlossenen Augen: Der Orion hängt schief und hochschultrig im Wind wie zum Trocknen. Kein Mond. Auf schwarzblauem Himmel über dem Dach steigt geräuschlos ein riesiges Stück Weißgezacktes, Jupiter der Größte. Das Fenster ist offen, es ist mildes Wetter, und man hört das Plätschern des Springbrunnens im Hof. Es ist kein hoher Springbrunnen, nur ein Zementbassin in der Stadt; aus dünnstem Mundstück tropft ein Wasserstrählchen herab. Und doch ist es Januar. Alles andere ist, wie es sein soll. Aber etwas ist, das noch nie war: Im Nebenzimmer ist Licht, denn der Vater stirbt. Ich bin allein und fühle, daß mein Gesicht ganz eng und klein wird vor Einsamkeit, Angst und Armut. Man ruft mich zu ihm. So wie ein kranker Adler die kraftlosen Flügel hängen läßt, so lassen sich die von den Schultern ungewohnt abfallenden Arme zu den zitternden Händen gehen. Mein Vater liegt nicht, er sitzt im Bett mit vielen Kissen, die Hände auf der Decke rechts und links, dem Körper entlang. Immer deutlicher vernehme ich die Worte: »Und er neigte sein Haupt.« Denn der Vater kann seins nicht mehr recht auf dem Halse tragen. Er *kann* etwas *nicht*.

Der Vater zittert.

Nicht vor Kälte... oh, er hat ja zu warm.

Er zittert vor Schwäche.

Schwäche? Die kannte er nie. Der Vater *schwach*? Der *Vater* schwach?

Wer reißt an meinem Glauben? Ich glaube an den Vater. Der Vater hilflos? War er es je? Er *darf* er darf nicht zittern! Seine Hand tut es... Unentwegt... Aber er schläft... Weil ich ihn behüte. Er erwacht bei meinem stärkeren Denken. Er öffnet seine graugelben Falkenaugen, gerade zu mir, und bleibt ernst. Die Augen kommen von weit her. Die Lider fallen. Er zittert weiter. Einmal am Winternachmittag dieses Tages hatte die Sonne schräg zu ihm geschienen... Könnte sie den Feind in ihm töten? Nein, sie kann nichts. Die guten selbständigen Hände ruhen nicht. Sie suchen, sie glätten... O Gott, was suchen sie? Ich küsse die mir zunächst liegende. Sie drückt die meine.

Er kann, wenn er spricht, nicht mit den richtigen Worten sprechen... Er macht Witze mit leiser Stimme, wie das seine Art war – Wichtiges flüstert er mit nichtigen Silben. Der Orion hat sich am Himmel festgehängt. Aber der Vater zittert.

Und schon als der Vater noch ein kleiner Bub war und unsterblich schien, hatte der Orion kalt und ohne Beben am Himmel gehangen, wie ihn die alten Griechen kannten. *Der* bleibt noch lange. Aber der Vater geht... Er zittert wie ein kleines Blatt, das an einem Spinnenfaden im Winde hängt.

Und in der neunten Stunde abends fiel er mit einem kleinen Ruck in sich zusammen und lag da, ein blasser, edler Ritter aus Marmor.

Das sehe ich so deutlich vor mir. Er wollte mich immer mit auf seine Orientreisen nehmen. Aber ich war krank.

*

Ich bewohne bei Onkel Johnny und Tante Isis zwei kleine Zimmer, die ich kenne, wie ich mich nicht kenne; die ich liebe, mehr als meinen Nächsten, weniger als mich selbst.

Meine Mutter... ich erinnere mich eines weiblichen Kopfes, der sich über meine Wiege gebeugt haben muß. Das war sie, ihr Gesicht sehe ich als dunkle Hügel am Abend; und ich spüre noch ihre Hand auf meiner Wange.

Einmal später küßte ich ein junges weißgraues Kaninchen und wurde in dem lauen Fell an diese Hand erinnert. Dieses wird sich nie aus meinem Gedächtnis stehlen: Eine liebliche Landschaft beugt sich über die Wiegen kleiner Kinder. Ewig will der Mensch den Weg zu dieser Heimat wiederfinden.

*

Glauka, meine Katze, weiß: »Am Kamin ist es warm.« Setzt sich aber auch hin, wenn er nicht brennt und der Stein eiskalt sein muß. Das merkt sie auch und sagt:

»Sapperment! ist aber heute das Wetter kalt!« Ich schlage ihr verschiedenes vor: Kissen, Bett, Schoß, sie schlägt alles aus mit folgender Logik: Ich bin am wärmsten Platz. Wenn *der* versagt, was hilft dein Kissen?«

Wenn Katzen wüßten, daß sie, nach einundzwanzig Tagen Geduld, Hamburger Kücken essen könnten – wenn sie nur wüßten, daß sie sich bloß auf ein Nest von Eiern, in einer Kiste, zu setzen brauchen, einundzwanzig Tage lang, und schlafen könnten – um dann gelbe, zarte Vögelchen zu essen. Man macht es im

Leben sicherlich wie die Katze. Aber ist es möglich? Darf ich so töricht sein wie die Katze? Muß ich es Alten glauben, die Junge für töricht, für blind halten? Ich will nichts wissen, als was *ich* weiß: Kraft habe ich und meine Seele ist doch unendlich. Also kann ich alles.

Onkel Gregor spricht immer von der »question de la femme«. Überhaupt immer französisch, wenn er dem Thema in die Nähe kommt.

Ist denn diese Frage eine allgemeine?

Dann muß es noch eine geheime geben.

Denn die allgemeine paßt mir nicht.

*

Breit angelegt... Niemand ist eigentlich breit angelegt. Das, was wir Seele nennen, ist ein zylinderförmiger Strom, in den alles hineinfließt: ich sehe mich nie als etwas »Breitangelegtes«, ich bin lang und fließe dahin, mit einem Haus auf dem Rücken. Eigentlich eine Schnecke. So ist es wohl: Jeder ist ein Haus mit Vorgarten und einem Weg. Aber das Leben mag den einzelnen dahin bringen, aus dem Häuschen zu fahren und, heimatlos, ins Breite und Weite zu pilgern. Nein, breit angelegt entspricht meiner Vorstellung von innerem Reichtum und Stärke nicht. Schlechte Metapher. Ich sehe das immer nur als Ausdehnung im Längsmaß. Onkel Johnny soll so breit angelegt sein, sagen alle.

*

Höflichkeit: Auf schmalem Fußpfad Begegnung. Zwei Menschen weichen einander aus, lassen zwei Meter zwischen sich, treten mit tiefbekümmerten Stiefeln in Schmutz. Dann findet jeder wieder auf dem schmalen Mittelpfad für sich genügend Raum und sie halten dem Ziel mit zunehmender Entfernung zwischen sich ihre beiden Fronten entgegen. Es ist doch anmutig.

*

Wenn mir ein Wort, ein Name entfiel, hole ich das Alphabet aus meinem Kopf und probiere jeden Buchstaben wie einen Schlüssel an das gallertartige Gebilde, das mir als Name vorschwebt, probiere einen Schlüssel nach dem andern von A bis... bis... bis plötzlich einer zu passen scheint, und siehe, mit einem Male hängt daran der gesuchte Name. Er ist befreit, der Schlüssel öffnete.

*

Stavenhagen, ein junger Offizier, der Religion, Konfession, Landeskirche und Überzeugung miteinander verwechselte, aber leider lange mit mir darüber sprach, warum weiß ich nicht, vielleicht, weil ich so aussehe, als ob man mit mir hierüber disputieren könne, erklärte mir zum Schluß, die evangelische Religion sei moderner und zeitgemäßer als die katholische.

Ah! er meinte wohl, der Amerikaner sei moderner als der Aristokrat – das meinte er. Ich freue mich, es ihm nicht gesagt zu haben.

*

Noch immer will ich nichts von der Familie erzählen. Diese Blätter sollten nur von mir sprechen, aber es wird schwer sein, die andern nie zu kennen. Kusine Miele, die zwar nicht meine, aber die Base meines Onkels Johnny ist, lacht merkwürdig. Ich habe mir ihr Lachen genau aufgeschrieben. Tante Isabelles Tochter, die zu Gast bei uns war – sie ist seit kurzem verheiratet – sang aus Haydns Schöpfung »Und Gott sprach, es bringe die Erde Gras hervor usw.« und von Mozart ein Lied.

Kusine Miele sagte: »Aber sie hat kolossale Fortschritte gemacht« (Koloß von Rhodos) und dann lachte sie, ich habe es genau aufgeschrieben: Ahuhuhuhuhoho hokokchkschkch-chchch... « Man erkläre mir so etwas! Erstens warum gelacht?

Zweitens warum so? Drittens für wen? Ich habe mich so geniert, auch weil das Lachen unter anderem viel zu lang gedauert hat: Unnatur, hol' dich der Teufel.

Oder ist es Unaufrichtigkeit? Angst, vor andern leer dazustehen, wenn man sonst nichts zu verbergen hat?

Es hilft nichts, von Onkel Johnnys Kusine Miele muß ich doch schreiben. Meinetwegen, nicht ihretwegen. Es hat in meinem fünfzehnten Jahr, glaube ich, gespielt. Sie war etwa fünfundzwanzig. Als ich sie kennenlernte, war ich dreizehn, und ich mußte wider Willen hören, wie zwischen ihr und Tante Isis die Rede von mir war. Nach dem Tode meines Vaters reiste ich zu dauerndem Aufenthalte zu den Aign. Tante Isis war gut, sagte nicht viel, sondern drückte mit ihren beiden Händen die meinen und küßte mich schließlich auf das Haar an der Schläfenstelle. Ich dachte gleich, wie lieb von ihr, mir nicht einen gewöhnlichen Elternkuß zu geben. Dann hörte ich Kusine Mieles Stimme, die mir irgend etwas sagte mit der Anrede »Burschi«. Mein Haß kannte keine Grenzen, zumal sie mir, was man einen herzhaften Kuß nennt, gab. Ich weiß, es war eine Rolle, ich weiß es: es sollte sein: steyrisch, kreuzbrav, kinderlieb, ehrlich, und eben weil es das sein *sollte*, konnte es das nicht mehr wirklich sein. Und was dann folgte, »ein guter Bub«, das sprach sie so aus: »ein kuder Pupp«. Heute weiß ich, weshalb ich mich innerlich so widerborstig gebärdete: die unnötig arglose Art fest im Dialekt zu sprechen, in dem Dialekt, der in Familien für diese Art Wohlwollen stillschweigend eingeführt ist und den Miele sonst nicht anwendet, mußte mich anwidern, weil ich nicht einsehen konnte, weshalb Arglosigkeit betont werden sollte. Ich hatte ja keinerlei Argwohn. Hier galt es bei mir, sofort den Effekt zu erzielen: »Fühle dich wohl.« So auftrumpfend sind alle Weltmenschen, weil ihnen nichts Tieferes, nichts Wärmeres, Echtes zu Gebote steht. Aber Miele ist ja ein rührender Engel, kein Weltmensch. Und doch... Beherrscht sie nicht die Kunst des Weltmenschen, aus einem simplen Negativ ein Positiv zu machen? Mystère. Question de la femme...

Zwei Jahre lang war es mir nicht möglich, unbefangen in ihrer mütterlich-verführerischen Gesellschaft zu bleiben. Die Arme – ich leiste ihr hier demütig Abbitte. Aber nur hier. Ich hatte recht, und tat ihr doch unrecht. Sie hat ein warmes Herz und schöne schwarze Augen, einen netten Mund, wenn sie spricht. Aber dumm frisiert; man weiß nie, wo etwas anfängt und ob sie eine Stirne hat. Und doch, Albert sei ehrlich, ihre Augen und die ganze dazugehörige Persönlichkeit habe ich vierundzwanzig Stunden lang geliebt...

Nein – daß mir dieses Wort in die Feder gerät... Es war so:

Ich lag krank, und trotz meines heftigen Sträubens bestand Onkel Johnny darauf, daß Miele nach mir sah, da er ins Krankenhaus mußte und auch Tante Isis eine Krankenpflege übernommen hatte. Miele setzte sich auf den Stuhl neben meinem Bett und sagte:

»Lieber Albert, sei nicht bös; aber Onkel Johnny hat mich gezwungen, bei dir zu bleiben.«

»Ich bin ja nicht bös«, mußte ich sagen.

»O ja! Ich weiß schon, du hast mich nicht gern. Aber, siehst du, das macht mir nichts. Ich bin ganz auf deiner Seite.«

Nur jetzt nicht »Burschi« dachte ich.

Es kam nicht. Aber ihre braunen Augen waren auf einmal größer, als sollten sie herunterschmelzen wie Siegellack, ihre sonst blasse Gesichtsfarbe wurde mehr rosa, und zu meiner Bestürzung sah ich sie weinen.

»Ich bin eine zu große Gans, lieber Albert, wirklich! Bitte, verzeihe mir.«

Ich fühlte mich bedrückt und unsäglich gerührt. Sie trocknete ihre Tränen und sagte voll Mut:

»Ich werde dir einfach etwas vorlesen!«

Sie holte einige Bände aus meinen Regalen.

»Was willst du?«

Ich sagte ihr:

»Bringe mir erst meine Minzi.«

Das war Glauka, das Kätzchen, das ich damals von Tante Isis

bekommen hatte, sie war ein paar Monate alt und wundervoll, wenn sie an meinem Kopfkissen saß und schnurrte.

Miele brachte die Graue und ein Buch.

»Nein, keine Gedichte«, sagte ich so mild ich konnte. Ich fürchtete ihr Vorlesen von Gedichten, sie hatte Goethe in der Hand; lieber französische Prosa.

»Willst du mir Victor Hugo vorlesen? Les misérables. Ich möchte sie so gern wieder hören.«

Sie nahm die vier Bände und überlegte. »Du kennst es?«

»Nein«, sagte sie.

»Ja, dann wird es dich langweilen irgendwo herauszulesen…?«

»O nein, – – es macht mir ja eine *solche* Freude, dich zu unterhalten –!«

Wie – – rührend von ihr! Eine Welle von Dankbarkeit drang mir ins Herz.

»Also, dann, machen wir es so: Du versteckst die vier Bände, und dann berührst du einen ohne hinzusehen, und aus dem wollen wir lesen!«

»Ja!« sagte sie freudig, legte die Bücher zwischen sich und die Stuhllehne, zog dann eines hervor, öffnete an beliebiger Stelle und las das Kapitel »une surprise«, wo vier Gecken vier liebreizenden Freundinnen die Überraschung bereiteten – – sie auf Nimmerwiedersehen zu verlassen. Dann las sie die erschütternde Geschichte von Cosettes Mutter, und ich weiß nicht wie es kam, ich übertrug auf die Leserin (kann man wissen, was Minuten gebären könne), kurz, ich übertrug auf Miele das tragische Schicksal der verlassenen Fantine, und etwas in ihrer Stimme sagte mir, daß ich recht hatte. Von grenzenlosem Mitleid gepackt, bat ich sie, sich nun auszuruhen und dankte ihr mit soviel Liebe in Stimme und Blick, daß ich mir vorkam, als sei ich Victor Hugo. Dennoch weiß ich nicht, wie es möglich war, daß ich ihren Arm ergriff, ihr die Finger fast brach und ihr sagte:

»Liebe, liebe Fantine, verzeih!«

»Albert, wir sind ja die besten Freunde, ich habe es immer

gewußt«, sagte sie. Und sie legte ihre Wange an die meine, und ich kann sagen, an diesem Tage lasen wir nicht weiter. Statt dessen unterhielten wir uns über ihr trauriges Schicksal; da führte sie das Wort und ich lauschte. Dann über Bücher, aber da war ich es, der ihr alles sagen konnte. Sie hatte viel Kunsthistorisches gelesen, was ich in meiner vorlauten Art verachtete. Ich lieh ihr meine Bücher, zeigte ihr die Schönheiten, hielt große Reden und genoß es, einen Schüler zu haben.

Das ging ganz schön eine Zeitlang.

Nach und nach bemerkte ich aber, ob ich wollte oder nicht, und ich kann sagen, ich wollte *nicht*, bemerkte ich also, wie sie aus irgendeinem Grunde als Schüler nichts lernte, das heißt, mir alles nachsprach, für Seiten und Stellen schwärmte, die sie nicht verstand, was sich an der Art ihrer Bemerkungen herausstellte, und dann gesellte sich dazu ein unerträgliches, vor der Öffentlichkeit der Familie breitgetretenes Auf-mich-Abonniertsein. »Ja, Miele und Albert«, hieß es, »die verstehen sich gut«, wobei ihr die Rolle des Mäzens, des Mentors zuerteilt wurde, was sie glücklich lächelnd einsteckte. Was tun? Ich stellte mir in meiner Ohnmacht vor, wie sie sterben könnte. Ihre Art zu sprechen, ging mir zu sehr wider die Natur. Die Todesstrafe war wohl eine etwas harte Sühne.

Dieses sich für einen Vierteilen-lassen-Wollen, was mich hinderte, sie auch wirklich vierzuteilen, bestand unter anderem auch darin, daß sie für mich bei Tisch in einer Art sorgte, die mir die Mahlzeiten verleidete. Das kam aber erst später. Zuerst fand ich sie rührend, fand sie groß, zart; und ich liebte das Auge, das sie öffnen und halb schließen konnte, je nach meinen oder ihren Worten.

Dann aber war ich wie vom Teufel besessen, ärgerte mich unsichtbar über jede Kleinigkeit, zum Beispiel, daß sie die Vorsilbe »ge« wie »go« vor lauter Tonlosigkeit und viel zu kurz aussprach. Ich krümmte mich, wenn sie etwas gosehen hatte, oder gonommen, und wenn sie irgendwo gowesen war. Es paßte auch nicht in ihre andere Sprache. Ich nahm mir vor, ihr einmal den Todesstoß zu versetzen mit der wutzitternden Frage: »Miele, warum sagst du gowesen?« Ähnlich war es mit der Schrift. Sie schrieb nämlich nicht, sondern baute kleine Häuser, enge, hohe Häuser, eines wie das andere, den Abstrich machte sie mager, den Aufstrich breit und tintig; und nirgends ließ sie einen Rand. Stundenlang sprach ich von Graphologie, mit Verachtung von denen, die nicht für Ränder sorgten – ich dachte, sie *müßte* dann ihrer Pose entsagen. Nein: begeistert von meinen Worten, blieben ihre Sinne blind. Sie sah ihre Schrift nicht mit meinen Augen. Wieso dann Begeisterung? Wehrlos blieb ich, wie ihr höchstes Gut betreute sie mich, und ich kam mir vor wie ein Sünder.

Eines Tages sprachen wir von der Liebe.

Ich sah sie aufs Pferd steigen und wußte, jetzt wird sie durchgehen.

Auf einmal sagte sie:

»Weißt du, Bub (Pupp), du bist zu jung, es zu begreifen.«

Vierteilen war die einzige Möglichkeit. Ich machte es mit Brüllen, ich, mit meiner unmöglichen, dünnen Stimme.

»Niemand weiß was davon, und du am allerwenigsten!« Beim dritten Wort fühlte ich, der Text werde nicht genügen für die Vierteilung, so wiederholte ich das »Niemand« unzählige Male, und sagte auch, »ihr alle miteinander nicht«, und war aus dem Zimmer. Stunden nachher oder vielmehr Tage nachher hatte ich mir alles soweit überlegt, daß ich mich einen Esel schelten konnte und nun darauf bedacht sein mußte, ihr den für mich unerträglichen Gedanken, ich sei in sie verliebt, zu nehmen. Es kam aber nie zu einer Aussprache. Mit Kunst und Schläue vermied ich jegliches Alleinsein.

Heute ist bei ihr die Erinnerung wohl verblichen; sie bemuttert mich nur im Notfall, vor Gästen, aber ich überhöre es jedesmal.

Oh, ich bin ein sündiger Mensch, Gott sei mir gnädig. Wie freue ich mich aber des Lebens!

*

Nein, dieser Stavenhagen ist nicht zu schlagen. Er siegt jedesmal und ist im Unrecht. Mehr als gelehrt wird, kann und weiß er nicht.

Er ist kein Denker, sondern ein Wisser. Im Fall eines Erlebnisses kann er nur sein erworbenes Wissen verwerten, nicht aber eben entsprungenes. Das Wissen zum Erlebnis addiert, ergibt eine unerwartet große Summe. Wie aber berechnet er das Erlebnis? Er verwandelt alles in gleiche Brüche (in die Brüche seines Wissens). Das Erlebnis aber ist reicher, mannigfaltiger, und so läßt er einige Brüche unaddiert, denn er erlebt nicht.

Auf die Dauer ergibt die Rechnung ein Defizit.

Im Gespräch wollte ich einmal sagen, daß der französische Schriftsteller W. eine seltene Gabe zeigt, Sprachen in ihrem Wesen zu erfassen, daß er die auffallenden Unterschiede kennt, daß er sie jederzeit durch Belege darstellen kann, was auch nicht »*leicht*« ist und keineswegs Gedächtnissache allein, sondern eben dieses stark; vielleicht musikalische Sprachgefühl. Er ist nebenbei jahrelang Kritiker für Musik gewesen.

Ich drückte mich folgendermaßen aus: »Es ist erstaunlich, wie er außer Englisch, Französisch, Deutsch auch noch Belgisch und Schweizerisch beherrscht.«

»Na erlaum' Sie mal«, sagte Stavenhagen, »das sind drei Sprachen, soviel spricht ja jeder gebildete Doütsche.« Da ist erstens Chauvinist, was überhaupt nicht ins Leben gehört, muß mich zweitens erziehen, was weder seine noch irgendwelches Nächsten Sache ist, und ich darf Sprachtalent, »was jeder gebildete Doütsche besitzt«, nicht an Franzosen, die bekanntlich unfähig sind, bewundern. Wir gerieten also mit einem Schlag in ein politisches Fahrwasser, von W. und seinen Büchern kann ich nicht sprechen. Stavenhagen hat das Thema an sich gerissen ohne es zu beherrschen, er beherrscht nur sein Wissen, bringt es vor, in mein Thema hinein, das er tötet. Seine Antwort enthält gleichzeitig so vielerlei, das mich erbittert, daß ich nicht fähig bin, ihm die entsprechend Replik zu geben. Übrigens reizt mich hier fast noch am meisten die Unerzogenheit. Würde ich ihm (dies zu seiner Charakterisierung) das Gesprochene als ein zwischen mir und einem Dritten Erfolgtes erzählen, und auch erwähnen, *daß ich weise schwieg*, also nicht in Raserei verfiel, so käme von ihm unfehlbar die

Antwort: »Du mußt eben bescheiden sein, du bist erst zwanzig.« Das mir, der bescheiden schwieg. Immer übersieht er Wichtiges. Täte er das absichtlich, würde vielleicht ein guter Politiker aus ihm. So aber, denn er gibt sich nicht Rechenschaft über die Details seines Wesens, wirkt er geistig schwer und unbehend. Und wie lebhaft tut er! Und jeder sagt von ihm: »Das ist der hochintelligente Stavenhagen!« Zwischen Intellekt und Geist ist der gleiche Unterschied wie zwischen einer Lokomotive und der Akropolis. Stavenhagen ist eine Lokomotive mit griechischen Puffern.

»Übrigens«, fährt er nach längerer Debatte fort, »Belgisch, hahaha, gibt es gar nicht.«

Wiederum ist mir nicht vergönnt, von W. etwas zu sagen, vielmehr bin ich widerwillig gezwungen, dem Einwerfer freundlich, er ist etwa sechs Jahre älter als ich, zu erwidern: »Danke, das ist uns auch bekannt, ich will bloß erzählen, wie gut W. den Franzosen und den Belgier, die beide französisch sprechen, voneinander getrennt halten kann, eben in ihrer Sprache.« Nun bin ich überzeugt, daß Stavenhagen an der Sprache niemals erkennen könnte, ob er einen Franzosen oder einen Belgier vor sich hat. Bleibt es bei dem Einwurf: »Aber, hahaha, Belgisch gibt es doch nicht!«, so geht der Einwerfer abends ins Bett und sagt sich: »Was'n ungebildeter Schwätzer.« Kann ich den Einwerfer werfen? Unmöglich. Stavenhagen siegt immer. Ich müßte ihm sagen können: »Sie haben wieder einmal von vornherein angenommen, daß jemand etwas nicht weiß, was Sie bestens wissen, statt zu denken: Bekannt. ist, daß ›Belgisch‹ französische Sprache bedeutet. Also wird das auch dem Sprecher bekannt sein; Sie haben wieder einen unsachlichen Einwurf gemacht, wieder einmal Ihr Wissen aufgesagt; Sie haben weder gedacht noch geschlossen noch betrachtet, nicht gehorcht, nicht geurteilt – Sie haben nur Ihr billiges Metermaß angewendet: ›Gebildet? Ungebildet. Intilligent? Nicht intilligent. Kluch? Nicht sehr kluch‹.«

Ich schwieg schließlich, wie immer, wenn er spricht.

Er erzählt gern von seinen reizenden Kusinen Soulavie. Schon gefallen sie mir nicht und ich stelle sie mir mit harten

Gesichtern vor, mit fertigen, zu starken Backen, die mit dem Gesicht nicht mitgehen; und der Mund kennt nur zwei Bewegungen im Sprechen: horizontale Zusammenziehungen und Spannungen und vertikale fürs Erstaunen und fürs Schmollen.

*

Tante Isis soll Diät halten. Sie muß sich beim Pflegen überanstrengt und etwas zu wenig für sich gesorgt haben. Man hatte mir sagen lassen, ich möchte zum Tee herunterkommen. Es war niemand da, die Türe zu ihrem Schlafzimmer offen. Onkel Gregor ist bei ihr gewesen. Sie wußten nicht, daß ich da war. Sie sagte immer: »Ach, nicht der Rede wert«, und: »No ja, man kann etwas auf das Essen achtgeben und das werde ich schon tun.« Onkel Gregor erwiderte in seiner leidenden Stimme, die er anwendet, wenn von großen Kalamitäten die Rede ist: »Das ist ja entsetzlich, denn das Essen wird ebensowenig zu Ernährungszwecken geübt als etwa... eine Sorge für – für Nachkommen.«

Ich wußte nicht, sollte ich nun in meinem Zimmer die Trommel rühren oder davonschleichen. Sie sprachen noch in ein paar unverständlichen Sätzen, dann sagte Tante Isis:

»Ich werde dir etwas sagen, Gregor: die wahre Mutter – die nur Gebärerin und nicht Familienmutter im bürgerlichen Sinn ist, und das gibt es, von Natur aus, hörst du, von Natur aus, diese wahre Mutter will schöne und auch geistig hochstehende Kinder in die Welt setzen. Die wahre Mutter will reiche Kinder im Sinn von mannigfaltig begabt.

Sie lehne also die fernere Mitwirkung ungeeigneter Väter ab, oder solcher, die weniger günstige Produkte zeugten.

Die typische Mutter an sich, die Mutter par excellence, begeistert sich für das Studium der jeweiligen Unterschiede in den Kindern verschiedener Väter aus einer gleichen (ihrer eigenen) Werkstatt. Aber: wenn sie, weil ja das Leben und manchmal auch das Individuum kompliziert sind, *einen* für die Zucht solcher Nachkommen ungeeigneten Mann *liebt*, gibt sie vieles von ihrem

Mutter-an-sich auf und wird Mutter-auf-alle-Fälle. Außerdem hat ja der Staat die Mutter-an-sich getötet, so gut er konnte. Er schuf die Häuslerin.«

»Wie steht denn Johnny zu solchen Ansichten?«

»Erstens sage ich nicht, daß es die meinen sind, zweitens ist er mit Recht überzeugter Vater.«

»Und du hast ja auch wirklich nette Kinder, das muß man sagen.«

»Und ich weiß, wie wir aneinander hängen. Aber als Familienmutter komme ich mir unecht vor. Merkwürdig.«

Tante Isis rollte die r in komischer Emphase, wenn sie »Mutter« sagte. Dann hörte ich sie noch:

»Das Leben ist von einer solchen Dummheit, wenn man nur wüßte, ob man zu etwas auf der Welt ist! Und alles, was die andern wissen, zum Beispiel, daß ich eine verheiratete Tochter habe und noch drei andere Kinder – das ist mir nur dadurch bekannt, daß *sie* es wissen – na ja, und daß ich in meinem Hause diese Tatsache wahrnehme. Aber sie hat mit meinem Wesen nichts zu tun.«

Onkel Gregor fing an zu pfeifen, aber nur drei Töne.

Sie traten ein. Es war Tante Isis, die gepfiffen hatte. Man gab mir Tee.

Zwei Menschen haben jeder starke Fußschmerzen, die ihnen das Gehen zur Qual machen. Der eine überwindet den Schmerz, weil er hungern müßte, wenn er jetzt nicht drei Stunden Wegs zurücklegte, Geld zu verdienen, der andere überwindet ihn, weil er aus Liebe zu einem Menschen viele Stunden zu gehen hat. Angenommen, bei beiden sind die Schmerzen gleich. Der eine *muß* sie zum Leben überwinden, der andere *will*, und es gelingt beiden. Ist ein Unterschied zwischen ihnen?

Der, den die Liebe trägt, ist der glücklichere, ärmer der, den der Hunger hält. Wer aber Schmerzen freiwillig auf sich nimmt, muß mehr Kraft daran wenden als der, welchen die Not zwingt. Der Zwang könnte eine Art Hilfe bedeuten, freilich auch eine Art Herabsetzung des Lustgefühls Getragenwerden ist Hilfe. Dieser wird durch Mühen getragen, jener trägt selbst, muß sich zum Tragen überreden…

Andere Frage: würden beide beim Tausch der Rollen sich gleich verhalten? Ist eine Leistung größer als die andere? Leidet einer mehr als der andere und zwar a) seelisch, b) körperlich, und welcher bei nicht getauschter, welcher bei getauschter Rolle?

Sofort denke ich dabei an Charakter als entscheidend zur Beantwortung. *Ein* Metaphysiker wird den hindernden Körper stärker empfinden, ein anderer Metaphysiker gerade den Körper überwunden haben, der Idee zuliebe. Während für den andern – nennen wir ihn Materialisten –, gewöhnt, den Körper als Mittelpunkt und Agens seines Tuns und Empfindens zu betrachten, eben des Körpers Versagen zur Kalamität wird. – oder weil er mit dem Körper denkt und fühlt kann *er* Schmerz besser ertragen infolge Übung und Abhärtung. Werden nun aber der Materialist durch Liebe, der Metaphysiker durch Hunger zur Überwindung der Schmerzen gebracht, wie ist da ein Unterschied zu erkennen, immer bei der Voraussetzung gleicher Schmerzbedingung? Ein Müssen ist für den einen das einzige Motiv, Schmerz zu überwinden; für den andern löst das höhere Motiv ein ebenso starkes Woll-Müssen aus…

Wir wissen keinesfalls einer vom andern, was er ertrug, was er überwand, ob uns selbst das Ertragen schwerer oder leichter fiele; wir wissen aus keiner Aussage etwas. Wir wissen nicht, ob mein Auge die Wiese ebenso grün sieht wie das des Nachbars. Müßte diese Erkenntnis nicht einen großen Teil von unnötigen Reden, Streiten, Selbstüberhebung, Herabsetzung des Nächsten zur Folge haben? Oder nachsichtigste Liebe, Menschenliebe gebären?

Gründen wir Schulen, in welchen die Sprache das einzige Lehrfach für die Erziehung bildet. Was sprechen? Wann sprechen und wie?

Was? Nur Gewußtes, Beweisbares. Wann? Nur in äußerster Notwendigkeit, also nicht, weil man unter Bekannten ist. Wie? Mit größter Liebe zum Handwerk des Sprechens, zur Sprache selbst;

also zunächst einmal grammatikalisch, gewählt aus einem reichen, bekanntgewordenen Schatz von Worten, die für sich selbst ein herrliches, unbekanntes Leben führen. Worte sind so geheimnisvoll wie Sterne. Man kann sie messen, kennt ihre Bahnen und weiß doch nichts von ihnen. Sind sie bewohnt? Haben die Menschen die Worte gemacht?

*

Nichts stimmt von dem, was ich schreibe, ich weiß es wohl. Ich will aber ein Ziel – ich fühle, wie ich von etwas aufgesogen werde, das mich so denken und schreiben lässt. Welches ist dies Ziel? Ich glaube wirklich daran, daß das Ziel des Lebens die eigene Vervollkommnung ist. Aber ist das ein Ziel? Und wozu? *Wie* gern lebe ich! Warum?

*

Von Onkel Gregor heißt es immer, er »treibt« etwas. Onkel Johnny »tut«, von mir wird ohne viel Aufhebens berichtet »er macht das und das«. Aber so viel wie ich tut und treibt keiner von beiden, ganz bescheiden gesagt. In meinem Innern besitze ich eine Art Herd, auf dem ich, alles mögliche bis zum Garwerden und darüber koche, dann ist die Arbeit meiner Architektenhände, die augenblicklich Zirbelholz zu Platten verarbeiten, während mein übriger Leib in einem grau-weißlichen Lehrlingskittel steckt, aus dem zwei Homespunhosenbeine hervorsehen. Man könnte mich für einen Mediziner halten. Ich hätte nichts dagegen. Aber eigentlich will ich ja ganz etwas anderes.

*

Onkel Johnny ist jemand, der nie Daten vergißt. Das ist mir rätselhaft. Festtage begehen...
Niemand kann mir die vorschreiben. Am wenigsten der

Kalender. Zum Beispiel merke ich mir schwer den Geburtstag von Tante Isis, 14. März, der Tag ist es nicht, denn alle beginnen auf die gleiche Weise und nichts gleicht einem 14. März so sehr, daß einem dieses Datum auch wirklich einfällt. Das muß also künstlich erreicht werden.

Auf meine Liebe kann ich mich verlassen. Auf gute Vorsätze weniger.

*

Tante Isis sagte: »Es gibt Off'siere« (sie kopiert Kusine Miele, die statt Offizier Off'sier sagt, warum, weiß niemand). »Also: es gibt Off'siere, die spielen, Damen gegenüber, daß sie trotz métier, Manöver, Kriegsgefahr, immer doch noch wissen, wie ›man‹ mit Frauen umgeht. Sie vereinigen gleichsam das Rauhe mit dem Feinen, in angenehm dosierter Weise. Also hmhmhm martialisch aber verhalten; höflicher als Gefängnisdirektoren mit Delinquenten, dabei etwas belehrend, lachend und leicht, aber doch humorlos.« Onkel Johnny hörte nicht bis zu Ende zu, sondern sprach mit Miele. Onkel Johnny hört nie zu.

*

Tante Isis hat kohlschwarze chinesische Augen ohne Deckel, dazu ein glattgestrichenes, graugelbes Haar, das wie Wedgewood-fayence glänzt. Kein Mensch weiß, wie sie so merkwürdig aussehen kann. Onkel Johnny dagegen, unangenehm germanisch, wirkt mit mißverstandenem amerikanischem Charakterkopf. In ihr fühle ich eine Art ältere, spät entdeckte Schwester. Onkel Johnny ist ein fremder Herr, dem ich zufällig Du sage.

Wenn keines der Kinder anwesend ist, sagt sie oft Dinge, die mich erstaunen, die ich eigentlich lieber hätte, wenn sie sie unterließe. Zum Beispiel ihrem Bruder:

»Angenommen, der Mensch setzt bei andern stets das gleiche innere Sein voraus, beurteilt den andern also nach seinem eigenen

Standpunkt: was stellt sich die Abortfrau unter einer Palastdame vor?« Warum ertrage ich das schwer? Sie ist so mild und gut. Ich fühle aber, daß ich hier ungern eine Konzession des Vertrauens an eine mir nicht verständliche Welt machen muß.

*

Onkel Johnny stehen so viel fertige Wortzwillinge zu Gebote; wenn er schon in Gottes Namen nicht ohne die bekannten Siamesen Kraut und Rüben, Stock und Stein, Grund und Boden, Eile und Weile auskommt, nicht zu vergessen Schutz und Trutz, Kind und Kegel, rast ich und rost ich, Sünde und Schande, voll und ganz, Stumpf und Stiel und noch tausend andere, so gibt es doch eine Verbindung, die ich in keinem Falle ertragen kann, ohne, so gut wie ich kann, in meinen Schuhen Fäuste zu ballen: das ist, wenn er sagt »Männlein und Weiblein«. Nie gebraucht er die widerliche Verpuppung dieser Worte ohne Grund. Und dann immer die fertigen Satzbildungen: zum Ausdruck gebracht, sattsam bekannt, unweigerlich zu – – – führen.

*

In der Pferdebahn: Eine Frau zur andern: »Der is' sehr schwer krank... Sie hoffen nich, daß sie ihn kenn' durchbringen.« Nun weiß ich nicht, hoffen sie oder hoffen sie nicht – und was hoffen sie? O wie verrät der Mensch sein Geheimstes!

*

Ein Auge *sieht*. Nur die Seele kann *schauen*. Darum braucht ein Mensch, ob auch sein Auge tausendmal es spiegelt, noch lange nicht ein Ding, noch lange nicht die Wahrheit gesehen zu haben.

*

Lieben könnte auch heißen, einem einzigen alle Schönheiten der Welt erschließen wollen. Hierzu gehört aber *auch* la laine, la toile, la violette, le pain frais…

*

Die… Venus trifft mancher… eine Zeitlang; auch vielleicht immer, wenn er sie sucht. Aber die Psyche?

*

Einmal war der Dichter Matthias Lanner bei uns und las eine Novelle vor: Ein Mann ging daran zugrunde, daß er Maria und Martha kannte, anstatt der einen, die Mariamartha hieß. Tante Isis war begeistert und sagte es ihm. Er antwortete, er wundere sich, daß sie als Frau seinen Gedanken so gut erfaßt habe. Sie lächelte und meinte:

»Oh, das ist nicht so schwer in diesem einen Fall.«

Ich verstand ihn gut. Lanner hörte aber nicht mehr zu. Manchmal meint man, daß er gar nicht da ist, so merkwürdig in die Ferne dringt sein heller Blick und übersieht ganz die Wirklichkeit in der Nähe. Onkel Gregor, der auch zugehört hatte, sagte zu Lanner:

»Du mußt uns übrigens alle als Kinder gekannt haben, das heißt mich nicht, denn ich war damals nicht zu Hause, aber Alberts Mutter und meine Schwester Isabelle.«

»So?« machte Lanner.

»Ja. Es ist freilich lange her. Sie müssen Kinder gewesen sein.«

»Nun ja.« – »Du warst ja damals bei meinen Eltern zu Gast.«

»Damals?«

»Du weißt doch, dann wurdest du krank.« »Krank?«

»Wie ein Echo, Lanner! Erinnerst du dich nicht?« »Keine Ahnung.«

»Das ist ja deine Spezialität.«

Tante Isis sagte nichts. Onkel Johnny hatte nicht zugehört.

Merkwürdig. Mir kommt immer vor, daß alle Menschen taub und blind sind, während ich allein wache und bete. Vielleicht irre ich mich, und weil ich selten, überhaupt fast gar nicht spreche, hält man *mich* für stumm und taub.

*

April 98.

DER ONKEL UND SEIN PFERD

Wir gingen fast im gleichen Schritt, Onkel Gregor in bewußtem Glück auf guten Schuhen unter staubfarbigen Gamaschen, ich in bewußtem Unglück auf Schuhen, die ihr Bestes taten, aber niemals Freude bereiten konnten. Werde ich diese Tatsache einmal vergessen können? (Es ist etwas bei mir körperlich nicht in Ordnung.)

Endlich waren wir durch den herrlichen Aprilmorgen ans Ziel gelangt. Ein Mann in Holzschuhen führte uns zum Stall, in dem ein Pferdchen uns den Rücken kehrte, geschoren und nicht allzu wohlgenährt. Über die ein wenig nach außen gedrehten Hufe fielen Büschel dunkler Fransen. Es stampfte nervös auf und blickte uns mit einem Infantinnenauge spanisch an.

Leise sagte Onkel Gregor, fast entschuldigend: »Weißt du, schön ist sie nicht, was man so gewöhnlich schön nennt, aber eine Passion! Tu mir nur den Gefallen und verlange sie laufen zu sehen.«

»Ja, Onkel Gregor, *willst* du sie denn kaufen?«

Der Mann schien nicht gerade wohlgesinnt. Er stand in einiger Entfernung voller Verachtung, mit schmalgeöffneten Augendeckeln und einer kalten Zigarre im Mundwinkel.

»Jetzt frage mich!« hauchte Onkel Gregor im Souffleurton seinem Neffen zu, der einen Mittelweg wählte, denn diese verwandtschaftlichen Beratungen in der Nähe des Feindes wollten ihm nicht recht vom Munde.

»Hast du sie denn vortraben lassen?« wagte ich.

Dies gab dem Onkel die Möglichkeit, den Besitzer herzhaft anzusehen, was soviel bedeutete als: »Wollen Sie meinem jungen Neffen die Freude machen?«

Sie wurde vor einen Fleischerkarren gestellt und zeigte bei dieser Gelegenheit ein paar kurze Fohlenzähne, die aus dem zartbeflaumten Maule lächelten, um das Gebiß in Empfang zu nehmen. Jung war sie und schien zu frieren. Über ihr Fell gingen leise Schauer. Sie stellte und hob die Hufe, wie man Schachfiguren hebt, ohne Lärm, und gab beim Zurückstehen im Gelenk nach. Die Haarbüschel auf den blonden Hufen bebten. Die drei stiegen ein, der Mann ergriff die Zügel, und die Kleine spazierte zum Tor hinaus, mit waagrecht rückwärts gespitzten Ohren. Dann, ohne Aufforderung, lief sie, außergewöhnlich hastig mit den Beinen, und durchaus gelassen im Ausdruck ihres Gesichts, von dem immerhin etwas zu sehen war, für Onkel und Neffen. Sie ging Paß, und ihr Rücken blieb so unbewegt, daß man darauf hätte Domino spielen können. Sie schwitzte nicht, parierte von selbst an den Straßenecken, um dann in die Gerade biegend, wieder zu schießen, als hätte sie keinen Wagen hinter sich.

»Wie gefällt dir der Greuze?« Onkel Gregors Handschuhhand drückte mein Bein, während ich mit einem Male die eminente Dummheit erfaßte, die der Onkel zu begehen im Begriffe stand.

»Die Welt ist so voll«, seufzte er, »drum kommt man zu nichts! Ein köstliches Pferd ist im gleichen Maße köstlich wie ein köstliches Bild –und irgendwie trifft sich's in unserer Mitte, wenngleich oft zwei Menschen nötig sind, der eine fürs Bild, der andere fürs Pferd. Bei mir ist es a tempo. Dann gibt es natürlich auch ganz anderes, das einen tentiert…«

Es endete mit einem – »hm«, wohl weil ich noch nicht zwanzig Jahre alt war.

»Denke dir – auf dem Land –«, fuhr er fort – »dieses Pferd. Man spannt es ein, ich reite es, ich lasse es decken, man holt seine Freunde auf der Bahn ab. – Verwöhnt ist es nicht – das sieht man. Mit Heu, Mais und Häcksel…«

»Onkel Gregor, wo nimmst du Mais her?«

Wenn jeder Mensch im richtigen Augenblick gefragt würde, wo er Mais hernimmt, vielleicht wäre die Menschheit von vielem – vielleicht ohne dadurch reicher zu werden – bewahrt geblieben.

Aber Onkel Gregor sagte dem Besitzer:

»Ja – ich will sie nicht anstrengen. Fahren wir nun zurück.«

»Was geben Sie mir für das Pferd?«

»Ja – das ist schwer zu sagen... Nicht wahr... was gibt man für ein solch gutes, nettes Tier? Aber... haben! Erst haben. Ich bin kein reicher Mann. Was wollen Sie für das Pferd?«

»Wie ich schon gesagt habe: 4500 Mark.« Der Mann, der sich schon für erledigt hielt, klammerte sich noch einmal an den weichen Boden, aus dem der Untergrund von Onkel Gregors Charakter gemacht war.

Onkel Gregor aber spielte den harten Geschäftsroutinier.

»Ausgeschlossen! Mehr als 2000 Mark würden Sie kaum je bekommen. Ich biete Ihnen 1500.« Aber er schämte sich, denn er wechselte die Stellung aller Glieder, schob auch einmal die Nase mit der Hand ganz zur Seite.

»Aber das sage ich Ihnen«, begann der Besitzer, ohne den Kopf zu rühren – denn er schämte sich keineswegs – und ohne die trockene Zigarre im struppigen Mundwinkel zu verlieren – »spazieren fahre ich Sie nicht mehr!«

Wir hielten. Onkel Gregor half umständlich bei meinem Aussteigen, um die Zeit auszufüllen. Die Stute spitzte die Ohren intelligent nach vorne und wollte die Insassen des Wagens nacheinander beim Vorbeigehen beriechen.

Und mit einem Male wußte ich, was es bedeutet, zu besitzen – ein Pferd zu besitzen. *Mein* Pferd sagen zu dürfen. Die Stute würde einen Namen bekommen. Die Büschel an den Gelenken rasieren wir ab... Ledergeschirr... Sandläufer... Alberts kleine Stute. Ich sah meine Hände in den hundsledernen Handschuhen, wo absichtlich grobgehaltene Nähte jeden Finger entlanglaufen wie festgeschlossene Lippen – wo jeder Griff an Zügeln etwas Graziös-Herrisches bedeutet. Wie eine Kette Spatzen schossen die Ideen und Bilder in meinen Kopf während Onkel Gregor dem Manne ein papiernes Trinkgeld gab und sagte:

»Ich bedaure wirklich sehr – wenn Sie es aber billiger lassen wollen... ich komme manchmal vorbei...«

Nun war er nicht mehr Geschäftsmann, sondern er selbst – schüchterner Grandseigneur; aber irgendwo doch schlau oder wenigstens geschickt – denn es war ihm gelungen, in diesen wenigen Worten den Schein einer Schuld an dem Nichtzustandekommen des Geschäftes dem Besitzer zu überlassen und selbst geläutert dazustehen.

*

Ich möchte Schriftsteller sein. Mit neunzehn Jahren ist es hoffnungslos. Ich weiß und sehe. Aber ich fühle mehr als ich weiß. *Vorläufig.* So kann es indessen nicht bleiben.

Cachons expériences
cachons nos sentiments
devant les exigences
de nos jeunes parents...

Das habe ich im kleinsten, einsamsten Raum unseres Hauses gedichtet. Aber ich habe es nicht aufgeschrieben. Wäre es von irgendeinem großen Mann – zum Beispiel Diderot – vers du jeune Diderot – man würde diese Verse kennen; man würde dafür sorgen, daß die Jugend sie nicht lernt – usw.: Und es wären darum berühmte Verse.

Ateliers gibt es, Akademien, Musikschulen, Universitäten, es gibt keine Schulen für den Schriftsteller. Gut so. Wenigstens haben Wir das vor dem Künstler und dem Philosophen voraus. – Niemand zeigt uns das geringste. Wir reinigen uns von selbst wie die Fichten.

Ich schreibe Wir, großes W. Aber ich denke nicht Ich, großes I. Das kann ich beschwören. Und doch... dieses Ich, es ist etwas so unverständlich Positives, Wirkliches, ja, das einzige, das ich weiß. Ich lebe noch nicht lange, und doch scheint mit dieses Ich so alt zu sein wie die Welt und darüber... Ich bin bereit, in die Achse zu schlüpfen, wovon mich meine Bescheidenheit bisher erfolgreich abgehalten hat.

Ich bin die Bescheidenheit selbst – denn ich nenne mich ein Tröpfchen schwarzgrünen Schmieröls. Die Umwelt kreist über mich, um mich hinweg, drückt mich zu Atomen – und dennoch – in der Mitte ist das Öltröpfchen – das bin ich. Und ich will die Achsen kennenlernen wie die Speichen, die Peripherie wie die Luft, in der das Rad kreist.

Käme doch das Große, das eine, das erwartete Ungewußte, und würde ich doch in einen noch nicht faßbaren Wirbel mitgerissen.

*

Man ist gewohnt, oder, schreiben wir lieber, meine Onkel sind gewohnt, von Frauen auszusagen, daß sie hübsch oder daß sie nicht hübsch sind. Diese bedauerliche und in ihren Wurzeln höchst primitive Tatsache zeigt, daß sicherlich nicht »Gott«, sondern der *Mann* das Weib erschaffen hat. Warum? Die Geschichte mit der Rippe ist sowieso unwahrscheinlich für einen Gott, der gewohnt ist, aus dem Nichts zu schaffen. Der erste Mann aber, unverbraucht in allen Mechanismen wie er war, konnte wohl mit dem All, das ihm zu Gebote stand und zur künstlerischen Wiedergabe herausforderte, da es noch unbenannt war, eine Art Wiederholung seines Selbst bilden und ihr mit der durch keine Neurasthenie geschwächten Willensenergie, mit noch ungespaltenem Bewußtsein, ohne atavistische Impotenz eine Art von Leben eingeben wie Pygmalion, aus dem einfachen Grunde, daß er sich einem tief menschlichen Trieb gemäß selbst liebte; so sehr, daß er sich wieder ausdrücken mußte und zwar auf die damals primitivere Art der Verdoppelung, der Selbstwiederholung. Nun hätte Gott dies gleich selbst besorgen und in Adam den narzisstischen Trieb vermindern können; aber eben diese Erweiterung des Ich, die als tiefste Sehnsucht im Individuum liegt, sollte vom Menschen selbst produziert werden als menschlichste Tat. Gott enthielt sich. In der »Erschaffung« des zweiten Menschen sehe ich nur den Trieb des ersten, seinem Ich, das er erst herausstellen mußte, nahezukommen. Nur so erklärt sich die einmal und nie wieder produzierende Kraft, die einen mit dem ersten fast identischen zweiten Menschen schuf. Die kleinen körperlichen Unterschiede der Eva sind charakteristisch für Adams, nicht aber für Gottes Betätigung. Gott hätte noch einem zweiten Mann Leben eingehaucht, nie aber das Weib erfunden. Das blieb allein dem Manne vorbehalten, der dabei zielbewußt und praktisch vorging... aus einem grandiosen Bedürfnis nach seinem eigenen Negativ.

Aber die Pygmalionsgeschichte hat Haken: die weiblichen Tiere, ihre Verwendung zur Fortpflanzung und die Nichterwähnung ihres etwaigen Sündenfalls in der Überlieferung. Es scheint, daß *dabei nie etwas gefunden* worden ist. Dann aber: warum beim Menschen die komplizierte Einstellung ins Sündhafte? Ich will annehmen, daß der Sündenfall nur darin bestand, daß die Menschen ihrem Gott seinen besten Überraschungsscherz durch vorzeitiges Entdecken einer ihnen erst für einen bestimmten Termin zugedachten Freude verdorben hatten. Aber dann diese Rache Gottes durch die Jahrtausende für eine derartig entschuldbare Indiskretion Adams und Evas! Ist sie glaubhaft? Jedenfalls ist dies eine sicher: mit dem sogenannten Sündenfall ward die Tugend geboren, denn – die ist auch nichts anderes. Große Frage: Wo wären wir, wo wäre ich *ohne* den Sündenfall?

Aber: Sind die Tiere gefallen? Hat es männliche und weibliche gegeben? Dann, zu welchem Zweck? Wann setzte bei ihnen die natürliche Gewohnheit ein, sich dann und wann zu vermehren? Wozu zwei Geschlechter? Ihnen war jedenfalls keine Aufgabe gestellt und kein Verbot angekündigt. Welche Kuh hätte auch den ersten Stier mißleitet? Welches Reptil mochte der Kuh irgendwelch verführerisches Wiesenblatt angeboten haben, das sie als dann mit ihrem Büffel zu teilen begonnen hätte? Laut Bibel gab es Tiere, noch ehe der Mensch erschaffen war. Wachset und mehret euch! Wie? Männliche und weibliche gab es... oder sah man *vor* dem heiligen Sündenfall nur eine Art Maulesel, Maullöwen, Maulschlangen? (Zweifellos war die Paradiesschlange eine Maulschlange.) Folgten die Tiere dem Beispiel Adams, oder hatte Eva die Tiere beobachtet, ehe sie mit der Schlange einig wurde?

Eine andere Möglichkeit:

Menschen und nach ihrem Beispiel auch Tiere vermehrten sich zunächst wie Korallen, indem sie sich durch einen Überschuß an Kraft immer wieder schufen. Und manchmal zu ihrer Freude am Werk entdeckten sie, läppisch lachend und sich mit Fingern zeigend, daß manche Verdoppelung nicht so ganz nach dem Ebenbild gelungen war, oder daß einige Sezessionisten der Steinzeit eine urkomische Neubildung zustande gebracht hatten. Bestürzte Warnung der Alten unter endlich ausgesprochener Boykottierung Adams, der auch ein Novum eingeführt hatte und mit dem größten Erstaunen vor der gelungenen Eva stand. Da zeigte es sich, daß auch manch anderer Antediluvianer, in der Stille wie Adam, Bildhauer gewesen sein mußte. Das war also die Katastrophe, vor der die Alten gewarnt hatten, sie, die einfach nach dem Dutzend korallenmäßig hergestellt waren, durch Zellenhäufung, sich vom Urstock trennend, wenn die letzte Zelle saß. Nichts aber von dem, was war, konnte zurück. Das erste Negativ war in verschiedenen Stücken vorhanden, und sie befriedigten die Schöpfer-Positive, konnten aber auch nicht länger müßig bleiben:

Das erste Kind war da – Mysterium! Die Korallenmenschen sahen mit starren Augen, in welchen nur ein runder Ring mit einem Punkt in der Mitte funkelte – auf die Leistung des Negativs...

Genug! Ich will nur hinzufügen, wie ich auf diese Bilder kam. Erst sagte ich von meinen Onkeln, wie wohl die meisten Menschen aus Gewohnheit von Frauen zunächst feststellen, *daß* sie oder daß sie *nicht* hübsch seien. Und so kam ich auf die Idee, daß nicht Gott, sondern offenbar Adam sich das Weib schuf und nun liegt immer noch in uns die Schöpferfrage: ist sie oder ist sie nicht gelungen. Und wenn die Frau über das Jugendalter gewachsen ist, heißt es eben von ihr: »Sie fängt an zu mißlingen.« Von meiner Tante Isis läßt es sich schwer sagen. Der Begriff »Tante Isis« hängt an der Art ihrer Augen. Es sind keine Lider da, sie blicken direkt aus dem Schlitz, den die Gesichtshaut über Pupillen zu machen pflegt. Die Lider sind tief von der Brauenpartie geschluckt. Sie hat große Augen von durchsichtiger brauner Farbe, und erst wenn sie sie gesenkt hält, kommen Lider zum Vorschein. Sie hat gesunde Zähne. Aber es hilft nicht, sie zählt für mich nicht. Sie ist nicht mehr ganz gelungen, und ich kannte sie nicht in der Zeit, wo sie es gewesen sein mochte.

Der Mund einer jugendlichen Frau ist eine Blume, der einer älteren etwas durchaus Menschliches; einfach ein Attribut, ein bekanntes, notwendiges. Aber ein junger, hübsch gebauter, neuer Mund ist niemals ein Mund, sondern ein blendendes, einschläferndes oder erschreckendes Erlebnis.

Tante Isis ist für mich oft eine Zuflucht gewesen, und wenn ich es recht überlege, keiner meiner Bekannten hat solch eine Mutter. Sie ist von tödlich sicherer Aufrichtigkeit, und wenn wir zusammen reden, ist es, wie wenn ich zu mir selbst spräche, so poselos, so sachlich bleibt sie. Sie hat einen ernsten Ausdruck wie ein großes Pferd; aber sie interessiert mich viel weniger als ein Pferd: ich notiere das, herzlos, aus Gewissenhaftigkeit dem Papier gegenüber. Wenn ich sie verlöre, es wäre ein großes Unglück: ich prüfe eben meine Herzlosigkeit: es fallen mir ihre Schuhe ein, große, breite, irgendwie den herrlich vollkommenen ihres Bruders, Onkel Gregors, verwandt, aber doch rührend unelegant, ohne häßlich zu sein: Während ich mir ihre braven, guten Schuhe vorstelle, empfinde ich brennend: »Um Gottes willen, Tante Isis darf nie etwas passieren, sie darf auch nie traurig sein!« Ist das Herz? Liebe ich Tante Isis? Zweifellos. Sie ist die Schwester meiner verstorbenen Mutter. Warum heiratete sie Onkel Johnny? Aus demselben Grund, weswegen ich in die Altstadt gehe? Vielleicht heiratete nur er aus diesem Grund; ich kann es mir aber nicht vorstellen. Niemand kann diesen Grund haben. Man wird mir sagen: Warum er sie heiratete, mein lieber Pupp? Aus Liebe! Ha, welch widerliche Ungenauigkeit. Liebe... Verliebtsein: zwei Welten unter Umständen. Es gibt die fruchtbare und die unfruchtbare Liebe. Der Zyniker wird sagen: »Nun ja, das ist keine so fabelhafte Neuigkeit. Der eine hat Pech, der andere nicht.« Das meine ich nicht. Ich will meine heilige Definition noch nicht verraten. Einmal, an einem schönen Sonntag schreibe ich darüber.

Die gewöhnliche zoologische Liebe – Tante Isis? Nein! Nun erscheint sie mir plötzlich wie eine der Steinheiligen aus dem Dom, lieblich, fromm, stark und klug, wie auf dem Mädchenbild, das Onkel Gregor auf seinem Schreibtisch stehen hat.

Warum ich in die Altstadt gehe, will ich hier niederschreiben.

Einmal stand auf der Großen Brücke ein junges Mädchen. Ich hatte sie bald eingeholt, war ihr dann nachgegangen, bis ich sie im Warenhaus Krüger verlor. Erst sah ich ihre Beine im Profil. Das Stückchen zwischen dem Rock und den Halbschuhen war schlank und gerade- knochig, der Halbschuh kurz und steil, die Knöchel trocken durch den Strumpf gezeichnet. Ich begab mich hinter sie, um festzustellen, ob sie richtig gehen könne, oder ob sie die Füße zu weit auseinander setzte. In diesem Falle hätte ich meine Blicke nicht mehr nach dem Kopf bemüht. Aber – sie trat in der Vollendung. Ihre Fußspuren würden etwa wie Weidenblätter ausgesehen haben, die an ihren dünnen Zweig geheftet sind. Man denke sich eine schmale Zweiglinie zwischen ihren Fußtapfen, und diese Linie würde genau trotz ihrer Feinheit nur die Fersenstelle jeder Spur berühren. Die Anwuchsstelle des Weidenblattes berührt also eine gemeinsame Mittellinie, einmal trifft sie den rechten, einmal den linken Fuß. Die meisten Menschen gehen immerhin mit den Beinen so weit auseinander, daß bequem ein ganzer Fichtenstamm zwischen den Spurenblättchen liegen könnte. Wie die Brettchen eines Parkettbodens soll ein Schritt in den andern greifen. Und bei Gott, so ging dieses Mädchen. Ich war also berechtigt, den Blick zu erheben und weiter zu forschen. Er traf auf ein blondes Genick, woran lichter

Flaum im Winde schwankte und beiderseits ein Ohr an gebaut war, das zum Glück kein Haar bedeckte, denn es glänzte rosa wie die Blüte von Pfirsichen.

Sie trug noch ein leichteres Winterkleid, braun wie eine Kutte, aber dazu schon einen gelben Strohhut mit schwarzem Band. Und die Seite ihres Gesichts, ihre Wange war wie an Schmetterlingen von hellem Pastellstaub bunt, aber zart gefärbt.

Der Rock ging lustig auf jeden Schritt ein. Sie setzte den Fuß wählerisch, aber rasch entschieden, wich Unebenheiten oder unsauberen Stellen aus, der Fuß trat bescheiden auswärts, und wenn einmal ein größerer Schritt getan werden mußte, half das zurückgebliebene Bein mit richtig dosierter Hebelkraft nach. Eine reine Sehne entstieg kerzengerade der Ferse. Gern hätte ich mit Daumen und drittem Finger diese Sehne nachgeprüft. Der Schuh war braun, die Strümpfe nicht aus Seide, aber aus festem, dünnen Faden in der Farbe reifer Pflaumen. Sie war nicht voll und nicht flach, hüftenlos und dennoch rund. Nirgends aber zeigte der Stoff des Kleides ihre Formen. Der Gang aber war ein Körper. Werde ich ihr Gesicht sehen können? Ich folgte – sie ging. Sie bog in Seitenstraßen, ich blieb. Man sollte handeln können. Aber wer kann es! Warum ist es ein Verbrechen, ein schönes, unerkanntes Etwas vorsichtig in die Arme zu nehmen, es bergen und zu Hause sagen: »Fürchte nichts, Gott ist mit uns! Vertraue mir!« Allein *den* Vater, *die* Mutter, *das* Mädchen gibt es nicht, die da nicht Ozeane von Fluten über den Sünder ergössen. Nein, nein, wir handeln nicht. Wir träumen.

Am Weg vor uns (noch kannte ich ihr Gesicht nicht, nur den blonden Schaum ihres Genicks) hielt ein Gefährt mit tiefdunkeln Eisenschimmeln unter einer groben Decke. Ohne ihren Gang zu verlangsamen, fuhr sie dem einen Tier mit der behandschuhten Linken an den Hals und sagte ihm: »Puff.« Einen Augenblick sah ich ihre hellhäutige Nase in der Luft, und so kenne ich nur diese kecke, kurze Nase und den keineswegs kecken, sondern ernsten Gang. Wir waren längst viele Häuser weiter. Aus ihrem Ärmel hatte sich ein kleines Streifchen weißer Manschette gestohlen, das den hellbraunen schwedischen Handschuh vorteilhaft berührte. Solche Handschuhe trugen portugiesische Großmütter in ihrer Jugend. Die Überlegenheit der herabhängenden Hände, die keines Schirmes, keines Verlegenheitsgegenstandes bedurften, um unauffällig selbständig zu wirken, sondern locker aus dem Ärmel hingen, war mir mit einem Male so vollkommen befriedigend einschließlich aller Möglichkeiten, daß ich nur eines erhoffte, sie möge sich ja nicht umsehen. So waren wir am Warenhaus Krüger angelangt, sie ging durch eine Abteilung der Türe, ich wartete etwas, betrat gleichfalls den Laden, blieb eine Stunde in dem Geschäft, lief auf und ab, stieg und sank in Aufzügen, wurde hier hin und dorthin gestoßen, ein Schweiß von Angst, Zorn und Ungeduld brach aus, der Rand meines Hutes schnitt mir in die Stirne, ich übersah eine Stufe und mehrere Menschen, fand nie wieder den Ausgang und war bald in die elendeste Stimmung gefallen, so daß ich sie, zu Hause angekommen, kaum zu verbergen vermochte.

Meine Tante sah mich harmlos gerade an, ich empfand den Blick als einen fragenden – sie hatte längst ihre Augen auf die Hälfte herabgesetzt, was ich auch als Absicht erkannte. Um frei zu werden, begann ich zu erzählen, ich hätte ein paar dunkle Eisenschimmel gesehen – so etwas von Schönheit und diese Gänge –

»Fängt der auch an, Pferde auf der Straße kaufen zu wollen«, sagte Onkel Johnny. Merkwürdig – wie tief im Unrecht steckte er – und nichts und niemand hätte ihn davon überzeugen können, daß nicht irgendwie seines Schwagers Liebhaberei auf mich abgefärbt habe. Nie wissen die Menschen, wie weit sie das Ziel verfehlen. Ich nahm mir vor, von nun an niemals zu denken, ich »hätte«, um mit Onkel Johnny zu reden, »mit meinen Diagnosen des täglichen Lebens ins Schwarze getroffen«. Diese Erkenntnis und der daran geknüpfte Vorsatz kühlten mich.

Von diesem Tage an ging ich fast täglich in die Altstadt. Umsonst, die Unbekannte blieb verschollen. In allen diesen Tagen bin ich keinem Fuß begegnet, der gehen kann. Unsere Katze Glauka kann gehen. Ich sehe ihr zu. Sie springt mindestens achtmal ihre Höhe mühelos und sitzt jetzt mir gegenüber auf dem Schreibtisch. »Ja, die Menschen sind schauderhafte Geschöpfe«, denkt sie und wundert sich. »Na, Albert ist ein anständiger Kerl, den lasse ich gelten. Aber schließlich, was für dumme Bewegungen ist auch er, wie es scheint, auszuführen gezwungen. So viel Zeitverlust, so viel Lärm, diese Hast! Immerhin, Albert wollen wir es nachsehen. Aber die an deren: Laufen, gehen, etwas tragen, holen, nehmen, hauptsächlich aber gehen. Fürchterlich! Selbst ein alter Löwe geht noch anmutig.«

»Ja, weißt du, Glauka«, muß ich ihr antworten. »Kultur...«
Da wundert sie sich noch mehr.

»Apropos, was das Gehen betrifft, bei euch Tieren, kein Bernhardiner kann gehen!«

»Vollkommen richtig«, erwidert die Katze, »erstens Kultur, zweitens katholisch.«

»Was du nicht faselst! Wie geht denn, wenn ich fragen darf, ein protestantischer Hund? He?«

»Das gibt es nicht, Albert; protestantische Tiere gibt es nicht. Das ist weder Luther noch Konsistorialräten, noch Hofpredigern, noch Diakonissinnen, noch irgendwelchem Superintendenten, noch einem Landpastor je gelungen. Man weiß von buddhistischen Fischen, von orthodoxen Hasen, die den Papst nicht anerkennen, von strengkatholischen Pudeln, mohammedanischen Bergschafen und altkatholischen Lurchen: protestantische Tiere aber gibt es nicht.«

O Glauka, mein gepelzter Fasan, mein blauer, du hast Daphne nicht gesehen. Kein Tier kann gehen wie sie.

Die Katze springt an das offene Fenster, blau wie gewisse Wolken. Ihre Bernsteinaugen *horchen*, die Ohren kann sie nicht spitzer spitzen. Sie ist übellaunig, weil sie weiß, daß alles Schleichen zwecklos ist – es gibt noch keine halbflüggen Vögel. Das Wurmlied der Amsel ertönt aus den Gärten. Haubitzen, Schrapnelle, überhaupt Geschosse *können* fehlgehen. Sie *müssen* nicht töten. Aber das Wurmlied der Amsel im April, zwischen 6 und 7 Uhr abends, das erschlägt.

*

Daphne könnte heissen Hyazinthe, Viola, auch Anna, frisch und scheu, sicher gab man ihr den entsetzlichen Namen Lisbeth. Wie wäre Bibiana – aber wer weiss, ob der zu den Augen passt, und die kenne ich nicht. Ihre Handschuhe hatten, das sehe ich noch deutlich, einen weissen Rand in der Öffnung des Handtellers. Warum beglückt mich dieser weisse Rand?

*

Wusste ich nicht von jeher, was ich glaube mit Daphne entdeckt zu haben? Sie stimmt also mit dem wohlbekannten Bild überein. Warum also die Erregtheit. Ist das Bild nicht dadurch schon bestätigt, dass ich es gedacht habe?

Es scheint, wir wollen den Beweis, dass wir richtig dachten, und wenn wir ihn mit einem Male sehen, wankt der Boden unter uns vor Freude.

Den Beweis lieben wir, die Bestätigung unseres Selbst. Also lieben wir uns selbst.

Muss es aber nicht himmlisch schön sein, sich einmal mit einem andern Selbst zu lieben, so dass des andern und die eigene Seligkeit in geteilter Selbstliebe bestünde. – Dies ist vielleicht der Grund jeder grossen Liebe.

Aber wo ist Daphne?

*

Im Café sieht mich die Nummer 22 vom leeren Nebentisch an. Sie lehnt, lackschwarz auf schneeweiss an ihrem Ständer. Ein Kellner, chirurgisch weissbejackt, mit rosa Pflaster auf dem Genick, sitzt, weil es ausser mir keine Gäste gibt. Das Markisendach lässt nicht viel Luft durch, aber es ist angenehm, da zu sitzen. Auf der Litfasssäule, die über der Efeurampe erscheint, sieht mich unter dem Namen des Theaters das Gesicht eines Tenors an, tropisch-schön, unerträglich bewegt, bis auf die Knochen rasiert, der Held, der nach dem Rasieren keine andere Beschäftigung kennt als die, tief zu leiden, unentwegt, aber mittels des energischen Kinnes alle Hindernisse überwinden wird. Ja! Der!

Es ist Nacht.

Seit zehn Minuten wenigstens steht die Uhr auf fünf Minuten vor elf. Ich will auf das Delta warten, das beide Zeiger bilden werden, wenn der Hammer elf Uhr schlägt.

Menschen ohne Unterleib rutschen an der Efeurampe des Café vorüber. An den Bewegungen ihrer Schultern, an den Falten ihres Mundes erkenne ich, ob sie schlecht gehen oder nicht. Meistens ja. Es gibt ein Sprichwort, das die Schuster leider mißverstanden haben, wenigstens in Deutschland: »Schuster, bleib bei deinem Leisten.« Seitdem sie es befolgen, statt endlich bessere Leisten zu beschuhen, jammern die Füße, schaudern die Kenner, lachen die Pediküre. Es sollte heißen: »Schuster, wenn dein Leisten schlecht ist, bleib nicht bei ihm.« Aber – aber – mischt sich der triviale Verstand ein – das Sprichwort bedeutet doch bekanntermaßen: Ich unterbreche den Verstand, denn ich kenne schon seine krankhafte Sucht, mich immer überzeugen zu wollen. Er erlaubt mir nie anders, als nach Schema A zu denken. In jüngeren Jahren gab ich nach und korrigierte mein Denken, stückelte den Beweis des Beweises an den Beweis an und wäre fast wahnsinnig geworden. Ich konnte zum Glück beizeiten abschaffen, was da unnütz schien.

Ich zwicke in meinem Mund die Schleimhaut, womit er ausgefüttert ist. Man kann auch darin zu weit gehen. Übung macht –
Bin ich glücklich oder unglücklich?

Schwer zu sagen; heute zum Beispiel bin ich glücklich, daß ich traurig bin und allein.

Bis zum Himmel unendlich ist man erzogen worden und zieht, erzieht, exerziert, seziert, verzieht sich unentwegt weiter, erlaubt sich nicht den kleinsten Totschlag, sondern entwickelt, fixiert, kopiert – hahaha! der reine Photograph. Hübsch! Was würde sich der Höhlenmensch denken, sähe er uns.

Pp... hui Deixl.

Und doch – ich tausche mit niemand.

Die Uhr im Dunkeln zeigt jetzt das Delta.

In diesem Augenblick speien alle Theater das Puh–blikum aus. Es fließt auf Plattfüßen, in Schuhen, für welche die Schuster treu bei ihrem Leisten geblieben sind – über Asphalt und Pflastersteine seinen Privathöhlen zu.

Und jetzt werde ich es notieren, wie ich es mir vorgenommen habe, um elf Uhr nachts:

Ich kann einen freundlichen Mund machen und lustige Augen, genau wie meine Seele empfindet; wenn aber gewünscht werden sollte, ich möge einen Stuhl oder ein Buch bringen, so kann ich noch so freundlich am Kopf sein, unten entsteht manchmal ein leiser Wirrwarr, den kein Schuster ganz zu bändigen und nicht die hellste Freude meiner Seele zu beherrschen imstande war; ich mache es ganz gut; vielleicht merken es die andern nicht; aber solange *ich* es bemerke... daß ein Bein kürzer ist, als mein anderes? –

*

Einige Tage sind vergangen. Warum schäme ich mich des zuletzt geschriebenen Satzes? Ich möchte die Seite ausreißen. Aber das wird nicht geschehen, ich will so ehrlich, wie ich denke, meine Hand berichten lassen, was ich ihr diktiere. Warum aber widersteht es mir? Weil ich die Wahrheit nicht ertrage? Ich *will* sie doch ertragen, da ich sie suche! Ich will stärker sein als alle andern. Oder fürchte ich, jemand könnte diese Zeilen lesen? Und selbst ohne diese Vorstellung ist mir der Gedanke an fremdes Mitleid so widerlich, daß ich die Tatsache irgendwelcher persönlicher Minderwertigkeit nicht aussprechen kann? Wie falsch wäre es, das anzunehmen; denn fremdes Mitempfinden, sofern es getreulich und ebenso leise dem eigenen nachgeht, lassen wir uns gern gefallen. Unerträglich bleibt und muß aufs intensivste gefürchtet werden – die Phrase der Phrase, die Liebe bedeuten soll, also bei seelischer oder körperlicher Berührung – womöglich in Verbindung mit teilnahmsvollem Vorschieben der Mitleidslippen, betrübtem Aufreißen der Mitleidsaugen und miauenden, kleinen Kindern abgelauschten Mitleidstönen aus keineswegs bekümmerten Kehlen.

Ist es nicht merkwürdig, wie jeder das Hinken, das Tragen von Brillen, von himbeerfarbenen Muttermalen, unter Umständen auch den Schmutz an Hals und Mund- winkeln, die ungepflegten Daumen – sieht und beobachtet? Also das negativ Schöne ist, obwohl tausendfältig vorhanden, immer noch auffallend – während Schönes, Vollkommenes, ein idealer Gang an Mensch und Tier zum Beispiel gar nicht so sehr mit Bewußtsein aufgenommen wird.

Brillen trage und brauche ich nicht, meine Augen, grau gelb wie Gerstenschleim, sehen gut. Meine Ohren sind leider gewöhnlich zwei purpurne Rosen an dunkelblondem Haar, das ich aus der Stirne kämmen kann, weil diese wenigstens anständig gebaut ist. Etwas zu perlmuttern ist das Gesicht; aber wenn in ein paar Jahren, wie man mir sagt, die Ohren blasser sein werden, könnte das Gesicht mehr in der Art der Hände gefärbt erscheinen. Ich rasiere es ganz, es kommt dunkler, an einigen Stellen weißblonder Bart. Aber stehen lassen – nie! Wenn ich einen harten runden Hut, sehr nach vorne geneigt, trage, meinen Mantelkragen hoch aufschlage und mich im Profil betrachte, so finde ich: – Das müßte man so lassen können...

Das müßten andere sehen – das ist *eine* Chance für... Natürlich *muß* mir ein Reh gefallen, da ich selbst niemals eines sein kann (nach außen hin gleich als Reh erkennbar). *Innerlich* vielleicht...

Le chevreuil, das Reh. Schönes, sachliches Wort. Man könnte es Ree schreiben. Aber damit verlöre es den Hauch des Wildes, des zarten und furchtsamen Wildes. Vielmehr möchte ich es so schreiben: »Das Rhehhh'h«.

Am Balkon abends, den Gärten zugekehrt, die an den unseren angrenzend das Haus umgeben. Onkel Gregor hielt seine polierte Nase in den Wind, zog leise das kristallklare Nasentröpfchen beim Atmen ein und aus und fand poetische Worte, um das verflossene Abendessen in den Himmel zu loben.

»Es gibt ein Land, da weiß niemand etwas von Suppen. Sie verbinden dort mit dem Begriff Suppe etwas Fades, wie sie sagen Labberiges; was wir eben bei dir bekommen haben, Isis, war schon wert, jede Erstgeburt dafür hinzugeben.«

»Ja, der Reis!« seufzte Lanner, der endlich gekommen war, nachdem meine Verwandten ihn wiederholt aufgefordert hatten, und der nun ganz klein im Korbstuhl lehnte. Er ist alles in allem unansehnlich auf den ersten Blick; aber im Mund liegt der bezwingende, unbeschreibliche Zauber eines Hirtenknaben, was um so verwunderlicher erscheint, als es in der »Grille«, die er wöchentlich herausgibt und zum großen Teil selbst verfaßt, in mehr wölfischer Eigenart spukt. So sprechen allerdings seine Augen, die nicht zum Munde passen wollen und so verschieden eingebaut sind, daß er sicherlich mit jedem etwas anderes sehen muß. Als er aber »Ja, der Reis!« geseufzt hatte, schloß er sie für eine Sekunde und war ganz schlafender Hirtenknabe, »von Grillen rings umzirpt«.

Nun sagte Onkel Gregor im Ton eines Religionslehrers, der sich ernstlich zusammennimmt, um Zuhörern das Geheimnis der Heiligen Dreifaltigkeit einigermaßen begreiflich zu machen, etwa folgendes:

»Das Zusammenwirken auf die Geschmacksnerven von Rindsbouillon mit Reis, dessen vorhergegangene vorsichtige Dünstung in Butter oder Dampf mit etwas Parmesan schon allein eine Götterspeise wäre, dieses Zusammenwirken am Gaumen, der unmittelbar am schmeckschnüffelnden Rachen-Nasenkanal sitzt, in Verbindung mit der Verschiedenheit der Temperaturen – hier die sechsunddreißig Grad menschlicher Schleimhaut, dort fünfundvierzig Grad eines Risotto la Milanaise, bildet eine hohe Freude im Dasein der Jammertäler, die sie sich relativ häufig verschaffen können – ohne sie dadurch zu vermindern.«

Obwohl Onkel Johnny beim Worte »relativ« blitzartig die Stirnhaut zum Ansatz seiner mit Öl niedergelegten blonden, aber dadurch dunkelglänzenden Haare hin- und zurückgeschnellt hatte, fügte ich Onkel Gregors Hymne noch die drei Worte an:

»Dazu frische Semmeln!«

Ich hatte das Zucken vorausgesehen und darauf gewartet, mußte aber etwas sagen, um desto unauffälliger mich dem Studium des Gesichtes hingeben zu können. Schon fuhr wieder jemand mit dem Thema fort, diesmal Lanner, an meine Semmeln anknüpfend:

»Die, natürlich kälter als die Suppe, der Zunge den Brotgeschmack *unter* Temperatur ermöglicht.«

Und Onkel Gregor vollendete:

»So führt der Mund den warmen Reis, von dem schleunigst die heiße Suppe weggeschluckt wurde, und dieses Stück kalter, knuspriger Semmeln...« (Onkel Johnny starrte auf das schmiedeeiserne Gitter des Balkons, denn nun waren wir im Schuß.)

»Und *das* mit Parmesan...

»Und währenddessen hat der Löffel aus dem Teller eine neue Ladung gehoben, die herrliche Fäden zwischen Silber und Suppenspiegel bildet.«

»Und die Linke bricht voll Ahnung ein frisches Semmelstückchen —«

So weit waren wir gekommen, dieses letzte hatte Tante Isis, die nicht viel Brot essen durfte, vorgebracht — ich betrachtete Onkel Johnnys Falkenprofil mit dem blauen Auge, das auf Photographien schwarz wie Stiefelwichse glänzte, ähnlich wie das dunkelblonde Haar, und ich war gespannt, weil ich seiner Autorität in kulinarischen Dingen nicht traute und sah, daß er sprechen mußte.

»Beim Schinken«, begann er — trotzdem wir noch nicht so weit waren — „ist die Hauptsache, daß er nicht gesalzen ist. Der heutige war großartig." Das tut Onkel Johnny immer, er bringt seine Sätze an, aber sie sind nie in das Vorhergesagte einzufügen, sondern stehen unorganisch im Raum. Er liefert sie fertig gekauft und hat sie stets auf Lager. Er hatte sich gegen Onkel Gregor wie fast immer gereizt gefühlt, kann seine Art Humor nicht vertragen; in Wirklichkeit ärgert er sich über sein sybaritisches Nichtstun, wobei Onkel Gregor zuweilen erklärt, er sei ein Kulturträger; am meisten ärgert sich Onkel Johnny darüber, daß sein Schwager ohne viel Wissen und Vorstudien doch sehr guten Geschmack und intuitive Fachkenntnis beim Ankauf von Kunstsachen zeigt. Das ist überhaupt einer der wunden Punkte im Hause: Der Kunsthandel. Auch Tante Isis ist nicht unbeteiligt genug, kann aber nicht umgangen werden, weil tatsächlich ungewöhnlich kunstverständig, wo er, der »unübertrefflich Sachverständige«, manchmal zweifelt, ob ein Objekt angekauft werden sollte oder nicht. Er kennt bei Dynastien Daten, Geburten, Vaterschaft, Namen, alles *Echte* ist ihm wertvoll, insofern es ihm jemand nachwies. Sie aber wittert die Fälschung, wo er sich schon auf den Erwerb freute, sie fühlt den Wert, sie versteht die Sprache der Vasen und Teppiche und verwirft die wertloseren zugunsten der einzigen. Und ähnlich, wenn auch weniger stark ist Onkel Gregor begabt. Onkel Johnny bringt der Sammlung sein Pflichtbewußtsein, behandelt die Gegenstände als treuer Vormund; Tante Isis aber ist verliebt, während Onkel Gregor eine kleine Bastardfamilie in seiner Junggesellenwohnung unter der unseren gründete.

Symbolisch war also die kalte, dabei so harmlos klingende Bemerkung Onkel Johnnys über den Schinken anzusehen. Und wie immer trug er den Sieg davon.

Tante Isis hatte uns in der Tat zarten, kalten Schinken in dünnsten, man kann sagen überseeischen Quartbogen vorgelegt, dazu heißen, jungen Spinat, den uns Barrabas servierte. Die Flasche Rotwein, die er dann in der Runde allen eingoß, zitternd und schnaufend, ohne daß die alte Hand das kleinste vergoß, setzte den letzten Punkt der Vollkommenheit an dieses Abendessen. Barrabas, wie alle Europäer, die jahrelang im Orient leben und dabei Heimatsitten treu bleiben, war von Stürmen, Wüsten und Sonnen so zerkocht, daß er, der in jungen Jahren meinen Vater auf dessen Reisen begleitet hatte, arg verwittert erschien.

»Ja, der Schinken war schon eminent«, beeilte sich, gegen seine sonstige Gewohnheit der heute überhöfliche Lanner dem Hausherrn beizustimmen. Tante Isis lächelte abwesend.

Sie weiß in raffinierter Weise ihre Eßlust zu verbergen – ich kenne aber ihre Vorlieben und sah sie zu jedem Bissen etwas Semmel einschmuggeln, trotzdem der Brotgenuß ihr untersagt ist. Sie erzählte nebenbei, daß auf der ganzen Welt mit Ausnahme der nördlichen Distrikte des Deutschen Reiches Brot zu allen Speisen gegessen werde und dies zur Essenskunst gehöre. In diesen Distrikten aber wisse man wenig darüber. Eine Semmel sei ein herrliches Zusammenstimmen von Nahrungsmittel und Zubereitung. In diesem Land sei das schon grammatikalisch unerträglich bezeichnete »trocken Brot« etwas Entwürdigendes, wie das Barfußlaufen. Der Genuß einer frischen Semmel – freilich auch eines Butterbrotes seien eben beides eine Freude für den Feinschmecker.

Lanner fing nur das Wort »Trocken Brot« auf und erklärte, Krämpfe bei der Bezeichnung Warmwasser für warmes Wasser zu bekommen. Onkel Johnny aber, der für Briefe in Schreibmaschinenschrift schwärmte, für Telegrammstil und für Hotelbetrieb im Privathause, verteidigte die Verhunzung, was mit einem »kein Mensch heutzutage« begann. Onkel Gregor behauptete nicht mit Unrecht, schlechte Sprache verderbe den Mund und er könne, ehe einer ihn zum Sprechen öffnete, schon vorher sagen, ob er hübsch und rein, oder garstig, verschwommen und unlogisch redete. Dafür besaß er ein feines Gehör und ohne besondere Vorbildung eine natürliche Treffsicherheit in der Beurteilung. Unterdessen gab ich mich dem Genuß des eben besprochenen Schinkens hin und beobachtete das System, ihn einmal ganz allein zu essen, einmal eine Gabel voll Spinat und einmal beides zusammen zu genießen, das dickflüssige Gemüse kunstvoll in ein rosenblattartiges Stück Schinken gerollt. Wer mir hier sagen würde, ich sei ein nichtswürdiger Schlemmer und gefräßiger als eine Ente, würde sich grob täuschen und außerdem bekunden, daß er ein unkünstlerischer Mensch ist. Ist es nicht einerlei, wovon gesprochen wird? »Wenn ich groß bin«, werde ich über alles hoffentlich als ein Dichter sprechen, und da gibt es, gibt es, gibt es nichts, was nicht gesagt werden dürfte. Denn was tut ein Dichter? – Nichts als Gutes: Er wünscht – hält aber still, wenn das Ge- wünschte auf sich warten läßt – und das tut es immer. Aber der Dichter sieht es nahen; auch wenn es sich sogar entfernt. Er sieht es nicht nur nahen, nein, er besitzt es, gibt dem Gewünschten Namen, sieht seine Teile, die er zusammenzieht, wie sie noch niemand sah, er zieht sie dicht zusammen, dicht und dichter und – fühlt sich selber werden, wie das schöne Wort, sein eigener Name: Dichter. Und was tut er noch? Er dankt und freut sich. Auch wenn er leidet. Er dankt niemandem, weil er nicht sieht, daß ihm etwas von jemandem gegeben wird, diese Dankbarkeit kennt er nicht; aber er dankt für den stets lebendigen Wunsch, der ihn zu allen Quellen führen wird wie zu allen Blüten. Er muß ewig froh sein und danken für sein abgrundtiefes, unendbares Wünschen. Da er das Gewünschte immer wieder zur Betrachtung *sehen* darf, was immer er sich wünscht, wie soll er nicht singen und seine Lieder niederlegen?

Und dann... die Liebe... Ich werde noch lange nichts über sie sagen. An einem stillen Sonntag vielleicht.

Aber wem dankt der Dichter??

Er dankt im voraus, weil er damit nicht warten kann, dem Menschen, den er einmal lieben wird; sein ganzes Leben bedeutet das, teils ist es die Vorbereitung, die Erweiterung, die Entfaltung, teils die nie sterbende Erinnerung. Und wenn er dreimal liebt? und vierzehnmal liebt? Ha! der Verstand ist ärmlich. Die Frage brennt mich so, daß ich fast weinen muß: Er liebt nur einmal, wenn er dreimal liebt. Das ist das Geheimnis der heiligen Dreifaltigkeit. Er liebt nur eines, das ewig Ersehnte. Er liebt es ja, bevor es kam. Wie schlecht läßt sich dem Verstand etwas beibringen! Nie wird er begreifen. Die Formel finden, die ihn befriedigt und mir genügt, wäre das eine Leistung!

»Wenn ich groß sein werde...?«

*

Gleich am anderen Morgen, also heute, geschah etwas Furchtbares, in seiner Furchtbarkeit unbeschreiblich Schönes, und ich habe vergessen, vergessen, daß ich auf der Welt war: ich habe mich um Albert nicht gekümmert, erst als es zu spät war, kam ich dazu, mich zu fragen, wo er denn geblieben war.

Den Eingang im Rücken, saß ich wie gewöhnlich am Fenster in der Werkstatt und zeichnete an den verfluchten Gesimsen einer Güterhalle, nachher sollte ich dem Meister bei einer Behandlung von Ahornhölzern behilflich sein, als plötzlich verstärkter Straßenlärm das Öffnen der Türe bewies. Ich sah mich um, da erhielt ich wie einen trockenen Puff auf Kehle und Brust: Daphne war herein geflogen, leichtsohlig, kapuzinerbraun und frisch vom Frühling angehaucht. Auch sah ich runde, hellbraune Augen unter federgezeichneten Brauensicheln. Ich hörte sie noch die ersten Worte sagen aus ihrem großen Mund, wo die Lippen aneinander abrutschen und sich von Zähnen nur die des weit hineinreichenden Oberkiefers in graziös aufsteigender Linie aufreizend weiß zeigten.

»Mein Vater läßt fragen, ob der Rahmen für«, begann sie, dann versank ich unter den Schlägen von mindestens fünfzig Herzen, die meinen Körper plötzlich an ebenso vielen Stellen bewohnten.

Mein Meister bejahte die Frage, die ich nicht ganz zu hören imstande gewesen war. Ich betrachtete ihre angenehmen Füße. Ihre Schuhe sahen aus, wie schönes, altes Buchsholz. »Mein Vater«. Sie hat einen regelrechten Vater. Sie sprachen miteinander, der Meister und sie, und ich, Lehrling im weißen Kittel, ich war der Herr Niemand. Eine helle, schwedischlederne Hand hing am Ladentisch. Am Hals Batist, und zwischen Ohr und Nacken etwas, das Männer nicht haben: Nichts gleicht dem in der Natur: Schwanenhals? zu weiß. Marmor? zu hart. Teerose? nicht genug weiß leuchtend. Was ist einem Kinderhals mit goldblonder Frauenreife vergleichbar? Auf dem weißlich-orange leuchtenden Mädchenhals aber saß das Profil eines unschuldigen, sentimentalen Kadetten. Aber das Gesicht war tragisch.

Ich hörte durcheinander: »Birnbaumholz«, »Handzeichnung«, »zuschicken«. Aufgestanden wie ich war, blieb ich; lehrlinghaft unbeholfen, und betrachtete als schwitzender Naturforscher die lustigen, etwas schräggestellten Hundeaugen, die in unserer Werkstatt glänzten.

Ich wußte, etwas werde jetzt geschehen, das Daphne am Fortgehen zu hindern habe; aber während ich über dieser Sicherheit eingeschlafen sein mußte, hörte ich die Türe gehen, erwachte und war allein mit dem Meister. Das Licht war fort; die Hitze unter meinem weißen Kittel unerträglich, mein Kragen feucht, der Hemdknopf pulsierte auf dem Adamsapfel, die Ohren erblauten noch nachträglich und beide Schuhe in traurig-mattem Ebenholz drückten.

Die Gesimse einer Güterhalle zu zeichnen war mein Los, von Onkel Johnny ausgedacht. Oh, wären wir in der Steinzeit. Der Meister kam an meinen Tisch. Ich rückte das Reißbrett heran und beroch es. Ich fühlte, daß der Meister etwas suchte.

»Kann ich etwas für Sie besorgen?« fragte ich.

»Der verflixte Rahmen! Beim Papiermann ist er. Der hat mich sitzen lassen.«

»Ich will ihn holen! Wo?«

Der Meister sagte es mir, wollte mich aber nicht als Laufburschen schicken. Ich bat ihn fast kniefällig darum und, einer himmlischen Eingebung folgend, um die Adresse des Sammlers, ich wollte ihm heute noch...«

Ja! es gelang, der Meister ließ mich, sandte mich, *mich*, ich werde den Rahmen *dort* abliefern!

Fast hätte ich ihn umarmt, während er mir die nötigen Erklärungen gab und suchte mir in seiner mageren Wangenpartie mit anderthalb Tage altem Bart eine Stelle für den Kuß aus. Die Schläfe mit den Sonnenstrahlen an den Augenecken erschien mir als geeignet. Oder lieber einfach den Kopf an seine Schulter legen und seine Schreinerhand streicheln.

Warum erfüllen wir solche Wünsche nicht, die wir so konkret sehen, daß wir sie fast schon zur Tat werden ließen? Aus Furcht vor der Konsequenz. Nichts bleibt ja stehen. Der Meister hätte seinerseits… dann hätte ich – dann wäre auf den Dienstag der Mittwoch gefolgt – – Ich nahm also meinen taubengrauen, zerknitterten Maurerhut vom Nagel, warf den weißen Kittel über die Lehne, und verließ die Werkstatt. Mit dem glücklich beim Papiermann erbeuteten Rahmen, der eine Handzeichnung faßte, lief ich nach Hause. Ich kann nicht nach Leim und Fensterkitt riechen, so nahm ich ein Bad. Während ich in dem grüngläsernen Wasser saß, hörte ich, wie sich die Glieder unseres Familienkörpers über Tatsache und Zeitpunkt dieses Bades berieten. Wer? Albert. Was? ein Bad. Jetzt um dreiviertel auf zwölf? Am hellen Vormittage? Warum? Verrückt!

Ich wusch mich leise ohne Wasserlärm. Unter Wasser aber verlor die Bürste jedesmal ihren guten Schaum und ich entschloß mich, weil es sein mußte, zu herzhaftem Bürsten und Plätschern.

Rasch war ich angezogen, und nun nahte die Frage des Überziehers mit hochaufgeschlagenem Kragen zum runden Hut. Für einen Mantel war es zu warm. Hier aber kam es auf Stil an. Mantelkragen hoch – Hutrand dicht daran, vorne nur Auge, Nase, Mund – alles übrige in drei guten Linien abgeschnitten – der junge Seni. …

Ich entschied mich also für diese Tracht. Man sah mich nicht aus der Wohnung gehen. Aber auf der Stiege traf ich unglücklicherweise mit Onkel Gregor zusammen, der seine Türe eben abschloß, in Strohhut, Stock und Handschuhen. Stock hatte ich vergessen.

»Gehst du zum Nordpol?« rief er mir zu.

»Nein, aber eine Bestellung.«

»Haben wir *einen* Weg?«

»Wo gehst du hin, Onkel Gregor?«

»Ja, das ist das Entsetzliche, ich muß meinem Schuster ein paar Schuhe an den Kopf werfen.«

»Du hast die Schuhe vergessen, Onkel.« »Nein, die sind seit gestern dort.«

»Weißt du, Onkel, heute kann ich nicht mit dir gehen. – Es hängt viel davon ab – diese Bestellung, wahrscheinlich schon zu spät, jetzt muß ich laufen…«

Die letzten Worte sprach ich einige Stufen tiefer, erhob die Stimme etwas, wie, als sei ich schon außer Hörweite, und endlich sah ich mich in der holzgepflasterten Einfahrt des Hauses gerettet, dann auf der sicheren Außenseite des zurückseufzenden Tores.

Und jetzt, Albert, geschwitzt wird nicht! Atme ruhig! Die Luft *ist* nicht heiß. Das kann auch nicht sein, eben war ja noch Winter. Vorwärts! Auf die Schattenseite.

Der Weg war eine ungeheure Spannung. Gedacht wurde nichts als das eine: »Sie wird oben sein, ich gebe das Paket ab, bleibe einen Moment stehen, hoffentlich ist der Vorplatz nicht zu dunkel, und dann – wenn alle Stricke reißen, finde ich eben wie Alexander einen Ausweg. Nur nicht soviel daran denken. Jetzt etwas durchaus Neutrales, damit die Gefäße sich lockern. Ein unverfängliches Thema. Französische Grammatik. Le participe passé conjugé avec le verbe avoir: avoir aimé – avec le verbe être: être aimé, aimé…

Ich stand in der Weihgasse. Kann sie wo anders wohnen? Wir wohnen Rauchgasse – das macht Weihrauch!

Der lebhaft sentimentale Kadett wohnt Weihgasse 8. Das Haus ist schmal und dreistöckig, mehr als fünf Fenster hat es nicht in der Reihe. Weißes Holz, schwarzes Haus; wo der Regen am meisten hingeklatscht, hat er es weißgewaschen.

Albert, du hast *doch* geschwitzt. Lasse dich an dieser schattigen Straße vom Aprilwind trocknen. Atme ein, zweimal aus und ein, lasse das Herz im Schritt gehen, was soll der lächerliche Galopp.

»Mitralinsuffizienz.« Blödsinn: Daphne.

Ich stand an der Treppe. Der Wächter, der mir die Türe geöffnet hatte, fragte nach meinen Wünschen.

»Ich habe ein Paket abzugeben für das gnädige Fräulein.«

Der Mann wollte es gleich nehmen.

»Nein«, log ich, »ich habe den Auftrag, es nur dem gnädigen Fräulein eigenhändig…«

»Jetzt ist niemand zu Haus.«

Nun tat ich das Falscheste. Ich hatte erwidert: »So muß ich warten.« Ich stand in der Halle. Blaugelbe Teppiche lagen auf den Steinfliesen. Neben einer großen Vase voll Stöcken und Schirmen stand ein Kanapee mit lindenblütenfarbigen Kissen und Sitz.

Ich stand noch. Der Portier sah auf meine Schuhe, ich rührte mich nicht. Dann drehte ich arglos den Oberkörper von ihm ab. Der Portier war ein Brustkasten in blauer Livree, ein Brustschrank schon eher.

»Für wen ist das Paket?« machte sein falscher Bariton.

»Für das gnädige Fräulein —«

»Hier gibt es kein gnädiges Fräulein.«

Wenn ich nicht den Hut mit dem Überzieher angehabt hätte, wäre ich wohl schon hinausgeworfen worden. So kannte sich der Wächter selbst nicht aus. Aber meine Ohren mußten schon wie reife Zwetschgen eine Art weißen Schimmer über ihrer Bläue zeigen. Kein gnädiges Fräulein? Da fiel mir ein, ich wußte ja den Namen nicht. Nur Weihgasse 8. Der Meister hatte meine Kenntnis des Namens vorausgesetzt.

Statt nun zu sagen, ich werde wiederkommen, und mit dem Rahmen zu gehen, blieb ich unschlüssig. Auf meinem Perlmutter brach eine Feuchtigkeit aus, die kaum durch das Taschentuch zu beschwichtigen war. Plötzlich öffnete sich die Haustür, mein Herz klatschte wahnsinnig Beifall, obwohl die Sache gar nicht so schön war, ich hörte mich auf die brüske Frage des Eintretenden erwidern: »Von Herrn Casper, der Rahmen.« — »Ah, geben Sie, danke«, und nichts, aber auch gar nichts anderes war zu machen als dieses Haus verlassen. Das erste, was Onkel Gregor sagte, war: »Wir hätten also sehr gut zusammen zum Schuster gehen können.« Auf meine Erwiderung: »Ja, ich durfte das Paket nur eigenhändig abgeben«, meinte er so zutreffend wie möglich: »An deiner Stelle wäre ich mitsamt dem Rahmen sofort umgekehrt. Man kann doch nicht anderthalb Stunden antichambrieren.«

Mich drückte ein Verlust, der keinen rechten Namen hatte...

*

Mir kommt immer vor, ich dürfe keine Fehler im Leben machen. Wozu habe ich meine Augen heute? Um zu erfahren, wie ich es nicht machen soll. Zum Beispiel werde ich niemals meine Frau laut durch alle Zimmer rufen. »Isaölle!«, »Isaölle!« ruft Onkel Johnny. Sie antwortet nicht, sondern erscheint an einer Türe und erst dann sagt sie »Ja«, so leise und tragend, wie wenn er ihr »Isabelle« zugeflüstert hätte. Ich möchte wissen, ob ihr der Ruf durch Mark und Bein geht oder nicht. Ihrer Antwort nach offenbar, denn nichts deutet mehr auf absichtliche Reaktion als die heimlich ins Gegenteil übertragene Art der Rückäußerung. Onkel Johnny ist der deutsche Ehemann: unhöflich mit seiner Frau, weil zu ehrlich und sich selbst zu treu. Woher mag das kommen? Diese Ehrlichkeit ist keine Tugend, also ist kein Grund vorhanden, sie für Wahrheitsliebe mit der dazugehörigen Selbsterkenntnis zu halten. Sie ist ungefähr wie der Totschlag, das heißt Mord ohne Absicht zur Tötung, in diesem Fall Wahrhaftigkeit ohne die *Absicht*, die Wahrheit zu suchen. Die Ehrlichkeit, synonym mit Sichgehenlassen, ist eher eine Unehrlichkeit im Gegensatz zu der vereinbarten(hahaha!!)

Liebe. Ich kann das heilige Wort in dem Zusammenhang »vereinbart« nicht ausdenken.

*

Onkel Johnny versteht absolut nicht »le détournement de mineures«. Die beiden Schwäger haben sich beinahe gebissen, was sie geschickt in rhythmisch auftretenden leicht ironischen Gelächtern, eine zivilisierte Art, sich die Zähne zu zeigen, verbargen. Onkel Gregor übertrieb seinen Standpunkt etwas: »*Nur* das! Es gibt *nur* das! Und weil man's dazu nicht bringen kann, sorge man möglichst für ähnlichen Ersatz. Gibt es etwas Entzückenderes als diese lieben Gesichter ohne Fehler mit gewichsten Augen und vollkommenen Mündern, wo alle Zähne erst vor kurzem erwachsen, unversehrt hervorleuchten – die ganz weichen Haare, und dann vor allem die anbetungswürdige Dummheit und

Ahnungslosigkeit. Es gibt keine himmlischere Phantasie!« Er fügte noch hinzu: »Ich würde ja ein Kind nie veranlassen, aber wenn ohne mein Zutun eine Möglichkeit –«

Aber Onkel Johnny ließ ihn nicht ausreden. Er machte ihm heftige Zeichen des Unwillens wegen meiner Gegenwart, so daß ich, um ihm die Möglichkeit hierzu unverkürzt zu lassen, einem heruntergerollten Bleistift intensiv nachsah, mich bückte und ihn unter unsäglichen Schwierigkeiten herauf holte. Das Gewitter am Tisch war indessen vorübergegangen. Onkel Johnny übertreibt wohl auch. Irgendwo hat Onkel Gregor recht; der Gedanke an: »le détournement de mineures« übt in der Vorstellung eine gewaltige Wirkung aus. Es erstickt einen schon beinahe, möchte ich sagen, meine Erfahrungslosigkeit gestattet es mir. Was gibt es an Gedanken und Vorstellungen, die einen *nicht* gewaltig erregten.

Mir kommt dieser stärkste Trieb vor wie ein Flußgebiet, dessen Hauptfluß sich »normal« ins Meer ergießt; geformt und gefüllt scheint er mir zu sein von allen Neben- und Zuflüssen, die aus Seen, von Gebirgen und Gewässern, aus Quellen stammen, die voneinander so entfernt liegen, daß niemand an einen endlichen Zusammenfluß denken könnte. Und doch erhält der Hauptfluß Wasser aus allen Wolken, aus allen Niederschlägen, aus allen Erdquellen. *Mehr* oder *Weniger* von diesem und jenem ist dann das Ausschlaggebende für eine jeweilige Benennung.

Der nächste Gedanke ist: Moralisch oder unmoralisch? und da komme ich schnell in die Lage, nicht feststellen zu können, weshalb eine Sache, aus dem gleichen Lustmotiv getan, moralisch und unmoralisch sein könne. Onkel Johnny, der nie Zweifel hat, also immer fertig ist und deswegen nie zu denken braucht, sagte einmal bei anderem Anlaß: Moralisch sei, was einem Naturzweck entspricht, also zum Beispiel alles, was in der Ehe zur Fortpflanzung beiträgt. Was bedeuten die drei Worte »in der Ehe«? Das ist Politik. Ich glaube, all diese Worte sind falsch. Nein, alle Menschen sind es. Ich möchte so gern mit Onkel Johnny sprechen, ihn prüfen. Aber leider ist er zu fertig, ich zu unfertig. Meinen sachlichen Ernst hält er für Auflehnung oder Frivolität –

den seinen halte ich für – unbeabsichtigte – Unaufrichtigkeit. Es geht eben nicht. Mit Onkel Gregor möchte ich nicht – er spricht zu gern davon, ist also nicht unparteiisch – und dann – die Dummheiten, von denen Onkel Johnny spricht, liegen wohl auf diesem Gebiet. Geheiratet hat er noch nicht. Und in unserer traurigen Kulturwelt ist das unter Umständen bezeichnend. Mit wem reden? Hier mit mir selbst, auf meinem Blockpapier. Gleichaltrige sind nicht eines Alters. Ich bin den Neunzehnjährigen seelisch überlegen. Physisch sind *sie* es. Und geistig will ich es werden. Wodurch ist mir Onkel Johnny über? Ist es Konvention, ist es von mir aus Gründen der Höflichkeit stillgeduldet? Niemand sieht es, niemand weiß es – ich werde es niederschreiben. *Ich* bin meinem Onkel Johnny überlegen. Warum? Onkel Johnny kann bedeutend mehr als ich: er ist seiner Anlage nach Jurist, Geschichtsprofessor, Moralist, Monarchist, Militarist, Doktor medicinae. Und ich? Ich bin bestimmt in Fächern untüchtig und unbrauchbar. Was aber Onkel Johnny abgeht, ist eine tiefere und reichere seelische Anlage. Ich weiß das, weil, wenn ich mit ihm gehen will, muß ich vollkommen oberflächlich und arm sein, sonst töten wir uns gegenseitig. Da ich aber derjenige bin, der uns gegenseitig übersieht und entsprechend handeln muß, daß der andere nicht gequält und hilflos sei, so muß ich sagen, ich bin ihm überlegen, trotz seines Vorsprungs an Wissen und Können.

Es gibt Werke mit dem Untertitel »Für die Jugend bearbeitet«. Ich bin gezwungen, mein Verhalten mit vielen Erwachsenen, die meinem Onkel gleichen, mit dem Vermerk »Für das Alter zugeschnitten« (préparé pour l'âge mûr) zu überschreiben. Die Großen tragen die Schuld. Warum unterschätzen sie. Oh, wenn sie die Liebe kennten, zweitausend Linsen als Augen hätten, tausend Ohren und einen Geist, der nichts ungegriffen und eben nichts als ein Belangloses außer acht ließe!

Ich muß meine Augen wie Schusser von einem zum andern rücken, mit den Ohren komme ich auch kaum mit. Der Zusammenhang der Dinge ist mir nicht immer bekannt, aber ich weiß Werte aneinander zu messen. Meine *Seele* weiß. Ich habe eine

Seele... eine *sterbliche* Seele, die tausend Tode stirbt. Wer oder was wird sie umbringen? und dazu mein Gehirn mit dem Körper. Diese werden einst verwesen. Meine Seele aber wird sterben, regelrecht. Hier rühre ich an Geheimes, unentrinnbar Geheimes, was ich nie wissen werde, weil ich (meine Seele) dann nicht mehr bin... Ich kann mir mit keiner Taschenspielerei vorstellen – durch das Bild –, daß etwas in mir sich nicht in etwas anderes verwandelt. Und doch will ich nicht die Verwandlung meiner Seele. Der alte Glaube: Ruhe in Gott ist erlösend, aber das sind Worte. – Die Kirche sagt geschickt: Eben, was du nicht fassen kannst, das glaube! Denn etwas Faßbares glauben, das kann jeder. Glauben ohne zu fassen, das wird verlangt. Es geht aber nicht. Denn: Wem soll ich das glauben? Wem? Ich glaube nur mir selbst. Und wohin ein Kirchenvater gelangte, kann auch ich gelangen; also ich brauche ihn nicht. Und Gott? Die Kirchenväter gaben mir Gott. Ich will ihn selber finden oder mich.

Nicht die Begabung zum brauchbaren Beamten macht die Persönlichkeit oder Unpersönlichkeit – sondern die seelische Anlage, und *die* widersteht jeglicher Erziehung von außen – versagt auch bei jedem Versuch einer Vermehrung durch Einpflanzung und dergleichen.

*

O Daphne! Nicht weil ich dich gesehen, gibt es dich, sondern weil ich dich ehedem gewünscht und gebaut habe.

Ich bin Ariel! O Gott, zu denken, daß sie es nie erfahren wird.

*

Lanner wohnt außerhalb der Stadt. Manchmal hat er ein Gesicht wie die kleinen Schulmädchen, die große Kämme in biegsamem Halbkreis auf den Fontanellen tragen, damit die Stirne frei von Flatterhaaren bleibe. Das seinige fällt in einem dichten wasserfallartigen Bogen zum Hinterkopf. Er hat sehr dünnes, schattenleichtes Haar, fast krankhaft in seiner Feinheit. Ich muß immer wieder dieses Gesicht beschreiben. Es fällt jedesmal, daß ich ihn sehe, anders aus, ich möchte sagen, sein Gesicht ist ihm nie ähnlich. Seine Augen sind es, glaube ich, die wechseln, nicht gerade wunderbar ausgestattet mit Farbe, Deckeln, Feuchtigkeit, wie die Chopins, zeigen sie gewöhnliche graublaue Pupillen in hellem Futteral mit Patentverschluß ohne viel Brauen und Wimpernzeug. Aber die wichtigen Erhöhungen und Abteilungen der Stirne und das unerwartete Eintreffen des einen Auges unter dem Augenbogen, bevor an der gleichen Stelle gegenüber das andere zu sehen war – diese Schiefheit über dem gütigen Mund ist es vielleicht, die das Gesicht so fesselnd macht.

Seine Anzüge schlottern etwas an ihm, sitzen dafür aber an bestimmten Stellen wie angenagelt. Es ist schwer in Deutschland, für ihn zu arbeiten, weil er von den dortigen Schneidern Undeutsches verlangt, das heißt, er tötet sie fast, wenn sie »stramm« und »anliegend« bei der Anprobe zu stecken beginnen. Schließlich ließ er bei Onkel Gregors englischen Schneidern arbeiten nach dessen Maß, die Anzüge aber, weil Onkel Gregor viel größer ist, mit breiten Schultern und schlanken Hüften, hatten den bewußten »Fall«. Der kleine, magere Lanner war glücklich und wußte gerade diesem Schlottern Gefallen abzugewinnen. Die Hosen, die ein hiesiger Schneider etwas kürzen darf, reichen über den ganzen Absatz, werden vorne nur durch Lanners hohen Reihen gehalten, sind stets aufgekrempelt und zeichnen sich durch eine milde, warme Wollbuntheit aus, wie sie nur irische oder schottische Hände zusammenzuweben imstande sind.

Auf heller Alteherrenkrawatte sitzt immer wie im seidenen Lehnstuhl eine Perle; und irgendwie darüber hängt die haarfeine schwarze Schnur des Monokels, mit dem verschiebbaren, winzigen Knoten.

Nach diesem allem, auserlesen und etwas altmodisch, müßte man sich an ihm eine schmale, lange Nase vorstellen. Tatsächlich aber wächst sie ganz unerwartet zu einem lustig nach oben gespitzten kurzen Knorpel; in den beiden Wangen sitzen zum

Halse hinlaufende Mulden als Narben eines gewissen Lachens, das er überall da anwendet, wo andere Menschen gerührte Gurgeln fühlen oder empörte Reden halten. Dieses Lächeln oder viel mehr das hirtenhaft sanfte Entblößen seiner Zähne ist aber so geartet, daß niemand, von Ironie gestochen, sich minderwertig oder beleidigt fühlt, sondern im Gegenteil zuversichtlich und geheilt in die Zukunft blicken muß. Ich ginge gern zu Lanner, aber es ist immer etwas langwierig mit dem Vorortzug. Er holt an der Station mit einem Paar edler Ponys ab und nach einer halben Stunde befindet man sich in seinem Haus, einem uralten Bau, den der Fluß umspült und dessen Garten er bei Hochwasser fast alljährlich zerreißt. Die kleine Halbinsel mit Felsen, Bäumen und Wiesen steht im Strom wie der beschuhte Kinderfuß eines kleinen Taugenichts nach Platzregen im Rinnstein. Immer scheint es, als wollte der sausende Fluß Lanners Besitz vom festen Ufer losreißen. So mochte er es seit Jahrhunderten an dieser Stelle getrieben haben – Schloß Vau aber blieb standhaft. Es enthält nur wenig Wohnräume, besteht eigentlich aus zwei turmartigen, einander durch einen offenen Gang verbundenen Vierecken und einer daran geklebten rosa getünchten Barockkapelle.

In dieser Kapelle spielt sich das Leben hauptsächlich ab. Auf den Steinfliesen liegen einige sympathische Teppiche in Indigo, Hellblau und Rosa oder gelben Farbflecken. Das Holz der wenigen Chorstühle war zitronenfarbig gestrichen worden in früheren Jahren. Eine kleine Rokokokanzel hängt an der weißgekalkten Mauer mit ihrer Treppe; gewöhnlich fallen über die Brüstung in bunten Kaskaden Nelken mit ihren grauen Stielen und Blättern herunter. Früher waren es erbauende Zusprüche, waghalsige Beweisführungen für neuere Dogmen, die der Rampe entsprossen.

Als ich zum erstenmal draußen war, glaubte ich unter Narren zu sein, und wenn ich nicht Lanner kennte, glaubte ich es heute noch. Übrigens, Lanner kennen... ich kenne ihn durchaus nicht. Warum gehe ich hin, warum freue ich mich an seiner Gegenwart? Weil ich fühle, daß er mir gewachsen ist, das heißt, mich versteht, weil es mir ein Vergnügen bereitet, ihm gegenüber durch

Bescheidenheit, Zuvorkommenheit einerseits, andererseits durch Sich-seiner-würdig-Erweisen mit Ernst, Humor, Denken und Kindsein, genau, wie er sich selbst uns gegenüber zeigt. Aber ihn kennen? Wer ist er? Wo ist er schwach, welcher Furcht untertan, welcher Stärke Meister? Was für Menschen liebt er??? Ja – mit ihm über die letzten Dinge reden, und über die, die noch keiner die ersten genannt hat... Das wäre mir erwünscht. Aber – ich werde zwanzig, er fünfundvierzig. Sei bescheiden, Albert – du kannst nur geliebt sein, anerkannt, respektiert, wie du es verdienst. Ja... Daphne soll mich kennenlernen – ich will ihr sie selbst und dann die Welt zeigen. Sie selbst... Ja, kenne ich denn – – – Ich gehe lieber allein zu Lanner als mit Onkel Gregor.

Aber – das Mittel, ihnen beiden das begreiflich zu machen? Onkel Johnny denkt, ich sitze immer bei Meister Casper. Aber immer kann ich das nicht. Ich zeichne schon allerlei, aber, wofür es so genau nehmen, ich will doch nicht Schreiner werden. Nächstes Jahr studiere ich wieder fest, für dieses Jahr hatten Ärzte meine Studien an der Universität durch Überängstlichkeit und eine aufgezwungene Kur unmöglich gemacht, so erfand Onkel Johnny die halbe Maßregel meiner Privatarbeit als Architektfreiwilliger und Möbelzeichner. O wie es mich langweilt!

*

Ich war in Vau mit Onkel Gregor. Wir gehen zum Mittagessen, Dr. Raßmann war auch dabei, und Lanner führt uns ins Speisezimmer an einen Tisch ohne Tischtuch, mit gut abgehobelter Platte von feinringigem Holz und sagt: »Da, freßt!«

Eine irdene Platte mit köstlich Gebratenem stand in der Mitte, aber keine Messer und keine Gabeln. Teller gab es zum Glück. Jeder von uns nahm sich mit den Händen ernst und froh ein halbes Stück Geflügel und legte es sich auf einen geräumigen Teller. Vor einem jeden stand ein graublauer Napf mit Kartoffelpüree und darüber in losen Fetzen gebrannte Zwiebeln. Wir alle hatten wahre Bettlaken von Servietten mit zwei großen

Zipfeln um den Hals gebunden. Neben dem Püree stand eine Art Schnabeltasse, davon konnte man sich auf den Braten Saft gießen. Wir aßen mit den Fingern, Salat hing in der linken Hand in der Stellung der Murillobuben, die nach Weintrauben schnappen. Ein Hendlfleisch, ein Biß, eine tüchtige Ladung Kartoffelpüree in drei Fingern – ein Stück Semmel, das an der guten Brühe vorbeigefegt worden war – ehrlich – die Kultur hat schon gute Dinge verdrängt! Die Kultur hat geschrieben: »Wer nie sein Brot in Tränen aß, wer nie in kummervollen Nächten...« Ja, freilich, die himmlischen Mächte, nur im Konflikt mit der Kultur in der Verdrängung des Urzustandes lernt man sie kennen.

Jeder hatte eine halbe Flasche Bordeaux vor sich und kein Glas. Wer erst aus einem Flaschenhals zu trinken gelernt hat, verschmäht die Gläser. Zwei Diener erschienen, wuschen jedem von uns die Hände und setzten jedem ein Eisbecken vor, in welchem in weißem Porzellan ein Auflauf zwischen Frieren und Rauchen nicht wußte wie. Man fuhr ihm durch die Decke, an der sich die frischgewaschenen Finger nicht brannten. Man zwickte die braunangelaufene, aufgeblasene Decke, hob große Stücke von ihr auf, die man sofort verzehren konnte, da für richtige Temperatur gesorgt war. Darunter floß und schäumte der milde Auflaufteig, in welchem man hie und da auf eingekochte Stückchen Biskuit stieß, denen rötliches Kompott leise aufgestrichen worden war. Die Formen wurden leergegessen, wieder säuberten uns Wärter die Hände und ein Teller Erdbeeren mit Rahm und gestoßenem Zucker vollendete dieses herrliche Essen. Die Form der Teller gestattete ein Aufnehmen der Erdbeeren mit Zunge und Lippen. Mitten in dieser Beschäftigung mußte ich an Onkel Johnny denken. Ich erinnerte Onkel Gregor daran. Er antwortete mir ernst: »Aber Tante Isis: *sie* wäre sofort dabei.«

Man kann alles machen. Ich kann mir nur nicht erklären, was das für Lanner bedeutet.

Vor dem Weggehen nahm mich Dr. Raßmann beiseite und sagte: »Junger Mann, Sie werden sich vielleicht über Ihr heutiges Frühstück Gedanken machen. Bitte, tun Sie es nicht. Wir essen nicht alle Tage so. Das ist ein Scherz, den sich Lanner mit niemandem sonst gestattet. Daß er Sie für wert hält, soll Ihnen beweisen, daß er Sie richtig einschätzt. Ich möchte Sie auch bitten, hierüber nicht das geringste verlauten zu lassen.«

»Sie haben mein Wort, Herr Doktor«, sagte ich.

»Lanner wird von den Leuten nicht verstanden. Er ist der edelste und beste Mensch. Hier in diesem Hause wohnen viele, die Sie heute nicht gesehen haben. Ich möchte mich nicht näher aussprechen. Aber nicht wahr, ich habe Ihr Wort.«

Ich versprach ihm nochmals, zu schweigen, war aber doch über mein dortiges Erlebnis einigermaßen verwundert.

*

Ich schreibe nicht jeden Gedanken auf und eigentlich wäre es mir sehr erwünscht, alles Gedachte automatisch für meine Augen aufnehmbar registriert zu wissen. Aber wie schwer ist es – selber leben, selber denken und beides schriftlich festhalten. Irgendwo in mir regt sich ein Pflichtgefühl, doch auch alles niederzulegen, was ich weiß an Tatsachen, merkwürdigen Zusammentreffen – an früheren Erinnerungen und dergleichen. Wozu? Wozu von Tante Isis und Onkel Johnnys Kindern sprechen.

Gewiß, Bücher ließen sich über jeden schreiben, wie es nichts in der Natur gibt, das sich nicht wundervoll auf einem Blatt Papier mit Bleistift festhalten ließe. Ich aber will doch nur erkennen, was für einer ich bin, damit ich das Sterben begreifen lerne, was einmal kommen wird, und dazu muß ich jahrelang immer das Damalige aufgeschrieben haben.

*

Da ich jetzt weiß, wo sie wohnt, habe ich sie wiedergesehen, und hier beging ich die erste Untreue meinem Heft gegenüber, ich habe es nicht sofort eingezeichnet. Ich begegne ihr jeden Tag, und jetzt weiß sie es.

Ich habe diesem Papier anvertraut, wie sie mir erscheint, und es wird glauben: »Aha, sie ist wunderhübsch, wir kennen das schon, wir Papiere!«

Nein – ihr kennt nichts. Während ich darüber berichte, bin ich zweiundfünfzig Jahre alt, das heißt, ich zittere vor dem Wissen: Natürlich ist sie schön – aber nicht, wie ihr glaubt; ihr seht Postkarten, Abziehbilder. Laßt mich Zweiundfünfzigjährigen sprechen: Nichts ist vollkommen, nichts ist glatt und fertig an ihr, nichts hat das Ende des eben erspähten Anfangs; sie ist nicht tadellos angezogen, sie ist nicht fesch frisiert, sie hat einen vollkommenen Gang, den hat sie, und ihr Gesicht enthält im Ausdruck Harmonie, die den einzelnen Zügen fehlt; es ist eine Harmonie der Lebendigkeit und der hemmungslosesten Natürlichkeit. Nun empfinde ich fast quälend den Wunsch: »Kunstwerk, lasse dich nicht berühren.« Nun tötet mich die Sehnsucht, ihr alles Wichtige schnell zu sagen. Aber wie, ohne daß sie glauben muß, ich tue es aus persönlichen Motiven? Kann man vor einen Fremden hintreten und sagen: »Ich sehe alles, ich weiß alles, nimm mich als Diener an, der dir alles bringt, ich brauche keinen Lohn, im Gegenteil – siehe, das *ist* meine Berechtigung für meine Freiheit, ich will nichts von dir.«

»Dann, warum reden Sie zu mir?« muß notwendig folgen. Schon ist alles im falschen Kanal.

Albert – und dann, stimmt das auch mit dem Nicht-wollen?

Ja! denn Träumen, Vorgaukeleien, wer ist ihnen nicht unterworfen, auch Wünschen; aber der Wille ist da, der nie etwas begehren und nehmen wird.

Ich weiß, ich kann sie aufmerksam machen, und was sie noch nicht wußte, alles wird sie verstehen.

Zu denken, daß es möglich ist, daß wir nicht zusammenkommen, daß sie von andern aufmerksam gemacht und die Welt sehen wird, wie sie nicht ist...

Ich bin zu unruhig, um irgendetwas zu tun. Ich renne auf die Straße. – Es ist so warm, so frühjährlich, und im Lachsgarten singen Nachtigallen. Nächsten Winter werden Gesellschaften sein, da werde ich ihr begegnen. Aber bis dahin können Katastrophen eintreten.

Nicht wahr, niemand sieht ihren Gang wie ich; das ist ein Vorteil. Allerdings legen andere nicht den Wert auf solche Nebenfragen – Beweis, die unbegreiflichen Verbindungen zwischen Männern und Frauen.

Sie selbst in ihrer lilienhaften Unbewußtheit wird das ja auch außer acht lassen. Habe sie nur den maßlosen Stolz, der ihr zukommt, und ich kann getrost bis zum Winter warten. Aber – sie ist ja wie ein Stern, allen sichtbar, vielleicht auch ohne Willen.

*

Ich spiele Hazard auf der Straße, ich verlange, daß ein ahnungsloser anderer beim Gehen über den Bürgersteig nur Platten trifft, ohne auf Fugen zu treten. Ich verliere immer, wenn ich zu lange spiele.

Ein Lexikon zu schreiben ist eine reinliche Arbeit mit Grenzen; deshalb ausruhend dennoch hinreichend mühsam, daß man weiß, gearbeitet zu haben. Das Bedürfnis nach Listen, Abteilungen, Statistiken, Herausschreibungen, Sortierungen, Benennungen und diese als ein Fertiges aufstapeln ist groß. Es schließt nicht einmal erfindende, spielende Phantasie aus. Indessen: Schneeschipper werden sich einfinden. Schneien aber kann nicht leicht einer. Also, überwinde dein Listenbedürfnis, mein lieber Albert, schreibe kein Lexikon, sondern trachte darnach, Schnee zu machen.

Schwer, schwer – eher glühende Lava! Ich sitze im Lachsgarten mit Spatzen zwischen den Stühlen. Leute klappern mit Löffeln auf zu groben Tellern und essen Kuchen. Zum Eiskaffee werden dann Gabeln gereicht. Es riecht bis hierher nach Anis. Neben mir sitzen zwei alte Männer. »Kannst du noch ein G singen?« frägt der eine. »Ja, weißt, erstens kommt es nicht so oft vor, wir singen meist so Mittelhonig in F-dur; zweitens *kommt* es einmal wirklich vor, habe ich ein System, Hahaha! Hast *auch* ein System?«

»Wenn's nur gemacht wird. – *wie* ist gleich! Dich halten sie für einen Tenor, alter Schieber?«

»Die Andächtigen jedenfalls! Der Chorführer, na, der nennt mich einfach Müller...«

»Hahaha – aber ein schönes Leben ist es doch.« Die alten Chorsänger erhoben sich. Ich drücke mein kleines Paket an mich – ich glätte sein Papier, ich fühle eine unbeschreibliche Unruhe über allen Rippen. Dort ist eine Stelle der Unsicherheit, trotzdem sie sich im Gehirn abspielt. Ich will etwas wagen heute.

Daphne – ich kenne jetzt ihren Familiennamen, ich *kann* ihn aber noch nicht auf das Papier setzen, Daphne weiß, daß ich ihr Schatten bin. Sie hält sich farblos, weder erschreckt noch empört, so wie sich's gehört. Ich will ihr heute einfach ein kleines Buch geben. Wir sind so alt – wir wissen von Griechen, Assyriern, von Religionen, Erfindungen, wir kennen Affekte, Krankheiten, ich kann doch nicht alles nachholen, der Reihe nach, erst mit ihr Mittelalter durchnehmen, dann Neuzeit, dann mich vorstellen, dann erst, ihr nach vielen Schnörkeln sagen: »In fünfzig Jahren sind wir vielleicht beide tot – wollen wir nicht Zeit gewinnen und gleich...« Mein Gott – und wenn ich einen nicht gutzumachenden Fehler begehe...

Gymnasiasten sitzen am Tisch, der mir am nächsten steht. Die wußten, wie! Sie sprechen, wie man mit solchen Stimmen spricht – wie die Fuhrknechte; von vornherein ironisch ohne Grund. Eine ironische Bemerkung, auch die bloße, ironische Gesichtsmaske, die sich Primaner aneignen, wie ist sie übel angebracht.

Entweder versteht einer, dann versteht er auch ohne Ironie; oder er versteht nicht – dann fällt die Ironie zurück auf den »Ironen« – weil Ironie Enttäuschung bedeutet; zur Strafe für das Getäuschtwordensein des nicht ganz urteilssicheren Ironikers (sonst konnte er sich ja nicht enttäuschen lassen), der in sich eine Art Defekt verspürt, muß der absichtliche oder unabsichtliche Täuscher scharf herabgesetzt werden, was am besten durch ein Mitleid, das ihn verletzen soll, also ungefühltes, aber übertrieben geheucheltes Mitleid – Ironie – erzielt wird. Ironie ist also eine fast sadistische, also lustbetonte Selbstgeißelung, die man, der Form nach, am anderen vornimmt, ihn für die ärgerliche Täuschung, in der man selbst lag, durch herabsetzende, aber überzuckerte Bemerkung zu züchtigen. Überzuckert wird sie, damit er ebenso hereinfalle; auch er soll etwas für besser halten, als es ist, und sich über seine Leichtgläubigkeit ärgern. Da aber die Ironie sofort wirken soll, ist der Giftstachel von weitem schon unter dem Zucker des süßen, ironischen Lächelns sichtbar und verwundet ohne Aufschub.

Warum spielt um den Mund der Sechzehn-, Siebzehnjährigen der Zug der Ironie? Warum? Sie können nur über sich selbst Ekel empfinden – denn sie sind ja miteinander befreundet. Die Gymnasiasten lachen im Chor. Man hat sie nicht richtig geführt – wohl auch zu Hause nicht. Ich sehe ihre Mütter: alle nicht frei von Pose, um halb gefühlte, halbgewußte Lücken auszufüllen; dazu die Pose oder Posse des Gymnasiums, das Kost für Diabetiker, für Fettleibige, für Magere wie für Diarhoetiker und Bandwurmträger verabreicht; es muß also a tempo für alle Etwas sein, für keinen Nichts! Kein Wunder, wenn so wohl dem Hungrigen als dem Satten, am sichersten aber dem Feinschmecker (dummes Wort) übel wird.

Lieber Staat.
Du würdest Sokrates auch heute vergiften!
        Dein kleiner Albert.

Diese drei Rohlinge widern mich an. Zudem sind sie keineswegs dürftig, nur abominabel angezogen. Alle tragen, was sie in Deutschland »Britsches« nennen, worüber englische breeches auseinanderrissen vor Lachen. Jeden möchte ich fragen: Hast du keine Entzündung der Kniescheibe ob dieser Strammheit des Stoffes? Mein Gott, mein Gott, solange Deutschland solche Hosen bringt, bleibt...

Daphne! Da ist sie. Noch weit, oben heil, unten dunkler Rock. Ihr Gang! Sie muß am Lachsgarten vorüber gehen. Fast täglich kann ich sie sehen. Einige Meter von mir entfernt. Ich müßte jetzt vorspringen, wie ich es mir vorgenommen hatte. Ein Beet liegt zwischen uns mit zahllosen Tulpen. Sie trägt eine lockere, weiße Waschbluse zu einem dunkelblauen Rock – und alle Tulpen scheinen den Saum dieses Rockes zu bilden. Ihr Gesicht schimmert wie eine von den graurosa-langstieligen. Ich fühlte, daß ich nicht gerade gehen könnte. Ein paar Schritte ließen mich vier verschiedene Richtungen ausprobieren; zu keiner paßte mein stekkengebliebener Anlauf.

Jetzt war es zu spät. Hat sie mich gesehen? Ich hoffe nein, falls »nein« für uns günstiger ist. Weiß man, ob Libellen einen sehen? Gerade, daß sie sich nicht zu mir bewegte, zeigt mir, daß meine Nähe ihr bekannt war.

Merkwürdig schwer fällt es, gut gefaßte Entschlüsse auszuführen. Ich wollte ihr sagen, ohne jede Einleitung:

»Kennen Sie Matthias Claudius, kennen Sie Browning? Hier – lesen Sie, ich bitte Sie!« Noch könnte ich es tun – die Tramway nehmen, sie überholen, absteigen, dann sie erwarten – nachträglich werde ich weise... offenbar aus Furcht.

*

Tante Isis fängt nie an zu sprechen. Ich auch nicht. – Dazwischen liegt also der Fehler. Bei Tisch sprüht sie von Humor und Glück, sollte man meinen. Außerhalb der Mahlzeiten ist sie Stein. Eigentlich muß sie jeder fürchten, weil sie nie spricht und der Welt in hart verletzender Teilnahmslosigkeit gegenübersteht. Selten spricht sie mit einem Dienstboten, verlangt nichts, rügt nichts, wenigstens nie in meiner Gegenwart. Sie hat noch nie eine Frage an mich gerichtet, aber ich fühle, sie weiß von mir, darum frägt sie nicht. Nur manchmal, wenn wir allein sind, in dieser Art, wie heute: »Du, Albert, möchtest du wissen, wie deine Mutter war? Sehnst du dich nach ihr, oder ist das ›Literatur‹, wenn Menschen, die ihre Mutter nicht gekannt haben, sich nach ihr sehnen?«

»Ich sehne mich nicht, ich denke es mir aber schön, eine Frau nicht nach ihrem Namen zu rufen und mit ihr in einer gewissen Weise bekannt zu sein, halb fremd, halb intim, halb respektvoll, halb als ungenierter, rechtmäßiger Besitzer...«

»Ja, aber es kommt selten dazu, ist meine Erfahrung; denn Mütter sind doch zum großen Teil der Mensch, der sie vorher waren, ehe sie Kinder hatten; sie lassen sich nicht einfach ›haben‹ – sondern sind Wesen, deren Persönlichkeit und Charakter zu dreiviertel im Leben der anderen, namentlich der Kinder spielen und gar nicht etwa ihre Mutterschaft, und so kommen Kinder nicht so häufig dazu, ihre Mutter zu *haben*, wie man Skulpturen und Bilder besitzt: Mütter wiederum erwarten aus einer naiven Sich-Liebe in ihren Kindern idealisierte Spiegelbilder ihrer eigenen Persönlichkeit. Das erschwert schon das Dasein vieler Kinder.«

»Ich wüßte gern, wie meine Mutter aussah – wie ihre Stimme war und ihr Charakter, und wie sie über vieles dachte.«

»Sie war ein kleines Mädchen vor und nach ihrer Heirat, von einer rührenden Zuversicht, von einem noch rührenderen guten Willen. Du hast ihre graublauen Augen, Albert; und ihre lichte Haut. Ich hatte schon als Kind für sie ein Gefühl, das sich nicht beschreiben läßt; ich konnte eines nie vergessen: ihr Weinen. Sie weinte nur mit dem Kinn und dem Mund, und dann, lange, lange danach erst stürzten Tränen am Rand des unteren Augenlides hervor. Wer sie weinen sah, nahm auf ewig irgendwelches nicht fest begrenztes Schuldgefühl mit – das sich nie ganz verflüchtigte, auch nicht, wenn man gut, ja besonders liebevoll zu ihr war. Wenigstens mir erging es so.«

»Und Onkel Gregor?«

»Ihm ging sie auf die Nerven.« Tante Isis lächelte entschuldigend, sie liebt Onkel Gregor. Ich wollte, sie sagte mehr. Aber von selbst tut sie es nicht. Und ich weiß nicht, ob ich einfach alles fragen kann. Ich möchte so gerne viel von uns wissen. Ich möchte auch wissen, warum sie Onkel Johnny geheiratet hat.

»Wie lange schon kennst du Lanner?«

»Lanner? Den kennen wir seit zwanzig, vierundzwanzig Jahren.«

Wir – ist das Onkel Johnny und sie? Oder sie und ihre Geschwister?

»Du weißt, Tante Isis, ich habe einen Brief von dir an meine Mama. Den einzigen, den du je geschrieben hast.«

Tante Isis schreibt nämlich nie und niemandem. Nie, wenn sie von zu Hause abwesend ist. Sie telegraphiert, aber Briefe kommen nie.

»Wirklich, du hast einen Brief?« sagte sie. »Gib ihn!« »Nein, den hebe ich auf – er ist so lieb, ganz kurz – aber sehr lieb.«

Sie bestand nicht darauf. Aber sie sah sehr ernst aus.

*

»Onkel Gregor, kannst du mir genau sagen, warum *du* kleine Mädchen so gern hast. Zum Beispiel in den englischen Zeitschriften?«

»Was – wie – was meinst du? Wozu mußt du das wissen? Übrigens kannst du ja nicht wissen, ob...«

»Nein, ich möchte nur – stelle dir vor, ich schreibe eine Enzyklopädie, oder ein Lexikon – wissen, wie du die Frage beantworten würdest, ganz genau, wissenschaftlich?«

»Das läßt sich unmöglich so beantworten.«

»Doch – so wie man alles künstlerisch zeichnen kann und architektonisch – mathematisch. Es muß gehen. Du mußt mir es sagen!«

Plötzlich durchfährt es ihn, er zieht das Nasentröpfchen ein, was zu fallen drohte, und zermalmt meinen Arm:

»Weißt du, es gibt nur Kinder für den großen vertrauensvollen Blick, auf den wir warten.«

Dann mußte er das Taschentuch gebrauchen.

*

Gewisse Gedanken und Erkenntnisse kommen mir nur im Konzert. Andere nur im Varieté wieder andere nur in der Kirche. Man darf also nie vergessen, diese Orte fleißig zu besuchen.

Blasphemie! Blasphemie! Blasphemie!

Nein – das war nur architektonisch gesprochen. Es ist so; das gilt. Auch das Denken verlangt wie der Körper Knochengerüst, Muskel, Haut und so weiter. Mit der Schleimhaut allein ist nicht auszukommen. Ich will wissen, was die Liebe ist – was sie war, bevor ich lebte; ja:

Dante, Plato, Beethoven.

Liebe ist das alles nicht, was tatsächlich unter ihrem süßen, heiligen Namen verbrochen, gelogen und gejodelt wird. Ich weiß es ja – aber geschrieben wird es erst – ich weiß noch nicht wann.

Was ist dieses andere Leben in uns, in mir wenigstens, dieses Leben, das nicht an Speise, Luft, Lager, Feuer, Licht und – – nein, schon gar nicht an Arbeit gebunden ist; in ihm liegt mehr als nur ein Kampf ums Dasein; eine gewisse Arbeitslust gehört schon in das geheimnisvolle Leben, das mit Nahrung und Luft nichts zu tun hat... Denn eine gewisse Arbeit ist schon eine Bestätigung dieses Seelenlebens... Und zu denken, daß so viele Menschen ohne Seele auskommen. Was aber sind diese Gehirnleistungen? Wer bestimmt sie? Wer rüttelt die Kräfte auf, die dann auftreten? Überlegung, Pläne, Wille... In keinem Buch finde ich Antwort. Die Kirche weiß nichts vom Gehirn, die Medizin nichts von der Seele, dem Dichter glaubt man nicht. Die Philister wissen bestimmt nichts. Und die Narren? Seit Shakespeare werden sie versteckt. – Es hat Kräfte gegeben, die Kathedralen errichtet haben, Kräfte, die himmlische, naturwidrige Märchen ersannen und dafür Glauben forderten... Mit Recht – denn auch dieser Glaube wurde schöpferisch, und es erstanden wiederum aus ihm herrlich blühende Gewächse wie die der Erde. Was ist in uns, dessen Kraft wir solche Werke zuschreiben? Wo ich aber hinsehe, fallen mir Köpfe ins Gesichtsfeld, die unter Schirmmützen blöd euphorisch oder albernstreng die Umwelt mustern...

Ich bin abseits der großen Straße gewachsen; ich fühle Kräfte in mir, aber auch die Unmöglichkeit, andere davon überzeugen zu können auf dem gewöhnlichen Weg, den die andern gehen.

Reden nützt nichts. Onkel Johnny tötet meine Worte, Tante Isabelle schweigt.

*

In Vau macht man so merkwürdige Sachen. Zum Beispiel das Spazierengehen mit Pferden. Es wird einem ein Pony gegeben mit Zügel und Trense ohne Sattel, und wie mit einem Hund an der Leine soll man mit ihm spazierengehen zwei Stunden lang. Erst hatte ich mit schrecklichem Angstgefühl zu kämpfen. Dann wurde es herrlich. Das Pferd merkt sofort den Dilettanten. Wenn man schneller geht als von Natur aus, denkt es, man ist erregt – und dann geht es auch schneller als von Natur; will man diesem neuen Tempo nachgeben, damit es sich wohlfühle und die Freundschaft merke, so beginnt es zu traben. Es war Glückssache für mich, unversehrt bis zum Walde zu gelangen, wo niemand mich mehr beobachten konnte. Dort blieb ich stehen. Es aber hob einen Vorderfuß, stellte ihn wieder hin, ohne Zweck, bloß weil es frisch war und diese Bewegung machen mußte. Dann knackte es mit dem Kiefer und streckte eine fast viereckige Zunge heraus, dann bog es den Hals und horchte zum Stall zurück. Es war zerstreut. Ich atemlos, aber voller Glück. Dann beroch es meine Brust und stieß mich. Wir gingen weiter. Fliegen kamen. Unterm Gehen stampfte es wieder. Ich mußte Obacht geben, daß es mich nicht trat. Beim Ausatmen roch es nach Brot. Es war glatt wie ein Zylinderhut überall und braun wie Kastanien. Ich dachte an so schöne Dinge und war dabei ängstlich. Warum bin ich nicht so vollkommen schön, wie das Pferd... Könnte ich wenigstens so frei gehen. Wie gut sieht Onkel Gregor aus. Ich könnte ihn aber nicht lieben, wäre ich eine Frau. Er denkt doch nur an Essen, Anzug, Besitz, und spricht nur von Frauen, die mich nicht begeistern. Süßes kleines Pferd, warum fürchte ich mich vor dir? Der

Stallbursch ist ohne die leiseste Erregung ihm gegenüber und mir schlägt das Herz. Es will an Laubbäumen fressen. Ich erlaube es ihm. Vielleicht erkennt es meinen guten Willen und wird dann zahm und folgt mir. Es reißt vehement am Zweig. Das ist beunruhigend. Wäre es doch ganz weich und willig. Ich spränge ihm so gern auf den Rücken, aber vielleicht ist es gekränkt und rächt sich. Es hat so viel mehr Kraft als ich.

Onkel Gregor sagt, Frauen sind so wie Pferde. Peitsche, Kandare, Geschirr, das müssen sie haben. Aber das ist eine Phrase.

Nach einer Stunde wurde es weicher und man sah, wie es sich friedfertig langweilte. Es war durch Monotonie etwas eingeschläfert und ich konnte fast ohne Zügel spazieren. Wir gingen vom Weg ab in die Bäume. Ich als Pfadfinder voran. Das war eine Lust. Es erschrak vor einer aufwirbelnden Amsel. Aber es erkannte mich als Herrn an. Wie königlich fühlte ich mich in der Natur. Da ist auch nicht alles gerade und ordentlich, und doch – wie paßt eines zum andern. Ich fühle mich auf einmal stark und mutig und ihr teils einverleibt, teils überlegen.

*

»Komm mit mir«, sagte heute Onkel Gregor, »ich mache einen Besuch.«

»Ja, wohin?«

»In die Weihgasse.«

»Weihgasse?«

»Brüll nicht so.«

Onkel Gregor stellt mich vor: »Mein Neffe Albert.« Ich begrüße den alten Herrn, der mir einst den Rahmen abgenommen hatte. Dann saßen wir zu dritt, ich zu hohem Glück gespannt, denn nun mußte sich die Türe öffnen. Das geschah, aber es war Lanner, klein und kostbar, traurig-ernst, der das Wort ergriff, als säße er seit langem in der Bibliothek des Hausherrn, um unvermittelt zu sagen: »Diesen jungen Mann würde ich um die Welt fahren lassen. Er brennt darauf. Ein Jahr lang mindestens. Und wenn er hierzu keine Lust zeigt, so sehe ich erst recht, daß diese Reise nottut. Er muß Europa verstehen und lieben. Nur durch das Studium der anderen Welten lernt er es kennen; bleibt er hier mit seinen zwanzig lächerlichen Lenzen, so wird er neurasthenisch vor der Zeit.« Er sprach wahrhaftig von mir. Wie kommt er dazu? Seine Rede scheint die Fortsetzung einer früheren zu sein.

Baron Soulavie, der Hausherr, zu dem offenbar nicht gesprochen wurde, war mit einer Lupe beschäftigt, unter die er eine Gemme hielt. Gemmen haben mich stets gelangweilt, ebenso Münzen. Warum hat Onkel Gregor mich hierher gebracht?

Ein Teppich an der Wand bewegt sich, und zwischen zwei hohen Büchergestellen stand an dem gefalteten tiefblauen Ispahan der helle Kopf der Tochter des Hauses.

»Papa, der Tee ist drüben. Guten Abend, Herr Lanner.« Auch Onkel Gregor verneigt sich. Er kennt sie, scheint es? Nimmt meine Schulter und stellt wieder vor: »Mein Neffe Albert.«

Ich gebe ihr die Hand. Lanner steht neben mir. Ich verbeuge mich. Meine Schulter muß ein Gleichgewicht herstellen, das der eine Fuß in Unordnung gebracht hatte. Meine Ohren haben mehr als vierzig Grad über normal, die Hände drei Grad unter Null. Und Lanner fängt zu sprechen an – Lanner, bei dem mit Fingern gegessen wird.

Aber er versteht es. Er erzählt ihr von Pferden. »Lesen Sie den alten Wrangel«, sagt er ihr. Oh, ließe man mich sagen, was sie lesen soll.

»Ich komme gleich«, sagt ihr Vater, der die Lupe in die Schublade des alten Nußbaumtisches aufgeräumt hatte.

Wir begeben uns in ein weiteres, hellerleuchtetes Zimmer – Mutter, Geschwister, Vettern – es ist mit Stimmen angefüllt. – Kinder geben mir die Hand. Ein kleines, vielleicht dreizehnjähriges Mädchen nimmt mich und sagt:

»Wir haben ein Kasperltheater da drin, kommen Sie es ansehen?«

Ich muß folgen, weil ich dieses Kind mit dem spitzen Hundeprofil und den lichten Haaren, die von einem schwarzseidenen Band rückwärts gehalten, blond auf der Schulter tanzen, nicht enttäuschen mag. Ich kann dann gleich zurück, dachte ich.

Irrtum. Sie nimmt eine Figur, wir sind unterhalb der kleinen Bühne versteckt, und sagt zu mir: »Wir werden es erfinden. Erst sage ich etwas, dann Sie. Aber Sie müssen eine Figur nehmen. Welche Sie wollen. Und wenn Sie eine zweite wollen, dann nur nehmen!«

»Nur nehmen. Ja! Wie heißen Sie?«

»Ich heiße doch Scarabee, eigentlich Beate, aber Papa und die andern sagen Scarabee.« Scarabee hat auch ein unschuldiges Gesicht auch das Frische, Tierischgute, aber nicht den Gang. Meine Hände sind in zwei Puppen gesteckt: eine junge weibliche und eine ganz trockene männliche. Scarabee sprengt mit der ihren, einem jungen Burschen, auf die Bühne und ruft, so keck sie kann:

»Ha – das Leben. – Nun bin ich frei! Davongelaufen in die Welt – niemand darf mir was sagen. Was fang ich an?«

Sie hält den Kopf unter der Bühne gesenkt und wird rot vor Eifer. (»Jetzt müssen Sie was sagen! Erfinden Sie, machen Sie was!«)

»Was du anfängst«, beginne ich mit Tränenstimme zu säuseln und verberge meine Schöne hinter dem Vorhang der Bühne, »du wirst nicht weit kommen – du wirst dich bald anstoßen und verwunden – und dann...«

»Und dann? Hahaha, was kann mir das machen! Wer bist du Stimme?«

»Ich bin dein guter Geist.«

»So zeige dich!«

»Nein – jetzt brauchst du mich nicht. Du wirst mich schon rufen.«

»Ho! he! Ich rufe!« – – – (Keine Antwort.) Sie zittert vor verhaltenem Gelächter.

»Ruhe – wer brüllt hier?« sage ich mit tiefer Stimme und mein trockenes Männlein erscheint.

»Guten Tag.«

»Junger Mann, du bist ein Schwätzer!«

(Scarabee bebt.) »Ich ein Schwätzer? Ich freue mich bloß; bin doch allein, mit wem soll ich schwätzen?«

»Ich hörte dich! Bist du mutig oder feig?«

»Mach keine so böse Stimme, vor dir fürchte ich mich kein bißchen!«

»Beweise es: Sage: Der Teufel soll mich auf der Stelle holen, wenn du nicht der größte Schwächling dieser Welt bist.«

»Der Teufel soll mich holen, wenn du nicht der größte Schwächling dieser Welt bist!«

»So – meinst du? – Ha!« und mit einem wütenden Griff stürzt sich mein Männlein auf den tollkühnen Burschen, der hilflos um Scarabees Hand saß und zwei Holzarme emporreckte, weil der Angriff so plötzlich kam, daß ihr die Antwort steckenblieb. Mit meinen Fingern hatte ich ihre Kinderhand, die den Leib ihres Burschen vorstellte, erdrückt. (Le détournement de mineures.) Da aber erschien meine Linke mit der weiblichen Figur – mit einer erhobenen Hand und flötete:

»Halt! ich bin der gute Geist dieses Knaben, ich sehe in sein Herz, es ist gut, wenn er auch dumme Streiche macht. Oh, sein Herz ist gut. Niemand weiß das außer mir, auch er kennt mich nicht.«

»Ja – ich will zu meinem guten Geist, laß mich, Haderlump.«

»Pfui! Haderlump sagt man nicht.«

»O ja, Haderlump kann man sehr gut sagen. Mein Vater spricht immer so.«

In diesem Augenblick aber konnte ich sehen, daß wir nicht allein mehr waren. Menschen standen in der Türe – ich brach ab, sagte Scarabee, ich müsse nun hinüber, ließ den Vorhang herunter, und wir traten vor. Jemand im Zimmer sagte ironisch:

»Ein hübsches Stück! Schon fertig?«

Natürlich Onkel Gregor. Aber dann befand ich mich plötzlich allein neben Daphne und niemand störte.

»Das war Ihre Schwester?«

»Scarabee?«

»Ja.«

»Wie hat sie Sie nur dahin bekommen?« (Ab Beate in zwei Katzensprüngen.)

»Haben Sie auch so einen schönen Namen? Ich habe so Angst, man könnte sie falsch genannt haben.«

Sie war gespannt wie eine Harfe und ihre Augen tanzten. Ihr Mund war locker und ihre Unterlippe allein bewegte sich an den oberen Zähnen, die, jeder für sich, ohne den Nachbarn zu berühren, kurz und fest standen:

»Was wäre denn falsch!«

»Nun, zum Beispiel Namen, die auf a endigen oder ganz kurze, entsetzliche, wie Erna, Elsa, Emma.«

Sie lachte wie ein Knabe, der einen Hirschkäfer gefangen hat, mit zwei dreieckigen Augen und schnüffelte mit der Nase auf, fast wie Onkel Gregor.

»Das ist schlimm... ja... mein Name hört auf a auf.« (Wie lieb sagte sie das.)

(Albert! nimm dich zusammen – schreibe alles, aber mache keine Zwischenbemerkung.)

»Ach, das macht vielleicht gerade nichts.«

»Und gerufen werde ich mit einem ganz kurzen; weil der wirkliche zu lang ist.«

»Also?«

»Genoveva, leider...«

»Habe ich's nicht gesagt? Gut ist er. Und der kurze?«

»Vewi.«

Sie kreuzte die Hände und spreizte in der festgehaltenen Stellung die Handteller nach außen. Ihre Verlegenheit beglückte.

Da trat Lanner ins Zimmer mit Onkel Gregor, ich mußte mich verneigen und verabschieden! Ihre Sprache und ihre Stimme sind wie ihr Gang.

Nichts mehr für heute.

*

Wenn ich sehr, sehr glücklich bin, gehe ich auf den Friedhof. Bienen und Schmetterlinge leben dort, manch mal steht ein Mensch auf, der an einem Grabe niedergetan war, in Arbeit oder in Gedanken. Der Kies knirscht manchmal auf von den Tritten anderer, die nicht so glücklich sind wie ich... Die Sonne sticht, die Steine blenden, verrostete Kreuze auf alten flachen Hügeln stehen schief, und der heißbeschienene Buchs strömt seinen kernigen Duft aus, und so tun die Reseden, der Efeu und die Monatsveilchen. Ist es nicht unendlich traurig, daß da lauter Menschen verborgen liegen, die nie mehr aufstehen werden? Wie ernst ist das...

Hier lese ich Gold auf Stein an einem Grabe: Justizrat Walther Maus... und weiter unten: Familie Schlemmer.

Was nützen diese Attribute Justizrat – – Familie – –

Eine Drehorgel tönt herüber im Polkatakt, und im Allabreve klopft ein lebender Nachbar seinen Teppich aus. Merkwürdig: *ich* lebe; Walther Maus nicht. Was heißt das?

Nichts. Gar nichts.

Vewi!

*

Lanner besitzt in der Stadt unter der Redaktion der »Grille« ein Antiquitätengeschäft. Die Auslagenfenster zu beiden Seiten der Türe sind aufregend. Ein Basaltkopf feinster Arbeit, groß wie die Faust, Herrnportrait viertausend v. Chr., ägyptisch, sitzt auf einem grünen Stein- sockel. Der Mund drückt wohlwollende Verachtung aus, die Augen schweifen kalt in die Ferne. Ein griechischer, lebensgroßer Ephebenkopf, aus Alabaster, archaisch, zärtlich geöffneten Mundes, eine Holzskulptur aus dem Dreizehnten, Jungfrau mit erschrecktem Kindermund in Tüchern, Falten und in spanisch reich übereinandergeschichteten Bauschen, wie für eine Tänzerin, chinesische Schalen und Vasen, von denen es niemals Schwestern gibt, zwei, drei Teppiche, ein violetter Samt, der ins Bläuliche geht – kurz – Lanner besitzt diese Herrlichkeiten und den Laden, und ab und zu kommt er von der »Grille« herunter, setzt sich in einen bunten Lehnstuhl, der wie rosa und blau gewürfeltes Porzellan aus dem Halbdunkel leuchtet, und raucht, von den Lehnen fast geschluckt, Zigaretten, die er sich mit biegsamem, blondem Tabak emsigen Fingers ohne hinzusehen rollt, das Papier am Saum leckend und schweigsam dazu glotzend. Und dann krächzt manchmal die Türe, und fremde Käufer, die Lanner nicht kennen, schieben sich vor.

Er bietet zu rauchen an. Türkischer Kaffee wird lautlos gebracht, aber niemand hilft dem Fremden aus der Verlegenheit seines nicht mit Verkaufsbereitwilligkeit beantworteten Eintritts.

Niemand fragt, niemand zeigt. Es duftet köstlich nach Mokka, bis sich der Fremde endlich zu einem Wort bequemt:

»Dieser... Ephebenkopf da... aus Alabaster... da, links im Fenster... den Sie da haben... der... wieviel...«

»Er ist unverkäuflich.«

Der Fremde erwacht, Lanners Augen verkleinern sich auf ein Minimum, wie die einer Katze in der Sonne.

»Was? Unverkäuflich? Aber... Und dann – (der Fremde rafft sich auf) die blaue Schale mit dem dicken übertropfenden Glasfluß in der Mitte unten?«

»Unverkäuflich. Noch etwas Schwarzen?«

»Danke... das ist schade... ich hätte mich interessiert.« Der Fremde kann das furchtlos wagen, da er ja seine Antwort schon hat; heimlich hofft er des vermeintlichen Händlers Interesse für sich zu erwecken. Er wagt noch einen Schritt. »Kann ich mir die Teppiche von innen besehen? Was kostet der kleine Chinese?« Käufer glauben durch das Beiwort »klein« die Preise stürzen zu machen. »Der kleine Chinese im Hintergrund? Oder ist er auch...

»Ja, auch!«

»Aber gestern hat – wohl ein Angestellter dieses Geschäfts – einem Freund von mir (er war es wohl selber) Summen genannt für den Teppich und für den Basaltkopf...« Aha – der Basaltkopf war das eigentliche Ziel!

»Ja – achtzigtausend Mark für den Chinesen und...«

»Mein Gott – aber wie wollen Sie mit solchen Preisen ein Geschäft machen?«

»Wer sagt Ihnen, daß ich das will?«

»Dann warum Laden?«

»Weil es mich beglückt.«

»Und warum stellen Sie einen Mann an, der den Leuten verrückte Preise nennt – und heillose – heillose...«

»Ja, das habe ich mir so ausgedacht.«

???

»Andere erfinden einen Laden, in dem häßliche Sachen stehen, die verkäuflich sind, oder sie erfinden einen Parfümzerstäuber, Füllbleistifte, Maschinen, um Tieren Marken in die Ohren zu zwicken, oder sie kaufen sich Schlösser, legen Gärten an, halten sich eine schöne Frau, um sie andern zu zeigen und nicht zu verkaufen – ich erfand den Laden, in dem nur schöne Sachen stehen, die niemand kaufen darf, trotzdem er vor Lust erkrankt.«

»Und Ihre Angestellten? Wozu welche haben?«

»Ich kann mir nicht immer diesen Genuß verschaffen. Mein Angestellter ist angewiesen, den Leuten zu sagen, ich gäbe die Sachen nur weit über den Preis ab.«

»Und wenn doch einmal ein Käufer bereit wäre?«

»Den gibt es nicht. Weit über den Preis: man besieht den Zettel: fünfundsiebzigtausend Mark. Weit über den Preis wäre zum Beispiel das Sechsfache.«

»Machen Sie doch ein Museum!«

»Nein, das ist tot. Stellen Sie sich vor: ich sitze hier, kann den Käufer gut betrachten, wie er an der großen Glasscheibe steht und sich das Futter seiner Backentaschen beißt. Seine ernsten Blicke auf meine Schätze trinke ich mit meinem Mokka. Ich sehe ihm in die Seele... ich liebe meine kostbaren Kleinodien aus der Seele des begehrlichen Käufers. Im Museum bin ich der glotzende Idiot – entschuldigen Sie. Vielleicht eine Zigarette? Sie sind von der Regie. Ah, Sie glauben nicht, wie lebendig mein Laden ist im Vergleich zu dem Museum. Jeder Eintretende glaubt, er besitzt schon – da stellt sich heraus, wie sehr *ich* der Eigentümer bin. Das tut wohl. Dann wirbt der andere. Seine Augen lassen nicht mehr ab. Er unterläßt alle Sicherungen, die jeder Käufer aus Angst, betrogen zu werden, dem Verkäufer gegenüber anwendet. Und ich lehne mich beglückt an, weiß, was ich habe, daß ich bin. Und abends wird geschlossen – der große Rolladen saust herab → noch ist die Luft von der Gefahr eines Verlustes erfüllt, Reflexe spielen im Halbdunkel, das Porzellan, der Alabaster, eine Vergoldung...«

Dies alles sagt Lanner dem Käufer nicht. Das nur uns, Onkel Gregor und mir. Ich wollte, ich wäre allein mit ihm. Zwei Käufern, die ihm empört hinwarfen: »Aber Sie machen ja Bankrott auf die Weise«, erwiderte er bitterernst: »Nein, ich mache die ›Grille‹«, worauf der eine dem andern wütend zuraunte: »Il est fou – Sortons!« Ein andermal, es war Sonntag – erschien die Polizei bei ihm in Gestalt eines Wachtmeisters.

»Sie, Herr, machen Sie Ihren Laden zu!«

»Das ist kein Laden.«

»So? Was denn?«

»Eine Kapelle.«

»Machen Sie Ihren Laden zu!«

»Herr Wachtmeister, das ist kein Laden, das sieht bloß so aus. Ich rauche hier und trinke Kaffee.«

»Wenn Sie Ihren Laden jetzt nicht sofort schließen, muß ich einschreiten.«

»Sie werden es bereuen.«

»Wollen Sie jetzt zumachen?«

»Gut«, sagte Lanner, drückte auf einen Knopf, der Eiserne sauste über Türe und Fenster herab, – der Wachtmeister saß darin. Wütend brüllte er:

»Lassen Sie mich heraus. Sie werden die Obrigkeit beleidigen? Das sage ich Ihnen!«

»Herr Wachtmeister, ich habe aufs Wort der Obrigkeit gehorcht. Mehr kann man nicht tun. Als ich weniger zu tun vorhatte, waren Sie auch unzufrieden.«

»Machen Sie sofort auf!«

»Aber Herr Wachtmeister, wie soll ich mich auskennen: ›Machen Sie Ihren Laden zu, machen Sie Ihren Laden auf‹ – ich weiß nicht, wo mir der Kopf steht. Der Laden ist nur von außen zu öffnen. Aber ich will königlich mit Ihnen umgehen. – Wir werden in die ›Grille‹ hinaufgehen und durch die ›Grille‹ unseren Ausgang zu gewinnen trachten.«

Beim Betreten des Hofes, zu dem nur durch eine auf- und woanders absteigende Treppe zu gelangen war, drückte Lanner dem Wachtmeister die Hand und empfahl ihm, sich genau zu erkundigen, ob er Händler sei und je etwas verkauft habe.

Seit diesem Tage erscheint der Wachtmeister zuweilen am Sonntag, wenn der Rolladen wirklich aufgezogen ist und genießt, was er ehedem nicht kannte, eine Tasse türkischen Kaffee und raucht blonden türkischen Tabak, den ihm Lanner bereitwillig zu einer weichen Zigarette dreht.

Dieses »Mach den Laden auf« erinnerte Lanner unangenehm an eine unvergeßliche Episode seiner Kindheit, wo eine Genfer Bonne ihn durchwichsen wollte, ihn aber aufforderte, die nötigen Vorbereitungen dazu selbst zu treffen:

»Ouvrez vos pantalons!«
»Non!«
»Ouvrez!«
»Non!«
»Ouvrez, vous dis-je!«

Endlich hatte sie ihn hochgerissen und seine Hosen aus blauem Serge so aufgebrochen, daß sämtliche schwarze Knöpfe, von Nelson doch so unverwüstlich angenäht, flogen, und gab ihm, so gut sie bei seinen Karpfensprüngen konnte, die lang hinausgeschobene, darum bedeutend heißere Pritsch. So erzählte er uns einmal.

*

Daphne geht selten allein in den Straßen dieser Stadt. Habe ich das schon erwähnt? Es ist mir recht, daß sie gut behütet wird, aber den unschönen Gang an ihrer Seite kann ich kaum ertragen. Eine Frau begleitet sie gewöhnlich – eine von denen, die nicht zählen. Wie grausam ist das... Sie ist der Sand, die Schale, an der die Perle liegt; ein Hintergrund, der mich stört und reizt. Warum nicht sanftes Perlmutter! Im Orient ist die Schönheit von der Vettel begleitet, bei der alles zu erreichen ist, im Abendland ist die Vettel dazu da, alles zu verhindern. Mein Gott – ich will doch nur selbst sie schützen.

Ich ziehe den Hut, Vewi grüßt ernst, die versandete Muschel knapp vor der Unhöflichkeit.

Die Stadt wächst in den Sommer hinein. Man wird sich bald trennen... ich weiß – und noch waren wir nicht zusammen.

Ich muß ihr ja so viel sagen.

Alles habe ich noch zu bewältigen.

Man erstickt! Wird sie Geduld haben?

Ach, wie soll ich ihr gefallen... Wie soll sie meine Seele sehen... Sie ist ja unsichtbar.

*

Nach einem Konzert acht Minuten lang Vewi gesprochen, bis man die Hüte und den Stock hatte. Lag ihr daran, diese Zeit auszudehnen?

Oh, die Gebenedeite!

Man steht da, die Seele tief versteckt – ein unsinniger Körper mit Augen und etwas schlechter Sprache. Bei ihr hängt alles zusammen, die Seele strahlt warm und sichtbar allenthalben. Ich stellte eine törichte Frage, doch war mir's so wichtig, ihre Antwort zu hören:

»Lieben Sie Musik?« – jedes Wort ist ja eine Welt – aber – anders als in atemloser, handzusammenballender Erregung kann ich ja nichts sagen, wenn sie da ist. Sie erwiderte glücklich:

»Jaaa!«

»Sehr, sehr?«

(Tiefernst.) »Jaa! Violine! Oh! ich spiele!«

»Geige?«

»Nein, Klavier!«

»Ha, ich möchte mit Ihnen lesen!«

»Lesen?«

»Jaaa!«

»Ich bekomme sehr wenig zu lesen. Aber ich lese gern. Da drüben steht Ihr Onkel und sucht.«

»Ich wußte nicht, daß er heute abend hier sein würde. Er ist nicht so... musikalisch.«

(Albert erhält einen Herzstoß.)

Hier kommt Scarabee und die versandete Muschel – auch Onkel Gregor taucht auf. Vewi stellt vor:

»Miss Brayne, darf ich Ihnen vorstellen: Graf Vormbach, Graf Kerkersheim.«

Hüte, Stöcke werden verteilt, auf Treppen trennt uns gegenseitig eine Menschenmenge, die uns wieder vereint, aber niemand kann mehr sprechen. Mein Herz denkt bis zu den Lippen:

»O Vewi, jetzt brauchte ich zwei Stunden Einsamkeit mit dir!« Unsere Hände sagten einander Lebewohl, und als wir allein waren, fingen Onkel und Neffe gleichzeitig einen Satz mit: »Ich wußte ja gar nicht, daß du...« an.

»Diese Scarabee wird wunderhübsch werden«, sagte ich dann, aber es half nicht, Onkel Gregor sang das Lob der größeren Schwester unbekümmert und blind. Er ist in heller Begeisterung.

*

»Die Figur, *diese* Augen wie Beeren so glänzend – und diese goldblonde, leicht rosa gefärbte Haut...«

Ich fühle mich ihm überlegen. Warum? Er spricht von ihr. Hemmungslos. Ich nicht! Ich nicht!

*

Mit Lanner in der Pferdebahn.

»Kerkersheim, sieh dir das Weib an, das nur die *unteren* Zähne beim Lachen zeigt.«

Ich murmelte etwas von Kieferbildung.

»O nein, mein lieber Professor: Seelenbildung. Und sieh dir zur Belehrung, mein Kind, hier gegenüber die Maske der Frömmlerin an, die W.I. in Silber auf dem Busen trägt. Doppelkinn – der Mund, ein Strich zwischen zwei gebügelten Hohlsäumen. Zwei Fetzen gerader Augenbrauen, blondlichgrau, Rühreier als Backen, eine flache Nase, die nüchtern bläst, keinen Schädel, aber einen Scheitel, Galoschen an den Füßen, wenn's trocken ist, einen Taffetmantel mit Passementerie, wenn's heiß ist, ein kurzer Rock, der auf den Fersen schleppt, immer ein Kapotthut ohne Bänder, schwarzer Spitzenkragen und ein Geruch von Resedastielen, die zu lange im Wasserglas vergessen wurden. Und was schluckt diese Frömmlerin beständig? Wenn sie schon ganz trocken sein muß, schluckt sie ihre Mundwinkel.«

»Ist es nicht vielleicht eine arme Seele, ganz harmlos?«

»Möglich – aber darauf kommt es nicht an; man braucht ja dem Wurm nichts Böses zu tun, im Gegenteil, und darauf kommt's an. Aber – wissen muß man, daß Mundwinkel, ein gewisses nüchternes Nasenblasen, eine gewisse Art Kurzstirnigkeit niemals Menschen angehören, die Freude machen.«

»Ist es nicht sehr traurig, daß es solche gibt, die nie Freude machen?«

»Sehr traurig.« Wir freuten uns, daß wir das wußten. Das alles wird Vewi erzählt werden müssen. Aber wann. Großer Gott!

Onkel Johnny sagt von Lanner immer: »Er ist zu scharf in seinem Urteil.« Einmal betrachteten wir oben in einer Zeitschrift die Köpfe verschiedener Persönlichkeiten, die gerade einer politischen Zusammenkunft wegen in der Stadt und in allen Blättern abgebildet waren. Lanner würdigte den Reichskanzler keines Blickes. »Zu eng«, sagte er. Auch von Ministern, Geheimen Räten, Botschaftern – es waren allerlei Köpfe beisammen. Bei jedem sagte er sein »zu eng« und »kein Geist«.

Man legte ihm Köpfe vor mit Adleraugen – er zeigte auf den Mund, der aus einem gestutzten Bart hervorsah – »Kein Geist.

Ein Phrasenmaul. Das Adlerauge beweist nichts, solang man nicht auch fliegen kann.«

Es waren auch etliche hohe Militärs, für die Onkel Johnny die schuldige Achtung wirklich fühlte.

»Autokratenschädel«, sagte Lanner. »Wieder kein Geist. Fort mit den plumpen Schädeln. Und immer der Mund so aufgequollen und ungelenk, er ist doch zu eng.«

Endlich war Onkel Johnny die Geduld gerissen und er erklärte Lanners Urteil für stereotyp.

Lanner lachte trocken und meinte: »Ihr bringt mir aber auch immer von der gleichen Fabrik.« Ich war so froh, mit Lanner in der Tram zu sitzen – daß ich nicht ein Wort hervorzubringen imstande war.

Ich dachte an diesen Abend, er war wieder in Physiognomik vertieft. »Vom Lächeln, wenn's aus ist, zurückfinden ins Gewöhnliche. Studiere das, Kerkersheim. Es gibt ein gradatim, dann gibt es Leute, die drei Stunden dazu brauchen, oder drittens ein Biß – und zurück ins Ernste. Willst du mit mir nach Vau oder steigst du jetzt um, wir müssen heraus.«

Ich fuhr mit.

Heute sehe ich Vau zum erstenmal – denn wenn Onkel Gregor dabei ist, sehe ich nicht. Im Garten stehen mehrere Pavillons. Kleine Häuschen für Gärtner und Verwalter, dachte ich.

»Da wohnt Dr. Raßmann.«

Ich erinnerte mich an zwei bis drei schweigsame Gäste damals bei der Mahlzeit.

»Der Arzt?«

»Ja, praktiziert nicht. Er zähmt Forellen, Pferde, spricht nie, außer man hat den Wunsch, von ihm etwas zu hören. Dann ist er eine Fundgrube. Er lebt immer hier. Ich habe ihn eingeladen. Dann habe ich noch einige Gäste ständig im Haus, zuweilen einen Astronomen. Dr. Raßmann ladet sie ein. Er hat den feinsten Takt, den ein Mensch nur haben kann. Ich bin, weiß Gott, kein Mensch, mit dem sich's drauflos leben läßt. Ihm gegenüber werde ich mild und glücklich. Er ist wie meine Frau.«

Wir saßen in Lanners Arbeitszimmer.

»Du kennst noch nicht Rosalbita, Albert. Warte.«

Seine zwei Augen machten jedes für sich eine lustige Miene, er öffnete eine Tür und rief fast pfeifend: »Ssssss Rosalbita.« Ich erinnerte mich, daß Onkel Gregor von seinen Tieren gesprochen hatte.

Und richtig. Ich sah in der Luft einen Schatten, dann fiel etwas mit trockenem Ton auf das Löschblatt des Schreibtisches und eine Fledermaus lief ziemlich rasch auf ihren Ellenbogen und Hinterbeinchen hin und her, reckte den klugen kleinen Hundskopf und zirpte. Lanner tauchte wiederholt den Zeigefinger in ein Glas Wasser, holte Tropfen für Tropfen daraus und legte sie in die Handfläche. Da sprang das Tier auf den Daumen seiner Linken, trank gierig und leckte sich mit einem winzigen, spitzen Zünglein, blickte sich um, zirpte – er ging mit ihr ans Fenster, nahm eine Fliege auf und hielt sie ihr hin.

Rosalbita verschlang Fliege um Fliege, es knirschte und krachte in ihrem kleinen Maul, sie war nervös und flink, zitterte, hob Flügel und Beine, wenn ihr nicht schnell genug serviert wurde. Dann gähnte sie einmal, und man konnte in ihren Rachen tief hineinsehen; zwei weiße Kommata an den Ecken waren ihre Augenzähne; dazwischen etwas Kleines und Scharfes, daß sich Puppenzähne im Vergleich damit wie ein Gorillagebiß ausnähmen. Der Gaumen zeigte eine ununterbrochene Reihe der zartesten rosa Treppen bis zum Rachenende, wo ein zäpfchenartiger Abschluß der Zunge entgegenhing.

»Siehst du«, sagte Lanner, »wie der liebe Gott gewissenhaft gearbeitet hat. Er konnte doch nicht wissen, daß wir hineinsehen würden.«

Dann fing sie plötzlich an, ganz schnell rückwärts zu laufen bis zum Rand der Hand, hob den gekrümmten, rechts und links mit der Flughaut versehenen Schwanz und ließ ein winziges Stückchen Losung fallen, dem sie ernst nachblickte, um sich sofort mit fleißiger Zunge den Bauch zu putzen, dessen Besatz halb Flaum, halb Pelz jede Richtung annahm, die die Zunge ihm gab. Lanner hing sie an einen Vorhang auf – man sah, wie ihre Ohren, die grösser als der Körper den Kopf weit überragten, öfters hin und her drehten, sie spielte damit wie ein Pferd und schien ihre ganze Aufmerksamkeit auf uns übertragen zu haben.

Dann gingen wir in den Garten und sahen zum Fluss hinunter, der, immer drohend, ölwellig, nirgends seicht – hart vor der Überschwemmung, vorüberzog. In Vau dröhnte es immer von ihm.

»Sage mir, junger Mann, was du eigentlich vorhast – im Leben?«

Sollte ich es sagen? Mut, Albert!... »Schriftsteller...«

»Hm... Hast du schon versucht?«

»Ja.«

»Was?«

»Gedichte.«

»Ja, natürlich. Das ist Pubertät. Aber du hast mutiert —«

»Ich habe wieder welche gemacht.«

»Andere?«

»Ja, andere.«

»Was für welche?«

».........«

»Nein, nein.«

»Was nein nein! Ja – ja – hoffentlich. Kerkersheim – es ist möglich, dass aus dir ein Schriftsteller wird – aber ich sehe noch etwas – ich werde es dir in zehn Jahren sagen. Ja, schreibe nur, dichte, aber ganz geheim. Das Schreiben und das Lieben ist nur schön in den vier Wänden, im Wald, fern von den Wilden.«

»O ja, ich denke auch so.« Für diese Worte war ich glücklich. Lanner wusste das richtige.

Wird er geliebt? Liebt er? Ich habe wenig davon gehört. Stavenhagens Schwester soll seine Freundin sein. Nie kann ich Dritten gegenüber diese Frage stellen, die mich doch brennt, weil man einen Menschen, der einem wert ist, bis zum Grunde kennen möchte. Aber zum Beispiel Onkel Gregor die triviale Frage stellen – ich kann es nicht.

*

Wie steht Lanner der Welt gegenüber? Mir will vorkommen, ganz frei, denn, ohne sie zu unterschätzen, verachtet er sie. Aber irgendwie erschlägt sie ihn. Ich kann nicht verstehen, inwiefern – aber es ist ihm nicht gegeben, sie zu beherrschen. Er hat Untertanen, aber nicht einmal eine Gemeinde. Sein Gesicht ist immer zerrissen. Nur wenn er lacht und vom Lachen ins Ernste gleitet, ist sein Ausdruck eine ungeteilte Verklärtheit.

»Albert«, sagte er mir einmal. – »Niemand von uns allen kennt das Glück – mir ist es aber bisweilen gegeben – und ich muß schwer dafür zahlen, aber – es lohnt sich. Siehst du, mir ist dann, als stände ich mit beiden Füßen tief in der Erde und sei ein großer, starker Lindenbaum, der mit den Armen so hoch reicht, daß er den Mond in seinen Zweigen umarmt. Und die Wohlgerüche meiner Millionen und Billionen Lindenblüten, das ist symbolisch zu nehmen, siehst du, das ist all das Schöne, das auf Erden hervorgebracht worden ist, denke an Platon, Franz von Assisi, Giotto, denke an die großen Künstler des fernen Ostens, erinnere dich der himmlischen Worte in Sprache, Schrift und Meißel, die im Laufe der Jahrtausende geprägt worden sind – und – der noch geistigeren Worte in Tönen. Ah! wenn ich in den Zustand gerate, ein Lindenbaum zu sein – Albert – da solltest du in mir sehen können, welche Quellen von Glück in mir sprudeln. Da bin ich kein Mensch mehr.«

Was ist das Gegenteil von Lanner? Nein, so möchte ich es nicht ausdrücken, denn Gegenteil ist auch nur ein Teil, also, im kleinen dasselbe, zum Beispiel Haß ist nicht das Gegenteil von Liebe, sondern der entfernteste Pol der Liebe; in der Mitte – also im Äquator, sind Haß und Liebe nicht auseinander zu halten, so sehr gleichen sie sich. Das Gegenteil der Liebe wäre die Angst; Mut ist ja auch nur das Mindestmaß von Angst – bis zu ihrer Überwindung; also eine wundervoll fruchtbare Angst, die nicht mehr selber sprechen darf, weil die Liebe, ihr Gegenteil, stärker war.

Ich sage also, das Gegenteil von Lanner oder vielmehr: die Verneinung von Lanner ist Onkel Johnny.

Er ist ganz einfach furchtsam, sehr wenig selbstsicher, tritt daher immer mit Stahlrüstung auf. Diese Stahlrüstung ist auch vergleichbar mit dem, was man in der Tischlerei Furnierung nennt. Man hält Holz zum Beispiel für eine starke Platte Nußbaum, bei näherer Betrachtung erkennt man, daß nur ein Millimeter Nußbaumhaut geschickt auf eine Platte Kiefernholz aufgeleimt wurde. Das kann hübsch, reizvoll sogar aussehen, und auch Onkel Johnnys Rüstung ist gute Arbeit. Aber, mein Gott, was steckt darunter, wenn ich das wüßte. Es muß doch hin und wieder sichtbar werden, denn schließlich ist es eine der Eigentümlichkeiten der Seele, sich auf die Oberfläche der Menschen zu legen – von dort aus ist sie erkennbar – ja greifbar. In der Tram sitzen alle Seelen wie Tau auf den Gesichtern, als würden sie, aus allen Poren gepreßt, auf Antlitz und Händen lagern, sich etwas auszuruhen. Ich bin überzeugt, daß Onkel Johnny diese Seelen nie sieht. Daher sein Name Psychiater.

*

Mit Tante Isis spazieren gewesen, sie suchte ein Gesellschaftsspiel für ihren jüngsten Sohn, der sich eines gewünscht hatte, um mit Kameraden zu spielen. Noch bevor wir im Laden waren, sagte sie mir: »Du wirst sehen, das erste, was man mich fragt, ist: ›Knaben oder Mädchen?‹« Sie hatte recht. Wir wurden damit empfangen. Die Leute sind so eingestellt; noch ehe sie die Wünsche des Käufers vernommen haben, müssen sie, so wie sie nun einmal aufgezogen sind, schnurren und nach dem Geschlecht fragen.

»Guten Tag!«

»Guten Tag, womit kann ich dienen?«

»Bitte, zeigen Sie mir Gesellschaftsspiele.«

»Für Knaben oder Mädchen?«

»Das ist gleich. Überhaupt Gesellschaftsspiele.«

»Im zweiten Stock bitte!«

»Danke.«

Aufzug.

»Guten Tag.«

»Guten Tag. Womit kann ich dienen?«

»Bitte zeigen Sie mir Gesellschaftsspiele für Zehn- bis Dreizehnjährige.«

»Knaben oder Mädchen?«

»Das ist gleich. Nur überhaupt Gesellschaftsspiele.«

»Hier geradeaus, dann rechts zwei Stufen hinunter.«

»Guten Tag!«

»Guten Tag. Sie wünschen?«

»Bitte, Gesellschaftsspiele möchte ich sehen für Zehn bis Dreizehnjährige.«

(Verkäuferin wie ein Sperber schreiend zur Kollegin): »Fräulein Elfriede, haben wir hier Gesellschaftsspiele?«

(Elfriede wie ein Nußhäher antwortend): »Für Knaben oder Mädchen?«

Tante Isis taubenmild: »Einerlei! für Kinder von zehn bis...«

»Das ist Parterre.«

»Da war ich schon, da hieß es zweiter Stock.«

Aufzug hinunter.

»Sie wünschen, meine Dame?«

»Gesellschaftsspiele für...«

»Knaben oder Mädchen?«

Tante Isis mit kugelrunden Augen ganz ernst und innig: »Für Zwitter von zehn bis dreizehn Jahren.«

Da brachte man uns im Sturmschritt: Halma, Festung, Lotto, Domino, Quartett, Piquet, Bezigue, Schach, Dame, Trick-Track, Salta, Flohspiel, Tischkrocket, Pingpong, Flick-flock und Bumbum.

Ich sah Tante Isis von der Seite an, ich konnte nicht feststellen, war sie böse oder mußte sie lachen. Sie sah mich mit einem Auge an und ich bin überzeugt, sie denkt, ich sei entsetzt. Ich hätte ihr nachher sagen sollen, daß ich das nicht wäre, aber man traut sich nicht. Warum nicht? Was hält mich? Vielleicht fängt sie davon an. Sie trug einen schwarzen Strohhut genau in der Form eines Melonhuts. Das übrige an ihr war dunkelblau, der offene Kragen am Hals weiß. Sie sah jung aus, und ich war stolz auf sie. Mit mir ist sie anders als mit Onkel Johnny. Vor ihm hätte sie das nie gesagt.

*

Ich bin gar nicht verschlossen, aber die Menschen strecken nie eine Hand entgegen. – Wohin mit meiner Seele?

*

Ohne Miss Brayne war Vewi heute in der Bildergalerie. Zufall war es, daß ich sie von weitem eintreten sah. Der Entschluß, ihr zu folgen, ein fliegender Wille. Sie stand oben an der Plattform, als ich meinen Hut abgab, und setzte ihre Füße in der mich entzückenden Art ganz tierisch, ganz adelig. Sie hatte mich nicht bemerkt. Im vierten Saal trafen wir einander vor dem Bild eines namenlosen Meisters deutscher Frühgotik. Wir sagten guten Tag. Sie war waschbar wie eine helle Kachel von oben bis unten, weiß, glänzend, und im Gesicht leuchteten die zarten Farben, wie auf dem Bild, oder wie in einem mit Marillen, Pfirsichen und braunen Trauben gefüllten Obstkorb. Und wieder beglückte mich die Unregelmäßigkeit der Züge. War die Nase keck und klein – schienen mir die Augen feierlich zu leuchten, wollten sie lachen, begann der Mund ganz ernst sich zu schließen. Oh, ich könnte so viel sagen, hier in Muße: Ja, du bist gezeichnet, du bist ernst und tief – du wirst alles begreifen, alles erleiden und den göttlichen Funken nie verlieren; heute aber bist du Fräulein von Soulavie, bei Papa und Mama und denkst nicht selbst. – Du sagst »man« muß doch und »man« kann doch natürlich nicht. – Ich sehe tiefer, tiefer in dir als du, als die andern. Wie zerbreche ich, ohne zu verwunden, den Glassturz, unter dem du stehst? Sie wird ihn von selbst sprengen. Dieses Gesicht lügt ja nicht – und wenn ich mich täuschen sollte, kann ich zu leben aufhören – denn dann ist alles an mir verkehrt gesetzt und für mich unverwendbar.

Wir sahen uns das zärtliche Bild an. Die Anbetung der Hirten.

»Wie lieb der Ochs mit den Hörnern spitzt.«

Das war richtig – nicht die Augen, nicht die Ohren spitzte er, sondern der ganze Ausdruck anbetender Aufmerksamkeit gipfelte in den stark nach oben sich schweifenden, schön schwarz gehaltenen Hörnern, im hellgrünen Dämmerlicht. Ich zeigte ihr den Ausdruck der Jungfrau, die uns anlächelte wie eine Sonne, die Sorgen hätte.

»Das Grünliche von dem Nachthimmel!« sagte Vewi. »Und der rosa Fetzen, der als Vorhang am Fenster hängt.«

»Und das Gitter an der Krippe, das schwarze.«

»Haben Sie Teppiche gern?« fragte ich sie.

»Teppiche?«

Soweit war sie nicht, daß ein Teppich sie erregte, obwohl in ihrem Hause oft die Rede davon sein mußte.

Wir setzten uns in die Mitte des Saales. Ach, wie tausendmal habe ich seitdem nachträglich alles verbessert, was ich so schlecht vorbrachte und erwiderte. Aber – was hilft es?

Sie erzählte von ihrem Leben. Es waren Nichtigkeiten. Aber wenn sie »Ceylontee« sagte, ging mir ihr lieber Fanatismus zu Seele und zu Leibe. Ein sehr schönes Buch hatte sie gelesen. Wie hieß es? »Algernon Calcomb.« Sie sagte es nicht – aber ich verstand, wie gut ihr der Name Algernon gefiel. Das war nicht farblos wie Hans, Kurt oder Walter, die erst durch die persönlichen Eigenschaften ihrer Träger zu etwas Geliebtem, Schönem umgewandelt wurden. »Algernon« war von selbst warm, tönend, ungewöhnlich, sein Träger fremd in der Familie, in der er erschien, um sich alsbald an den Kamin zu lehnen und die Tochter des wohldurchwärmten, köstlich nach Lavendel duftenden Hauses in süßen Schrecken zu bannen. »Algernon« ist der Inbegriff der Huldigung, des Leidens und der sieghaften Auferstehung. Von da an ginge alles glatt, nicht glatt, was sage ich! – in gesteigertem

Gleichmaß zur Herrlichkeit dieser Welt mit ihren Sommern, ihren Geheimnissen und Genüssen. Nach Algernon gab es nichts mehr. Oh, wäre ich er. Dann erzählte sie vom Land, von Füchsen, die man jung gefangen und aufgezogen hatte; mich entzückt ihre Art zu sprechen: Sie sagt ein Fffux, weil sie das Tier so empfindet, wie es ist, und schon in seinem Namen den scheuen, so scharf gespitzten Gauner ausdrücken will. Wir könnten uns aneinander gewöhnen, wie der Schatten ans Licht. Und das wäre furchtbar, denn nie mehr könnte Licht in Schatten tauchen, ohne daß beide stürben – so soll es nicht sein:

Es muß sein Licht und Meer; taucht das Licht ins Meer, gibt es leuchtendes Meer.

Sie sieht mich so lieb an, so aufrichtig.

»Ich glaube, wir verstehen uns, wie niemand sonst auf der Welt.«

»Ja«, sagt sie ganz ernst.

»Und das könnte auch nie anders werden.«

»Oh, nein, sicher nicht!«

Sie sagte: »O nein«. Dieses Wort liegt mir im Herzen, ich höre es immer noch. Es ist eine Wonne.

*

In einer Woche sollen wir einen Abend dort zubringen, die Rauchgasse in der Weihgasse. Jeden Abend vor dem Einschlafen muß ich daran denken. Was wird sie mir sagen?

*

Graue Tulpen mit rosa Atlasglanz. Sechs Kelche auf sechs endlosen Stielen, die schlauchartig an die Blüte drängen. Aber – wenn ich auch den Preis hinlege und wenn sie auch willig mit mir gehen, ich komme ihnen doch nicht näher. Vewi kann sie an den weißen Mullvorhang ihres Zimmers stellen; jede wird ihren Kopf nach einer anderen Richtung senken oder stellen; rosa und grau werden sie glänzen und halbgeöffnet ihre Leibchen wie silberrosa Walnüsse blähen.

Sie duften nicht, trotzdem sie nach etwas Würzigem riechen, das man nicht benennen kann. Schenkten sie auch noch Duft, würden wir den Zauberring der Augensehnsucht entspannen und sie einatmend mit unserem Gesicht berühren.

Sie wollen betrachtet werden, tief betrachtet, bis zur Verzweiflung herbeigesehnt. Darum duften sie nicht, sondern stehen und hängen rosasilbern, locker geschlossen, wie ein verlassenes Mieder, selber schmachtend, aber kalt wie perlmutternes Wasser in Abendröte.

Erst standen sie im Schaufenster, durch die Glasscheibe von mir getrennt.

Entfernen wir die Scheibe, gehen wir zu ihnen.

Die Tulpen sind in meiner Hand.

Vewi wird sie...

Mullvorhang – Fensterlicht – Rosa Tulpen, knochig scharf im Glas, in Strahlen auseinanderstrebend, heben sich darauf ab.

Perlmutterstoff...

Wie gelange *ich* in dieses Rosa?

Die Zeit verstreicht. Die Erde dreht sich. Hier sind die Tulpen – hier bin ich. Das blinkende Menschenauge dem Rosa gegenüber.

Es erfrischt die Tulpe.

Es erhitzt das Auge.

Es sehnt sich, sehnt sich, nähert sich, trinkt, die Tulpe wächst, da, plötzlich entschwindet sie, die Wimpern haben sie verscheucht.

Ich trete zurück, ernst, fast verstimmt. Sie im Gegenteil – lächeln, spannen ihre Walnußleibchen, die jetzt straff geschnürt, unerhört getönt, mich zu allem reizen und zu nichts bestimmen können.

Ein Abschluß!
Ein Königreich, die ganze Welt für einen Schluß!

Entweder sie oder ich!

Es gibt kein Ende, das uns beide am Leben erhielte. So wird es bleiben: hier die Tulpen und dort ich. Wie kommen wir zusammen? Nur mein Tod wird ihre Form, den Farbenton überwinden... So also steht es?

Daraus folgt: Gott sei Dank, also bleibt die Freude unendlich.

Nur wenn wir uns in sie stürzen, sie wie ein Zug, der durch den Tunnel saust, durchbohrend, bleibt sie hinter uns zurück.

Ja – ich kann mir immer wieder Tulpen ansehen, ihr Rosa bewundern, immer wieder; ich kann mit einem Menschen zusammen mein Leben teilen – und ihn immer wieder beglückend erkennen und nah wissen...

Das Glück ist eine Bewegtheit, kein Empfangen in Ruhe; es ist eine Bewegtheit wie das Leben selbst und greift ein in mich, verändert Formen in mir, Richtungen
— macht mich erst lebendig... auch mich bewegt es.

*

Mich entzückt   mich entzückt
Mich entzückt   der Knabe Vewi.
Mich berückt   die Elfe Vewi.
Mich bedrückt   Albert, der Wicht!

*

Ich liebe Albert... er soll das Herrlichste erhalten, das ein Leben zu geben hat. Aber ich hasse ihn, wenn ich an sie... denke.

Ihr bin ich verschrieben, und wenn alles einstürzt. Ihr verfallen auf ewig. So zahm ist sie und zutraulich. Oh, daß sie mit andern scheu wäre. Wovor aber sollte sie sich fürchten? Sie kennt die Gefahr nicht. Was kann ihr auch geschehen? Ist sie nicht aus Sonnengold geformt? Und doch, warum tötet mich die Angst... welche Angst? Niemand dürfte sie ungetötet so ansehen. Qualvoll ist es, nicht vorspringen zu können und ihr die Wölfe zeigen, die sich ihr in feinen Merinopelzen nähern.

Ihr ernstes »Ja« und »Nein«... ihr heiteres »Ah?«... und wenn sie die Augendeckel senkt und hochhebt, und dann das Auge wie ausgewechselt wieder hervorsieht, als hätte das Lid einen Ausdruck weggewischt und einen neuen darauf geschichtet – diese Dinge bringen mich auch ums Leben, da ich zusehen muß, wie sie verschwenderisch damit umgeht...

Ich fürchte ihre Eltern. Nie habe ich solche Gebundenheit in mir empfunden. Ich weiß ja, sie denken: *der* will etwas von unserer Tochter. Wie sollen sie es besser wissen. Wer weiß besser als ich, daß ich ihnen nicht gefallen kann. Ach, wer befreit die Menschheit von dem Alpdruck möglicher oder unmöglicher Heiraten... Dieser Kobold sitzt den Mädchen in allen Winkeln, die Eltern, die Freunde, sie alle sind unter seiner boshaften, alles Schöne tötenden Macht. Und uns sind Flügel gebunden, die Hände in Fausthandschuhen, das Haupt unter dem Sturmhelm des schmählichen Ehrbegriffs. Grausame Spielregel.

Spiel? Es ist doch kein Spiel.

Wollte doch einer zu den Eltern hingehen und sagen:

»Der Kerkersheim, das ist in vieler Hinsicht ein Krepierling... Keine Gesundheit, kein Vermögen, noch keinen Beruf, überhaupt zu jung, aber – (und hier müßte der eingreifende Wundertäter als ein Demosthenes wirken) aber – er liebt so, wie niemals je ein anderer sie lieben wird, und, lieber Baron Soulavie und verehrte Baronin, das ist keine Redensart, das ist eine Wahrheit, die Sie erschüttern würde, wenn Sie sich von ihrer Tragweite überzeugen könnten. Glauben Sie mir...«

Aber – Albert – überlege dir, was willst du? Du bist knapp zwanzig Jahre alt (Romeo war da schon gestorben). Nichts weiß ich, als daß mein Gefühl für dieses Wesen das tiefste Erlebnis immer bleiben wird, es wird meinem Leben die Richtung, das Ziel, den Inhalt geben. Primanerliebe? Meinst du, Verstand? O Götter, nein! Ihr seid Liebhaber gewesen, teure Götter in Gottes Zorn; habt eure Geliebten beschwindelt. Ihr habt euch gerächt, habt genommen, gefordert, oh, ihr könnt es nicht erfassen.

Vewi, ich liebe deine Seele, oh, wüßtest du, wie meine nach der deinen sich aus meinem Körper sehnt.

*

Menschliche Abendgesellschaft ist das Erregendste, das ich kenne. Tiere schlafen nach Sonnenuntergang. Menschen schmücken sich, gehen dünn gekleidet, die Luft der Räume ist lau vom Duft der Mimosen und Lilien. Mimosen mit ihren gelben Staubpunkten erschrecken mich jedesmal durch ihre ausgemachte Weltlichkeit, die zum Beispiel den Rosen nicht anhaftet, oder den Reseden, die, weiß Gott, ihrerseits betören. Veilchen schon eher. Mimosen und Veilchen könnten mich von dem Unglaublichsten überzeugen. Chloroform würde mich ernüchtern. Aber für den violetten und den zitronengelben Duft verkaufe ich meine Seele. Und diese Macht strömt als erste dem Menschen entgegen, der sich zu anderen begibt. Besser kann nicht berauscht werden... Die Stimmen klingen anders. Es ist, als sollte dem lieben Gott jeder Eingriff unmöglich gemacht werden. Ich glaube, der Christengott fühlt sich der Weltluft gegenüber in seinen unermeßlichen Ratschlüssen auch gehemmt: Sicher ist, daß Weltmenschen sich glücklich fühlen und selbständig.

Und seit zwei Jahren ist Vewi darin zu Hause... Wie soll ich sie je einholen...

Sie sitzt inmitten vieler. Sie hat den halben Arm in schwedischen Handschuhen. Wer fände daran keinen Gefallen. Wem aber schlägt das Herz so jäh beim Anblick des weichen, senffarbigen Leders? Wer empfindet Handschuhe als die seit Jahrhunderten fortgesetzte Beseligung menschlicher Hände? Wer halluzinierte auf viele Meter Entfernung die Besonderheit des Geruchs schwedischer Handschuhe?

V. ist auf der rechten Seite ihres Gesichts im Schatten, das ist *meine* Seite; aber links ist sie von niedriggestelltem Lampenschein besonnt. Wie am Christkind leuchten die hellen Härchen am Rand des Kopfes.

Onkel Gregor spricht zu ihr in einem unterdrückten Ton, ich kann kein Wort verstehen, ich muß mich bewegen, muß auf- und abgehen, kann niemanden ansprechen; manchmal ergreift mich ein Bekannter, stellt mich vor, und ich danke meinen jungen Jahren, daß ich niemandem etwas zu erzählen brauche.

Wäre ich zweimal so alt, ich schwiege ebenso.

In der Rauchgasse hat Onkel Gregor einen ganz anderen Ton. Seine Art hier befremdet. So intim ist er, gar nicht wie mein Onkel.

Und die Zeit vergeht... Nie wird sich V. hier von dieser umzingelten Ecke erheben. Junge Leute, drei, vier Jahre älter als ich, bringen ihr Teller, machen schiefe Hälse, lächeln beim Sprechen ohne Unterlaß und, als hätten sie diese Vereinbarung getroffen, einer wie der andere, sie kennen nur *ein* System. Ich habe V. beim Eintreten begrüßt, andere taten es auch; als Tochter des Hauses hat sie Pflichten, sie muß sich von einem zum andern losreißen.

Meine Lippen sind viel zu fest geschlossen, ich weiß es. Meine Augen viereckig vor Verzweiflung, meine Hände wissen nicht mehr, wo sich festkrallen. Oh, sie ist jung und lebendig wie eine Forelle, und die alten Seefische stören mich zu Tode.

Bisweilen kommt ihre Mutter in unser Zimmer. Mich scheint sie besonders anzusehen. Der Vater sitzt drei Räume weiter, bei Münzen, Kameen, Miniaturen, die mich alle gleich reizen.

»Was machen Ihre Studien?« fragte mich plötzlich Baronin Soulavie. Ich möchte ihr so gern die Hände küssen, aber erstens sähe das nach Bestechung (einer ganz erfolglosen!) aus, und wäre doch nur als eine Huldigung gemeint, und dann wieder hält mich der Unwille ab, sie könnte argwöhnen, ich wollte...

Nein – das schreibe ich einfach nicht! Ich küßte also nichts, sondern mußte erklären, daß ich nicht studierte, augenblicklich, aber im nächsten Semester bestimmt das jetzt Versäumte nachholen könnte.

»Aber Sie sehen jetzt sehr viel besser aus als letztes Jahr«, meinte sie. Das höre ich immer – ach, ich bin ja ein »Fall« und in diesem Sinne Allgemeingut. Man beginnt aber jetzt einzusehen, daß diese Periode überwunden ist. Von den Folgen spricht niemand zu mir. Das gebietet der Takt. Man kann aber ruhig von meinen Wangen sprechen, und von Onkel Johnnys vorzüglicher Therapie.

Ich höre gern Baronin Soulavies leise, fremde Betonung. Ihrer Tochter gleicht sie kaum. Sie ist hell, aber einfarbig, mit einem graden, aber kurzen Mund, der ausgezeichnet unter dünnem Schleier wirkt, oder vielleicht unter einer schwarzen Augenmaske. Er ist geistreich scharf, die Nase klein und gerade.

Heute gleicht sie ziselierten Herrenporträts aus dem französischen Rokoko. Mit siebzehn muß sie ungemein reizvoll gewirkt haben; auch heute noch. Aber es lagert eine porzellanerne Härte um den spöttischen Mund ihrer Blütezeit. Und ich glaube, es ist unmöglich, ihrem Willen entgegenzuhandeln. Sie ist klug, kennt die Welt, überschätzt vielleicht Wirkungen des Augenblicks, weiß sie meisterhaft zu handhaben; es ist ihr gelungen, spielend ihre Tochter vor den Nachstellungen aller Teufel zu bewahren, und V. wird tun, was ihre Mutter will, dabei glauben, selbst gewählt zu haben. Sie ist klein wie eine Tänzerin, besonnen wie ein Reiher und ebenso kostbar, dabei so gut angezogen, daß ein gewöhnlicher Mensch wie vor einer unheimlichen Technik jede Selbstsicherheit verliert. Solche Frauen als Menschen ansehen zu wollen, ist Wahnsinn. Das sind Elemente, die sprechen und handeln gelernt haben und mehr können als Blitze, Wasserfälle, Erdbeben und Taifune...

Wenn junge Männer einem jungen Mädchen vorerzählen, sie hätten eine Weltanschauung... na – wie denn schnell... ja, richtig: wie sie im Faust ausgedrückt wird; wenn junge Männer ohne jede Berechtigung Adlernasen haben unter Samtaugen – – das heißt eigentlich mit Berechtigung – denn der Adler fliegt ja nicht mit der Nase... Wenn junge Mädchen vom Worte »Faust« an, das sie nicht fassen können, jedes fernere, aus Respekt für Goethe, von dem sie auch nichts wissen, mit Andacht und glühender Zuversicht trinken – – – Wenn junge Sportleute herkulisch und frisch mit Zähnen blitzen und junge Mädchen die Blitze zurükschleudern, ohne zu wissen, daß Blitze zünden, oder in der Absicht, für etwas gehalten zu werden, wovon sie den Namen nicht wissen – – und wenn ein junger Maulwurf aus seinem Hügelchen Erde dies alles zu beobachten Gelegenheit fand, müßte er nicht irgend etwas werden können, vielleicht blind, vielleicht ohnmächtig, vielleicht wahnsinnig?

So weit für heute Alberts Tagebuch.

VI

Dem lieben Gott muss es peinlich geworden sein, soviel Schönes, das er eingerichtet, dem Menschen überlassen zu haben, ohne je mehr einzugreifen. Vor lauter Dogmen seiner fünftausend Kirchen schliesslich selbst an den freien Willen seiner Menschen glaubend, überlässt er ihnen die schönen Dinge, und, trotz seiner Allmacht, fraglos mit einer gewissen Ohnmacht muss er zusehen, wie seine Geschöpfe andern Zielen als ihnen zugedacht, entgegenlaufen.

In Genovewa Soulavie hatte er nach unseren Begriffen schlechterdings ein Meisterwerk vollbracht. Durch den Vater mit Jeanne d'Arc, Bayard und Rabelais verwandt, war ihrem Blut vonseiten der schwedischen Mutter Stahl und Blondheit einer wirklich germanischen Rasse zugeflossen.

Aber – um das Bedauerliche gleich vorwegzunehmen, sie war beiden Eltern zu sehr nach Wunsch geraten, eine wahrscheinlich seltene Tatsache, die gewiss nicht alle Sicherheiten für ein ungefährdetes Leben bot. Denn ohne Zweifel muss der Mensch gemahlen werden; wenn nicht sogleich, so bestimmt in einer Zeit, in der er sich's am wenigsten erwartet; besser ist für die Frucht, sie wird in der Blütezeit etwas gequält. Dem jungen Menschen, so sagen die Moralisten, sind in seiner elastischen Zeit Prüfungen zu wünschen. In gefestigterer Lebensperiode, wo er vielleicht brüchiger ist, nähme er, wenn leidensungewohnt, eher Schaden an seiner Seele.

Gute Erziehung ist immer unzulänglich für das wichtige Ergebnis höchster Seelenbildung. *Schlechte* schafft abwechselnd Menschen oder Unmenschen – erscheint aber, um der ersten Alternative willen, doch als vorzügliche Massnahme, die allerdings niemals in dieser bewußt guten Absicht vorgenommen wird. Jedenfalls wurde Genovewa nicht nach diesem Grundsatz erzogen. Denn wie können Eltern ein Kind absichtlich zu gutem Ende schlecht erziehen?

Ohne diese Eltern oder mit anderen aufgewachsen, wäre sie vielleicht wie ein edler Apfel im Lenz als Blüte, im Sommer als reife Frucht, im Herbst und Winter ihrer Endbestimmung entgegengeführt worden. So aber glich sie einem Apfelbaum in herrlicher Blütenpracht, dessen Blüten der Gärtner, weil er die Schädlinge fürchtete, unbefruchtet gelassen hätte, sofern das in seiner Macht gelegen wäre.

Der Mutter wie dem Vater waren die sichtbare Heiterkeit, ja Lustigkeit ein Gradmesser für den seelischen Wohlstand des Kindes. Nun ist insbesondere das Lachen die ungünstigste Forderung von Seiten des Menschenkenners, da in ihm bequem alles verborgen werden kann: die Angst, die Verlegenheit, die Unsicherheit, die Unaufrichtigkeit, die Bosheit und vieles, vieles andere; hauptsächlich wird sowohl die Unkenntnis damit ausgedrückt als auch die Erfahrung in bestimmten Fächern des menschlichen Daseins, so daß auch ein Hellseher aus dem Lachen nicht klug werden könnte, sondern sich fragen muß: *weiß* der Lacher oder weiß er *nicht*, weiß er, *daß* er nicht weiß, weiß er, *was* er nicht weiß, oder lacht er, weil er nicht will, daß man erkennt, was er nicht weiß? Nun können Lacher häufig sehr genau bestimmen, *wie* frisch sie lachen müssen, um den Eindruck absoluter anatomischer wie seelischer Unschuld zu erwecken – und nun kommt das Allerbeste – dieses scheinbar *berechnete* Lachen ist doch zu neunzig Prozent wie guter Alkohol ein unbewußtes geworden – nur ein im Laufe der Jahre zur Beglückung der Eltern allmählich instinktiv angeeignetes.

So hatte Genovewa ihr Kinderlachen bewahrt; teils folgte ihre Heiterkeit wirklicher Empfindung in Gegenwart der Eltern, teils setzte sie sie automatisch ein, in dem Bedürfnis, sie zu beglücken. »Die Kinder sind lustig, man kann beruhigt sein«, war stets das Ergebnis bei ihnen. Kinder fürchten nichts so sehr wie die

Beunruhigung der Eltern, weil irgendwie Unliebsames für die Jugend daraus erwächst. Kinder beschützen so ihr Privatleben. »Eltern müssen eingelullt werden – lullen wir!« sagen sich die meisten. Aber auch die Unschuld, ohne diesen berechtigten Trieb zu kennen, folgt ihm mit einer Sicherheit, die um so überzeugender auf die Eltern wirkt, als sie durchaus unbewußt bleibt.

Zwei fallen dabei herein: die Eltern, die ihre Achtzehnjährigen für Achtzehnjährige halten und sich erstaunlicherweise daran ergötzen, und die Achtzehnjährigen, die sich rettungslos bei der ersten Kälte die Gliedmaßen erfrieren.

Immerhin, es war kein Falsch an Vewi, was aber weniger das Verdienst elterlicher Erziehung war als der blinden Natur, die manchmal vor lauter Tasten, falsch Addieren, willkürlich Multiplizieren und die Hälfte Fallenlassen doch köstliche Synthesen schafft. Dies zum Trost für verzagte Pädagogen. Vewi Soulavie, mit ihrer nieversiegenden Heiterkeit, trug auf der Stirn und abwechselnd in Auge oder Mund die Melancholie eines Zugvogels. Und diesem Ausdruck war Albert rettungslos verfallen. Vewi aber mußte sich demjenigen in die Hände geben, der sie am tiefsten erschütterte, und nichts war leichter, als ein weidendes Lamm mit etwas zu erschüttern, was ihm durchaus fremd war. Gerade dieses traf für sie bei Albert nicht zu, im Gegenteil, sie verstanden und vertrugen und suchten sich wie Stern und Nacht; aber – irgendwie beträgt sich die Nacht dem Stern gegenüber kühl, sicherlich unbewegt, denn ihr Streben geht, unbekümmert um die süße Kostbarkeit des Sternes, dem Tage zu, der sie zwar tötet – aber – welche Nacht ließe sich davon je abschrecken? Wie die Dinge lagen, war Vewi einer vorläufigen Oberflächlichkeit geweiht. Sie erhielt nur einwandfreie Bücher zu lesen, wo schöne Männer schönen, edlen Mädchen glühende Freude zeigten – wie auch nicht – an schönen Mädchen, die es nicht wußten, die edlen, daß sie schön waren. Aber Genovewa, die Leserin, erfuhr es und lernte, daß die Heirat, jene herrliche Ungebundenheit und Glückseligkeit, unfehlbar darauf folgen müsse. Nur für Idioten konnte die Welt ein Jammertal bedeuten, für gesunde, heitere

Leute war sie ein Paradies. Und wie recht sie hatte! Man mußte gefallen – und das versuchte Vewi in aller Lustigkeit, mit Ehrgeiz und Wärme, und das Spiel gelang.

Der liebe Gott hatte ihr Herz mit den besten Eigenschaften versehen: Phantasie, sich in andere zu versetzen und allerlei zu empfinden, was andern nicht einfiel, Empfindlichkeit für Schmerz und Demütigung, was zu Takt verarbeitet wird, und dann war es von innen ganz vergoldet mit der Treue.

Aber Genovewa kam selten in die richtigen Lagen: sie kannte das Elend in keiner Form. Sie hatte nie gehört, daß ein Mensch nicht könnte, was ihr möglich war: Sie war durchaus arglos, kannte weder Ernst noch Leid und sauste von einer harmlosen Eroberung in die andere. Ganz junge Leute nahm sie nicht ernst. Waren sie etwas älter, so näherte sich ihr Altersgewicht dem des Vaters, der ihr als ein wirklich Erwachsener galt; sich selbst hielt sie, wie auch die Eltern es taten, für ein Kind. Herren und Damen und ihre Eltern, das waren »les grandes personnes«. Dazu gehörte weder sie noch die Gleichaltrigen beider Geschlechter. Wenn also einer, der ein Herr war, wie Papa, ihr Dinge sagte, wie die Herren von den Tauchnitzromanen, die an Kaminsimsen lehnten, dunkle Brauen und eine ideale Selbständigkeit in der Lebensführung trugen, ihr also Dinge sagten, wie sie Eltern leider nicht einmal zu verstehen geben – so erschütterte das... »*Zähle* ich denn in dem Leben eines fremden, großen Herrn? Ich habe Macht... er war ja ganz klein und hilflos – er, der sonst sich in allen Lagen benimmt, wie Erwachsene... wie Papa und Mama, und daß er mich, im Gegensatz zu ihnen, für etwas hält...« Gott wird die Hände gerungen haben, wenn man so sagen darf, über den Lauf, den die Dinge nahmen; denn in diesem Fall, ausnahmsweise, hatte er von dem System der Läuterung, das er so gerne anzuwenden pflegt, absehen wollen; er legt ja nur zu oft jeden der beiden Menschen, die er ursprünglich füreinander geschaffen hat, in eine abgesonderte Keltervorrichtung, oder zwischen Mühlsteine, von denen er ein paar nach Australien verlegt, unbekümmert um das Schicksal des anderen Geschöpfes, wenn das eine dabei den frühen Tod findet. Im Falle Genovewas aber hatte Gott menschlichen Willen; es lag ihm sicherlich an einer schönen Vereinigung. Nur hatte er nicht damit gerechnet, daß Alberts Erscheinen in Vewis Leben noch keine Erschütterung für sie bedeuten konnte, weil ihr zu nah, und andererseits nicht damit, daß gerade ihre Unverdorbenheit und ihre reichen Gaben sie allzuvielen begehrenswert erscheinen ließen, namentlich solchen, die weit erfahrener und verwegener als Albert, mit Geschicklichkeit im Handumdrehen das ungebrochene Gemüt Vewis bewegten. Die kundige Huldigung, die den ungeübten Sinn eines sehr jungen Mädchens zunächst zu verblüffen hatte, riß am besten alle Mauern ein und führte zu einer fälschlich für Liebe gehaltenen Freude am Erkanntwerden. Dem älteren Mann traut das unerfahrene Mädchen große Kenntnis zu und verfällt dem Zauber unerwartet befriedigter Eitelkeit.

Faust hat Gretchen weder mit Schmuck noch mit Wissen-an-sich betört, noch mit der reifen Schönheit seines Gesichts, sondern nur die Tatsache, daß er, dem alles und alle zu Gebote standen, und er sicherlich Schönere gekannt haben mußte, *sie* zu erwählen schien, *sie* wichtignahm – das ist das Betörende – und das erweckt alles Gute, Edle und mehr als vorhanden ist – es schafft eben Kräfte. Eigentlich ist es die Freude des wirklich Bescheidenen, die da leitet und Hochgefühle der Liebe erweckt. Dagegen kann selbst Gott nichts unternehmen.

Triebhaft wußte Vewi, daß Albert für Frivolitäten kein Verständnis haben würde; sie sah seine brennende Hingabe an Kunst, Musik, an die Natur, an Bücher, und übersah seinen Humor, wodurch sie den ihren und ihre Lebhaftigkeit ängstlich vor Ansprüchen hütete, die zu Alberts ernster Stimmung nicht passen könnten. Sie hatte einmal von irdischer und himmlischer Liebe gehört und dachte nicht mit Unrecht, wohl aber mit Unverstand, daß irdische Liebe nicht Alberts Fall sein könne. Was sie damit gedacht hatte, war ihr jedoch nicht klar.

*

Im Mai hatten sich verschiedene Familien vereinigt, um der Jugend Gelegenheit zu Tanz und gemeinsamer Munterkeit zu geben. Man traf sich am Bahnhof und außerhalb der Stadt, und beendete den Tag mit einem Mahl im Freien. Musik und Blumen taten das Ihrige, die Seelen der Menschen zu betören, denn Tönen und Düften wohnt die Macht inne, auch Schlafende zu erregen. Und wieviel mehr Albert Kerkersheims nie ruhendes Herz. Als er längere Zeit Vewi mit anderen tanzen sah und sich ihr nicht nähern konnte, sie ihn auch zu übersehen schien, schnürte es sich zusammen, und er fühlte sich in höchstem Maße unglücklich. Endlich traf es sich, daß sie in seiner Nähe hielt und er sich zu ihr setzen konnte. Sie sah freudig zu ihm, und dieser Blick übergoß ihn mit dankbarer Seligkeit. Sie war ernst und gut und sagte: »Ich habe Ihnen ein Buch mitgebracht, das müssen Sie lesen, es ist so schön.«

»So wie Algernon Calcomb?« erwiderte der tiefglückliche Albert, der den Gedanken, sie habe ihm ein Buch mitgebracht, nicht fassen konnte. Seine Frage war voller Lichter des Mutwillens, denn »Algernon Calcomb« war ein wertloses Buch. Das fühlte Vewi sofort und erweckte Reue und Leid. Sie hatte begriffen, daß Albert höhere Ansprüche stellte und wußte, daß sie offenbar weit unter ihm stand, was sie nicht erstaunte, da sie ihn für einen außergewöhnlichen Menschen hielt, sich selbst aber für unzulänglich. Sie überlegte eine Weile, sagte dann aber überzeugt:

»Nein, das ist viel besser.«

Albert liebte sie auch für dieses Wort.

»Wie heißt es denn?« fragte er mit größter Erwartung und tauchte ganz in Vewis glatte Augen unter, die in Verlegenheit leicht den Blick verloren, ehe sie antwortete:

»Katja... von Tolstoi.«

Albert kannte es nicht, was sie am meisten freute. Sie stieg um ein weniges in ihrer eigenen Achtung.

»Was ist es denn für ein Buch?« fragte Albert, selig über ihren Vorsprung.

»Ja, zwei Menschen haben sich darin so sehr gern – da ist also ein junges Mädchen, sie spielt eine Sonate, die ihr ganz gut gelingt, und ein Herr hört zu, der sehr viel davon versteht. Ah! und man merkt gleich, daß er sie liebte, und es kommt alles, wie sie sich's träumen – Ah – sie haben sich so gern! Sie ist ganz jung, er viele Jahre älter.«

»Wie ist der Schluß, was wird aus ihnen?«

»Das ist sehr schade – sie heiraten – aber auf einmal verstehen sie sich gar nicht, der Sergjei leidet, man ärgert sich über diese Katja, wie kann sie sich so ändern. Es wird auch keine Musik mehr gemacht, und der Schluß ist wirklich nicht richtig...«

Mit größter Lebhaftigkeit sagte Albert: »Bei Tolstoi haben sich die Menschen nie wirklich lieb...«

Wenn Albert daran dachte oder gar davon sprach, verstrickte ihn die Macht des Gedankens und er wurde unfähig, ruhig zu atmen. Niemand hätte den Ernst und die Hingabe an die liebgewordene Erkenntnis bezweifeln können; es sah nach nichts anderem aus; so brennend von innerer Erregung fielen die Worte, und der Zuhörer, unmittelbar erschüttert, mußte, wenn er nicht davon selbst hingerissen ward und eigene Begeisterung dazu warf zu noch ungekannter Milde gerührt werden.

Vewi erlebte da an einem andern einen Zustand, den sie von sich nur als sogenannte Schwärmerei, so wurde er bezeichnet, wiedererkannte. Wäre sie ein Einsiedler, ein Dichter, ein griechischer Gott gewesen, sie hätte jubelnd für dieses Erleben gedankt; so, als wohlerzogenes Mädchen aus gutem Hause, war ihr stärkstes Gefühl ein Staunen über die gerade *ihr* gewordene Huldigung, die ihr von anderen des öfteren entgegengebracht, in diesem Fall aber kaum erwartet wurde. Albert hatte nämlich, wie ein heiliger Aloysius vor der Mutter Gottes, zu ihr gesprochen:

»Tolstoi weiß es nicht, und die andern auch nicht. Aber ich – und so wie ich wird Sie niemals ein Mensch lieben.«

Das sagte er, und rings um sie zirpten viel zu viel Grillen, eine Stalltür klapperte im Hintergrund, aber man sah kein Gebäude, denn sie waren in eine weitläufige Schonung geraten, die jenseits des Landhauses begann und durch die Bäume der Landstraße von diesem getrennt war. Sie mußten sich in acht nehmen, weil die jungen Fichten neben tiefen Löchern standen, aus denen man das nötige Erdreich geschöpft hatte, sie erhöht anzupflanzen. Die Erde war lehmgelb, ganz trocken und an den heißesten Stellen dufteten Moos und Maulwurfshügel. Sie waren stehengeblieben, die Stalltür pochte wie Alberts Herz und Vewi war ganz ernst, als sie erwiderte: »Ich habe Sie ja auch viel lieber als alle andern.« Aber ihr Herz pochte nicht so. »Es ist doch wahr«, dachte sie, »daß er wie keiner ist.« Sie fühlte weder Schranken zwischen ihr und ihm, noch aber jene Hilflosigkeit des Eisens dem Magnet gegenüber. Ihr fehlte das Über-, das Wider-, ja fast das Unnatürliche. Der Zustand ihrer Seele bildete für die Liebe die richtige Vorstufe, aber es hätte noch ein großer Wirbelwind kommen müssen, der sie die andern Stufen emporreißen würde.

Albert sah das ernste Auge, den tiefen, verschleierten Ton vernahm er, und gar die Worte erfüllten ihn mit köstlichem Ohrensausen.

Stimmen näherten sich; andere hatten die Schonung auch entdeckt. Noch sah man niemand, hörte von weitem die Kapelle spielen, ein Hänfling saß ganz in ihrer Nähe auf einer Birke und biß sich in den Bauch, aus dem er eine Feder emporhielt, die er losließ, um mit einem Ruck unter die Flügel zu gucken. Albert und Genovewa lächelten nicht, sie waren der Natur wie abgerückt in diesem Augenblick; waren auch noch zu jung, um ihre Seelen mit ihr zu vereinen. Der Hänfling flog weg und Vewis Mutter erschien mit Gregor Vormbach, jungen Leuten und Damen.

Baronin Soulavie rief ihre Tochter und zeigte ihr die Wolken, die wie ein feiner Rauch mit weißen Rändern den grünlich-blauen Osthimmel schmückten.

Es ist wahr, daß diese Wolken schön geformt waren und die fernen Wälder und die bis zum Horizont sichtbaren Felder wärmer getönt erscheinen ließen... Aber nichts hätte Albert für die Störung zu entschädigen vermocht.

Bei der Heimfahrt im Vorortzug konnte Vewi ihm das Buch geben und er empfing es mit einem überquellenden Gefühl von

Dankbarkeit und Glückssicherheit, aber zum Sprechen kam er nicht mehr.

*

Fast gleichen Alters wie Albert, empfand Genovewa, die ihm um zwei Jahre Weltleben voraus war, seine Gesellschaftsfremdheit, die sie für Weltfremdheit hielt, ohne die Lebensfreudigkeit zu erkennen, von der sie nichts wußte, da sie Gesellschaft und Leben für ein Gleiches hielt.

Mit Recht sah sie in ihm im Gegensatz zu den anderen einen guten, ernsten Menschen, aber auch gleichzeitig, daß er kein »Herr« war in der ihr eigenen infantilen Anschauung. Durch die Tatsache seiner zwar wenig auffallenden, aber doch sichtbaren körperlichen Unregelmäßigkeit erhielt er die recht fragliche Bereicherung um einen »rührenden Zug«, der ihm notwendigerweise ganz unbekannt war; – ihn selbst stach nur die Ungeschicklichkeit und, wie er glaubte, Unförmigkeit des betroffenen Gliedes und er wurde dadurch, daß er sich für wenig anziehend hielt, nur noch weltungewandter.

Genovewa wußte doch noch etwas von Albert; und das war: er versteht alles, auch was man ihm nicht sagt.

Da sie aber von der Liebe nichts, von der Ehe nur die für brave Mädchen bekannte Lockung wußte, konnte sie das Geheimnis seines Herzens nicht als das auffassen, was es war: eine Frage von Leben oder Sterben; so musste es, anstatt sie zu durchdringen und zu durchglühen, seine Flammen über sie hinwegschlagen. Und doch freute sie sich nicht ohne Herzsprung, wenn sie Albert auf der Straße begegnete. Sein Kopf, fein wie ein Flötenpfiff, saß reizvoll zwischen dem hochaufgeschlagenen Kragen des hellen Überziehers und dem sehr zur Stirne geneigten Hut, und dieses ungewöhnliche Knabengesicht glitt im Profil an ihr vorüber, ernst und aufgewühlt, und irgendwie hörte sie doch die Stimme ihrer Seele, die ihr das Wahre sagte: »Der ist überirdisch gut – mit dem darfst du das ›Herrenspiel‹ nicht treiben…«

Sie blickte ihm dann ernst ins Auge, und dabei sah er ihre wahre Seele und wußte, daß er nicht irrte – da die seinige sich sonst nicht so machtvoll hätte erregen können.

Auch hier wäre ein überzeugender Demosthenes vonnöten gewesen, der Vewi folgendes hätte sagen müssen:

»Du siehst den jungen Albert? Weißt du, daß ein Wunder der Welt da an dir, Schlafenden, vorüberging? Öffne deine Hand dem höchsten Wunder, das die Welt kennt...«

Aber – vielleicht überzeugt wirklich nie der Redner, sondern nur das Leben, und das wartet nicht, redet nicht zu, rät nicht ab... redet überhaupt nicht...

VII

Albert Kerkersheim erlebte einen herrlich gespannten Frühling. Ging er spazieren, so hoffte er an jeder Straßenecke auf die Überraschung einer Begegnung. Seine hellen Augen sausten beide Häuserreihen entlang, und wenn er auch die Gesuchte nicht sah, so war dadurch noch lange nicht sein Lebenselement, die Zuversicht, zerstört. Abends, wenn er vor dem Einschlafen im Finstern lag, redete er mit ihr, empfing ihre Antworten, und tausendmal hörte er sich ihr kaum ausgesprochen, aber doch brennend deutlich zuflüstern: »Ich liebe dich, Vewi! süße, sanfte Vewi, ich liebe dich!« Ihr Glanz erfüllte sein Zimmer. Er sah sie bei ihm am offenen Fenster sitzen, den seidenen Kopf an die Bücherregale lehnen – er sah sie lachen, wobei ihre Lippe sich verführerisch zart über dem Augenzahn hob und dem folgenden durch das Grübchen des Lächelns auch noch Gelegenheit gab, sich zu zeigen... und kostete das mit Entzücken. Dann kam er sich vor wie ein Alchimist, zu dem in tiefer Nachtstunde ein Gott aus den Büchern gestiegen wäre, und Albert beugte sich und begehrte von diesem himmlischen Boten Erkenntnis aller Wahrheit. Er wußte: nur dieser Himmlische kann ihn begnaden.

Dann wieder sann er nach: Was könnte ich ihr schenken? Und verfiel in Ratlosigkeit. Sah er ein zierliches Taschenmesser mit den schärfsten Klingen aus gutem Solinger Stahl, so kaufte er es, behielt es tagelang und wagte nicht, es ihr zu zeigen. Einmal wollte er ihr schöne Bogen handgeschöpften Papiers bringen, unterließ es rechtzeitig; ein Taschentuch mit ihrem Namen besticken lassen, es mit Lavendelblüten füllen und... erstarrte vor irgendeiner inneren Stimme, die ihm Zudringlichkeit vorwarf. Ein andermal wollte er ihr eine Rose auf die Stufen der Weihgasse Nr.

legen – aber die Angst, der starke Portier könnte sie im Küchenzimmer seiner Frau auf den Tisch werfen, ließ ihn entsetzt den Plan aufgeben.

Die tiefste Beglückung erfuhr er, wenn seine Spaziergänge erfolgreich waren, das heißt, wenn man sich begegnete, und er von weitem den Veilchenstrauß unter der blühenden Jugend ihres Gesichts erkannte. Seine Kiefer fuhren erschüttert aneinander, der Bau seines Körpers wankte und es war stets wie ein Anfall von Bewußtlosigkeit, wenn er an ihr vorüberkam, die Hand am Hut, das Auge verhungert und gelabt, den Schritt eines Genesenden, um dann in bittere Vorwürfe zu fallen, weil er alles unterlassen hatte, was doch hätte getan werden sollen. Ein Stehenbleiben und Anreden war unmöglich aus Gründen der Schicklichkeit, Miss Brayne hätte auch in genügendem Maße für Eis gesorgt, und so war das Aneinandervorübergleiten doch die einzige Möglichkeit gewesen. Aber, Albert hatte sich an die Wand gedrückt, trotzdem Platz für viele gewesen, außerdem von der ganzen Vewi überwältigt, das einzelne an ihr übersehen und so war gar nicht das geschehen, was so notwendig schien: die Verständigung, die Bestätigung.

Albert trug sich nicht mit Plänen oder bestimmten Wünschen; nur von Vewi nicht getrennt sein, das sang ihm sein Herz Tag und Nacht.

Er wunderte sich zuweilen, wie er bisher ohne diesen Brand hatte leben können. Praktisch durchführbare Schritte überdachte er nicht, zum Beispiel, die zu Vater und zur Mutter, um die Hand der Tochter zu bitten. Auch stellte er sich ein Zusammenleben in einer der Wohnungen dieser Stadt nicht vor. Aber er sah sich in kleiner Schrift auf hundert Bogen Papier ein Buch schreiben unter einem grünen Lampenschirm, sah sich aufspringen, eine Tür aufreißen und sich vor einer im Nebenzimmer ruhenden Vewi auf die Knie stürzen; sah ihre Stirne und ihr Kinn in seinen Händen, und dann sah er nichts als den inneren Purpur seiner Seele, die sich in den Abgrund des Glücks stürzte, während er die Augen schloß.

Das größte Geschehen ist die Lust, den Weg zu gehen, der mit Liebe gepflastert ist; ob nun dieser Weg zu einem Werk führt, zu einem Menschen oder zu Gott, es ist immer dasselbe: das Größte ist diese Lust zum Weg.

Wunderbar zeigt sich die Sprache: der Weg bedeutet das Mittel zum Ziel; weggehen heißt aber, nicht nur das Mittel gebrauchen, also Weg gehen, sondern auch ab gehen, fortgehen, sterben; die Lust zum Weg heißt auch die Lust zum Tod. Und wiederum mit dem Sterbenwollen vergleichbar ist das Bedürfnis des Liebenden, seine Liebe durch einen Ausdruck ihrer selbst abzurunden, zu umgrenzen, um, nach diesem Abschluß des Augenblicks erneut in höhere Sphären zu steigen, für die wieder ein Tod, ein Abschluß begehrt wird, der noch tiefere Liebe ermöglicht. Albert stand vor dem Rätsel des Lebens und sah tiefernst in die Dinge, die er zu kennen glaubte, deren Gesetz er aber nicht wahrnahm. Er verschloß sich, redete weniger als je, studierte Onkel und Tante, besah sich in der Pferdebahn alle Gesichter, besuchte Lanner, keine dieser Studien aber konnte ihn den Aufruhr seiner Seele als etwas Bekanntes verstehen lehren.

Nur wenn er Dante las, wenn er den Werken Mozarts und Beethovens lauschte – ja – da erkannte er den Zustand wieder; da war der gleiche Brand, der gleiche wunderbar beherrschte Wahn.

Niemand aber konnte an ihm etwas anderes bemerken, als was er zu sein zeigte: Den jungen Mann. Am wenigsten wäre diese Einsicht bei Genovewa zu erwarten gewesen, die sich selbst und dem Leben so fremd gegenüberstand wie der Rosenkäfer einer mathematischen Aufgabe. Auch für sie war dieser Frühling schöner als ein anderer – reicher, leichter, köstlicher. Sie genoß ihn fieberhaft, aber mit noch schlafenden Fühlern: Sie flog, sog Honig, glänzte und schlief.

Jetzt wäre bei ihr der Augenblick gekommen, sie durch die »schöne Literatur« aller Länder ins Leben blicken zu lassen, wenn schon durchaus das Leben selbst ihr entzogen werden sollte, denn sie war so geartet, daß zwei gute Worte die Wahrheit ihr enthüllt hätten. Freilich hätte sie in Büchern zunächst das ihr Geläufige gesucht; das heißt die Bekanntschaft mit neuen Menschen, mit deren Leben, mit Episoden daraus, mit ihren Behausungen und Behauptungen, die ihr Denken erweckt hätten, zum Beispiel über Besitz, Armut, Freude, Leid, Ungerechtigkeit, Gemeinheit, Edelmut. Dann hätte sie durch die erlaubte Indiskretion ihres Lesens straflos fremde Angelegenheit erfahren, zu ihrem Erstaunen einen Aufbau des Lebens auf Körperlichkeit und Gemeinheit und wäre auf die Entdeckung von Erlesenheit und Größe gekommen. Sie hätte die Gewichtsverteilung in ihrem eigenen Leben nachprüfen, vielleicht ändern können, sie hätte mit einem Male spanisch sprechen gelernt, ohne die Pyrenäen überstiegen zu haben, und ohne deshalb auch spanisch zu fluchen. Schade, schade, daß sie einem neuen Linnenkrägelchen zu einem blauen Leinenkleid so viel Wert beimessen mußte, einfach weil man ihr seit Jahren geschickt verheimlichte, daß es andere Poesie gab. Der zuckerweiße Abschnitt zwischen ihrer Haut und dem glockenblumenblauen Stoff bezauberte sie sogar bis zum künstlerischen Erlebnis. Er verlieh ihrem Gesicht etwas Gescheites, Junges, Unnahbares, und intuitiv schmückte sie sich damit, und blieb dabei.

»Das Glück... kommt es? Ja, es muß.« dachte sie ernst und frei von gemeiner Eitelkeit.

Welches Glück? Das wußte sie nicht, aber daß sie im Mittelpunkt stand und nicht geizig sein wollte, nein, ihr schien es unerläßlich, sich einem einzigen zu widmen und von diesem einen ihre Freiheit, und seine Bewunderung zu empfangen. Welche Wonne, ewig treu zu bleiben.

In der Unsicherheit, den einen gefunden zu haben, ließ sie alle herannahen und genoß die allseitige Huldigung als eine sich von selbst verstehende weltliche Gepflogenheit. In ihrem Bett, das Gold ihrer Haare auf dem Kissen, in ihrem enggestreiften rosaweißen Nachthemd, dessen Perlmutterknöpfe unbenutzt an den gähnenden Knopflöchern lagen, pflegte sie sich Geschichten zu erzählen, ehe sie das Licht löschte, sah aus halbgeöffneten Lidern wie eine Katze auf die grünseidene Steppdecke und fühlte sich in der Rolle einer edlen Geliebten äußerst wohl, einer ideal veranlagten Frau, die wie der wundertätige gestiefelte Kater seinem armen Müllerssohn diente. Dabei würde sie natürlich auf Händen getragen, in Arme genommen, auf Stirn und Hand geküsst – – und sie würde dann den Helden durch Humor und Zärtlichkeit überraschen, natürlich sehr sehr brav sein, ihm und dem lieben Gott Freude machen und selber einen Zobel anhaben...

Während Kerkersheim Beethoven, Dante, Browning las und Shakespeare entdeckte, schwelgte sie in Tauchnitz Edition, Regimentsmusik und Algernon Calcomb...

Ihre Sprache war weder die einer eitlen Egoistin noch die eines Weibes: sie trug infantilen Charakter, das war alles, und sicherlich würde das Leben ihr die Augen öffnen. Zum Unglück war aber einer da, der eben diese Sprache in all ihren Untertönen, ihrem Zauber verstand: Gregor Vormbach.

Statt ihr aber in den gleichen Tönen zu antworten, redete er die Herrensprache des weltlich genehmigten Verführers.

Andere sagten zu ihr: Baronin Genovewa. Er in seiner krachenden, zu leisem Wort gebändigten Stimme: »Baronin Vewi«. Das war eleganter, sie erschrak davon angenehm.

Andere gaben die Hand, mit mehr oder minderem Druck der Finger und beseelten Auges, er glitt mit seinem Mittelfinger bis zu ihrer Pulsader und rutschte ebenso sanft wieder zurück. So etwas kann vom Empfänger nicht unbemerkt bleiben, aber es wird mit niemandem besprochen, insbesondere nicht mit dem Erfinder dieses Handgriffs. So bleibt er eine zarte, geheimgehaltene Huldigung. Sprach Vormbach mit ihr, so liefen seine Augen in ihren Hals. Sein Mund aber sagte ganz einwandfreie Dinge, höchstens einmal: »Was für herzige Schuhe Sie anhaben, Baronin Vewi.«

Sein fast kindlicher, bewußter Zynismus sprach so wohlerzogen, hielt sich so tantenhaft gerade, blieb so zuvorkommend höflich, daß die erfahrensten Schmetterlinge ihn für eine Blume hielten. Aber wenn er in seiner gemütlichen Art statt »wie?« ein leises, fast väterliches »hm?« machte, war es schwer als unerfahrenes Lamm, nicht warm zu werden.

Albert hatte ihr einmal gesagt: »Oh, diese Hände, wie liebe ich Ihre Hände!«

Vormbach: »Ihre Hände sind nicht gepflegt, Baronin Vewi, aber Schulmädelhände sind schöner als alle weißen Damenhände.«

Vewi hatte sich vorgenommen, sich maniküren zu lassen; was das erst geben würde! Schulmädel paßte ihr nicht; aber dieses Herrn Freimut charmierte sie tief; sie übersetzte ihn mit: »Leidenschaft«, worin sie nicht so unrecht hatte: Gregor Vormbach war stark entzückt.

Vewi erlebte Mannigfaltiges: ein brauner, junger Herr erklärte ihr Abend für Abend Faust II, ein Offizier nannte sein Reitpferd Awevoneg und bat sie leise, den Namen umgekehrt zu lesen; ein junger Athlet trug in seinem Portefeuille gepreßte Veilchen von einem Ballbukett, das sie ans Kleid gesteckt hatte; von einem älteren Herrn erhielt sie einen goldenen Federhalter, man schenkte ihr Blumen, Gedichte, Zeichnungen, und sie empfing diese Huldigungen mit einem freudigen Heben der linken Braue und einem Blinken ihrer schönen Hundezähne, dankte gerührt und tanzte.

Vormbach aber legte einmal wie zufällig seinen Fuß dicht an den ihren und fand die Stellung beglückend. Vewi erschrak, blieb standhaft und bewegte nichts, während Gregor an ihrem Hals die Schlagader springen sah. Er wagte vier Worte:

»Das ist sehr unanständig.« Sie erwiderte beherrscht:

»Wollen Sie noch Tee?«, ließ aber ihren Fuß an der gleichen Stelle. Sie fühlte ihr Herz bis unter die Zunge pochen.

Aber Onkel Gregor sagte teuflisch treuherzig:

»Baronin Vewi, wissen Sie, was ich tun werde? Ich gehe heute noch zum Kaiser und sage ihm, er möge bei Ihren Eltern für mich um Ihre Hand bitten.«

Jetzt stand sie auf und flehte eindringlich:

»Nicht es tun!«

In diesem Augenblick trat eine junge Frau an den Tisch heran und fragte Vormbach, ob er »schwarzen Peter« spiele.

»Nein! Aber Sie wollen mich zum Whist?« erwiderte er liebenswürdig, indem er aufstand. Es war die Stavenhagen. Ihr glattrasiertes Madonnengesicht ohne Tiefen, aber von so vasenhafter Poliertheit, daß kaum darin etwas auffiel als vielleicht die Nasenlöcher und die kirschrunde Unterlippe, sah ihn spöttisch an. Vor einem Jahr hatte man ihn viel bei ihr gesehen. Angenehm geschieden, seit einigen Jahren, sei sie, so meinte die Welt dieser Stadt, die geeignete Gattin für den Grafen Vormbach. Freilich müsse er sich nun endlich entscheiden, er sei doch in den Jahren.

Aus einer entfernten Ecke des Salons konnte Isis ihren Bruder sehen, wie er Frau Stavenhagen in das Spielzimmer folgte. Sie dachte daran, daß sie Lanner vor einem Jahr etwa, als er von seinen Reisen in die Stadt gekommen war, bei Stavenhagen wiedergesehen hatte. Er wurde ihr damals vorgestellt, und als sie einander die Hand gaben, begegnete sie seinem hellgrauen Auge, ohne darin etwas anderes wahrzunehmen als einen höflichen Blick, der sie gespannt musterte und freundlich, aber durchaus fremd war. Ihre Rechte entließ die seine mit ihrem natürlichen Druck, keine Hand aber hatte einen Sinn in der anderen entdeckt, viel weniger Sinne in den sich verlassenden Fingern. Aber Isabelles Herz begann bei diesem Abschied zu hämmern und ihr Mund fand keine Worte.

Als beide Frauen nach einiger Zeit als letzte und einzige einander gegenübersaßen, sagte die schöne Stavenhagen und lächelte mit ihren klugen Augen: »Lanner ist ein hervorragender Kopf und ein wundervoller Freund für Frauen. Er ist niemals eifersüchtig, denn so wie er kennt uns keiner.«

»Denn?«

»Ja; er weiß, daß wir nicht treu sein *können*.«

»Dann weiß er aber nicht alles.«

»O doch, und die Unzulänglichkeit ist es, die er schätzt und sucht. Siehst du, unsere Phantasie ist so geartet, daß sie den sogenannten Wechsel braucht, und wiederum so, daß sie in der Gegenwart des einen vollkommen ausschaltet und auf die seinige wartet.«

»Nein – die meine ist anders – dann bin ich keine echte Frau.«

»Ich glaube nie, daß du deinem Mann die Treue brechen könntest.«

»Man beantwortet solche Fragen nicht«, sagte Isis lächelnd.

»Nun, man könnte zugeben, daß man in der *Phantasie* die Treue bricht.«

»Wem sollte man es zugeben?«

»Nun – einem Lanner zum Beispiel.«

»Eher dir. Einem Lanner gegenüber handelt man.«

Die Stavenhagen hatte damals gelacht, weil sie durchsichtig, und Isis ebenfalls, aber weil sie undurchsichtig war.

Frau von Stavenhagen, die ihren Mädchennamen wieder angenommen hatte, lebte bei ihrem Bruder, Rokoko in ihren Ansichten, in der Puderblondheit ihrer Haare und in der Unzweideutigkeit ihrer weltlichen Gewohnheiten. Man erzählte sich von ihr, daran dachte Isis nun, daß ihr die Gewandtheit ihrer Glieder einen reizenden Trick gestattete: Mit ihren Lilienzehen eine gefüllte Mokkatasse ergreifen, ohne den Inhalt auszugießen, und sie der Hand reichen, die sie zum Munde führte. Es wurde auch hinzugefügt, daß sie dies natürlich nicht in ihrem Boudoir ausführen könne.

»Er soll sie in Gottes Namen heiraten«, dachte sie, ihren Bruder meinend, über dessen Heiratsmöglichkeiten die liebe Welt einfach nicht genug Münder hatte, sie sich zu zerreißen.

Für jede Mutter mit heiratsfähiger Tochter hatte es die Zeit gegeben, wo sie sich in der Rolle der Vormbachschen Schwiegermutter sah.

Indessen, jetzt schien Baronin Soulavies Zeit gekommen. Ihre wunderbare Gabe, der Schiffskapitän zu sein, dabei den Obermaat und auch den Schiffsjungen glauben zu machen, *diese* führten das Boot, kam ihr dabei gelegen. Sie ging in allem weit, aber nur *bis* zur Verantwortung, nie darüber.

Man darf nicht vergessen, wie schwer die Erziehung eines Kindes ist. Wie wenig der Erwachsene, dem nicht Genialität zu

Gebote steht, fürsorglich ausrichten kann; wie gerade die Erziehung zu Ernst, Echtheit, Treue und Geradheit, zum Idealismus mit Ausschluß des Egoismus junge Menschen in die Gefahr bringt, mit Leib und Seele eine idealgedachte, heillose und schwer zu heilende Dummheit zu begehen; wie andererseits die Erziehung zur Frivolität oder zum praktisch-selbstischen, geschäftlich-einwandfreien Dasein ebenso unsicher das Wohl eines Kindes garantiert; wie die Kenntnis der Welt und des eigenen Wesens Grundbedingung zur Handlung sind, von einem jungen Wesen aber nicht beherrscht wird, es sei denn infolge allzu früher, sicher trauriger Erfahrung. So dachte die Mutter.

Baronin Soulavie blieb also nur *ein* System übrig, ihre Töchter vor Ärgstem zu bewahren, das ihr dabei die Möglichkeit sicherte, genügend Einfluß für die Entscheidung bei der Wahl eines Gatten zu behalten: das einer gediegenen Oberflächlichkeit in allem: Kein wirklich ernstes hochwertiges Buch lesen, Naturgeschichte höchstens bei Blumen kennenlernen lassen, mit starken Persönlichkeiten junge Töchter nicht zusammenbringen; der Freude an Kleidern und Seifen zuungunsten von Literatur und emotionierenden Theaterstücken soviel als möglich Vorschub zu leisten unter dem Motto: »La vanité la frivolité permises.« Gefallsucht nicht unterbinden, sie aber durch Verallgemeinerung unschädlich machen; Frömmigkeit, Kirche, zehn Gebote sehr ernst nehmen, weil dadurch Respekt und Gehorsam den Eltern gegenüber garantiert, aber auch sichere (milde) Leitung durch Mutter ermöglicht; in der engeren Öffentlichkeit eines Familientees häufig die Theorie betonen, man ließe seine Töchter frei wählen, nachdem man ihnen ohne Vorbehalt die elterliche Ansicht mitgeteilt habe. Gesellschaftliche Rücksicht, Freude an glanzvollen Namen, an Mammon, an gesellschaftlicher »Stellung«, Frivolität als einen Standpunkt, mit dem man nichts zu schaffen habe, ableugnen, aber doch gelegentlich zur Sprache bringen. Alle Grazie, allen Hochmut, alle Zurückhaltung, die Heiterkeit, unter dem Begriff »Manieren« (notwendige Äußerlichkeit) fassen. Für die eigene Person peinlich Sorge tragen und dadurch als Beispiel erzieherisch wirken, daß

Schmuck, Pelz, Handschuhe, Schleier, Halsarrangements, Gang, Gespräch einen Ausdruck höchster Verfeinerung zeigten: erstens, weil man selbst mitzählt, zweitens, damit der Tochter diese Sorgfalt als der Schlüssel zum besten Fortkommen in der Welt erscheinen möge, drittens, weil das eine (gewiß lästige aber unumgängliche) Pflicht gegen sich und den Nächsten bedeute.

Und wie sollte diese Weisheit einem Gemüt, das nichts anderes kannte, nicht handgreiflich einleuchten? Es ist erstaunlich, sagte sich Isis, wie leicht sich Echtheit abbiegen läßt mit ein paar jahrelang konsequent geführten Handgriffen. Baronin Soulavie erzählte also fließend und reizvoll, daß ihre Kinder nur den heiraten würden, zu dem sie Neigung empfänden. Es war übrigens unmöglich, nicht zu wissen, welcher Mensch ihr als Schwiegersohn gefiel und welcher nicht.

Dem Schiffsjungen Vewi kam das Leben vor wie die freieste Angelegenheit unter der Sonne. Allen Ernstes glaubte sie, ihr Steuer selbst zu führen; zudem war sie nicht frei von jugendlichem Fatalismus, dabei aber dem Leben gegenüber wenig mißtrauisch, wie es sich von selbst versteht, wenn die Glieder elastisch, die Schultern Flügel sind, wenn man mit der Sonne um die Wette strahlt und das Leben noch viel schöner findet, als es die paar Bücher schildern, die man kennt.

Und Albert Kerkersheim durchmaß in grauer Unruhe die Räume, wenn er den Schiffsjungen auf dem Lebensschiff beobachtete.

Wenn Isis, was selten geschah, an solchen Festen teilnahm, mußte sie an ihre eigene Jugend denken. Baronin Soulavie ist wie meine Mama... Auch so hübsch, so fein, so elegant, schnell wie eine Eidechse, und dann erschrickt man doppelt, wenn etwas Hartes sichtbar wird...

Manchmal sitzen wunderschöne Frauen, vollkommen in allen Gebärden, mit unbedrückter Stirne, zwanglos aneinandergelagerten Lippen, und dann fällt daraus unerwarteterweise ein häßliches Wort wie ein Wurm aus einer herrlichen Pflanze, die man aus der Erde hob.

Man fragt sich zunächst, ob diese Störung in dem sonst so gelungenen Aufbau auf Nimmerwiederkehr zu beheben wäre, da sie doch wie ein Fremdkörper wirkt, oder, so wird weiter geforscht, konnte sie stattfinden, weil sie leider keineswegs ein Fremdkörper, sondern der regelrechte Körper dieser Seele ist und also nur sein eigenstes Wesen zum Ausdruck brachte, das unter der sonst allein sichtbaren Grazie fast erdrückt worden wäre?

So wird man wohl zu urteilen haben... denn was so täuschend nach Grazie aussieht, ist meistenfalls nur eine zu Schmuck verarbeitete, in Erziehung gefaßte Grazie, und längst nicht mehr die aufrichtige, schelmische, gottgesegnete Kraft einer Verführung durch das Herz.

Baronin Soulavie wirkte aber ungemein reizvoll und ihre Grazie erschien für gewöhnlich nicht als ein toter Schmuck, sondern als die lebendige Entfaltung einer leichtsinnigen Seele. Ihr Strichmund saß in allen möglichen Winkeln zu dem kantigen Kinn und den beweglichen Brauen und es mußte vielleicht doch nicht ein Ausdruck ihres Wesens sein, wenn ihm manch hartes Wort über den Nächsten entfiel. Niemand erhielt auch nur die leiseste Erschütterung von ihren Aphorismen.

»Von mir spricht sie nie anders als per ›Die Überspannte‹«, sagte sich Isis. »Lanner heißt: ›Der Wasserkopf‹, ich weiß es. Immer wieder muß man sich wundern, wie wenig praktischen Wert für die andern das Leben Jesu hatte...«

VIII

Matthias Lanner sah wie das Tier aus, das seiner Zeitschrift den Namen gab, wie eine hundertjährige Grille, vorausgesetzt, daß diese Insekten mehr als das Doppelte der Jahre zu tragen scheinen als ein Mensch von einigen Vierzig. Ein verhutzelter Humor suchte in dem Gesicht der verräterischen Weichheit Herr zu werden, die eigentlich in den Zügen lag; aber es gelang ihm nicht, weil die allgemeine Verbissenheit aller erworbenen Untugenden darüber herrschte. Sein Leben spaltete sich ebenso. Bald war er Antiquar, bald Hausherr auf dem Lande, bald Dichter, Pädagoge, Menschenhasser, Tierfreund. Oft hörte man monatelang nichts von ihm, dann hieß es, er wäre jetzt wirklich wahnsinnig geworden, und wer ihn nach dieser Periode zum erstenmal sah, begegnete einem schüchternen, kleinen Mann mit weit aufgerissenen, unschuldigen Augen, und einem stotternden, höflich lächelnden Munde; er konnte dabei als Weltmann auftreten und besaß dann ein Geheimnis, wonach er in stillem a parte die Besseren einer Gesellschaft zwanglos zu fesseln wußte und sich in zauberhafter Anmut einem oder einer Erlesenen widmete.

In Vau sprach er oft tagelang keine Silbe, besah sich seine Blumen, besuchte die zwei Forellen, die er in einer Aushöhlung des Felsens in klarstem Quellenwasser »zähmte«, sich an ihrem dunklen Metallkleid, in Valenciennemuster mit etlichen rötlichen Tupfen, zu ergötzen.

Die anderen Bewohner des Hauses sahen sich selten, nicht einmal regelmäßig zu den Mahlzeiten. Dr. Raßmann, der von zehn Fingern nur mehr drei ganze und zwei halbe besaß, die übrigen hatte er durch jahrelange Unvorsichtigkeit bei Strahlenuntersuchungen verloren, Dr. Raßmann war Bibliothekar, Astronom,

Blumen- und Bienenzüchter und Menschenfreund aus der Entfernung, dagegen von nächster Nähe der neugierigste aller Insektenforscher, und hier war auch ein Punkt, wo Lanner und er ungestört sich treffen und angenehm kreuzen konnten. Dr. Raßmann standen mehrere Räume zur Verfügung, wo er seine Sammlungen einordnen und studieren konnte. Zwischen Glasplatten saßen Gehirnpräparate, zu dünnen Scheiben geschnittene, die hell und dunkel schattierten Bosketten glichen. Er kannte an der Beschaffenheit dieser Schnitte Entartung, Fähigkeiten und Lähmung, wußte auch von den Leuten selbst zu berichten, die einst mit diesem Gehirn gelebt und gehandelt, gesprochen und gedacht, in jedem Fall ihre Mitmenschen in Erstaunen, Grauen oder Mitleid versetzt hatten. Dr. Raßmann prüfte die Sammlung mit seinen lustigen Lavendelaugen, hantierte daran in der teuflischen Geschicklichkeit seiner verunstalteten Hände, die Insektenköpfen mit Fühlhörnern glichen, da ihm außer den Daumen nur Zeige- und kleine Finger geblieben waren. Er war lang und mager und von großer Lebhaftigkeit der Bewegungen; sein zerfetzter, pfefferartiger Schnurrbart hing wie Heu aus einem Schoberloch unter seiner Nase.

In der ehemaligen Kapelle brannte ein Kaminfeuer, weil es trotz der vorgeschrittenen Jahreszeit kühl geworden war. Lanner und Dr. Raßmann saßen davor. Pfeifen und Mokkatassen wanderten zu ihren Münden. Steif und geräuchert wie Bücklinge lagen sie in siebzehnprozentiger Steilheit in den niederen Polstersesseln und vertrieben sich die mittleren Nachtstunden durch ein Gespräch, das dem Alter zweier Schuljungen würdig schien. Dr. Raßmann hatte als junger Mensch in London studiert und viele Stunden in der Bibliothek des Britischen Museums verbracht. Dort saß er, wie er erzählte, einmal zwischen zwei Nachbarn:

Altes Männchen mit Brille, kommt an, setzt sich auf den Stuhl, legt den Kopf auf die Krawatte und schläft ein. Wacht auf, nimmt umständlich aus der Westentasche englisches Pflaster, schneidet es, legt das präparierte Stückchen auf den Tisch. Nun sucht er Wehweh an der Hand. Keins da. Jeder Finger wird untersucht, die Brille behaucht und gewischt, der Finger nah und fern gehalten, Erfolg negativ. Kummervolle Enttäuschung. Endlich Freudeblitz, er *hat* die Stelle: Dritter Finger, den Platz: Innenseite des kleinsten Gliedes, wo manchmal Tinte bei spuckenden Federhaltern zurückbleibt. Aha! Schutz gegen Tinte! (Wehweh *ist* keins zu sehen.) Nun, wie es hinbringen? Er benetzt den linken Zeigefinger mit der Zunge, betupft kurz des Pflasters Klebeseite, das gern an der Fingerspitze haftenbleibt. Katastrophe. Kampf. Erfolglosigkeit. Schläft ermattet mit dem Pflaster an der Spitze des falschen Fingers ein.

Zeigefinger bleibt eine Weile spitz nach oben, sinkt dann auch um. Das Männchen erwacht. Hält Zeigefinger an den Mund, behaucht ihn, um aufzuweichen.

Schläft ein. Wacht auf. Verliert die Brille. Sucht sie unter dem Tisch. Ich hebe sie ihm auf. Da capo: er schneidet ein Pflaster, es gelingt, er leckt die Tintenstelle, legt den Finger darauf – diesmal war die Klebeseite nach unten zu liegen gekommen, aber endlich gelang es. Dann schrieb er aus einem Buch mehrere Stunden lang ab. Der andere Nachbar hatte ein Augenleiden. Das rechte Auge tränte beständig. Er schrieb Briefe. Die Bibliothek hatte er sich zur Erledigung seiner Korrespondenz auserwählt. Für das Befeuchten der Briefmarken und das Bekleben der Umschläge griff er an die äußere Ecke seines Auges und entnahm die dort fällige Träne…

Der Hausherr lächelte mit einem Mundwinkel und sah in das Feuer. Dr. Raßmann und er übertrumpften sich gegenseitig in solchen und ähnlichen Geschichten. Aber heute schien Lanner nicht in Stimmung.

»Glaubst du, daß es etwas Aufreizenderes gibt als den anonymen Brief, auf dessen Absender man wirklich nicht einmal verdachtweise kommt?«

»Da gibt es nur eins: da wir Denker die Wirkung kennen – Kunstgriff anwenden: Noch bevor die Wirkung einsetzt, zwinge man sein Gemüt zu indianerhafter Passivität. Man braucht dann von allen Phasen des Erstaunens, des Ärgers, des Nachforschenwollens durch Analyse, des Nachdenkens und Revuepassierens aller Bekannten, der tödlichen, aber ohnmächtigen Verachtung nicht eine einzige durchzumachen, man gelangt sofort zu dem ohnehin gegebenen Resultat: Unaufklärbar – Gegenmaßnahmen undurchführbar: Berührt mich nicht.«

»Ja – das ist ganz schön – so ungefähr bin ich gewohnt, auf die Haufen töricht-gemeiner Briefe zu reagieren, die man mir seit Jahren zuschickt, ohne sie zu unterzeichnen. Aber – es gibt noch anderes...«

»Was gibt es noch?« fragte Raßmann, als sie beide allein waren, der Schriftsteller und der Mediziner.

»Es gibt den anonymen Brief, der einem angenehme und schöne Dinge sagt.«

»Ah so! Eros.«

»Das weiß ich nicht.«

»Das wird doch festzustellen sein. Einer oder mehrere Briefe?«

»Seit Monaten. Viele. Im Winter begann es.« »Eine Dame?«

»Das weiß ich nicht.«

»Das muß doch.«

»Nein; man kann's nicht wissen.« »Ich wette...«

»Du würdest verlieren.«

»Allein schon die Schrift.« »Ist undurchdringlich.«

»Kann ich... einen Brief sehen?«

»Alle. Bis jetzt hoffte ich auf eine Lösung. Ich gebe es auf.«

Lanner verließ die Kapelle, Raßmann warf zwei Wurzelstockscheite ins Feuer, setzte sich wieder und faltete seine sechs Finger, so daß die Hände zwei Stierköpfen glichen, die einander bekämpften. Dann erschien Lanner mit einem Bündel lose zusammengelegter Briefe. Die Schrift war schwarz, nicht groß, sehr regelmäßig in der Zeilenführung, sie glich einer Druckseite, mit sorgfältig gehaltenen weißen Rändern außen, oben und unten. Die Buchstaben ungewöhnlich leserlich, bei verkürztem Verfahren ziemlich abgenutzt, und noch immer anmutig wie Zweige, Maschen, Eisenzacken, Rundungen, Füllungen und feine

Bänder. Wie eine sorgfältig gerichtete Armee von Zwergameisen; oder wie eine Allee von blattlosen Winterbäumen, die ganz weit am Horizont stehen.

»Die Schrift ist undurchsichtig, aber durchaus männlich«, sagte Raßmann. »Darf man den Inhalt prüfen?«

»Ja, gewiß!«

Und Raßmann las, leise zuerst.

»Weil ich fest daran glaube, daß Sie durch meine Unansehnlichkeit hindurchblicken könnten, nur wenn mir die Umstände besonders dazu verhelfen wollten und sie irgendwie dazu gezwungen würden – mir dies aber die Freude einer Zusammenkunft zerstören müßte, wähle ich diesen scheinbar niederträchtigen, für mich einzig möglichen Weg, Ihnen dennoch zu begegnen. Ich werde Ihnen namenlos schreiben. Werfen Sie die Briefe nicht fort.

In meinen Stiefeln ist es kalt. Ich denke, ich habe Fasanenfüße und muß mit Krallen und dem bißchen Krallenfleisch über gefrorene, zu grobe Schollen greifen.«

»Man meint, ein Narr! Weiter!«

»Asphalt und Pflaster, herzlos kaltgefroren, Laternengläser, dick mit Eis belegt, Hausecken mit dreißig Lagen eispolierten Hundepipis, das *muß* die warme Luft verscheuchen.«

»Der Genitiv ist gut, weiter.«

»Zwei Dinge sind beunruhigend unfaßbar: Kälte und Parfüm. Also die Kälte: Die Sonne ist fast am alten Platz, Wind geht nicht, es hat nicht neuerdings geschneit, der alte Schnee liegt halb und halb mit gefrorenem Straßenschmutz, und ein paar Gramm Quecksilber wagen es, in einem extra für sie bereiteten Röhrchen aus Glas sogenannte 8 Grad unter Null anzuzeigen. Wer oder was macht und hält die Kälte? Luftströmungen, Atmosphärendruck sind Worte der Meteorologen, Mittwoch war alles noch gut, Donnerstag allerdings und Freitag ohne Wind, aber kalt, heute acht Grad Kälte. Wer bewegt die Strömungen? Wo öffnen sich Tore, daß Zug entsteht, der die Erde erkältet? Und heute ist die Sonne da. Vor zwei Tagen brannte sie, heute lügt sie und ich leide an den Fasanenfüßen, die über zu große Schollen greifen müssen. Die Krallen schmerzen sehr...«

»Warum schreibt er das? Ich bin kein Astronom.«

»Rätselhafter noch als Kälte ist Duft.«

»Unser Auge sieht ein Pferd, das tatsächlich im Stall steht und frißt. Wir hören es auch aufseufzen und schnauben. Wir fühlen es mit der Hand, und unsere Nase sagt:

›Ein Pferd.‹ Ist der Geruch eine Art unsichtbaren, feinsten Rauches, der vom Gegenstand ausgeht und ihn in bestimmter Form und Dichtigkeit angibt? ›Sieht‹ unsere Nase den von ihr entfernten Geruch, oder dringt dieser als der Luft überall vermählter Körper in sie ein? Hat der Geruch die Form des Objektes, dem er innewohnt oder das ihm ausströmt, oder dringt er in Form kleiner Rauchsäulen daraus hervor? Ist ein Pferd also in Pferdeform von seinem Geruch umgeben?

Ein paar Maiglöckchen werden aus dem Zimmer entfernt. Der Duft aber bleibt zurück. Was haben die Blumen hinterlassen? Was ist es? Welche Macht wohnt dem Geruch inne! Eine alte Sandelholzbüchse, was vermag sie zurückzurufen! Welten und Zeiten. Musik kann das auch, ich weiß, und ebenso kann uns ein Ton entrücken, und das Auge, unbestimmt zum Himmel gerichtet, kann sich an den Wolkenriesen ausruhen, die noch heute wie in der Kindheit hoch daherrollen und so verweilen, als wäre nie Sturm, nie Nacht und als stände man heute noch auf der Sommerwiese, einen unerhört einsamen, freigewordenen Himmelssee zu betrachten.

Unsere Sinne sind so wunderbar wie die Künste, zeigen sich auch edel genug, sich nie miteinander in widerwärtiger Sprachverwirrung zu vermischen. Musik duftet nicht und Duft spricht nicht. Aber!! Ha!! Ein Apfel erfreut nicht nur des Malers *Auge*, sondern ebenso seinen *Gaumen* wie seine *Nase*, und es gibt ein sympathisches Geräusch im Sommer für das *Ohr*, das ist, wenn vom Baum die reife Frucht auf den Grasboden fällt; und was das *Gefühl* betrifft – wie zart und wie frisch erscheint der Haut die Berührung mit den Wangen eines Apfels.

Oh, das war falsch gedacht. Noch einmal: Kannst du den Duft des Apfels hören? Den Geschmack einer Goldreinette sehen? Die Form seines glatten bunten Leibes riechen? Dein Ohr auch nur *ein* Wort mit deinem Gaumen reden? Also! die zauberhaften Kräfte unserer Sinne mischen sich nicht! So unbestechlich sehe ich auch, in ihrer edelsten Entfaltung, die Künste, als Kinder des Geistes, der sich dem Sinn vermählte. Es gibt talentierte Sinne, die uneheliche Kinder hervorbringen, also nicht vom Geist empfangene. So sind die Ihren nicht, Matthias Lanner! Das sage ich Ihnen hier in Klammern, ohne meinen Gedankengang, der mir unendlich erscheint, zu unterbrechen. Aber eigentlich will ich nicht von Sinnen, nicht von Duft und Kälte sprechen... Ich erinnere etwas an den Grandseigneur, der im Klub bewundernd ausrief:

›Daß man weiß, wie groß die Sterne sind und wie weit entfernt von der Erde, das begreife ich; daß man aber erfahren hat, wie sie heißen, das kann ich nicht verstehen!‹

Oh, ich friere und will nicht denken.«

Lanner unterbrach wieder: »Es ist nicht jemand, der sich über mich lustig macht«, sagte er. »Sie werden sehen. Weiter!«

»Und nur, weil ich überhaupt friere, überall auf Fasanenfüßen stehe, auch in der Seele – – «

(»Von dieser Metapher kommt er nicht los.«)

»auch in der Seele, muß ich denken. Und weil ich an das Leben nicht denken will, weil das allein schon tötet, denke ich an die Körperlichkeit des Duftes. Und weil das Leben so sicher tötet, schreibe ich Ihnen – bevor es ihm gelingt, und um es gewissermaßen zu verlängern – dieses doch geliebte Leben...

Ich will also die Todesqual verlängern.

Und das nennt sich Mensch.

Ich kenne Sie als schöpferischen Geist und dichte Ihnen die beiden andern Schönheiten dieses Lebens hinzu: Die des *Künstlers* und die des rein-guten Menschen, des stillen Heiligen. Dichten? Nein! Ich weiß, wer Sie sind. Nie kann ich es vergessen. Ich *weiß* aber, daß Sie mich abwehren, und so schweige ich. Niemand auf der Welt kann Ihren Geist so fassen wie ich. Mich aber unter allen mußte das Todesurteil treffen. Sollte es möglich sein, daß Sie nicht wissen, wen Sie verurteilt haben? Diese Möglichkeit enthielte für mich eine Hoffnung... Aber ich kann es nicht glauben – denn warum sollten Sie? ich will von mir nicht sprechen.

Oh, Ihr Geist ist schöpferisch, leicht, kann fanatisch brennen, strafen, loben, aber stets in den Wirbeln einer ganz seltenen Musik: des Humors.

Der Humor hat mich zunächst freudig erschreckt, wie sich unsereins eben freut, wo andere neidisch werden.

Hier ist die Dreieinigkeit menschlicher Höhe: Vater, Sohn und Geist, das heißt Liebe, Heiligkeit, Humor. So soll mein Gott sein. Wenn das wirkliche Ideal nicht ganz mit dem erkannten übereinstimmt, fügt der Gläubige von sich ein paar Teilchen ein, tüncht mit aller Zartheit, die aus zurückgehaltenem Leidausbruch entstehen mag, über die Lücken und Sprünge, und es kann ein Märchen werden, das wirklich ist...

Ich bin ein mangelhafter Mensch, zunächst fürs Auge der Mitbürger, aber lachen kann ich, wie man zu lachen hat: trichterförmig. Nur wer das kann, ist Mensch.«

»Trichterförmig – das ist die Lösung. Das hat kein Narr geschrieben«, sagte Lanner begeistert.

»Erlauben Sie mir, als Naturforscher zu konstatieren, daß es Leute gibt, die in der Form eines Meilensteins lachen; schwer, grob, verletzend. Dann gibt es die dünne, schmale Lachsäule, meist auf ›chi‹ und ›hi‹. Dann kenne ich das brettförmige ›hehe‹ Lachen der Schadenfrohen, das oben bleibt. Aber die Wirbel eines trichterförmigen Lachens, nicht wahr, die müssen mit ihrer untersten, schmalen Spitze präzise und biegsam wie der Stachel einer Mücke zutiefst dringen, just wo die alten Griechen ihr jrhn sitzen hatten.

Wehe, wenn Sie nicht trichterförmig lachen können. Aber Sie können es.« – (»Ich kann es, weiß der Kuckuck!«)

»Dieses Lachen vereinigt in sich die Lieblichkeit asiatischen Lächelns über Europa, das Lächeln des Kindes, das mit dem

Osterhasen spricht, das Lächeln eines Franz von Assisi, als er dem reichen Tuchhändler, seinem Vater, erklärte, er wolle der Welt entsagen, das Lächeln eines Erwachsenen, der an die Beseeltheit eines Kragenknopfes glaubt... All diese Lachen entstammen der Religion und enthalten alle lieben Sünden und alle schönen Tugenden, überlegenen Ernst bei vollkommen freier Handhabe der Sünden und Tugenden.

Ich werde Ihnen mehr noch vom Lachen schreiben, vom Wahnsinn auch und von den wenigen Dingen, die ich zu kennen habe. Schön bin ich nicht – von jener Schönheit, die jeder Freiheit Berechtigung gibt. Nein, ich bin nicht schön und nicht angenehm. Ich sage Ihnen das, damit Sie sich den Schreiber ein wenig vorstellen können und auch, um Ihnen *einen* der Gründe meiner Namenlosigkeit zu zeigen. Für einen Menschen, dessen Wimpern, Gelenke, Schulterlinie und Anzugsmöglichkeiten so sind, daß sie unangenehm auffallen müssen, ist es schwer, als ein Nichtswollender zu erscheinen, oder gar als ein Gebender, ein Liebender.

Ich verlange persönlich weder Wimpern noch Rehfüße, weder Christuskopf noch Tänzerschlankheit.

Aber man könnte, ohne unbescheiden gewesen zu sein, verlangt haben, daß der Haaranwuchs nicht so beschaffen sei, daß man die Stirne für ein Knie und den im übrigen zu kleinen Kopf für einen ganz am Ende mit Föhren bestandenen Hügel hält. Auch ist ein ernster Mensch verloren, der auf halber Höhe sinnlos anschwoll.

Zwei ganz schöne Teile besitzt mein Körper – die Ohren und die Hände. Aber – wer kümmert sich um Ohren? Wäre ich ein Weib, ich wäre bestimmt schön. Wäre ich ein Mann, ich hätte Geist und brauchte nicht unsichtbar zu bleiben. Gott weiß, was ich bin, wozu ich bin und wie lange noch... Ich könnte dies wohl auch im Plural sagen: ›Wer oder was sind wir? Wer teilte die Menschheit in Geschlechter?‹ Ihr Interesse an dem unbekannten *Schreiber* möge erkalten, nicht an seinen *Worten*. Aber:

Lassen Sie mich danken für etwas, was mich immer tief beglückt hat... Ihre Liebe zur Sprache ist es. Noch nie las ich einen, der so liebte. Wie dankbar zeigen sich Ihnen die Worte. Es ist, als kämen sie nur zu Ihnen so willig, so reich, so voll ihrer tiefsten Bedeutung, wie sie scheinbar noch niemand aufzudecken vermocht hat.

Oh, darüber schrieb ich gern, Punkt für Punkt. In meiner Rocktasche ist leider kein Papier mehr und meine Füllfeder, das lustige Füllen, muß zur Tränke gebracht werden. Leben Sie wohl. Im Postamt 8 habe ich mich gewärmt. Nun will ich gehen.«

*

Raßmann machte »hm; ja die Rocktaschen – die Liebe zur Sprache... es ist vielleicht ein Jüngling, der gute Gründe zu haben glaubt, dir seine Schwärmerei zu verheimlichen, aber dennoch der Versuchung nicht widerstehen kann.«

»Ja – alles habe ich mir auch gedacht, aber immer wird der schmale Weg zur Erkenntnis wieder zugeschüttet durch ein Wort, das die Wirkung des vorherigen aufhebt. Nach wenigen Tagen folgt hier der zweite Brief.«

Lanner reichte ihn hinüber und Raßmann las:

»Noch *ein* solcher Nachmittag und die Welt hat mich gesehen. An geschlossenem Doppelfenster biegt sich meine Nase und meine Augen sind hundeernst mitten im Januar auf das Rosa eines Sommermorgens geheftet. Dazu das ferne Dröhnen zufriedener Großstadtfuhrwerke und Schuhsohlen, die auf schneelosem Pflaster knarren.

Ich bin Hochparterre und habe Angst. Wovor – weshalb – das führte zu weit. Genug – ich habe Angst.

Da aber mein Mut genau so groß ist wie meine Angst, geht das Herz unverändert, gleich einer Weckeruhr; ich fühle meine vierzig Rubine an meinem Räderwerk, nur die Feder für das Geläute ist nicht aufgezogen, denn niemand ist da, den ich rufen könnte. Das Zimmer ist still wie eine Sakristei am Mittag. Es ist vier Uhr dreißig, trügerische Stunde: Gemeint ist bei solchem Himmel Bureauschluß, Nachmittagsausflug, Erholung, Begegnung, verschwitzte Linonblüschen, moosbefleckte Flanellhose, Sehnsucht, Erfüllung.

Unheimlicher Sommerhimmel im Januarnachmittag. Es fehlen nur noch die Schwalbentorpedos im Zenit. Es fehlt auch die Erfüllung...

Erinnerung an sie wird wach – aber was erfüllt dies in einem Menschen, der mutterseelenallein seine Nase am Fensterglas abbiegt.

Immer, und so auch hier, wird kurz vor der Erfüllung der wichtigste Faktor auf Abwege gezogen, er heiße, wie er wolle.

Und wie auch gedehnt und gesehnt wird, ihm nachzukriechen, der Ziehende scheint nicht zu ermüden, das Gezogene entweicht – – wo bleibt die Erfüllung?

Der freie Wille, der sogenannte freie, besteht darin, daß, während uns Begehrtes oft und fast ganz *entz*ogen wird, niemand an *uns selbst* zieht. Ah, bravo! Köstliche Freiheit: Wenn wir also, weil wir so veranlagt sind, dem *Entz*ogenen *nach*ziehen, so ist dies eine Betätigung des freien Willens, denn wir könnten das Spiel auch aufgeben. Wir sind also mehr oder weniger dem Schicksal ausgeliefert? So ist es. Eines noch: wir dürfen, wie die Artisten, nicht einen Tag ohne Übung vergehen lassen; wir müssen den Willen täglichen Übungen unterwerfen (für Gelegenheit ist ja gesorgt.), damit uns Kraft zum Tragen des Schicksals erwachse. Denn um weniger *besser* zu beherrschen als bisher, muß man mehr *gut* können.

Aber ist starkes Tragen freier Wille, weil man das Müssen auch will?

Willkür haben wir, das heißt, die Wahl zu dieser oder jener Willensäußerung. Wer wählt, ist aber sicher nicht der, der die Auswahl zusammenstellt.

Hätten wir wirklich freien Willen, niemand stände vor der Wahl. Es würde unmittelbar geherrscht und erfüllt werden und gefordert, ohne daß der Vorrat sich verringerte, denn keiner will dasselbe. Die Menschen, die jene Kraft haben, welche Geschichtsschreiber und Unterdrückte ›Wollen‹ nennen, auch solche, die im

Handumdrehen Gewolltes erreichen, indem sie über andere und anderes treten, brechen, stehlen, Dinge unter den Tisch wegeskamotieren, ja – sind das die Willensstarken? Mir scheint, das sind zunächst Gefühllose. Gut. Willensstärke ohne Gefühl ist eine Betätigung, die nicht viel Kraftaufwand benötigt, nur eine Lösung der Fesseln. Imponiert nicht.

Ich bin nicht wahnsinnig. Alles, was ich tue, ist zu erwägen, wie weit ich den Gummizug dehnen kann zwischen mir und meiner Sachlichkeit, das ist Denken.

Solange das willkürlich und fehlerlos zu bewerkstelligen geht, solange ist einer *nicht* wahnsinnig. Das klingt wie etwas Altbekanntes, weil es erwiesen ist, daß ein Mensch, dem die Fähigkeit zum Denken fehlt, geisteskrank, geistesschwach oder geistlos ist; nicht aber selbst verständlich bleibt, daß einer *nicht* wahnsinnig ist, *trotzdem* er folgerichtig denken kann.

Eben der Denkende vermag den Wahnsinn, der ihn umgibt, wahrzunehmen und aus tiefer Betrübnis über dieses Vorhandensein müßte auch er den Kopf verlieren, es sei denn, er fühlte sich der Lage gewachsen.

Nun frage ich, wer ist seiner Lage gewachsen? ja: der Mensch A ist der Lage des B gewachsen. Aber der eigenen… Darum frage ich eben: Wie kommt es, daß wir, die wir denken – also sehen können, nicht wahnsinnig über den Anblick werden?

Welche Spitze oder welche Kraft halten wir dem Wahnsinn entgegen, daß es ihm ganz und gar nicht gelingt, uns zu erfassen?

Welche Kunst beherrschen wir, die wir wissen, daß erreichte Ziele keine Befriedigung – Befriedigung kein Pflichtgefühl erzeugt, daß hinter dem Ziel weitere Ziele stehen, wir, die wir nicht an Ende glauben, sondern nur an Sisyphos?

Welche unheimliche Kraft läßt uns ausharren, wenn nicht Willensübung und Denken, denn das Leben tötet. Oder harren Sie nicht aus? sollte ich mich täuschen? Oder noch etwas: ist es nicht Willensübung und Denken, sondern nur das Liebhaben, das Hoffen auf Liebe, das Liebhaben des All und des Einen – das Sichliebhaben und die Erwartung des andern? Wohin aber führt das Denken und das Lieben – das sagen Sie mir. Leben lohnt sich, das zu entdecken... und wenn Sie es wissen, schreiben Sie es; nicht mir, denn meinen Namen kennen Sie nicht; aber in Ihren Büchern. Ich möchte Sie auf Wege bringen, die Ihnen gefallen müssen. Ich kann sie Ihnen nicht persönlich zeigen – aber brieflich müssen Sie mir zuhören. Und dann mögen Sie daraus werden lassen, was Ihnen gut scheint. Warum tue ich nicht selbst, was ich von Ihnen erwarte?

Ich leiste nur, was der Kollege kann, der mit innigen Schmerzen seine Kissen durchwühlt und weit eindrucksvoller dadurch über die Natur seines *Leidens* zu berichten weiß als der Anatom und der Mediziner. Aber meine Schmerzen wohnen nicht im Körper.

Ein Mensch, den ich an den Schultern packte und schüttelte, erwiderte mir auf meine Verzweiflung: ›Was wollen Sie, man muß mit den Wölfen heulen.‹ Ich aber bin ein Abgesandter der Wölfe und sage: ›Die Wölfe, meine Herrschaften, bedanken sich für die Kollegen.‹

Das sind Zustände der Seele, die Ihnen bekannt sind. Freilich, was soll Ihnen ein Bruder? Und doch, mich kann die Stimme nicht betrügen, die mich zu Ihnen rief. Manchmal träume ich Herrliches von ›gemeinsamer Arbeit‹. In jugendlichem Ungestüm aber werfe ich diese Vorstellung, kaum betrachtet, kaum erwogen, in ihr uferloses Meer zurück.

Aber etwas anderes. Wie denken Sie darüber: ich bin für die Wiedereinführung des Prangers. An einem schönen Platz vor dem Dom, vor einem Theater – eine steinerne Säule mit mehreren Ringen und Stufen, rund um sie laufend, und jede Stufe mit neuen Ringen versehen. Etwa vierhundert Plätze, Tag- und Nachtdienst, je eine Stunde Mindestmaß für die dort Hinzustellenden. Das soll nicht Rachegelüste befriedigen, nur den Unwissenden belehren dessen, was Niedertracht und Gemeinheit ist. Bei Strafe des Prangers soll dem Publikum verboten sein, die Bestraften anzureden, zu verhöhnen und zu verwünschen. Schweigend darf es Namen und Schandtat lesen.

Zum Beispiel ein Weib, das in der Elektrischen ihr sechsjähriges Kind ohrfeigen möchte, weil das Kind unterlassen hat, sich des Taschentuchs zu bedienen, *aus Menschenfurcht aber das Kind rachelüstern in die Innenhaut des Oberarms wickt*, daß dem Kind die Augen jäh überlaufen – Pranger. Ein Mensch, der die Lauterkeit eines andern Menschen als solche nicht erkennt, sondern in ihm seine eigene, eindeutige Gemeinheit vermutet und ihm und andern das zu verstehen gibt – – – Pranger. Ein Weib, das öffentlich unter der Maske herziger Kindlichkeit im Verborgenen Bosheiten eines Erwachsenen begeht und, durch erdrückende Beweise ihrer Lügen in die Enge getrieben, die Schleusen ihrer Krokodilstränen öffnet – – – Pranger. Also Pranger für überflüssige Tränen, Pranger für die Ferkeleien unbefugter Wettbewerber um die Horch- und Lesegunst des Publikums, Pranger für die Waschweiber in Jünglingsgestalt. Vielleicht erleben wir wieder die Ehrfurcht vor der Träne, vor dem Wort, dem gesprochenen wie dem geschriebenen.

Pädagogen, die Eltern schreiben, diese möchten sich doch nicht allzusehr in die Erziehung einmischen, denn das ginge den meisten Erziehern auf die Nerven, *was dann am Kinde ausgelassen würde* – – – Pranger – acht Stunden lang. Weiber, die vom Markte, wo sie ihn aus dem Wasser zogen, einen Karpfen lebendig in der Markttasche tragen – – – Pranger. Alle Erpresser, von den Erziehern über Staatsanwälte bis zu den Gesetzgebern – – Pranger. Und alle Ohrenbläser! Überhaupt das Verbrechen der Ohrenbläserei soll endlich nach Gebühr als das Alpha und Omega aller Unmenschen gebranntmarkt werden. Wie werden sich da die Freunde, die Verschwägerten, die Verwandten, die kleinen Feiglinge des Alltags, die großen Lügner für die gute Sache, wie werden sich diese alle hüten, ihr geliebtes Instrument zu blasen.

Bei Strafe des Prangers soll es verboten sein, seinem Nächsten von eines andern Nächsten Sympathie zu einem dritten Nächsten zu reden. Allen Wahrsprechern über dieses Thema, allen *unbewußten* Lügnern, allen *unbewußten* Mördern: Pranger, damit sie es wissen.

Und Sie und ich üben mild, gerecht und sicher diese Gerichtsbarkeit aus – ich kann darauf schwören, die richtigen kämen an den Pranger. Der Himmel ist jetzt dunkel – aber nicht so dunkel wie die Stadt. Bald zünden sich die Lichter an und nichts wird man mehr sehen von den schönen Silhouetten der häßlichen Häuser. Gute Nacht.«

*

»Was hältst du von diesen Briefen, wer schreibt sie? Ein alter Mann, eine junge Frau, ein schwärmender Jüngling, eine Wahnsinnige mit merkwürdig klaren Augenblicken? Nirgend wirst du eine Stelle finden, wo Alter oder Geschlecht sich verraten Und ich kann nicht einmal feststellen, ob Absicht darin waltet oder nicht.

Du hast dich vielleicht damals gewundert, daß ich in meiner Vorlesung vom Wahnsinn sprach und von ihm das sagte, wessen du dich noch erinnern wirst. Das war meine Antwort auf die ersten Briefe.

Ich bin jetzt so weit, daß ich unruhig werde, wenn diese Briefe längere Zeit ausbleiben. Es fehlt mir alles, wenn der Schreiber schweigt. Meine Arbeit leidet, ich begehe Fehler – ich bin gleichgültig geworden gegen das, was mir früher wichtig schien. Das Beunruhigende ist die Wahlverwandtschaft, die offenbar diese Seele zu der meinen drängt – aber welches kann der Grund zur Verschweigung des Namens sein?«

»Es ist vielleicht doch ganz einfach ein Mann, der sich scheut...«, sagte Raßmann und brach ab.

»Natürlich, ein Mann, der sich scheut, Raßmann. Oder ein Weib, das sich scheut. Der Schreiber weiß es ja selbst nicht.«

»Dann ist er sicher verheiratet.«

»Ja, man sollte es meinen, denn er scheint das im folgenden Brief zu verraten.«

»Dann wird alles klar.«

»Keine Spur, höre.« Und Lanner las selbst:

»Betrachten Sie mit mir ein Ehepaar. Es sei uns beiden fremd. Sie sehen voll Entsetzen, wie die zwei Bestandteile dieses Paares mit X-Beinen im Schlamm auf und ab treten: *er* mit schwarzer Brille vor den Augen, Frostschonern auf den Ohrmuscheln, *sie* mit Zement in den Ohren und Fensterkitt auf den Augen, beide mit äußeren Merkmalen ihrer Zeit, sonst ohne.

Ich bin auch, nach bürgerlicher Anschauung, der Teil eines solchen Paares. Ventile: keine. Kompensation: in mir selbst also keine außer denen, die ich auch im Glücksfalle besäße. Oscar Wilde ist für die Ehe – er sagt aber, man müsse durch sie *hindurch*. Christus predigte die Liebe und blieb unvermählt, Sokrates scheint keinen Weg eingeschlagen zu haben, der seine Ehe getrennt hätte. Bei diesen drei Namen verbindet das Erinnerungsvermögen in uns drei Schicksale mit ihren Merkmalen: Gift, Kreuz, Zuchthaus. Ich selbst schreibe in der Irrenanstalt.«

»Es wird immer rätselhafter«, unterbrach Lanner sein Vorlesen. »Würde sich eine Frau mit Christus, Wilde und Sokrates vergleichen? Das folgende aber, wenn auch die Worte nicht gerade einer weiblichen Feder zu entstammen scheinen, zeigt doch wieder mehr den Standpunkt einer vergewaltigten Frau – obwohl sich freilich genug Männer im gleichen Falle befinden. Höre: »Auf der Straße war ich bald Herr meiner selbst. Der Gelegenheit, mich herabzuentwickeln, bin ich mit der Lenksicherheit eines Rennfahrers aus dem Weg gegangen. Der Wecker in meiner Brust ist freilich eine kleine, zerfließende Sanduhr geworden und die Rubine sind alle beim Teufel. Ich war, wie so viele Male, ein Pferd, mein Kutscher hat den Peitschenstiel benützt sowie die Absätze seiner infamen Schaftstiefel, und seine widerliche Kehle rief mir im Marktdeutsch allerlei Erregendes nach. Ich aber ließ meine Lider unscharf über meine Pferdeaugen hängen, lockerte die Trense mit der Zunge und fühlte meine vier Beine, Zentaur, der ich bin. So weit stehe ich nun. Jahrelang war ich verstrickt in dem verzweifelten Begriff von Unhaltbarkeit mit Unentrinnbarkeit. Heute sehe ich nur mehr das Symptom für das überhäufige Vorkommen des so genannten gemein-ungefährlichen Wahnsinns; und ich ertrage ihn als Naturforscher.«

Bis dahin las Lanner:
»Nun?«
»Ein Weiser... aber – aus dem Irrenhause? Nein, er war doch auf der Straße... es ist rätselhaft. Wie geht es weiter?«
Lanner senkte die Augen auf den Bogen und las:
»Sie müssen, Matthias Lanner, in Ihrem Leben stark geliebt haben. Einen Freund vielleicht, eine Frau, trotz dem sich in Ihren Schriften eine gewisse Geringschätzung für dieses ermüdende Geschlecht ausprägte. Gibt es – ich teile Ihren Standpunkt – gibt es etwas Anstrengenderes als die Abhängigkeit von weiblicher Mentalität?«
»Nein, das hat keine Frau geschrieben. Lies weiter, bitte.«
»Gibt es etwas Anstrengenderes als die Abhängigkeit von weiblicher Mentalität? *Übrigens findet sie sich, wie bei weiblichen, so bei männlichen Individuen*, und greift an, wie ein Specht den Baum, und trotzdem, zwischen Weißtanne und Grünspecht wählend – wer wird nicht sagen:

›Ein reizender Vogel!‹ und ihn entschuldigen, wenn er weiblichen Geschlechts? Das Weib tappt im Hellen, doch glaubt der Mann von ihm, daß es im Dunkeln Vollendetes leiste. Da verzeiht er ihm freimütig, wie er glaubt, die sonstige Unzulänglichkeit, vorausgesetzt, daß er im Dunkeln von ihr abhängt. (Freimütig!)

Es muß einmal irgendwo furchtbar gelogen worden sein im Punkt Erotik. Seitdem – als Erbsünde – (ja, *das* ist die Erbsünde!) wird weiter gelogen.

Gedacht war die Sache in Hainen, auf Altären, in Höhlen, auf Wolken. Der einzelne zum einzelnen sprechend. Sie haben es in Ställe über Portierslogen bis in die höchsten Bourgeoisgemächer gezerrt. Menschen verbinden sich unter dem Horizont des Sports, des Geschäfts und vermeintlicher Gesellschaft, die doch nur eine Herde ohne Hirte ist, ein Körper ohne Haupt! Atavismus sorgt für Nachkommen. Wollen wir das nicht neu erfinden? Ist es nicht an der Zeit? Die Liebe muß neu erfunden werden.

Kann denn dieses Fabrikat Mensch noch aus Leib und Seele bestehen?«

»Siehst du, Raßmann, das könnte *ich* geschrieben haben! Das ist das Erregende. Schreibt mir ein gläubiger Schüler, o warum verbirgt er sich? Schreibt mir ein Weib – warum bleibt sie fern? Wo klafft der Riß? Ich hoffe auf eine baldige Lösung. Wir sind im Mai, seit Januar dauert dieser Zustand.«

»Sie dürfen nicht glauben«, hieß es weiter, »ich wolle eine Lehre für den allgemeinen Gebrauch oder irgend welche Verbesserungen in die Menschheit tragen. Nur keine praktische, allen zugängliche Lösung. Im Gegenteil: Ich will von der Ausnahme sprechen, und Gott wird dafür sorgen, daß die Ausnahme nicht aussterbe.

Mich und Sie rechne ich dazu, und was kann mich hindern, die Notwendigkeit, Ihnen alles zu bringen, was mir durch den Sinn fährt, zur Tat werden zu lassen, zumal wir einander nur wie ein Geist dem andern begegnen.

Sie sind mir nahe und vertraut. Unter meiner Tarnkappe ist es für mich beglückend, Sie wissen zu lassen, daß Sie mich stets entzückt haben.«

Lanner las das Folgende mit sichtlicher Verlegenheit, kreuzte die Beine am Knie und noch einmal unten am Stiefel und wurde so schnell und undeutlich, daß Raßmann kaum folgen konnte. Der Schreiber besprach seine Stimme:

»Ihre Stimme ist schön… Die Resonanz aller beim Sprechen in Frage kommender Organe bezaubert mich. Aber leider hindert mich alles, eine ganze Welt, Ihnen meine Freude in der eigens dafür gegebenen Form, der Zärtlichkeit, auszudrücken.

Lassen Sie mich Ihnen meine Melancholie zu Füßen legen. Es wird Sie nicht beschweren, da Sie ja niemals für mich etwas tun müßten.

Zur Erholung bin ich im Narrenhaus. Dort sind die Menschen weiter als wo wir sonst weilen. Viel weiter! Dort sieht man endlich wieder Gesichter; denn die Bildhauer, die diese Mienen zusammenstellten, kennen keine Übereinkunft, keine Sitte. Hier wird gelacht, getrauert, geglaubt und gewollt – gehaßt und gelitten, so unzweideutig, daß wir in der Hand, sichtbar, zu halten glauben, was jene lachen und trauern machte. – Wir sehen Kummer und Komik fast greifbar in einem Häufchen liegen:

Ja, dort ist das Lachen an sich, das Trauern an sich, das Hassen, das Fürchten an sich zu sehen... ohne Zusammenhang mit dem Alltäglichen, mit dem greulichen wirtschaftlichen Moment; also freigeworden – aber leider sinnlos, zwecklos.

In der Welt liegt alles zu Schleim und Klumpen vermengt, Echtes, Unechtes, alles durcheinander in einem Mutterblock von Unaufrichtigkeit; aber hier...! Sie lachen genau wie wir, nur intensiver. Man glaubt, den Humor-an-sich zu fassen.

Sie trauern wie wir, nur herzzerreißender; man ahnt erschüttert die Begegnung mit dem Schmerz-an-sich. Sie blicken uns listig an, listiger als das Wiesel – – Wir suchen die Lösung aller Schläue ins Selbstverständliche... Aber nichts zeigt sich. Und immer stößt man auf dieses: Wie bei uns – wie wir – nur deutlicher, ausschließlicher, lesbarer, weil ohne die Banalität des Zusammenhangs...

Ich hatte für ein Paar Füße zu sorgen, die erfroren schienen. Nichts wirkt beruhigender auf die Köpfe dieser Rümpfe, als wenn eine Seele sich ihrer Füße annimmt.

Von meinen Freunden berichte ich noch. Heute segne Sie Gott!«

»Was sagst du zu dem Passus Zärtlichkeit, Raßmann? Es ist doch ein Weib. So glühend sind manche Briefe. Hier wieder einer:«

»Ich bin gefangen, Du bist gefangen – wir liegen alle an Stein gekettet. Keine Kette gleicht der andern. Es ist, als hätte sich einer damit belustigt, Eisenringe zu erfinden, die es zuvor noch nicht gab. Goldene Ringe sehe ich auch, und Holzklötze, aneinander gedrahtete mit fast unsichtbaren Stacheln. – Aber eine Kette ist eine Kette. Zuletzt sieht jeder nur sie und nicht die Art. Es ist so finster bei mir. Ist es bei Dir heller? Ich habe seit Monaten niemanden gesprochen. Meine Zunge, meine Lippen, mein Gaumen formen gute Worte – aber wie leer ist ein Wort, für sich im Dunkel gesprochen, ein Wort, ehe es ausgekostet wurde.

Da ist ein kleines dunkles Wort, weich wie Samt. Es läßt sich nicht ohne Zunge aussprechen, braucht auch ein Dach über sich, und der ganze Gaumen glättet sich in die Höhe, wenn die Zunge den ersten Buchstaben brachte. *Das* Wort heißt ›Du‹. Ich sage es – in meiner Finsternis – Du. Und ich horche. Es war nicht gut gesagt. So erkenne ich es ja nicht mehr; noch einmal besser. Du!

Wer spricht es – Zunge und Gaumen. Nein; ich spreche es auf der Brust und in den Augen.

Du.

Aber es tönt nicht. Ich bin allein, und in Ketten. Ich will das andere sprechen, das schlanke Wort, das nur eine Silbe hat wie das dunkle Du, dem aber eine kleine, gehauchte Seele innewohnt, eine kleine Seele, die unter das Dach des dunklen Du schlüpfen will. Das Wort heißt: Ich.

Ich. Es geht vom Scheitel bis zur Sohle, wie eine schlanke Säule durch:

Ich. Du. Wunder sind diese beiden Silben. Ich spreche sie in meiner Zelle – aber sie sind tot… Denn ich bin allein…

Weiter: noch ein einsilbiges Wort. Es beginnt mit dem Hauch und bezeichnet den Besitz: hab'. Ich hab'. Das klingt schön, da fehlt nichts mehr. Ich hab' –

Nicht ein jeder hat; aber ich hab'. Dann ist ja alles gut – und die Welt kann mit geschlossenen Augen weiter an mir vorüberwirbeln… ja – – aber noch ein kleines Wort, das den Hauch am Schluß hat, und ihn braucht, denn das Wort ist unendlich wie meine Seele, die sich ›Ich‹ nennt … *das* Wort heißt ›weh‹.

Nun weiß ich, was ich hab', aber wenn ich hundertmal sage Du, Du, Du, ich hab' weh, Du, ich hab' so weh – es ändert nichts, denn Du ist weder bei mir noch ist es auf der Welt.

Man hat über mich die Einzelhaft verhängt. Auf Lebensdauer? Mein Gott, was heute *ist*, erscheint mir als Lebensdauer. Was in dieser Minute ist, und noch ist, jetzt wo ich es sage, und auch jetzt noch, wo ich es überdenke – das ist Lebensdauer.

O Du, erlöse mein Ich.

Mir träumte einst, ich sei eine Bucht, ein großer lang gezogener Hafen. Mein Körper war die Landschaft, kleine Dörfer und Städte waren im Lauf der Jahrhunderte entstanden, Wälder gaben ihr Holz den Schiffswerften, und das Meer lag im Halbkreis gezähmt an meiner Küste, die von den Zehen bis zur Stirne reichte und sich in über lebensgroßem Halbkreis dem Meer entlang lagerte. Bewegte ich die Zehen, so schwankten die Häuser des Fischerdorfs, das dort entstanden war; atmete ich tief, so flüchteten die Leute in der Hafenstadt vor dem Erdbeben.. Fremde Schiffe kamen und legten an. Und einmal, als er still lag und die Schiffe wieder auf hoher See, da dachte der Hafen: ›Und wo ist für *mich* ein Hafen, wo kann *ich* anlegen, wem und wo kann ich schenken, was ich aus fernen Küsten in mir trage, ohne es zu verschenken.‹

Wir sind allein.

Vielleicht bin nur ich allein. Wenn Sie es wären, Matthias Lanner, wäre ich es nicht mehr. Wer aber dringt in meine Zelle, mir diese Botschaft zu bringen – und wer hebt diese Hindernisse hinweg, damit ich meine Einsamkeit in Ihre Hände lege?«

Hier war der Brief zu Ende. Lanner schwieg.

»Das sind wahrscheinlich die einzigen Menschen, die man liebhaben müßte...«, sagte er dann, »und an diesen geht die Welt vorbei... und läßt sie nicht herein...«

Ein anderer ganz kurzer, der wieder den Eindruck des vorhergehenden aufhebt, um ihn vom weiblichen Element ins männliche zu heben:

»Der Tümpel ist grün wie seine Wiesenränder, aber violettbraun liegen auf seiner Oberfläche die blonden Winterabfälle der jetzt frühjährlich geschmückten Bäume. Mücken sind schwache Flieger, fallen schief, vom Wind getragen darauf nieder; andere, die sich von der trügerischen Oberfläche befreit haben, steigen wieder auf, von der Feuchtigkeit verwirrt und beschwert.

Meine pferdebraune leichte Havanna bezaubert mich bis zur Betörung. Habe ich ihre feine Seele eingesogen, muß meine Nase auch ihren Körper beschnuppern, zärtlich und wissend. Die

Hände werden weiß und fremd. Ohne Schenkeldruck reiten zwei Finger auf ihr, und ein Daumen schwebt, der Stelle ausweichend, die zum Munde geführt wird.

Ich weiß nicht mehr genau, wer ich bin, nur daß ich bin, und daß hinter meine Augen der liebe Gott mit einem Male Allwissenheit gelegt zu haben scheint. Wer bin ich, Erdenwurm, vermessener, glücklicher, der da wagt, dessen selig bewußt zu werden?

Ich spreche zum Schmerz: ›Lieber schöner Schmerz, der du mich immer tötest und lebendig machst‹, und zur Freude sage ich: ›Liebe Freude, nie kann dich verlieren, wer dich gekannt hat. Du überragst den Schmerz, denn du enthältst ihn ja in deinem tiefsten Grunde.‹«

Die Briefe wurden kürzer, dazwischen lagen wieder längere. Sie wurden alle verlesen – und der Morgen war längst angebrochen, als die beiden sich trennten und zur Ruhe legten, während draußen Schnitter ihre Sensen wetzten, um die fette Wiese zu mähen.

IX

Albert überlas zuletzt Geschriebenes in seinem Tagebuch:
Mai. Vewi spielt wundervoll Tennis. Wenn sie den Ball schlägt, klingen die Darmsaiten an ihrem Racket. Sie steht ganz weit zurück, nie zu nah vom Ball, und während man glaubt, sie verschläft ihn, hat sie ihn ohne Nerven im geeigneten Augenblick belauert, um ihn durch einen entscheidenden, ehrlichen Hieb, den sie aus den Schultern zu ziehen scheint, mit lässig herabhängendem Schläger über das Netz zu schmieren, so daß er schwer zu erwidern bleibt. Ich genieße es, ihr zuzusehen, nicht weil *sie* spielt, sondern weil ich jede Technik ihres Körpers beobachte, die gute, die vervollkommnete mit Hochgenuß, die schlechte mit Bewußtsein der fehlenden guten.

Ich spielte ein paarmal mit. Brauche ich zu sagen, daß es schlecht ist?

Es ist kläglich.

Ich habe eine weiße Flanellhose an, sie ist unten aufgekrempelt, ich trage blaue Socken, weiße oder braune Schuhe – – – o was für welche!

Und wie läuft Albert – zu spät geht er ab, erreicht den Ball nicht mehr; oder zu früh – der Ball schlägt ihm auf die eigene Schulter. Ich serviere leidlich... Und einmal war sie meine Partnerin. Gab es etwas zu laufen, sie besorgte es; auch in meinem Feld. Wir gewannen das Spiel.

»Weil Sie so gut serviert haben«, rief sie mir zu, und steckte einen schlanken Daumen in den Gürtel und hatte so rote Backen, und unter dem Strohhut brannten zwei lustig funkelnde Bernsteine. Wie ein Pferd, das nach dem Rennen im Schritt auf und ab geführt wird: das Auge vergrößert, die Muskel poliert, der Schritt noch verhalten, um nicht wieder zu rennen.

Die weißen Blusen einer Frau sind so etwas rührend Schönes, Batist macht Falten, mehr als nötig, aber diese Fülle ist so anziehend. Es gibt nichts Sanfteres für den süßen Leib einer Frau als Batistteile, die in bestimmten Linien aneinanderhalten, o die schlanken Schulterblätter unter dem zartgenähten Zeug. Das ist alles so schön und hat nichts von dem, was ist: Ich lese, daß der Inder Ramakrischna die Göttin Kali als seine Mutter anredete; und von den Frauen, von denen man nicht laut spricht:

»Mutter, in der *einen* Gestalt bist du in der Gasse und in der andern bist du das All. Ich grüße dich, Mutter.«

Und wenn Vewi so spielt, so stark und gewandt, so denke ich an diese Allgöttin ––– Heute gingen hohe Wellen bei uns. Irgendeinem großen Chirurgen war die Frau gestorben, an Typhus mit Rezidiv und Herzschwäche. Es sollte ein Kondolenztelegramm abgesandt werden. Lanner war auch da, und unglücklicherweise hatte er erklärt, er telegraphiere nicht, und Tante Isis stimmte aus irgendeinem Grunde bei. Sie sagte, sie wolle mit Onkel Johnny unterschreiben, wenn es ihm nötig schien –. aber von selbst würde sie bestimmt nichts dergleichen tun, da sie prinzipiell zu keiner Hochzeit gratulieren und zu keinem Todesfall kondolieren könne. Das Sterben und das Heiraten seien Privatangelegenheiten und Unbeteiligte sollten endlich aufhören, sich dabei wichtig zu machen. Onkel Johnny erschwerte ihr diese Auseinandersetzung, weil er, der den Standpunkt des zivilisierten Weltmenschen vertrat, aufgeregt auf und ab gehend unterbrach. (Wo blieb da der zivilisierte Weltmensch?)

Jeder hatte recht, keiner verstand aber des andern Standpunkt, jeder unterlegte ihm ein persönliches Motiv, und so empfingen Antworten wie Gegenansichten reichliche Zufuhr an einer kaum überzuckerten Galle. Am schlimmsten wurde es, als Onkel Gregor, wie eine witternde Hyäne, nasenschlierfend heraufkam. Er mochte wohl etwas unten vernommen haben, das er sich nicht entgehen lassen wollte. So fing es an: »Na, ich möchte nicht kondolieren«, sagte Lanner.

»Von selber täte ich es sicher auch nicht. Aber man kann's ja schließlich auf sich nehmen«, war Tante Isabelles Spruch.

»Selbstverständlich muß man das«, sagte Onkel Johnny. »Der Mann ist auch sehr unglücklich.«

Und jetzt blieb das Gespräch zwischen Onkel Johnny und Lanner, der von sich sagte, er sei ja auch sehr unglücklich und niemand kondoliere.

»Na, du hast ja keinen Grund dazu. Während…«

»So! Wer will denn das wissen?«

»Deine Gründe sind uns unbekannt, wir können also nicht kondolieren.«

Onkel Johnny holte am Tisch ein Formular und setzte sich davor.

»Kennt ihr denn seinen Kummer über den Tod seiner Frau?«

»Na, der ist doch anzunehmen.«

»Wenn ich nur wüßte, warum.«

»Das ist ja verrückt. Ich will jetzt redigieren.«

Lanner diktierte: »Also: ›tief erschüttert vom katastrophalen Ableben Ihrer angetrauten‹…«

»Du machst mich irre – ich muß das allein redigieren. Es ist wichtig… Nehme den innigsten Anteil an Ihrem unermeßlichen Schmerz…«

»Als sie noch lebte, etwa acht Tage vor ihrem Tode, lag er, während sie delirierte, im Nebenbett und schnarchte.«

»Das geht mich nichts an. Es handelt sich hier um den…«

»Kollegialen…«

»Kummer; übrigens warst du nicht dabei…«

»Ich kenne die Pflegerin zufällig. Sie half Dr. Raßmann – «

»Indiskretion.«

»Aber wie nennst du das Schnarchen?«

»Herrschaft! Lasse mich jetzt. Es ist wichtig… Nehme den innigsten Anteil an Ihrem Schmerz… Ja… da muß noch etwas hin.«

Lanner sieht Onkel Johnny über die Schulter an. Er geht auf und ab, während Onkel Johnny schreibt. Tante Isis liest auf dem

Kanapee Zeitung. Ich möchte ihr Gesicht sehen. Ich selbst lese am Fenster, es ist gleich Essenszeit, dann wird sich die Angelegenheit von selbst regeln. Lanner sagt:

»Unermeßlich ist gut, denn du weißt tatsächlich nicht, ob sein Schmerz ein Millimeter oder ein Kilometer lang ist. Schreibe: ›Beteilige mich an Unermeßlichem‹. Es ist kurz, genau, unermeßlich und originell.«

Ich weiß nicht, warum Lanner so aufreizend heute ist, er ist schließlich Onkel Johnnys Gast. Dabei ist er nicht bös, sondern wie ein Gassenbub, der sich lustig macht. Aber, ich muß sagen, Onkel Johnny ist im Recht. Wir mögen den verwitweten Professor alle nicht, aber die Höflichkeit verlangt das Telegramm. Tante Isis sollte etwas weniger neutral bleiben. Aber – wer weiß, was alles dahintersteckt. – Lanner fängt wieder an:

»Jetzt bist du fertig, jetzt kann ich dir beweisen – es ist ja ganz gleich fürs Telegramm – das selbstverständlich abgeht – aber ich will dir beweisen, wie unser Witwer gar keinen Kummer hat. Bestimmt nicht. Nehmen wir zum Beispiel an... Nehmen wir einmal seine Wäscherin, legen wir sie ihm auf den Schreibtisch.«

»Verrückt.«

»Zwicken wir ihr die Nase zu, verstopfen wir ihr den Mund –«

»Paranoia.«

»O nein! Stopfen wir ihr also Nase und Mund solange – bis sie unter Konvulsionen stirbt. Unseren Freund haben wir aber sorgfältig an den Schreibtischstuhl gebunden, damit er zusehe. Was wird er tun? Heulen und winseln, er, der grobhäutige, materialistische Sybarit, und die Zeichen des tiefsten Kummers von sich geben. Warum?«

»Blödsinn.«

Tante Isis guckte aus der Zeitung hervor, mit zwei ruhigen Augen wie ein braves Pferd aus dem Kumt.

»Nein«, fuhr Lanner fort«, das ist gar kein Blödsinn, ich habe eine aufregende Entdeckung gemacht. Jedermann wird mir auf die Frage: Warum wimmert unser Freund beim Anblick der entsetzlich gepeinigten Frau? antworten: weil sie ihn aufs höchste dauert, weil die unerträgliche Grausamkeit seinen Abscheu und Kummer erregt... das ist aber falsch: Die Antwort lautet: Weil er gezwungen wird, die Sache in allen Einzelheiten zu erleben. Er weint einfach über sich, der es erleben muß, Herr Psychiater.«

Jetzt war mir bang um Onkel Johnny. Aber es scheint, daß diese Diskussionen nichts Ungewöhnliches sind. Er antwortete nicht, sondern Onkel Gregor, der schon eine Weile schweigsam zugehört hatte und das Nasentröpfchen schonte, beteuerte in großem Ernst:

»Aber, Lanner, das ist schließlich bei jedem Kummer. Mein Gott, wer weint nicht über sich.«

Gott weiß, an was für Kummer er dachte. Onkel Gregor macht mich in letzter Zeit krank. Ich kann ihn kaum ertragen. Ich fange an, Onkel Johnnys Gereiztheit ihm gegenüber zu verstehen. Aber es ist ungerecht... er tut mir nichts, sondern liebt mich. Es scheint gar nicht so schön zu sein, geliebt zu werden – O Gott, was schreibe ich! Albert – berichte weiter. Was erwiderte Lanner auf Onkel Gregors Einwurf? Lanner erwiderte:

»Gewiß, man weint über sich – weil man erkennt, daß man nicht geliebt hatte.«

»Aber der liebte doch seine verstorbene Frau.«

»Das nehmen wir an, *das* kann niemand wissen. Aber von seinem Kummer bei ihrem Tod haben wir gehört. Das braucht nicht Liebe zu sein; er kann zum Beispiel weinen nur aus Erregtheit über das Schauspiel, das er in jeder Einzelheit, als der Gatte, zu erleben gezwungen war, ohne etwas ändern zu können. Solange sie normal da war, machte er sich, so glaube ich, nicht viel aus ihr. Das Anomale ihres Wegganges, ihr Tod, hat ihn bouleversiert – genau wie wenn man ihm in seiner Gegenwart seine Wäscherin unter Martern töten würde.«

»Stimmt!« kam es von hinter der Zeitung. Aber man sah nichts.

»Verrückt bist du, mein lieber Lanner.«

»Aber, wenn du es glaubst, dürftest du es mir nicht so sagen – denn dann bin ich ja außerstande, den Ausspruch zu fassen. Übrigens, wenn ich verrückt bin, kann ich auch nicht kondolieren.«

Und weil das Leben häufig ohne richtigen Abschluss ist, und vieles sich durch ein Auseinanderlaufen erledigt oder auflöst, wurde ein Telegramm mit innigem Anteil am unermeßlichen Schmerz abgeschickt, und man setzte sich zu Tisch. Nachher sagte mir Onkel Gregor: »Weißt du, Albert, dieser Professorwitwer hat Onkel Johnnys Karriere in der Hand, so glaubt Onkel Johnny, aber es liegt gerade umgekehrt. Seit fünfundzwanzig Jahren umwedeln sich die beiden.«

Karriere... was ist Karriere? Das scheint mir eine von den Sachen zu sein, die ich bestimmt nie werde machen wollen.

*

Es ist Abend, spät. Selbst das Grün des Himmels ist verschwunden. Meine Lampe brennt, aber wenn ich durch das offene Fenster in den Nachthimmel schaue, leuchtet er magischblau.

Geht das Leben über mich hinüber und bin ich im Bach ein fester Kieselstein, oder lebe ich selbst und bin ich es, der vorübergeht?

Ich atme einmal, noch einmal. Jetzt ist das erste Mal ein verborgenes, entferntes, gestorbenes. Jetzt ist es nicht einmal mehr sichtbar. Es fiel in Dunkelheit. In diesem Augenblick habe ich nicht gelebt, nur provisorisch habe ich irgendwo aufgeräumt. Mein vorheriges Atmen ist schon Vergangenheit. Ist es Raum geworden oder Zeit? Zeit in einem Raum?

Nur wenn er liebt und wenn er am Werk arbeitet, lebt der Mensch.

Aber auch wenn er denkt, wenn er weiß, daß er denkt. Windfahne ist ein Schimpfwort. Wie kann man Windfahnen beschuldigen, sind sie nicht die Seligkeit des Windes?

Aber... erstens bin ich kein Wind, zweitens ist es vielleicht möglich, daß der Wind die Windfahne vollkommen ignoriert und nur die Felsenklüfte liebt, in die er sich ganz eintaumeln kann. Aha! Ich denke schon wieder. Ich scheine zu leben.

Und doch lebe ich nicht ganz.

Ich lebe in der Hoffnung, daß... Ich lebe im Vertrauen, *daß dann*, daß *mit der Zeit*... also ich lebe wirklich nicht jetzt, in diesem Augenblick.

Und doch: Nein, es ist nicht wahr, daß ich nicht lebe – mehr als irgendeiner lebe ich...

O was zerkratze ich Papier, was schreibe ich Gedanken um Gedanken hin, und alle sind bloß Fragen.

*

Der Mensch hat *eine* Passion: sich selbst. Er ist ganz und gar von der Notwendigkeit seiner Geburt durchdrungen.

Daher auch die sogenannte Liebe zu Kindern (wieder eine Geburt – Wiedergeburt).

Der Mensch hat *eine* Vorsicht:

Gegen seine eigenen Unglücksfälle. Daher sein elementares Interesse für die des Nachbarn.

Wie ist Weh, Sterben, Tod, will er wissen. Er selbst ist jetzt gesund, spürt sich nur sein, im Zustand des Unbeteiligten, weil doch anerkanntermaßen nur Nachbarn etwas zustößt. Alle sind wir so, auch Worte und Wortbilder grausen uns angenehm:

Beim Trivialen zeigt sich die Passion ohne Mäntelchen im Rennen nach Unglücksstätten (Pferd gefallen, Frau abgestürzt, Leichenhaus, Brandstätte, Zeitungen). Hochgenuß: Ich war dabei, mir ist nichts geschehen. Ich habe alles gesehen, und ich blieb heil.

Das Pferd ist tot, *meins* frißt.

Beim Höheren zeigt sich die Ichleidenschaft im Studium der Medizin, der Anatomie, der Philosophie, der Theologie. (Aber dem Höchsten genügt auch dieses nicht.)

Sie ist, wie jede Liebe, stärkster Motor zu höchstem Streben.

Daher: Je brennender die Passion (sie *braucht* nicht bewußt zu sein) zum Ich, je verfeinerter der Geschmack und die Auffassung seiner selbst, die Liebe zum körperlich Ausgedrückten, also zu Händen, zur Stimme, zum Körper, zur Kraft, wie zum seelisch Ausgedrückten, also zur Energie, zum Humor, zur Beherrschung, zur Geschmeidigkeit von Seele und Körper, desto näher wird dieser Liebende zur Wahrheit und zu ihrem Ausdruck in Künsten und Wissenschaften stehen, denn desto leidenschaftlicher wird er die Vervollkommnung (Idealisierung) des Geliebten, also seiner selbst, anstreben und darstellen müssen.

Mensch, liebe dich, liebe dich, liebe dich.

Aber: Selbstliebe. Egoismus, Eigenlob. (Verfluchter Verstand. –)

Ja: alles gibt es in Billig, in Imitiert, in Unecht, selbst in der Natur: der Steinpilz hat einen verhängnisvollen Doppelgänger, der Täubling und alle Pilze haben ihre unechten Vettern. So ist diese ideale Liebe zu sich selbst im Vergleich zur trivialen Selbstliebe.

Ich aber denke jetzt nicht an Kreaturen, sondern an Menschen, wie ich einer werden will.

»Gott« schuf den *Menschen* nach seinem Ebenbild. Also nicht den Mann, nicht das Weib, nicht den Snob, nicht den Krämer, nicht den Gecken, nicht das Marktweib, nicht den Hofmann.

Aber – ach, wir kommen nicht aus der Höhle heraus:

Liebt das Marktweib sich leidenschaftlich selbst oder der Geck: Immer wird daraus der Marktgeck oder das Hofweib…

*

Oh, ich will leben – ich verliere Zeit. Ich habe Vewi so lange nicht gesehen. Diese Gegenwart ohne sie ist entsetzlich.

Es gibt keine Gegenwart. Nur Vergangenheit und Zukunft; die zwar auch nicht *sind* – aber wenigstens vorstellbar, also sichtbar wurden. Gegenwart… So ein Ding gibt es nicht. »Aber im Augenblick, wo ich… «, Augenblick des Todes zum Beispiel. Hat je einer seinen Tod gespürt? Sein Hinsterben – ja! Seinen Tod? Nein. Er kann sich höchstens sagen: »Aha, jetzt kommt es.« also Zukunft hereinziehen…

Spürt man Tod? Spürt man Genuß? Doch: Genuß spürt man. Aufgepaßt: Du kannst dir höchstens zwischen zwei Bissen sagen: »Albert, das *war*, und das *wird* gut.«

Im Genuß eilt man zur Fortsetzung, zum Höhepunkt... Diese Fragen sind nur, weil sie nicht lösbar sind. Wären sie es, hätten wir sie begraben, weil sie tot wären. Herrlich ist die Unlösbarkeit.

Soll ich Philosophie studieren? Mathematik? Musik? Sprachen? Onkel Johnny sagt: »Im nächsten Semester studiert er dann wieder sein Jus.«

Er wird das sicher nicht tun, der kleine Albert.

Ich will jetzt etwas erzwingen:

Nein, es geht nicht. Wir können nicht heraus: Wie heraldische Zungen im Rachen eines Tieres: rückwärts wurzelfest gehalten, vorne können wir im Winde etwas spiralenartig flattern... Ich wollte mir Vergangenheit und Zukunft visuell vorstellen ohne den Mittelstrich, den wir arme Flatterer Gegenwart nennen... Denken wir den Strich weg. Also bloß wie zwei aneinanderstoßende Flächen --- siehe, es entsteht durch die Berührung dieser beiden Teile ein feiner strichartiger Schatten – die Grenze, weg mit der Grenze – eine Falte. Weg mit der Falte – ein Berg, weg mit dem Berg – eine Spalte. Rücken wir beide dicht aneinander... ein Schnitt mit dem Rasiermesser. Vermengen wir Vergangenheit und Zukunft zu *einer* Masse (Püree), beide Begriffe entschwinden, es stellt sich der Begriff »Sein« ein. Ich muß ihn zerschneiden – in Vergangenheit und Zukunft. Oder ich sehe zwei riesige Flügel – und dazwischen den Vogel*leib*. Alles, was wir tun können, wir arme Flatterer, die wir nichts *denken* können, was nicht *gewesen*, ist: dichten.

Albert, ich will dir ein Geheimnis anvertrauen. Sag es niemand: Jus – werden wir nicht mehr studieren, wir zwei. Dagegen vielleicht das andere tun, was uns aus aller Wurzelabhängigkeit erhebt, ohne sie vergessen zu lassen:

Dichten.

Dichten, Vewi, heißt, an dich denken. Oh, da ist ein schönes Wortspiel... Es ist nur ein Glück, daß es Michten nicht gibt. Die Menschheit würde wie bei Schalten und Walten an Dichten und Michten ihre greuliche Freude haben. Die gräulichen Zwillinge. Aber

»michten« wird zum Spaß bei mir selbst *denken* heißen, und dichten lieben. Und einmal werde ich dir, Vewi, den Unsinn erzählen.

*

Manchmal sieht man an einem Kanapee im Nachmittagslicht eine Blume aus dem Stoffmuster besonders leuchten, und dann hat man ganz deutlich das Gefühl: »Tiens, ça, c'est ma jeunesse«, ganz das, und nichts anderes, Königinstraße II. Großmutter, Fürstin Clara mit der Männerstimme im türkischen Schlafrock (Türkisch! Was müssen Türken lachen.) mit der Männerstimme und den schwerlidrigen Mokkaaugen: »Enfin tu sais, ma chère.« So leitete sie jeden Satz ein. Das kommt aus dem Blumenmuster des Kanapees heraus; dazu die Sicherheit, die Zukunft werde etwas »Fabelhaftes« bringen… Oder: es leuchtet irgendwo durch Kontrast ein graublauer Ton auf. Rührung, dann sofort: Ah, Gmunden, 18. August. Traunstein. Aussichtswagen. Serben, die französisch sprechen – große Kosmopoliten…

Und jetzt sitzt einer vor dem Spiegel mit traurigen Augen.

Wie sind traurige Augen? Das Pupillenmuster bleibt in Farbe, Glanz und Größe. Die einander entgegengesetzte Haltung von Lid und Augapfel und ein gewisses Verweilen beider in der eingenommenen Stellung – das macht den Ausdruck »Trauriges Auge«. Der Hund, das Pferd, der Mensch halten Lid und Augapfel so im Augenblick von Trauer und Unlust. Wieviele Omnibuspferde gleichen mir jetzt…

*

Ich möchte, daß Vewi an allem, allem teilnimmt, was mich berührt. Ich muß alles Gute mit ihr teilen und daß ich sie beschützen und für sie alle Abenteuer des Lebens bestehen will, ist selbstverständlich.

Es gibt außer den ganz kostbaren, heiligen Dingen, auch die guten alltäglichen. Ich muß auch diese mit ihr teilen.

Ich muß ihr wenigstens davon erzählen.

Das Bad zum Beispiel. Ich muß ihr erzählen: Vewi, ein Bad ist bereitet, das heißt in einer gläsernen Wanne von zwanzig Zentimeter starkem, durchsichtig eisgrünem Glas wartet ein klares, vollkommen unbewegtes Wasser, man weiß, daß es warm ist. In den Hähnen hört man noch ein geschäftiges Schnurren und Fluchen – ein Badetuch liegt über dem Stuhl. Es handelt sich nur mehr um einen Schritt und der Körper versinkt in unverdientes Wohlbehagen. Noch sind Hände und Arme frei, sozusagen noch im alltäglichen Zustand. Erst wenn die Hände unter Wasser sind, schließt sich die Wohltat zum Kreis; vorher war sie nur eine Gerade; man konnte oben noch frieren:

Sind aber die Hände an der warmen Umgebung des Körpers beteiligt, Oberarm und Ellenbogen brauchen *nicht* unterzutauchen, so ist über diesen Wärmeleiter in ununterbrochener Stromfolge das Behagen eingezogen.

Die abgesperrte Türe schafft einen Idealzustand unbeschränkter, ungestörter Herrschaft, von der nicht die leiseste Pflicht erwartet wird. Weder Minister noch Untergebene, noch ein Kurier, noch Familienrücksichten, nichts kann den König seines Badezimmers stören.

Ich bade mich jedesmal anders – ich spiele auch immer noch – als man noch klein war, wurde das Spiel verboten – so häufte sich in mir ein nie abzubauendes Kapitel von Spiel- und Erfinderlust.

Seifen- und Schwammschüsseln schwimmen auf der Oberfläche – noch immer beschwere ich diese Schifflein bis zum Untergang, der mich doch jedesmal, da unvorhergesehen, erschüttert. Manchmal sitze ich still – entschließe mich lange nicht zur Arbeit – oder beobachte aufmerksam eine Tropfenbildung am Hahn. Regelmäßig füllt sich aus dem Nickelring genügend Wasser, damit ein gefertigter Tropfen abgehen kann. Der Tropfen ist eine Einheit. Gibt es größere Tropfen? Wieviel Kubikmillimeter Wasser enthält ein Wassertropfen? Wieviel Wassertropfen enthält der Liter? Weiß man das?

Ich denke mir aus, eines meiner hochgebogenen Knie sei ein Hügel und nach einer furchtbaren Trockenheit kommt ein Tropfen Wasser. Das Knieland ist unter dem Hahn gebeugt und wartet. Wenn es trocken ist, bleibt der Tropfen darauf stehen. Einen zweiten erträgt der erste zur Not. Aber der dritte bringt die angeschwollenen zwei ersten zum Rollen. Ich lasse brennendheiße Tropfen fallen, auch eiskalte, und bemühe mich, gleiche Wirkung bei beiden festzustellen. Welche Katastrophen, Vewi, wenn die Seife springt und untergeht. Wenn sie, anstatt sich retten zu lassen, an weit entfernte Küsten und Grotten gelangt, wo sie kein Rettungsboot suchen würde.

Eine merkwürdige Rolle spielt Glauka, die Stahlblaue, im Badezimmer. Zuerst sitzt sie sittsam auf dem Badetuch am Stuhl; legt sich flach und breit hin und sieht mit lachenden Mundwinkeln zu, wie ein Mensch ganz in einem großen Behälter verschwindet. Es bleibt ihr unfaßbar, so, daß sie sich vor Verlegenheit auf den Rücken legt und ihren Kopf wie eine Schlange hin- und herwetzt. Dann steigt sie auf den Rand der gläsernen Wanne, die wie in Eis geschnitten, grünlich schimmert und ihren blauen Pfoten ein schönes Postament wird. Sie umgeht mich. Wenn ich stillhalte, geht sie mir auf die Schultern und schnurrt noch aufgeregter als vorher. Es ist wirklich, als amüsierte sie sich köstlich über die unwahrscheinliche Dummheit des Menschen, sich da fast zu ertränken. Ihr Schnurren bedeutet: »Mein Gott, Albert, soll ich weinen oder lachen? Was machst du in dem Wasser – was soll das heißen, sich so naß zu machen?« und dann lacht sie wieder, das heißt, sie legt sich auf den Rücken und sieht mich aus verkehrten Augen heraus fordernd an, während der Schweif zu einem Busch gedreht, langsam und hoch ausholend, einen ironischen Takt schlägt.

*

Die meisten derjenigen, die mit Vewi zu tun haben, sind oder werden etwas. Nur ich nicht. Aber was ist, das sie mit ihr zu tun haben? Zum Beispiel Onkel Gregor.

Wenn er im Zimmer ist, und er ist immer da, kann ich nicht zu ihr, weil ich unmöglich nachher seine Bemerkungen ertragen kann. Kürzlich sagte er mir: »Du bist mein Konkurrent, sie schwärmt von dir.« Leider schwieg ich; sogleich war mir nichts eingefallen, so lachte ich nichtssagend, wodurch ich noch törichterweise den Schein von geschmeichelter Selbstzufriedenheit erweckte.

Ich gäbe viel darum, könnte ich Onkel Gregor sein. Sie unterhält sich gern mit ihm... und auch mit anderen. Nein, nein, ich will nur ich selbst sein. Hat sie mir doch einmal gesagt, sie hätte mich lieber als die anderen... Ich habe sie noch nie so recht allein gesehen. Ich fühle, daß ich sie auf dem Lande sehen muß, ich will sie bei Regen, im Sonnenschein, in der Abendluft bei der Hand führen. Wir müssen Zeit haben. Oh, und es darf ihr niemand... den... Hof machen. Pfui das Wort! Ihr seht ja nicht, wer sie ist. Was wißt ihr? Sie ist zu euch so gut, so freundlich, so schelmisch. Ihr (ich kenne euch.)... dürftet nicht ihre Luft einatmen. Euch ist sie Unterhaltung. Ihr vermischt ihr herrliches Bild mit Eueren trivialen Begriffen. O Vewi, halte die Augen offen...

Ich sah sie tanzen vorgestern. Ich kann es nicht, und so mußte ich mein Auf und Ab üben, wobei ich nicht weiß, was mit der Hand zerdrücken. Sie trug ein sehr silbernes Kleid mit einer lebenden Pelargonie wie ein hellrotes Siegel am Ausschnitt. All diese Worte sind mir zuwider:

Ausschnitt, Frisur, Ball; ich habe nichts gegen Kleid, Haar, Tanz. Aber das ist es ja nicht mehr: Ein Tanz, wie schön wäre es – Vewi tanzt. Nein: Vewi ist auf dem Ball. Ein Ball tut weh.

Ein Tanz beglückt.

Auf einem Ball kann ein Mensch so leiden, daß er sich zum Fenster hinausstürzen könnte.

Diese kleinen Orchester, die in Blumen- und Blattbosketten sitzen, mit Mimosen um die Wette den Menschen verwirren durch ihre in gangbare Rhythmen dosierten Ton- und Duftwellen.

Aber dann kam Vewi. Und es fügte sich, daß wir aus dem Saal gingen. Wir saßen in einem Raum, der für Kartenspieler bestimmt, aber augenblicklich leer war. Nebeneinander saßen wir auf einem schwarzseidenen Kanapee. Ende Mai, in der Weihgasse. Vewi rechts von mir. Am liebsten hätte ich die Augen geschlossen, kein Wort gegeben und nur gesagt: »Ich bin glücklich, o schönes, schönes Leben.« Aber man ist ja nie in der Lage, zu leben. Wie hätte ich denn Zeit gehabt, mich da zurückzulehnen – vielleicht nachher auf die Knie zu stürzen: wer weiß, wie lange sie bleiben würde, wer weiß, ob nicht: Leute hereinkommen. – Was tat ich also – ich sah sie an und sie sah zu mir, ich lebte gespannt und hielt den Atem an und sie sagte:

»Wir haben nicht miteinander getanzt.«
»Nein, sagte ich, aber das ist viel schöner.«
»Ja, das finde ich auch.«
»Sie sollten ganz allein tanzen.«

Meine Hand lag rücklings auf der schwarzen Seide des Kanapees zwischen ihr und mir. Auf einmal ruhte die ihre im schwedischen Handschuh auf der meinen, leicht, wie wenn sich eine Möwe auf Wellen niederläßt. Ich war schwach geworden bis zum Hals durch meinen ganzen Körper hindurch, von der Hand angefangen. Und wenn die ganze Welt hereingekommen wäre, gerührt hätte ich mich nicht. Und meine Augen blieben wo sie geheftet waren; vom Glück überrascht, konnten sie nicht vor und nicht zurück. Sie starrten auf eine Aschenschale aus Jaspis, Moosjaspis, die auf dem niederen Tischchen vor uns stand.

Ich hörte mich sagen »Moosjaspis« und weil an der Gurgel eines meiner vielen Herzen pochte, schluckte ich und es blieb bei Moosjaspis. Meine Finger umschlossen einer um den andern die liebe Hand über ihnen.

Als ich meine Augen endlich zu den ihren heben konnte, sah ich das ernste Gesicht eines innerlich tief erschreckten Kindes. Ich konnte mir nicht helfen und sagte inbrünstig:

»Vewi!«

Mit wieviel Güte lag ihre Hand. Und ihre Augen sprachen: »Verstehst *du* eigentlich das Leben? *Ich* verstehe es nicht.«

»Sie müssen mir helfen!« sagte sie. »Nur zu Ihnen habe ich Vertrauen.«

Ich hatte gerade noch Zeit, Albert zuzurufen: »Sei auf der Hut. Hilf ihr, mach es gut, denke nur an sie.« Ich antwortete also mit einem Händedruck.

» O ja! Was kann ich für Sie tun?«

»Ich kenne mich nicht aus…«

»Warum nicht… ist jemand da, der Sie verwirrt hat…?«

»Ja…ich liebe…«

» O dann ist ja alles gelöst…«

»Ich weiß nicht… man kann doch nicht zwei… es kann auch nicht wechseln, wenn es einmal…«

»Nein, das kann nie mehr wechseln. Aber der andere oder… die anderen.«

»Ja… das ist… man tut immer weh, wenn man nicht wiederliebt.«

»Nein – das schadet nicht. Das ist überhaupt gleichgültig. (Ich kannte meinen Katechismus) Es ist nur wichtig, genau zu wissen, ob Sie selbst lieben – und *dann* gibt es nur *ein* Gesetz: für diese Liebe leben.«

»Ja… jetzt habe ich aber Zweifel, ich habe zwei gern – und daran sehe ich, daß da etwas nicht richtig ist.« (Mein Gott, mein Gott, zwei hat sie gern… Seit wann?)

»Eigentlich drei – (sie verfolgte ihre eigenen Gedanken), denn warum gehe ich zu keinem der beiden andern – sondern komme zu Ihnen? Weil Sie der beste von allen sind…«

(Albert, Todesurteil.)

Es war nicht der Augenblick, ihr zu sagen: »Ja, ja, ja, ich bin der Beste – – « wie kann man das sagen: O zugenähter Mund. Ich rührte mich nicht, sondern sagte:

»Vewi, ewig werde ich da sein, wenn Sie in Not sind.« Es war falsch, unklug, mir fehlte der Mut des reifen Mannes – wenn ich auch die Liebe so stark und siegreich in meiner Seele fühlte – ihr mußte geholfen werden. Jetzt durfte ich nicht von mir sprechen.

»Kenne ich die… zwei?« sagte ich

»Ja, der... Stavenhagen und – jetzt liebt mich – «
»Wer noch?«
»Ihr Onkel Vormbach.«
»Mein Gott...«
»Ja – er ist ganz unglücklich, wenn ich nicht da bin.«
»Und Sie?«
»Ich glaube, ich liebe ihn!«
»*Mein* Gott... (O Armut der Sprache) und... Stavenhagen?«
»Auch.«
»Es ist so schwer für mich, weil mein Onkel – ich will nichts von ihm sagen, das...«
»Ich weiß, wie man von ihm gewöhnlich spricht. Aber – er ist ganz verändert – die Liebe kann doch – Berge versetzen.«
»Der Glaube.«
»Nein, die Liebe auch...«
»Ja, das ist wahr.«
»Also Ihr Onkel *ist* ganz verändert...«
(Merkwürdig, daß dem Nichtliebenden so ganz der Blick getrübt ist... Ich sah keine Veränderung.)
»Baronin Genoveva, es *klingt* wie Liebe – aber ich kann es nicht glauben... wissen Sie, was Liebe ist – oh, Sie kennen ja auch nicht uns – Männer – ich... ich kenne... (Warum bin ich nicht dreißig? Alles wäre gut – nein noch lange nicht, kann ich denn mit diesem Athleten Stavenhagen zoologisch in einem Atemzug genannt werden – und mit Onkel Gregor...) ich kenne die Männer...«, wiederholte ich.
»Ich auch! Ich habe Vettern, mit denen habe ich viel gelebt – heiraten kann man sie nicht, das weiß ich, aber wir haben uns immer sehr gern gehabt, sie waren auch verliebt und ich küßte sie...«
»Kleine Vettern?«
»Nein, große. Der Stavenhagen ist übrigens im dritten Grad verwandt – «
»Der auch?«
Ge...küßt?«

»Was?«

»Wir sagen uns du – aus Verwandtschaft – und – ja auch manchmal – wir kommen nicht oft zusammen – ganz selten.«

»Ge...küßt?«

»Ja. Und er möchte mich heiraten. Man hätte nichts dagegen gehabt. Aber jetzt kenne ich mich nicht mehr aus... Ihr Onkel... Das ist eine Sache auf Leben und Tod...«

»Bei Ihnen?«

»Bei ihm.«

(Ich hätte schreien mögen: »Nein, nein!« Aber konnte ich gegen ihn auftreten, wo ich selbst... Ich schwieg.)

»Wollen Sie mit Ihrer Mutter sprechen?« sagte ich. »Nein.« Da kam dann das Unhaltbare – ich senkte die Augen und ließ meine Worte heraus – wie sie wollten. Ich sagte ihr: »Vewi, ich liebe Sie mehr als alles andere in der Welt, mehr als mich, mehr als Gott, ich habe in meiner Seele nur eines: Sie – o Vewi – ich bete Sie an...« Ich weiß nicht, was ich noch sagte, immer wieder dasselbe. Da hörte ich und vermeinte in den Himmel zu schweben:

»Albert, lieber, lieber Albert!« Mehr brauchte ich nicht, ich hätte selig sterben können. Wer kann solches Glück ertragen.

Wir waren aufgestanden, weil sich hundert Stimmen näherten.

Es gibt keinen Gott. Aber im Augenblick, wo zwei Menschen sich nahe sind, da glaube ich an einen.

An diesem Abend hatte ich eine winzige Gelegenheit, ihr zu sagen:

»Vewi, ewig bin ich dein, vergiß das nie, komme, was wolle. Ich will für dich leben, ich will dir alles tun und alles sein. Wenn du einen andern Weg gehst, als den meinen – auch dann, immer bin ich dein!«

*

Sie hat mit ihrer geliebten Stimme »Albert« gesagt, mehr weiß ich nicht.

Aber nun heißt es denken. Mich liebt sie nicht. Aber irgend etwas sagt mir, sie wird, sie muß. Und ich will so bescheiden warten und bei ihr stehen.

Die Welt fügt ihr Unrecht zu in ihrer unsäglichen Dummheit. Welchen Weg soll ich gehen? Drei Dinge sind jetzt notwendig:

Erstens: Albert muß ein Buch schreiben oder ein Stück. In sechs Monaten muß das Werk da sein.

Zweitens: Albert muß einen letzten Versuch bei Professor Dr. Urnacht machen und in sechs Monaten so gesund sein, daß – –.

Drittens: Albert muß irgendwie Onkel Gregor und Stavenhagen nahekommen, und das ist das allerschwerste...

*

Dort gewesen. Sie wenige Minuten allein gesprochen. Warum ist sie traurig?

Scarabee mir plötzlich beide Hände ergriffen und geküßt und dann lief sie zur Tür hinaus.

*

Sie gab mir eine Blume. So traurig mich angesehen:

»Wir dürfen nicht«, sagte sie. Sie muß gehorchen. Ließe man mich doch bei ihr sein! Ich könnte ihr aus jeder Not helfen. Ich will ja nichts für mich nehmen.

*

Etwas Unerhörtes geschehen. Unsere Gesichter waren so nah und – – ich habe das Herrliche kennen dürfen – – sie war einen Augenblick mit ihrem Mund auf meinem.

*

Alle sind abgereist, auf wenige Tage. Ich lese viel, mein Kopf brennt.

*

Könnte man in sie hineinsehen. Denkt sie an mich? Wir haben nicht gesprochen seitdem... Ich kann nichts tun. Auch Lesen ist schwer.

*

Immer wieder muß ich sagen: Ich bin ihr auf ewig verschrieben. Nichts kann das je ändern. Das ist die Wahrheit, die einzige Wahrheit meines Lebens.

X

Sehnt man sich nicht bisweilen nach einer Möglichkeit, durch Willenskraft im Augenblick dieses Wunsches Einblick in anderer Menschen Gedanken und Taten zu gewinnen? Welch reizvolle Aufgabe, die Beteiligten durch die scharfe Linse des Beobachters festzuhalten, ohne daß sie sich im mindesten stören lassen, unbefangen, weil, wie sie glauben, ohne Zeugen. Lesage ist es in seinem Diable boiteux nicht gelungen, den köstlichen Vorwurf einer willkürlich erfolgenden Abdachung der Häuser zu Forschungszwecken im Gebiet der Menschenkunde so voll auszunützen, daß wirklich ein Einblick in Menschliches gewährt würde.

Jeder Erzähler kennt den häufigen Wunsch nach einem solchen Teufel, der ihn bequem an die Hausgesimse aller Beteiligten führte und lustig das Dach davon abhöbe, während ihm Zeit und Lust blieben, die dort entdeckten Taten und Unentschlossenheiten, die miterlebten Heldenstücke und Schwächen, die unerwarteten Tragödien, Komödien und das absolute Nichts, je nachdem ob der Teufel gerade glücklich zugriff, an Ort und Stelle niederzuschreiben.

Lesages Teufel ist ein Voyeur, der längsterlebte Heimlichkeiten als Niedagewesenes zu erspähen immer wieder Vergnügen findet, während er Wichtigeres übersieht.

Wunderbar wäre der Kreislauf, gelänge es, die Monologe, die einer mit sich selbst hielte, erst festzuhalten, sie ihm dann vorhalten zu können. Aber die Welt, die sich heute widerwärtig schmunzelnd sagt »Gedanken sind zollfrei«, würde noch schlechter, wenn sie nur mehr gedankenlos handelte.

Immerhin, wenn auch nichts besser wird hienieden, wenn wir auch durch den hinkenden Teufel nichts Neues erführen, da wir gewöhnlich über wahre Beweggründe zu edelgezielten Handlungen wohlunterrichtet sind, wenn auch wir selbst Ursache hätten, die Unmöglichkeit, belauert zu werden, als eine gesicherte Wohltat immer wieder dankbar zu empfangen, so muß doch eine Ausnahme stattfinden und dem Leser erlaubt sein, einigen der hier handelnden Personen in ihrem geheimeren Gebaren beizuwohnen, ohne daß durch den Autor Beweggründe, Ziele angegeben würden, vielleicht auch ohne die allernächste Fortsetzung einer belauschten Szene.

*

Matthias Lanner hat in seinem Badezimmer zwei Glasschränkchen geöffnet, von denen das eine auf einem Marmortisch stand, das andere an der Wand hing, beide mit Flaschen und Schächtelchen aller Bauarten angefüllt. Bedächtig öffnet er an der Waschschüssel den Hahn W, tut einen ernsten Blick in das Becken des Klosetts und schickt sich an, Flasche um Flasche, Schachtel um Schachtel aus den Regalen auf dem Marmortisch aufzustellen.

Er öffnet eine Flasche, beriecht den Inhalt, liest das Rezept ab, forscht nach dem Datum. Fünf Jahre alt, rechnet er. Er riecht nochmals. »Riecht nach Perubalsam. Wozu in aller Welt«, scheint er zu denken und gießt den Inhalt aus, gleichzeitig an der Kette ziehend. Dann hebt er eine längliche, gerippte Flasche in die Höhe, auf der erhaben aus Glas die englischen Worte zu lesen sind: »Nicht einzunehmen.« Auf dem Rezept steht »Öfters einreiben« und darunter wieder »Nicht einzunehmen«. Es heißt Liniment. Wann hatte er das gebraucht, er kann sich nicht erinnern. Wozu? Wo einreiben? – Vergessen. Er öffnet und beriecht die Flasche. Der Inhalt erscheint recht ölig und riecht nach Kampfer mit Äther. Er schließt sie und stellt sie abseits. Dann nimmt er eine Flasche mit vollkommen klarer Flüssigkeit. Darauf steht: »Für einen Hund«. Über vier Jahre alt, das Rezept. Er gießt das Fläschchen in das Waschbecken, füllt es mit Wasser, schließt den Hahn W und stellt es in das fast volle Becken, damit sich das

Papier löse. Dann begibt er sich wieder an den Schrank und entnimmt einige teils mit trüber, teils mit durchsichtiger Medizin halbgefüllte Fläschchen, liest die Rezepte, öffnet und beriecht die Hälse, überlegt, ob er noch gebrauchen oder fortschütten wollte, und stellt alle entsprechend an verschiedene Ecken des Tisches. Er öffnet auch Schachteln. Täglich dreimal eine Messer- spitze voll nehmen. Wogegen oder wofür? Er weiß es nicht. Wieder einige Tiegel mit tiefbrauner Salbe. Aha, Jod. Dann Jodion, ein Fläschchen. Ein Augenwasser »für die Katze«. Ein viereckiger Glasbehälter mit Pulver. Was, wogegen? Er schüttet es aus, stellt den Behälter in das Becken. Er schüttelt, riecht, entleert eine Menge Flaschen und stellt sie zur Abhebung des geklebten Papieres ins warme Wasser. Harmlos aussehende, klare Medizinen gießt er auch dazu. Dann öffnet er die Flasche mit der Aufschrift Liniment, »nicht zum Einnehmen« und gießt sie auch darüber aus. Da der Inhalt ölig ist, vermengt er sich nicht mit dem Wasser – Lanner öffnet den Hahn W und läßt das Wasser durchlaufen – er vermischt das ölige Liniment, bringt alle im Wasser stehenden Flaschen ins Treiben, das dunkelbraune Liniment dringt überall ein, es riecht zudem so scharf nach Kampfer, daß ihm die Augen tränen, und trotz aller Öffnungen, Nachspülungen und Umrührungen mit den Händen, das Liniment bleibt Herr der Oberfläche. Läßt er das Wasser ganz aus, bleibt der braune Fettstoff an den Wänden des Beckens hängen; spritzt er aus dem Hahn W neue Katarakte darüber aus, beginnen die Flaschen zu klirren, zu schwimmen, zu gurgeln, und die losgelösten Papiere schwimmen wie Salatblätter in der Ölsulz. Er trocknet seine Hände, seine Augen blinzeln, aber es ist nicht unangenehm. Das Badezimmer ist vom Duft des Kampfers erfüllt. Lanner fühlt die Hände vom Bad erwärmt und gleichzeitig prickelnd kühl geworden, wie von Pfefferminze, zudem von so außergewöhnlicher Weichheit der Haut, so zart wie die einer Frau. Das Liniment scheint ein ideales Schönheitsmittel zu sein, wahrscheinlich war es für einen gebrochenen Fuß verordnet. Schade – jetzt war es entwertet, zum Teil in den Ausguß gewandert, teils war es in alle zu säubernden Flaschen eingedrungen. Lanner hebt jetzt ein Flaschenpaar hervor mit der Bezeichnung I. und II. Auch mehrere Jahre alt. »Erst wasche man das Haar tüchtig mit Seife, dann...« Er gießt beides ins Becken.

Wäre Dr. Raßmann zugegen gewesen, er hätte an den vielen sauberen leeren Flaschen seine Freude gehabt. Steht einem je im Privathaus, wenn man sie braucht, eine kleine, leere Flasche zu Gebote? Es gab doch einige, die zu entleeren Lanner nicht für gut fand. So ein Terpentin, von dem er nicht wußte, daß er es besaß, ein Codeinpräparat, ein Elimans Embrocation. Dann kommen Pillen:

Yohimbim – die er in der Sämannsgeste ins Wasser wirft, es bildet sich unter jeder eine teeartig verdunkelte Stelle. Was macht man mit Yohimbim? Er zieht an der Kette, gleichzeitig wirft er noch eine ganze Schachtel braunen Pulvers nach, das staubend blitzartig verschwindet. Die Schachtel war unbenützt geblieben und hieß »Poudre blonde contre cheveux gris«. Somnazetin, ein Schlafmittel. Lanner entfaltet den Prospekt... »haben es mit gutem Erfolg bei unruhigen Kranken angewandt, zum Beispiel für Senile, die nachts die Betten der andern aufsuchten. Vier Tabletten versetzten sie in ruhigen Schlaf. Unverbesserliche Querulanten...« Lanner weiß nicht, was er liest. Er wirft aber die Schachtel nicht fort. Alles Ausrangierte bleibt am Marmortisch und nur das wenige, das behalten wird, kommt in die Schränkchen zurück. Es gibt jetzt leere Regale. Die überflüssig gewordenen Flaschen stellt Lanner auf die Türschwelle außerhalb des Badezimmers. Dann nimmt er die Seife, einige Bürsten und Gegenstände, packt sie in eine kleine Reisetasche, die im Schlafzimmer quer auf einem Stuhl stand. Mit dieser Tasche verläßt er das Schlafzimmer, tritt auf den Gang, von dort aus in die Kapelle, die paar Stufen hinunter und besieht sich den zur Halle umgestalteten, schönen Raum mit der kleinen Kanzel. Er setzt sich einige Minuten an den Kamin, der nicht brennt, richtet zwei demütige Augen auf das aufgeschichtete Holz. Dann rafft er sich auf, verläßt Vau und geht zu Fuß zum Bahnhof, was immerhin ein

Gehen von dreißig Minuten bedeutet. Dort setzt er sich in den Zug an einen Eckplatz. Da er den Fahrplan, den er brauchte, stets auf die Minute kannte, war für ihn das Reisen eine den meisten andern untergeordnete Angelegenheit.

Er befindet sich in embryonaler Stimmung, das heißt, er denkt weder, noch empfindet er das geringste, handelt aber sinngemäß, seinem Reiseimpuls entsprechend. In der Stadt angelangt, löst er einen Fahrschein nach Triest ißt an der Südbahn und fährt in einem der ersten Wagen hinter zwei Lokomotivkolossen mit ganz kurzen Schlöten.

Er ist nicht allein in dem Abteil. Ihm gegenüber sitzt ein Fremder. Lanner sieht ihn kaum an. Seine Wangen, die immer ein älteres Lachgrübchen zeigten, vertiefen es mit einem Male immer mehr, bis es »hahahaha!« bei ihm tönt.

»Sie lachen wohl über mich?« sagt pikiert der Fremde und sein durch einen vielseitigen Bart bisher verdeckter Mund bleibt wie eine kleine Schublade erwartend offen. »O nein,« erwidert Lanner fromm, »da müßte ich ja weinen.«

Nun ist die Spannkraft des pikierten Fremden nicht mehr imstande, eine Brücke zwischen dem Lachen und dem Weinen zu bilden, eines von beiden war ihm unangenehm gewesen. Ein Schein von Logik hatte ihn schon beinahe beruhigt: denn nichts kann ihm sicherer beweisen, daß jener nicht über ihn lachte, als die Versicherung, er müßte ja, *wenn* etwas, dann weinen. Aber da wächst aus dem für eine Sekunde beschwichtigten Groll eine neue Flamme empor: »Also lachen nicht; es war Irrtum. Aber was? Weinen? Über mich weinen?« Da versagt die Spannkraft des Brettchens zwischen den Begriffen Lachen – Weinen, auf dem er noch eben hätte tanzen können; es bricht ein und der pikierte Fremde muß in seinem eigenen Sumpfe (er nennt ihn Wut) ersticken.

Niemals kann ihm jemand sagen: »Es hat einer für sich ganz allein ›Hahaha‹ gemacht. An Sie dachte niemand (schwer zu begreifen – aber so ist es). Sie haben ihn unberechtigt angesprochen, auch unhöflich, und waren sachlich im Irrtum. Seine Art der

Antwort war nur ein Gegenstück zu Ihrer Art der Anrede. Radieren Sie die beiden Momente aus, so bleibt nur das Hahaha. *Müssen* Sie dazu Stellung nehmen?«

Nein, niemand wird ihm das sagen können; denn jetzt ist der Mann infiziert von Zorn auf Dünkel mit starkem Kräfteverfall über das: »Nein, da müßte ich weinen.«

Es ist möglich, daß Lanner ernst davon überzeugt ist, man könne sich einfach nicht genug scheiden lassen von Kind und Kegel, Mann und Maus, Haus und Hof, Wein, Weib und Gesang... Er sitzt klein und zaghaft vergnügt in der Ecke und spricht nicht. Seine Augen schwimmen, er hört das Poltern des Nachbarn nicht. Sein Gesicht folgt kaum merklich dem Beben des erschütterten Wagens. Seine Gedanken sind nicht in Triest, nicht bei seiner, eigenen Person, bei niemand sonst. Sie schlafen wie die Neugeborenen.

Der Zug rollt...

*

Wenn Gregor Vormbach nachts mit dem Hausschlüssel das Haustor zusperrte und zu den ersten Schritten auf der Stiege ausholte, fühlte er sich jedesmal von dem angenehmen Gedanken umarmt: »Was wird sie mir hergerichtet haben?« Sie, das war sein Küchendrachen mit Rauch auf dem Kopf. Er hatte an dieser Stelle und zu dieser Zeit fast immer angenehme Dinge im Kopf. Zum Beispiel war das der Augenblick, wo er bisweilen froh seiner Matura gedachte, die er mit dreiundzwanzig Jahren endlich – nicht einmal mit dem Beigeschmack einer peinlichen Schamhaftigkeit zustande gebracht hatte. Er fühlte nur: »Na, die hätten wir nun glücklich hinter uns«. Von dem Tage an kannte er eine wenig getrübte Freiheit.

Oder es fiel ihm irgendein schmeichelhafter Ausspruch ein. So gedachte er auf mehreren Treppenstufen des Satzes: »Der Gregor ist schon der anständigste Kerl, den man sich denken kann – und hat so viel Tendresse«. Auf einigen Stufen wiederholte er: »und so viel Tendresse.« Mit seinem Zeigefinger klopfte er sich den Hut in den Nacken zurück. »Tendresse.« Dann fiel sein Blick beim Aufsteigen auf das umgekrempelte Hosenende, das locker und scharf die rennpferdedle Fessel, breit von Profil, strichmäßig schmal von vorne, umfing; und er extemporierte zu dem bekannten Text ein Wort: »Tendresse et élégance«; denn was immer die sogenannten Schusters Rappen sein mochten, die er trug, sie waren aus gutem Stall, wunderbar gehalten. – Das Striegeln, Streicheln, Reiben, dann liebevoll hinstellen mit den Nasen nach dem Beschauer gewendet, wie sie da waren, Rappen, Füchse, Braune, auch einige Schimmel, auch Schecken, weiß mit braun und schwarz mit grau, Vollblüter, Pinzgauer für Jagd und Sport, Ponies für den Abend, dies besorgte ein Wärter, der Gatte des Drachens, der (unabsichtlich) den Herrn nachahmte; die Stimme des Herrn, die Redewendungen, den Gang, die Haartracht und den Geschmack seines Gaumens. Nur daß er am Herde seines Drachens rascher gealtert war als der Herr.

Nachts blieb niemand auf – aber wenn Vormbach im kleinen Speisezimmer das Licht angezündet hatte, schien es, als seien eben die Heinzelmännchen unter der Tischdecke verschwunden. Es standen liebevoll zugedeckte Schüsseln da, das Licht fing sich in Glas und Flaschen – und wenn er innerlich schmunzelnd, äußerlich bewegt, glotzend einen silbernen Deckel hob, siehe, da lagen Dinge im Schatten der silbernen Wand, Vormbach sah gerösteten Toast, auf welchem sich Rühreier unter einer Trüffelscheibe mit einem Batzen erschreckter, versteinerter Madeirasauce ausbreiteten oder hausgemachte Liliput Semmelchen, die halb zu einem lächelnden Mund gespalten, aus dem klaffenden Schnitt milde Haselhuhnpüree zeigten. Zuweilen fand er einen Zettel, worauf er las:

»Im Hehrd wär ein Reiß mit Lebern« oder »Maggerohnipastetn« oder »gefühltes Paprika mit Fasch und Reis«. Das konnte er aber als Ausnahmen betrachten, die sich zuweilen an den Tagen ereigneten, wo er der Äffin Resi, ihrer Tochter, die häßlich, aber frech, unnahbar, aber auffallend gutgewachsen und dem

Drachenauge der Mutter wertvoller als der Nibelungenhort erschien, ein freundliches Wort oder eine freundliche Gabe zugesteckt hatte. Dieser Äffin Resi fehlte nur der Graf, meinte die Mutter, mit ihren grünen Augen anzüglich funkelnd. So gut es ging. Denn sie waren klein, und die Lider gespannt von der jahrelangen Arbeit am Herd; das Zeug zur Gräfin wäre da; aber eben deswegen war nichts mit ihr anzufangen; weil sie eine richtige Gräfin war, die dumme Person. Sie hatte einen ganz anderen Ehrgeiz: wollte studieren und blieb bei ihren Eltern, nur um den Haushalt von Grund auf zu lernen. Dieses Studieren bestand freilich nur darin, daß sie sich mit einem Studiosus traf, der es ernst meinte, insbesondere wenn sie am Sonntag in der Linonbluse erschien, die Vormbach ihr geschenkt hatte, und ihm eingewickel ein paar köstliche Sandwiches von Sonntagabend mitbrachte. Entzückt von ihrer Gestalt, ihrer Häuslichkeit und ihrer schnippischen Art der Unnahbarkeit, die doch nicht jede Hoffnung raubte, hatte der ihr die Ehe versprochen. Das war die Äffin Resi, die in Weiß und Schwarz züchtig durch die Zimmer ihres Herrn ging, ohne je etwas in Unordnung zu bringen, jeden Gegenstand kannte, aber zu keinerlei Scherzen aufgelegt war. Allein, zögerte sie nicht, sich genauestens eine gewisse Kategorie von Stichen und Drucken zu besehen, von welchen Gregor eine keineswegs verheimlichte Sammlung besaß. Er hatte sie einmal, nicht unabsichtlich, liegen lassen und Fräulein Resi beim Durchblättern überrascht. Sie brachte es fertig, ihre Unverfrorenheit zu bewahren, faltete alles und glättete die Bogen und ihre Augen und fragte, ob sie Tee bestellen solle, wobei sie die kleinen, grauen Augen vollkommen gefaßt auf Gregor richtete, der das Nasentröpfchen einzog, dann: »So! Ah! Was wird denn da angeschaut?« sagte, wie der Herr zu seinem Hündchen, das sich vergessen hat, und das immer zuerst gefragt wird, was es denn da gemacht habe, bevor es hineingetunkt wird und ehe es antworten kann. Resi erwiderte, wie sie das in den Büchern gelernt hatte, die sie Abend für Abend bei Gregor holte, voll Kälte und »Selbstbesessenheit«, wie Lanner gesagt haben würde:

»Die Kritik hatte ganz recht – besonders gut kann ich das nicht gezeichnet finden von dem Herrn Maler.«

Von dieser Zeit stammte das Prädikat Äffin; denn als Gregor in der Laune des Augenblickes sich der Tochter seines gefürchteten Drachens nähern wollte, hatte sich diese geschickt wie ein Lachs aus der Gefahr einer sie langweilenden Situation herausgeschnellt und das Zimmer verlassen, so daß Vormbach in Unmut und Verachtung ihr nur mehr drei Worte nachbrummen konnte:

»So eine Äffin!«

An diese alberne Begebenheit denkt Gregor nicht heute, sondern, durstig wie er sich fühlt, nach einem Rennball im Hotel und einem anstrengenden Nachmittag am Totalisator, stellt er sich glückstrahlend vor, daß ihm die heilige Familie dort oben eine Flasche Biliner auf Eis und einen leichten Saarwein hergerichtet haben würde und vielleicht kalte Kalbsvögerln mit Apfelmus.

Sein Zeigefinger gibt dem Hut den beliebten Stoß nach hinten, und wie immer, nüchtern bis in die Knochen, voller Entzücken über ein paar Erinnerungen an Nachmittag und Nacht – einmal einer Begegnung Aug in Aug mit Genovewa und abends bei der Damenwahl ihr Herannahen und ihn zum Tanze bitten – öffnet er die Türe zum Speisezimmer, wo er das Licht andreht und mit einem Blick den Tisch überfliegt, worauf an die Gläser gelehnt, ein Brief auffällt. Er erkennt die Schrift der Köchin-Mutter und denkt: »Nein, heute nichts Warmes – es ist zu heiß«. Und er gießt das Wasserglas halb voll mit Wein und füllt es mit Biliner, das er mit der Kraft seines Durstes in raschen Zügen leert. Dann untersucht er die zugedeckten Platten, entdeckt richtig zwei kalte Kalbsvögerln in dem erstarrten Bratensaft, reißt eine Semmel auf und ißt mit Behagen.

Im Zweifel, ob er das zweite Kalbsvögerl auch angreifen sollte, öffnet er den Brief und entziffert die ersten Zeilen. Nun weiß er, daß es bei dem einen Kalbsvögerl bleiben würde:

Der Drache hatte gekündigt.

Er schrieb… »indem daß wir, ich und mein Mann, ein Hotel übernommen, wo grad unverhofft frei wird, wo wir schon lang darauf warten und wo perfekte Küche, Lift und Bäder im Hause und überhaupts ersten Ranges...«

Vierwöchentliche Kündigung.

Und wo *die* kündigt, wächst kein Gras... Mit der Äffin sprechen, bliebe erfolglos wie immer... Vormbach legt sich leise jammernd schlafen... Nie wieder würde er es so gut haben, wie diese letzten acht Jahre... Woher sie das Geld hatten? Und diese dumme Art von dem Kuchelmensch, mir per Brief zu kündigen...

»Rein heiraten muß man...«

*

Vewis Zimmer nach zehn Uhr abends. Die Türe zum Nebenzimmer ist offen. Dort wohnt die jüngere Schwester. Genovewa wird sich schlafen legen, Scarabee liegt schon, weil sie jünger ist und weil sie wahrscheinlich weniger zu denken hat.

Genovewas jungfräuliche Arme entwinden sich teerosenzart den weißen Tüllärmeln, der Rock mit den vielen Tüllvolants zerfällt an den sich heraufwindenden Hüften vorbei, während eine Hand die Haare von Nadeln befreit, so daß sie, in sich verfolgenden Rundungen gelöst, den Rücken in silbernem Fall entlang gleiten.

Und zwei fehlerlose Schulterbogen zwingen das Auge zu dem Ansatz der Arme, der ein Kreuzungspunkt von ebenso fehlerlosen Linien wird, an welchen nirgends ein Anfang, nirgends ein Aufhören anzugeben ist, weil alle zerschmelzen und jede der folgenden nachgibt. Und doch überschneiden sie sich, und doch, ehe eine neue Form beginnt, ging die vorhergehende zur Neige, und dieser Punkt wäre nachweisbar, wenn auch zauberhaft von einer alles verheimlichenden Haut überzogen, die weder Linien noch Punkte kennt, sondern nur ihre eigene zartgefärbte Spannung über einer zwar zielbewußten, ihr aber unbekannten Formenwelt.

Vewi geht spazieren und auf dem Wege von Stuhl zu Waschtisch läßt sie, einen nach dem andern, schwarzseidene Ballschuhe zurück, die sich in unvorhergesehener Verlassenheit wie zwei Kampfhähne gegenüberstehen. Das ärmellose Mädchenhemd wirft Falten wo es kann; aber wo es darf, gibt es Tal und Hügel zu erkennen.

Vor dem Spiegel des Toilettentisches läßt sie sich nieder, und weil das Zimmer nur von dort beleuchtet ist, sieht sie ihren Kopf darin als einzige Helligkeit auf schwarzem Grund und betrachtet ihn ernstlich. Die Augen allein zuerst, die wie Bernsteine leuchten, dann stößt sie ihr Kinn in die erhobene linke Achsel, die aus dem Band schlüpft, und sieht scharf aus dieser Stellung in ihr Spiegelbild. Vier Finger greifen beherzt in den Haarbusch und drehen ihn griechisch an den Hinterkopf. Man braucht den Handspiegel zur Kontrolle. Das Profil gefällt. Sie lächelt. Die Wange wirft auf sich selbst ein Schlaglicht und einen Schlagschatten, und das Ohr hebt sich hervor wie eine rote Initiale in der Buchseite.

»Mama war natürlich immer hübscher als ich«, denkt sie, »aber ich habe mich lieber«. Auf einmal steht im langen Nachthemd Scarabee in der schwarzgähnenden Türe. Vewi sieht in den Spiegel.

»Ach du!«

»Ja?« sagt Vewi.

»Ich wollte, ich wäre so alt wie du,«

Vewi lacht leise, denn sie versteht.

»Aber ich wüßte schon, was ich mache, ich«, sagt die Kleine.

»Ja?«

»Das kann man nicht so sagen.«

»Ah was, mir schon?«

Scarabee schmilzt über den Lockton.

»Ich würde einfach den heiraten, den…«

»Den?«

»Den ich gern habe.«

»Na ja, ich auch!«

»Ja… aber du weißt ja nicht, wer dich gern hat.«

»Zu viele… Das macht natürlich die Sache schwer, weil man… dann nicht mehr weiß, welchen man selber…«

»Darum wollte ich ja so alt sein wie du. *Ich* wüßte. Trotz aller andern!«

»Ah, du glaubst, das geht so wie in Büchern.«

»Nein, gerade nicht!« Scarabee springt vehement bis zum Tisch, wo Vewi, eine unordentliche Griechin, ohne Sandalen, sich anschickt, als erste Christin eine kleine Ungläubige zu bekehren:

»Es ist wirklich ganz anders, als du denkst.«

»Du mußt absolut...«

»Was muß ich?« Vewi reißt den griechischen Knoten ab und bürstet den dichten Pelz, daß er knistert und im Bogen stehenbleibt.

»Du mu–ußt den Kerkersheim heiraten!«

»Den Kerkersheim? Hat er dir gesagt?«

»Nein. Der und so etwas sagen.«

»Aber ich weiß... er stirbt, wenn du einen andern – «

»Warum glaubst du?«

»Ich weiß es! Ich sehe es, wenn wir Tennis spielen. – In seinen Augen sehe ich es.«

Vewi macht einen Scheitel – einen schneeweißen Weg, mitten auf dem hohen Oval. Sie legt den Kamm fort und flicht mit gesenkten Augen erst einen, dann den andern Zopf. Sie denkt an Kerkersheim, sieht sein flehendes und dann sein lustiges Gesicht. Sie hat die Unwissenheit, zu glauben, daß er keine Freude an ihrer sichtbaren Form haben könne, worauf sie, leider sei es geklagt, Wert legte. Er ist so viel besser als sie...

Sie würde sich schämen, in seiner Gegenwart eine schöne Gebärde ihres Armes zu wagen – was sie mit andern riskieren durfte. Gregor Vormbach sagte: »Baronin Vewi, Sie sind schön; aber aus Ihnen wird noch einmal die größte Schönheit der Stadt.« Sie glaubte es nicht einmal selbst – aber eben – mit solchen konnte das Spiel gespielt werden... Aber so greifbar kamen ihr die Gedanken nicht. Sie war so unschuldig wie hilflos, so blind wie schön. Aber sich selbst vertraute sie. Das wird ja alles gut, ich muß nur immer wieder mit ihnen zusammenkommen.

»Scarab!«

»Ja.« Beate ist gespannt und spürt einen wichtigen Augenblick. Sie hat vielleicht etwas für *ihn* vollbracht...
»Der Kerkersheim ist ein wundervoller Mensch...«
»Ja – «
»Ein... einfach ein Heiliger.«
»Ja...
»Ich glaube, er macht eine Frau glücklich.«
» O – das ja!«
»Er ist jung...«
»Das macht ja nichts.«
»Aber alles versteht er.«
»Ja, ich weiß.«
»Er ist ein wundervoller – «, »ein wundervoller Mensch.«
»Scarab?«
»Ja?«
»Wenn er dich liebte?«
?
»Ich habe ihn unendlich gern... Er mich...«
»Aber Vewi! Dann...«
»Ich *kann* ihm nicht weh tun.«
»Aber du tust es. Du tust ihm so weh.«
»Ich habe nie ans Heiraten mit ihm gedacht.«
»Aber so hab ihn doch lieb!«
»Ich kenne mich nicht aus... Mama will es nicht. Und da...«
»Vewi, wäre ich nur du!«
»Mir scheint... du?«
»Ich weiß nur, daß ich will, daß er dich hat. Er denkt ja nur an dich...«
»Scarab – wenn ich nur wüßte. Ich liebe alle – Da ist etwas nicht richtig... Und doch keinen wie ihn...«

*

Zwei Nachkommen Adams sitzen einander gegenüber. Der eine ist Geheimer Rat Dr. J. von Aign, des anderen Familiennamen bleibe ebenso verborgen wie der des Urvaters. Er sitzt hier nicht als Patient, sondern eines Patienten wegen. Sein Anzug ist gut, der Kragen frisch, ebenso die Nägel seiner Finger, er selbst ohne besondere Merkmale, es sei denn, daß er es vermeidet, den Nervenarzt beim Sprechen anzusehen. Das könnte einen Grund darin haben, daß jenem das Licht im Rücken steht, so daß man beim Hinsehen nur ein schwarzes Oval erblickt, oder, daß er auf die Worte, die er brauchte, sehr zu achten habe; indessen Dr. von Aign hört nicht so beflissen zu, als der Klient beflissen spricht, denn er glaubt die Rede des andern zu kennen, und in der Ökonomie seiner Kräfte weiß er die Spannungen zu verteilen.

Bei der ersten Pause erwidert er mit einem Blick der Autorität auf den Autoritätsgläubigen:

»Sie brauchen sich nicht zu ängstigen.«

»Ich ängstige mich nicht, Herr Doktor, es ist nur... *wissen* möchte ich: *Kann* es eine nur momentane Erkrankung sein, ohne daß deshalb das Gehirn sich verändert, sondern wobei, sagen wir, bloß ein Druck entsteht, und wenn der Druck aufhört, ist alles wieder...«

Es gibt Menschen, denen die Worte nicht zu Gebote stehen, so wie einer die Kartoffeln, die er braucht, nicht hat, sondern sie kaufen muß. Manchmal aber sind die Läden zu. Der Arzt sieht Ratlosigkeit. Anstatt nun einfach ein paar Kartoffeln zuzustecken, sucht er ihm begreiflich zu machen, doch jetzt nicht hungern zu wollen.

»Sie müssen jetzt ganz ruhig bleiben, mein Freund, sich nicht ängstigen.«

»Nein, ich ängstige mich nicht, hier bei Ihnen. Das... das kann ich ja zu Haus. Hier will ich bloß wissen.«

Von Aign erkennt nicht die ganz annehmbare Wahrheit, die den Worten unterzulegen war, sondern nur die ihm zu allen Formen geläufige Unruhe eines besorgten Familiengliedes.

»Also, nicht wahr, jetzt gehen Sie nach Haus und quälen sich möglichst wenig, Ihre Frau bleibt hier zur Beobachtung und hat die beste Pflege.«

»Ich möchte nur *wissen*«, beharrt der andere, der dafür hier saß und die Augen auf die Knie heftete, wo er die Worte in einem Häuflein zu halten scheint, seine Hände sind wie zwei Hürden aufgestellt, und er streicht das vermeintliche Häufchen sorglich zusammen: »Nur *wissen* – ich *habe* ja nicht Angst. Sagen Sie mir, was ist das, wenn sie so anders Klavier spielt, früher hat sie wundervoll spielen können, das war wie bei der größten Künstlerin. Und jetzt, wenn ihr ein Akkord gefällt, wiederholt sie ihn mitten im Stück; und traurige Stellen spielt sie mit übertriebener Sentimentalität und einem unechten Ernst – – ja, nun möchte ich eben *wissen* – so etwas kann eine Entartung des Gehirnes bedeuten – oder könnte vielleicht ein Druck durch einen Abszeß im Gehirn – der, wenn er einmal abgeheilt ist...«

»Ich möchte Ihnen nur sagen, lieber Herr«, unterbricht der angestrengt, aber unaufmerksam Zuhörende, der im Vorübergehen die rechte Hand an sein Kinn, die linke auf einen elektrischen Knopf drückt – »Seien Sie nun nicht erregt – lassen Sie die Sache ruhen, ich kann Ihnen über Ihre Frau jetzt nichts sagen.«

»Nein, nichts über meine Frau, das möchte ich auch nicht, ich will nur wissen...«

»Ich weiß, was Sie wissen wollen«, fährt der Arzt in die Pause, die der Suchende zum Atmen brauchte, »Sie ängstigen sich natürlich über Ihre Frau, die Sie lieben.«

»Nein, ich möchte nur wissen...«

»Wie, Sie ängstigen sich nicht?«

Und der Gatte Isabellens blickt vorwurfsvoll väterlich auf den Gatten der kranken Frau, der sich sofort verbessert:

»Doch, natürlich, aber – das geht nur mich etwas... verzeihen Sie, ich...«

»Das dächte ich doch auch. Also nun seien Sie vorläufig außer Sorge.«

Die Türe öffnet sich für den Diener.

»Führen Sie den Herrn jetzt zu Frau Jonas, falls sie hier ist«, sagt der Arzt, der es wirklich gut meint. Er bietet dem sich erhebenden Gatten die Hand und fügt mit freundlicher Kälte hinzu:

»Frau Jonas wird Ihnen jede für Sie wichtige Auskunft geben.«

Wenn er den Namen »Jonas« sagte, konnte er seine Brauen nicht zügeln, die irritiert einen Gemsensprung nach dem Haaransatz der Stirne tun. Der Name, den seine Frau ausgewählt hatte, paßte ihm nicht, und das war zu verstehen. Da er aber, weil niemand von Isabelles Tätigkeit im Irrenhause unterrichtet werden sollte, niemand von diesem Ärger erzählen konnte, mußte er sich mit dieser Reflexbewegung seiner Stirnhaut begnügen. »Sie wäre auch wie Jonas ins Leben gespien worden...« Nun ja, wie wir alle.

*

Auf einer Bank in den Anlagen des Lachsgartens sitzen zwei, die sich kennen, eine junge Dame und ein Herr. In einiger Entfernung geht jemand vorüber.

»Schau, da geht der arme Kerkersheim.«

»Wo? Richtig! Ein schrecklicher Mensch, so ungesund!«

»Dabei geht er rastlos auf Bälle.«

»Kann er denn tanzen?«

»Bewahre! Aber dem schönsten Mädchen den Hof machen.«

»Das bist du!«

»Warum machst du der Soulavie dann die Cour?«

»Ach, nur so pro forma.«

»Sie soll heiraten.«

»Wen? Kerkersheim?«

»Welche Idee! Ein unmöglicher Schwiegersohn. Da kennst du die Mutter Soulavie schlecht. Den Stavenhagen.«

»Mir wurde gesagt Vormbach.«

»Er ist zwanzig Jahre älter.«

»Aber er hatte das furchtbare Pech mit seinem Hausstand...«

Wer waren die beiden? Niemand. Ein Bruchteil aus der Summe der Bewohner dieser Stadt. Bekannte, geboren, aufgezogen, erwachsen, normal, hübsch und neu und leer, gehörten sie zu denen, von welchen, wenn zwei dasselbe tun, das Ihre bestimmt nicht dasselbe sein kann, aber Geltung hat, als wäre es dasselbe. Es sind diejenigen, die von Glück und Unglück sprechen, als ob es das für sie gäbe, von Sein und Nichtsein, als wären sie Seiende, von der Umwelt, als hätten sie Sinne, von Menschen, als wären sie welche, von Schönheit, als hätten sie je etwas anderes gesehen als sich selbst. Sie heißt nicht einmal Emma und er weder Kurt noch Werner; zufällig und sorgfältig wurden sie auf die Namen Angelika und Paul getauft, wiewohl ihnen Namen wie »Ach« und »Null« oder »flehe« und »Hihi« gepaßt hätten wie Faust zu Faust und Auge zu Auge.

Sie sind die Zementmassen, die den Stein verbinden, und von solchen klebt die ganze Welt.

Albert Kerkersheim hat längst den Garten durchquert und denkt daran, daß ihm heute früh vor dem Spiegel beim Rasieren, als er mit dem dritten Finger der linken Hand die Haut der rechten Wange emporgehalten hatte, um an ihr mit der rasierten Rechten herabzustreichen, eine Antwort auf die Frage gekommen war:

»Warum gibt es so viele mittelmäßige Ärzte, die einen falsch behandeln, nichts erkennen, die einen aus nichts herauszureißen imstande sind?« – »Weil sie Vewi nicht kennen.«

*

Ein Kaffee im Westen der Stadt, etwa um halb drei Uhr nachmittags. Isis Aign sitzt vor einer Tasse Schwarzen und blickt abwesend mit langsamer Drehung des Kopfes in dem Raum umher. Es sind nicht viele Gäste anwesend, höchstens sechs oder sieben. Zwei Kellner, Cocktail-Spezialisten, haben weiße Leinenrechtecke vorgebunden. Am Büfett glänzen auf orangegefärbter Marmorplatte allerlei häßliche Flaschen und Behälter. Man spricht nicht laut an den Tischen, manchmal treten Gäste ein, und dann tönt von der Tür her das dumpfe, luftgedrückte Drehen ihrer vier Flügel. Isabelles Tisch ist nicht interessant für die Bedienenden.

Am Spiegel aber, an einer größeren Steinplatte, sitzen vier Literaten. Sie haben eine Art zu verlangen, die das Bringen für den Kellner in eine weniger monotone Angelegenheit umwandelt. Es ist ein Trick wie ein anderer und gehört auch in die Kategorie der menschlichen Affereien, denkt Isis: »Sie, mein Lieber, heute bringen Sie mir einmal... warten Sie...« – »Vielleicht ein...« – »Nein, keine Spur! Was fällt Ihnen ein...« usw. Sie gedenkt eines französischen Aufsatzes, der ihr auferlegt worden war mit dem Untertitel in Klammern: »Style léger et enjoué« und der *mußte* in diesem Stil abgeliefert werden. Ja... wer in der Schule die Heuchelei und das Scheinwerfen nicht erlernt hat, bleibt verlassen. So wie jedes Tier in Ehrlichkeit seinen Schrei hat, an den man sich erinnert, wenn man es erblickt, so nahm jede Kaste und jeder Typus, es sei denn, er wäre durch ein außergewöhnliches Exemplar vertreten, eine besondere Form der Äußerung, des Sichgebens an. Der Militär befleißigt sich im allgemeinen der Frisch-aufs-Ziel- und Frisch-vom-Spund-Manier, Ärzte haben Weisheit mit Zangen und Pinzetten gegessen, Juristen Talar-Armbewegungen, beide kennen infolge Bildung »das Weib«, Seit Fausts Erdenwallen genügt hierzu, daß man seinen Doktor mache, Frauen der höheren Stände sind Lebenskünstlerinnen, weibliche Roheiten sind meistens wild und ausgelassen, männliche kurz und holzhackerisch oder süß, wie sie denken, daß man es im Rokoko gewesen sei. Gewisse Jungfrauen sind hehr, andere wieder markieren Straße, tun aber empört, wenn der Mann, auf ihren Schritt eingehend, spazierengehen will, kurz, es ist ein merkwürdiges Beschwören in Wort und Gebärde, man möge einen ja nicht für das halten, was man glaube; man sei nämlich ganz anders... Nur Johnny spielt das Spiel nie, weil er von Anfang an von seiner unfehlbaren Wirkung überzeugt ist...

Da geht die Tür um ihre Achse, und zwei Sektionen wie eine Salz- und Pfefferschale liefern ihren menschlichen Inhalt an den Saal ab. Isis schlägt das Herz wie einem gefangenen Zeisig. »Isabelle, wirst du schwach?« sagt sie sich und gibt sich Sporen, während sie ihre schwarzen Füllaugen (bei denen in jetziger

Stellung kaum das Weiße sichtbar ist wie bei den hübschen lidlosen chinesischen Papiermachépuppen) möglichst unintensiv blicken lässt. Sie trinkt ihren Kaffee aus. Inzwischen haben die beiden Ankommenden einen Tisch am Fenster eingenommen, der eine, ein blauschwarzer bartloser Halbzwerg, legt die Tafel »reserviert« nieder und winkt dem Kellner mit Manschettenlärm. Der andere, ein junger Vollmond, ebenfalls glattrasiert, öffnet eine schwarze Mappe und holt aus ihr Papiere hervor, die er dem andern vorlegt, wodurch dessen schmales Gesicht durch Schlaglicht erhellt wird. Beide reiben sich die Hände, besehen die Nägel und zeigen sich gegenseitig ihre, wie sie hoffen, »amerikanischen« Gesichter, was ihnen am ehesten zu gelingen scheint, wenn sie sich lautlos lachend, mit zurückgerissenen Mundwinkeln, auf den Unterkiefer stützen. Isis rückt den leeren Stuhl zu ihrer Rechten etwas beiseite, denn er könnte in den nächsten Minuten stören. Sie packt ernst, aber leicht ihre Sachen ein, Notizbuch, Taschentuch, Bleistift, erhascht, um zu zahlen, den Kellner, der eben von den beiden die Bestellung entgegengenommen hat, reicht ihm die dreifache Summe, ohne sich herausgeben zu lassen, nimmt einen rechteckigen Zettel Papier, einen Handschuh und die Brieftasche in die Linke und ruht sich vor dem Aufbruch etwas aus. Ihre große weiße Hand ordnet noch ein paar Haare und liegt dann untätig auf der bepackten Linken im Schoß. Von ihrem Spiegel herüber winken die Literaten, man kann ihre Rücken und die Gebärden in dem Spiegelglas verdoppelt erblicken, der blau-schwarze »Amerikaner« droht scherzhaft mit dem Zeigefinger, was irgendein stehender Witz ist, den nur wenige verstehen, es schallen Worte heraus wie »Tatsächlich – ohne jede Verantwortung – kolossal – na und ob – fabelhaft – glänzend – zehn Mille – Idiot – aber ich bitt' Sie« – und dergleichen. Wie spricht jedes Tier schön, und gebraucht nichts dazu, denkt Isis. Gerade ist kein Kellner zu erspähen. Der Mann am kleinen Büfett war gerade tief in dessen Halbrund gebeugt. Isis steht auf; der Nachbarstuhl hindert sie nicht im Durchschreiten einer geringen Distanz, sie ist sehr schnell, doch ohne Hast, ohne Geräusch an dem Tisch im Fenster angelangt, und so schnell wie ein Kaninchen einmal mit der Nase rümpft, hatte der Blauschwarze eine so köstlich prickelnde, so lufterdrückende Ohrfeige von der distinguierten Fremden auf die rechte Wange ausgeteilt erhalten, daß ihm wahrlich der Verstand auf dieser Seite wenigstens stehenblieb. Mit wenigen Schritten ist Isis von der Türe und gar nicht einmal eilig hinausgedreht worden. Sechs Leute stehen, aber keiner hatte vorher hindernde Stühle entfernt. Zwölf Arme greifen in die Luft, viele Nasen sind der Türe zu gewandt, die meisten Augen rund, die Lungen alle angefüllt, der Mann am Büfett reißt sein ganzes Gesicht auf und der Kellner bringt siegesgewiß an den Tisch, wo der Blitz eingeschlagen hatte, die vorher bestellten Getränke, hebt dann ein Papier vom Boden auf; wo es hingeweht worden war und präsentiert es:

»Herr Dr. Specovius?«

Der erwacht eben aus Ohnmacht und Wut und liest mit einer feurigen und einer blassen Wange die maschinengedruckten Worte: »Für Ihren niederträchtigen Artikel im Sonntagsblatt.«

»Ja – aber wer ist denn diese schauderhafte Natter?« hauchte er mit Leibeskraft hervor. »Fritz! wer war die Dame, die vorher da gesessen war?«

»Ich weiß nicht«, sagt Fritz, »sie war noch nie hier. Ich kenne die Dame nicht.«

*

Vewi Soulavie kniet an ihrem Bett, die Ellenbogen auf gestützt, die Füße in schwarzen Lackpantoffeln. An diesem Abend spricht sie in kindlicher Gläubigkeit mit demjenigen, von dem sie glaubt, daß er über sie wache, ihre Wege kenne und sie führe.

»Mein Gott – – es ist: G.V. Ich liebe ihn. Ich bitte dich, gib, daß es sein darf. Mon Dieu comme je l'aime! Mein Gott hilf mir – gib ihn mir! Ich werde immer fromm und gut sein und dich lieben…«

Im Nebenzimmer liegt Scarabee schon, das Licht ist gelöscht. Sie sieht sich mit Albert Kerkersheim durch eine herrliche

Landschaft von Wiesen, Bäumen und Himmeln gehen – eine Schlange bäumt sich plötzlich vor ihren Schritten auf, gerade als Kerkersheim ihr in seiner milden Stimme liebe Worte sagt in der Art von: »Mich haben Sie so lieb? Mich?« Sie deckt Albert mit ihrem Körper und fühlt, wie seine Arme sie sanft und sicher an sich drücken...

»Aber ist denn dieser Vormbach nicht viel zu alt für unsere Vewi?« fragt unten der Numismatiker seine Frau. »Man weiß auch nicht, wie er das alles auffaßt, er ist ein Klubmann und Spieler, gehört wirklich mehr zu unserer Generation, und dann seine Beziehungen zu allerhand... öh...«

Nie ließ eine Frau ihren Mann bequemer ausreden, als Baronin Soulavie es an diesem Abend tat. Dann sagte sie:

»Es ist und da müssen alle andern Einwände fallen – eine Sache von Leben und Tod bei beiden. Und selbst wenn Vewi anders dächte, ich kann mir für sie keinen geeigneteren Mann vorstellen.«

Sie dachte ihn sich freigebig, Vewi würde unerhört elegant sein... »meine Tochter und mein Schwiegersohn« (Graf Gregor Vormbach) »fahren heute nach London... und bis Scarabee erwachsen ist, hätte sie wieder ein paar freie Jahre. – Und während diese und viele andere, in ihren Gefängnissen befangen, alles übersehen, überhören und nichts überdenken als die nächsten Ziele ihrer Armut, stürzen seit Jahrtausenden die Wasserfälle aller Schluchten dieser Erde in ihre Täler, ziehen die Wolken Nächte und Tage unter den kreisenden Sternen und arbeitet der Geist im Unsichtbaren, das Unermeßliche ergreifend.

Hätten Isis und Lanner wie Lesages hinkender Teufel in gegenseitigem Einblick zu lesen verstanden, was in ihren Seelen geschrieben lag, so wäre die Tatsache, daß ihre Gedanken aneinander, ohne sich zu berühren, vorüberkreuzten, undenkbar geworden. Lanner sah nicht in Isabelles Gemüt, sah auch nicht, wie unrichtig sie die erkannten Dinge benannte. Aber er sah auch nicht in den eigenen Abgrund, sondern ließ nicht einen Augenblick lang davon ab, Horizonte zu befragen, die ihm nicht Aufschluß gaben.

Isis mußte sich sagen: »Er wirft mir wohl meine Untreue vor. Aber wie er das tut: Wie kein anderer. Redet er je mit mir über Vergangenes? Scheint er mir zu zürnen? Sieht man die leiseste Erregung über Züge und Gestalt gleiten? Nichts von dem allen! Eine unerhörte Selbstbeherrschung, die nichts von Berechnung weiß und dabei die Lieblichkeit seines äußeren Menschen, die unzweideutige Bescheidenheit und die hirtenhafte Jugend seines Blickes unter den grauen Haaren. Nie aber sucht er meinen Blick – bewundert ohne je zu schelten – ach – wie verschlafen ist die Bewunderung.«

Johnny Aign geht in Isabelles Zimmer auf und ab. Nachdem er einen Bekannten damit zu charakterisieren und seine Anerkennung auszudrücken suchte, daß er erklärte, er hielte ihn »keineswegs für dumm«, setzt Lanner mit zwei zu Circonflexen gespitzten Brauen über leuchtenden Augen ein und redet intensiv von dem, was ihn erfüllt: »Purer Intellekt ist die Quelle aller Dummheit: A! und B, dieser Mensch bedient sich eines Verstandes, der höchster Dummheit gleichkommt.« Worauf Johnny mit zwei Falten am Mundwinkel und einem pfeiferisch durchlochten Mund das Zimmer verläßt. »Habe ich nicht recht?« fährt Lanner fort. »Gibt es etwas Dümmeres als den mit purem, also ungemischtem Intellekt Begabten? Denken Sie doch – von ihm abzuhängen in wichtigen Dingen des Herzens, der Phantasie, des Lebens, des Entschlusses. Und überhaupt jede Unterhaltung mit ihm. Recht hat er immer und wäre unfähig, Richter zu sein anders als dem Buchstaben nach. Das sind ja die Kerle, die Gesetze entwerfen.«

Ja« – sagt Isis – »dieser Stavenhagen ist wirklich in jeder Beziehung minderwertig, ohne je eine böse Tat zu begehen. O die Frechheit von ihm, wenn er vom Kosmos spricht. Steigt auf Berge und wagt es dann ›Kosmos‹ zu sehen.«

Lanner lacht. Wie gut Isis versteht. Welch eine kluge Frau. Jung aussehend. Humor. Das sagt er sich im gedanklichen Vorbeischlendern. Sagt er sich mehr? Er verrät es nicht.

»Was heißt das schon, wenn von einem gesagt wird, er sei nicht dumm? Bei diesem ist viel wichtiger, daß er zudringlich, prahlerisch und recht grobgeistig ist. Und kann doch die Bemerkung, er sei nicht dumm, gar nicht mehr zulassen.«

Während Lanner spricht, sieht Isis sein helles Auge, das die ihren nie trifft und nie sucht, hört seine Stimme, welche Worte betont, steigt und fällt, eng mit dem Gedanken verbunden, der ihn beseelt, gleitet genießend über unbewußte Gebärden seiner Hände, die die Lehnen umklammern, sich klug darauf bewegen und tasten, oder, edel geadert, im Schatten einer Falte hängen.

Es ist unmöglich, ihm zu sagen – denn die Gelegenheit fehlt, der Gedankengang läßt keine Kreuzung zu – ihm zu sagen: »Lanner, ich bin auf der gleichen Welt, ich, das gleiche Ich, und du siehst mich nicht mehr. Ist es, oh, sage mir dies eine nur, ist es deine unendlich kunstvoll ausgeführte Absicht, mich von dir auszuschließen, aus Strafe, aus Gestorbensein aneinander, aus Blindheit, oder ist es, daß du wirklich, wie es scheint, vergessen hast? Oder fürchtest du Folgen? Nein, dies alles kann es ja nicht sein... Warum nur bist du mir der fremdeste aller Fremden? Was erfüllt dein Herz? Ein Mensch? Ein anderer Mensch? Ein Wahn? Wer oder was?

Lanner entwickelt seinen Gedanken, Isis antwortet, entfacht ihn aufs neue zum Gespräch durch Beispiele und humorvolle Wendungen. Von beiden Seiten fällt Gutes, sie aber überwacht zu gleicher Zeit den Anwuchs seines Haares, formt die hohe Stirne unter dem lockeren Fall der angegrauten braunen Büschel weiter zum Hinterkopf, und weiß, daß ihr Gegenüber nicht mit den gleichen Augen herüberschaut.

Und es verläuft...

XI

Du wärst eine ausgezeichnete Frau für Gregor... weißt du das?« sagte Isis eines Tages zu Miele, und sie meinte es ehrlich: »freilich müßtest du ein sicheres Verständnis für seine... sogenannten Extratouren haben.«

Miele hätte es mit der Antwort leichter gehabt, hätte Isis auf den, übrigens wichtigen, Nachsatz verzichtet. Da nämlich Miele sicher sein konnte, bei Gregor niemals als Objekt seiner Schwärmerei in Frage zu kommen, hätte sie eine entrüstete Ablehnung ruhig mit einem »Nein, danke schön. Nimm mir's nicht übel, wenn's auch dein Bruder ist, dessen Zauber ich anerkenne – aber danke wirklich!« riskieren können. In ihrem Nachsatz aber appellierte Isabelle geradezu an Mieles Hochherzigkeit und, was wichtiger war, an den Geist einer großangelegten Frau. Den wollen viele besitzen; in der Wahl zwischen der sittlich Entrüsteten, Hochzielenden und dem breitangelegten Weib mit Welt- und Menschenkenntnis blieb Miele nur diese letzte Form übrig.

»Es ist klar«, sagte sie überzeugt, »daß es bei ihm nur mit einer solchen ginge, die weise Nachsicht und lächelnde Kurzsichtigkeit übte. Herz muß sie haben, versteht sich –, ihn kennen – na, das ist mir nicht schwer... aber – und sie lächelte großzügig – ich bin nicht hübsch genug, wenigstens nicht die Art, die er liebt.«

Isis überflog mit den Augen Mieles Züge, begegnete den langen Wimpern, dem schönen dunklen Glasfluß der Augen, der gutgebauten kurzen Nase mit den etwas zu kleinen Nasenlöchern, den Mund im weichen Kinnoval, den sie immer etwas kindlich stellte, die Oberlippe locker und ein wenig naiv über der unteren gehoben. Das und die zu kleinen Nasenlöcher paßten nicht zu den schönen, schrägen Brauen, die etwas heller als das Haar, wie zwei Tausendfüßler, die sich nah begegnen, ein ausgeweitetes V bildeten. Aber eben diese unklare Halb- oder Zweiheit gehörte zu ihrem Wesen.

»Wenn du die Haare anders machen wolltest, Miele!« Nein, gegen die Frisur ließe sich nichts einwenden, sie wäre seit Jahren so und stände ihr, sie selbst habe ja etwas Spanisches (mit Korrektur ins Germanische), man lasse ihr die Frisur. Sie trug nämlich die Haare, wie sie glaubte, »andalusisch« und um die Stirne, die gar nicht häßlich war (kleine Frauen fürchten »das Leere« einer freien Stirne) zu verdecken, holte sie von der Schläfe her eine Anleihe, die sie in Form einer schwarzen Kaisersemmel über die halbe Stirne legte, während das Haar zu einer hohen Masche mit einem Schildpattkamm emporgehoben wurde. Zwei übrige Wellen sorgten für eine sorgfältige Verhüllung der Ohren. Isis betrachtete Mieles farbloses Schicksal als ein beklagenswertes; es gab für sie keine andere Form des Daseins als die Heirat; Mangel an Lust, an Initiative und an Kenntnissen versperrte freilich jede andere Möglichkeit...

»Kokotte willst du ja nicht sein; wirklich, eine ideale Gattin.«

Miele witterte hier grundlos eine beabsichtigte Herabsetzung.

»Ich weiß, du hältst mich nicht für ein echtes Weib!« »Ja, doch, natürlich!« wollte Isis erwidern; denn wirklich, Miele gegenüber hätte sie nie an etwas anderes gedacht, allerdings mit Hinzufügung der Diminutivsilbe »chen«. Ihr fiel aber jede Verletzung des Gefühls eines anderen schwer, und so wußte sie ihre Antwort nicht besser zu fassen als:

»Miele! es *gibt* doch für eine Frau nichts Schöneres, als in vollem Sinne ein echtes Weib zu sein.«

»Dann, weshalb trachtest du nicht selbst danach?«

Schwer zu beantworten für Isis; denn, erstens verehrte Miele ihren Vetter Johnny, wie wir noch hören werden, zweitens brauchte ein Weibtum, das sich verbarg, noch nicht als nonexistent geleugnet werden. Sie war sicherlich ein Weib und keines der kleinsten, aber vielleicht gehört dazu entweder die ganze Welt oder zum mindesten ein Mann, und endlich, wenn ein Wesen *kein* Weib war, so würde alles *Trachten* danach, wie Miele anriet, nichts nützen.

Nie war Isis so in Verlegenheit, als wenn sie mit jemand disputieren mußte, der nur halb ihre Sprache sprach. Und das war ihr Los, denn zwischen Kindern, für die sie ihre eigene Sprache hatte, und Johnny, der zwischen Kranken und den wenigen Bekannten, die sie sah, nicht zuhörte, war die Auswahl eines ebenbürtigen Partners schwer. Ja – einer war da – aber dieser eine hatte eine Mauer um sich aufgestellt, deren Übersteigen, oder ein Versuch, sie zu durchbrechen, in ihren Augen dem brutalen Eingriff eines Unbefugten gleichkam. Und wie verstanden sie sich, es ging fast ohne Rede und Gegenrede, ihr Witz weckte den seinen, seine Aufstellungen ihre Antithese, sie wußte in seinem Sinn zu denken, nicht etwa nach ahmend, sondern aus Wesensgleichheit, aber ein unheimlicher Nebel lag an seinem Herzen... Der Umgang mit untergeordneten, aber hartnäckigen Geistern hatte bei ihr Denken und Urteil zu einer seltenen Schärfe geschliffen.

Mieles »Dann weshalb trachtest du nicht darnach, ein echtes Weib zu sein?« veranlaßte sie im Nu zu der ihr naheliegenden Antwort, die nur dieser Fragenden galt:

»Weil ich zu feig bin.«

»Du, und feig?«

»Ja, ich fürchte mich davor, geliebt zu werden.«

»Ach, du bist immer so...«

»Verrückt! Sage es nur.«

»Nein, du bist doch so gescheit, viel mehr als ich. (O Miele! Das glaubst du nicht – denn glaubtest dus, dürftest du dir nicht das Urteil anmaßen, mich übersehen und einschätzen zu wollen – du kleine Schmeichlerin, Unaufrichtige, du.) Aber was meinst du?«

»Ich meine: Ich fürchte mich vor den Folgen, die echtes Weibtum mit sich bringt.«

»Ich verstehe nicht.«

»Ich sagte es schon: Geliebt zu werden.«

Diesmal schüttelte Miele den Kopf in aufrichtiger Bewunderung vor so viel Heroismus. Denn es konnte nicht an der Echtheit dieses negativen Wunsches gezweifelt werden.

Isis fügte ziemlich trocken hinzu:

»Es ist so peinlich.«

»Also du könntest kein echtes Weib sein?«

»Was verstehst du darunter?« sagte Isis.

Dies war für Miele eine qualvolle Angelegenheit, denn sie fühlte, daß Isis nicht nur Satzbau und Gedanken belauern würde, sondern scheute sich, wie alle Halbnaturen, vor jeder Echtheit, mußte infolgedessen Urwüchsigkeit vortäuschen. Eine solche Frage läßt sich aber in der Antwort nicht fälschen, und Mieles zierliche Brücken, die wie alle Brücken über fließende Gewässer ihren Lauf im rechten Winkel kreuzen, würden vor Miele zusammenbrechen. Gefiel ihr zum Beispiel jemand, so konnte sie das nie ohne die Bemäntelung durch Nächstenliebe offen sagen. Unter »echt Weib sein« stellte sie sich kurzerhand vor, »Verhältnisse haben«, schätzte aber und verachtete abwechselnd diese Echtheit. Dies aber Isis zu antworten, behagte ihr nicht, sie sah eine andere Rolle, die Heroische, sah Jeannen d'Arc, Johanna Sebusse, Penelopen, Königinnen Luisen, sah Selbstaufopferung, strahlende Liebe, heimsitzende Frauen, die mit langstieligen Gliedern und Gewändern den Kamin schmücken, und erwiderte blitzenden Auges: »Was ich darunter verstehe? Hingabe, Pflichtbewußtsein, Selbstlosigkeit, Treue durch Dick und Dünn.« Und hier erinnerte sie sich sehr gelegen an ihren verstorbenen Mann und zitterte in Stimme und Lippen, auch weil sie in diesem Gespräch nicht so ganz die Oberhand behalten hatte. Diese Erkenntnis weichte den Grund ihres Herzens auf. Nein, es ist keine Gefühlsrohheit, dies zu berichten, es ist lautere Wahrheit, eine an sich rührende, wie alle Schwächen der Kultur, gemessen an dem grandiosen Kraftzustand des Chaos. Aber da sind wir nicht mehr. Übrigens trat Barrabas ein und meldete mit leiser Stimme Frau von Stavenhagen. Miele entschlüpfte behende durch die innere Türe, Anna Stavenhagen erschien, von oben bis unten hellgestreift in Flanell, das Gesicht vom Schleier punktiert, ein hellrotes Lippenpaar um die weißen Zähne; Isis ging ihr entgegen, aber kaum hatte Barrabas die Türe geschlossen, verschwand jede Heiterkeit aus dem Gesicht der Besucherin. Sie starrte mit ihren sonst so beweglichen Augen, während sich die behandschuhten Finger mechanisch auf der Ledertasche auf und ab hoben. Isis sah einiges kommen und vermutete eine persönliche Katastrophe, denn die Verzweiflung war unverkennbar.

»Was ist mit dir, Anna?«

»Wenn du's weißt – aber du wirst ja nicht. Sage mir, wo Matthias Lanner ist.«

Isabelle war so erstaunt, so erschreckt, so gedankenlos erregt, daß sie nicht antworten konnte.

»Weißt du nichts? Sage mir's. Er ist seit Tagen verschwunden.«

»Dr. Raßmann...«

»Nein, eben durch ihn habe ich ja erfahren, daß er seit drei Tagen nicht nach Haus gekommen ist. Er telephonierte mir, weil er von mir eine beruhigende Auskunft erhoffte.«

Sie hob ihren Schleier am Munde auf, band ihn vom Hut los, und während sie ihn zusammenfaltete, brachen ihre Klagen hervor.

»Ach, was ist da nur geschehen! Es ist entsetzlich! Er ist ja ein so merkwürdiger Mensch. Mich wunderte immer, wenn ich ihn kommen sah, daß er den Weg gefunden hatte. Ach, nun bin ich bei dir, du verrätst mich nicht. Du bist ja so ein anständiger Kerl. Du solltest auch ein Glück haben. Wenn du wüßtest, wer Lanner ist... Jetzt, wo er verschwunden ist, weiß ich es erst. Mein Gott!«

Nach einer Pause sagte Isis: »Eine Frage: ist er eifersüchtig?«

»Eifersüchtig? Keine Spur. Viel zu gescheit dazu.«

»Es war kein... Streit zwischen euch? Hast du ihm... nie etwas... zugefügt? Er war dir doch... sehr zugetan?«

Anna Stavenhagen lächelte, wie alle Frauen, wenn sie daran denken.

»Mir zugetan? Gewiß, natürlich... Und doch weiß ich nicht viel davon. Das ist es eben. Wir sind uns nahe und allernächstens gewesen und doch einander nicht begegnet. Und eben weil er nie ganz bei mir gewesen ist bis zur gegenseitigen Lösung, konnte ich nie mit ihm fertig werden. Dies nur zu dir, Isis; er ist das Kostbarste für ein Weib, denn er ist uneinnehmbar. Ach, und du weißt nichts?«

»Nein, Anna. Leider, leider habe ich keine Ahnung, aber ich möchte dir sagen, daß ich dich hoch und heilig achte, weil du...« Isis ergriff ihre beiden Hände und küßte Anna Stavenhagen, »weil du ein Weib bist... Weißt du, es heißt, wir hassen uns untereinander in solchem Fall. Aber: entweder ich bin keines – oder die Philosophen irren sich.«

Anna Stavenhagen sah neugierig auf Isis und ihr fielen Unterschiede zwischen ihnen beiden auf. Isabelles steinerner Kopf mit den formglatten Achataugen, das merkwürdige Katzenlächeln in den Wangen bei ernstem Mund, das graue Haar, das so blond war und die Stirne ins Unendliche fortsetzte. »Ja, Isis, der Witz liegt darin, daß wir alles sein können und man uns nie auf die Wurzel kommt. Was du bist – das wird allerdings nicht einmal von uns eine wissen! Aber – Du solltest zu meinem Schneider gehen.«

Isis mußte lächeln, denn vor wenigen Augenblicken hatte sie Miele eine ähnliche Bemerkung gemacht, und ähnlich wie Miele würde sie jetzt widersprechen. Nicht ganz so. Sie sagte:

»Wenn ich so reizend wäre wie du, Anna, dann gingst du zu *meinem* Schneider!«

Aber Frau von Stavenhagen verfiel wieder in Melancholie. Ihr leuchtendes Veilchenauge wurde schmal und ihre Elfenbeinhaut etwas farbloser. Sie erhob sich.

»Übrigens, was einen Brüder stören können! Davon machst du dir keinen Begriff.«

»Wenn sie sich verloben wollen?«

»Nein, im Gegenteil, täte er es doch! Er würde, wenn er heiratet, nicht mehr bei mir wohnen.«

»Will er nicht heiraten?« Isis sagte es fast freudig, denn sie dachte an Albert...

»Ah, rechnest du vielleicht auf das Glück deines Bruders? Das scheint mir nämlich abgemachte Sache zu sein.«

»Mein Bruder Gregor? Doch nicht die kleine Soulavie?« »Wen denn sonst! Du schienst ja erlöst zu sein, als ich sagte, mein Bruder habe nicht viel Glück. – Die törichte Mutter wünscht ihn nicht, sagt, er sei zu nah verwandt, so ein Unsinn, und da soll der viel größere Unsinn begangen werden... Entschuldige... aber dein Bruder ist dreiundzwanzig Jahre älter als das Mädel.«

»Davon wußte ich ja nichts! Nein, das kann nicht sein. Gregor heiratet überhaupt nicht mehr.«

»Gott gebe es, aber ich glaube, du bist nicht ganz genau unterrichtet.«

»Aber das Mädchen«, sagte Isis mit aller Intensität in Blick und Stimme, »das Mädchen wird es doch nicht wollen?«

»Isis! hast du denn vergessen, wie *wir* geheiratet haben?«

Anna Stavenhagen erhob sich. Sie beschwor Isabelle mit ihren Augen, während sie den Schleier wieder hochband:

»Aber das andere, Isis, wenn du etwas hörst, lasse mich es gleich wissen, lebwohl.«

Isabelle legte sich mit einem Lachsschwung auf den Diwan, die Augen zur Decke gerichtet, und formulierte die Empfindung unerträglichen Elends. Sie formuliert, weil sie keine Abwehr und keinen Ausweg kennt. Manche sprechen darüber zu vielen, legen Unerträgliches auf fremde Schultern. Isis klebte es seit Jahren wie Verputz auf die Decke ihres Zimmers. Was war mit Lanner geschehen? Sie sorgte sich nicht so sehr um ihn, da ihr die Vorstellung einer Flucht aus dem Dasein ziemlich geläufig geworden war. An Lebensflucht glaubte sie nicht. Er wird eben von dieser Stadt geflohen sein, vielleicht vor andern Dingen. Bei sich selbst ist er in Sicherheit. Aber sie selbst... was geschah mit ihr, täglich? Gab es jemand, der in der Fülle so einsam war? Wollte sie es laut sagen, würde ihr die ganze Welt, strahlend vor Überzeugung, entgegenhalten, daß sie ihr Schicksal ungerecht beurteile... Ja, für andere konnte es viel bedeuten; sie aber, die nur zum Schein in ihr Geschlecht gesteckt worden war, sie paßte nicht in den dafür geschaffenen Rahmen; dort wo sie es vertreten hätte, ganz Mensch und ganz Weib, dort rief sie niemand...

Zum wievielten Male versuchte sie nun, die Hauptpunkte ihres täglichen, nicht ihres innersten Lebens aneinander zu legen, sie betrachtend, sie durchsehend und erneut ihrer Machtlosigkeit bewußt werdend. Machtlosigkeit?

Ja; und zwar liegen die Dinge so:

Isis wollte das Gute, Cousine Miele wollte es, Johnny wollte es. Und doch lagen sich alle drei im Weg. Das war wohl natürlich, denn wenn drei dasselbe wollen, so ist es nicht dasselbe. Es wäre also notwendig, daß alle das wüßten. Was nützt es, wenn sie allein diese Wahrheit kannte. Die beiden andern fühlten sich vielleicht wohl dabei.

Es scheint so einfach: wir wollen alle lieben und wir wollen das Gute, wir Ausnahmemenschen, für die wir uns halten. Bin ich aber einer, so ist bestimmt Johnny keiner – denn was bei ihm gerade ist, ist bei mir ungerade. Also unvereinbar. Das scheint das Grundprinzip einer Ehe zu sein; und die Menschen glauben, daß Ehen darauf basiert seien, daß, was dem einen recht, dem andern billig ist. In Wirklichkeit ist es aber so: was dem einen billig ist, ist dem andern teuer. Unvereinbar. Man wird mir doch nicht weismachen wollen, daß nur *meine* Ehe so ist? Dr. von Aign glaubte an Hysterie. Und wie man im Französischen alles Unglück und alle Widerwärtigkeiten der Katze in die Pfoten schiebt »c'est le chat qui l'a fait«, so glaubte er fest an das Zauberwort. Aber wie alle Gläubigen kannte er den Gott nicht. Auch wie bei allen Gläubigen war sie sein zweites Wort –› das er eitel nannte, wie die Frommen den Namen Gottes. Er war ein guter Diagnostiker und glaubte, daß die Benennung eine Tat, daß aber die Erforschung der Ursache sowie ihre wahre Erkenntnis und die Stellungnahme dazu Phantasterei sei. So tastete er weitaus lieber die Pulse und andere Zentren seiner Patienten ab, fand eine Benennung, nannte einen Befund und hielt einen Monolog.

Das wußte Isis, und das war ein Grund, weshalb sie den zweifellos gutwilligen Gatten nicht besonders hochachten konnte. Er wiederum war stets in Gefahr, bei ihr diesen Mangel an Respekt Hysterie zu nennen, denn Achtung ist ebenso wie Mißachtung leicht zu bemerken. Und Johnny witterte die Mißachtung. Sagte Isis: »Du hast mich als Menschen nie geachtet«, erwiderte er »Hysterie«. Denn, wenn er sie nicht hochgeachtet hätte, nicht wahr, so hätte er sie nicht geheiratet.

Um die Fehldiagnose nie mehr hören zu müssen, befleißigte sich diese Erkrankte besonderer Glätte, Ruhe, Unverwundbarkeit. Ein jahrelanges Martyrium in den kleinen großen Dingen des Täglichen. Denn was ist quälender als zum Beispiel das Aneinandervorbeisprechen? Hier die unbeabsichtigte, unbewußte (aber das ist eben eines fühlenden Menschen unwürdig.) Verletzung des anderen Zartgefühls. Nicht zum erstenmal, sondern zum zehntenmal in der Woche. Dort ein stumpfes Schweigen als hilflose Antwort (wissend, daß nicht eine einzige Antwort, sie sei denn ein Lächeln, Schweifwedeln oder dergleichen, akzeptiert würde, denn... Dr. von Aign war jähzornig – –). Hier wiederum ein falsch angebrachtes »Na, wer wird denn gleich«. Dort ein bezwungenes Aufbäumen des Gefühls, des Verstandes, gegen den väterlichen Ton. Darüber hier wieder, weil »das Eis nicht taut«, eine kleine Ironie des Professors Dr. med. »Ah! man hat heute wieder seinen Tag!« und ein superbes ab nach links. Bei der Rückkunft Kußversuch (Schmollmäulchen, der Frauen Weh und Ach, usw.). Abwehr eines erschreckt-ratlos-einsamen Herzens. »Na, denn nich!« erfolgt die Antwort des Gutmütigen, der sich so gut als Gynäkologe hätte niederlassen können.

Lieben wollen wir, jemanden verehren, sagte sich Isis. Hier liege ich und liebe. Und es ist nichts da. Miele geht im Haus umher und liebt. Wir leben in Verhältnissen, die keine sind, unter Umständen, die weiß Gott nicht gesegnete genannt werden können, unter Menschen, von denen kein Entrinnen ist, und wenn wir entrinnen, töten uns Tausende, und einer, der es könnte, und man ließe sich gern von ihm töten, geht eigene Bahnen, die die unsrigen nicht kreuzen. Wir sind in einen festen Rahmen gestellt und haben doch keine festere Stellung als die, die uns tausend Blinde und zehntausend Stumpfe anweisen. Ich müßte aus diesem Rahmen steigen und fühle Ohnmacht. Dabei diese Kraft in mir – wie vereinigen sich Ohnmacht und Kraft zur höchsten Pein!

Ich bin Gattin, Mutter, Pflegerin, Dame, Bürgerin, Deutsche, achtunddreißigjährig – und das ist alles nicht wahr. Das ist Lüge. Etwas Wahres ist – tief im Grunde meiner Seele, tief im Grunde meines Körpers. Und dafür hätten sie keinen Namen? Ist es Weib? Ist es Mensch? Ich glaube, ich bin Mensch geworden, ehe ich Weib war. Ist das in Ordnung? Ist es das Höchste?

Und Miele, ist *sie* ein Weib?

Miele würde jedem Annäherungsversuch von seiten eines Mannes nach jeder Kränkung, namentlich nach solchen, die *nicht* anerkannt werden, zum Opfer fallen, das heißt, einen guten Charakter beweisen. Isabelle hatte einen schlechten Charakter. Und ihre Heiterkeit? Die Gleichmäßigkeit ihres Gesichtsausdrucks? Die Beherrschtheit und Ruhe ihres Gebarens? Das war allerdings nicht Charakter, das war erworbene Tugend. Wenn das nicht Charakter ist! Nein – es sei Kälte.

Mieles angebliches Lebensziel ist, Menschen Gutes tun. Sie ist also tüchtig, lieb, unersetzlich in ihrer Tätigkeit als treuer Hausgeist, voll Idealismus und Begeisterung für dies und jenes, paßt sich an, ist aber ein Schulbeispiel für Unfruchtbarkeit. Menschen Gutes tun… Also eine Erweiterung des tiefsten Zweckes des Weibes… Das ist, so grotesk es klingt, wie wenn ein Schwein sich über seinem Trog einen Kanarienvogel hält, dem es den Käfig putzt, den es ernährt und pflegt. Würde es sich selbst pflegen und vervollkommnen, könnte es sich noch viel mehr Schützlinge halten. Menschen Gutes tun ist das Ziel vieler Idealisten, die das tiefere Christentum, das Selbstvollkommenheit fordert, nicht zu erfassen vermögen, sondern vor dem Ende halten. Die Kanarienvögel kommen nämlich dann von selbst.

Nun gibt es aber starke, begabte, reiche Naturen, folgert Isis und entdeckt, daß der Starke im Gutestun wirklich etwas erreicht mit dem starken Mittel Menschen liebe, was nichts mit

Gefühlsthermalbad zu tun hat. Der Schwache weiß wohl gewöhnlich nicht, wie es um die Menschenliebe und das Gutestun beschaffen ist: es heißt für ihn so viel wie: Selbst geliebt werden wollen, selbst Gutes erleben. Dies ist auch durchaus berechtigt – und in diesem Dasein das charakteristische Merkmal des Lebendseins.

Wie aber verhält es sich bei der schwachen Natur? Genau so: Auch sie will Schönes und Gutes tun; weil sie aber schwach ist, kommt es nicht mehr zur Tat, es bleibt beim Wunsch, und verirrt sich ins Wort. Das wird dann ein Schöntun, ein Guttun – und die Empfindung dabei kommt dem Gefallenwollen gleich – schon hat sich das Gutestun in Gefallenwollen verwandelt – und man erkennt das schwächere Motiv Eitelkeit an Stelle der beim Starken angewandten Menschenliebe und Selbstachtung. Auch hier zeigt der Vorgang das gleiche Bedürfnis, selbst geliebt, selbst schöngetan zu werden. Der Schwache kennt als Ausdruck nur die Schmeichelei des Wortes. Der Starke die Lockung des andern durch gute Taten an ihm und für ihn.

Miele gehörte zu den Schwachen, nicht weil es ihr an Wollen – aber weil es ihr an Verstand fehlte. Man konnte ihr also nicht böse sein. Hier sah Isabelle ein Zeichen ihrer Machtlosigkeit. Mieles anfänglich zur Schau getragene Ergebenheit und Liebe hatten Isis niemals diesen Punkt überstehen lassen: Vieles war, das Miele nicht verstand und nicht verstehen konnte. Aber es entwaffnete Isis, wenn sie von Miele selbst hörte, wie sie sich für einen Blender hielt, denn sie sagte: »Man glaubt immer, ich sei gescheiter als ich bin. Ich weiß sehr wohl, daß ich eigentlich dumm bin.«

Bis vor kurzem hatte Isis nie an einen andern Kern gedacht als an den weichen, etwas formlosen des gutartigen, jüngeren, schwächeren, vielleicht weniger klugen, aber sehr lieben Menschen mit etwas zu ausgeprägter Sentimentalität, der Leidenschaft des Schwachen, was man eben hinnehmen mußte. Eine nie vorgedachte Wirklichkeit aber ließ sie intensiver analysieren: Miele, die bisher nur Isabelle, nicht aber Johnny bewundert und geliebt hatte und von ihr wie von einer älteren Schwester angesprochen wurde, Miele, die bisher sogar unverkennbare Abneigung gegen Vetter Johnny gezeigt, vielleicht, weil er Gregor, den sie damals besonders schätzte, nicht ernst nahm, vielleicht weil er mit Isis wenig respektvoll umging, so daß Miele oft Isis gegenüber empört tat, kurz – Miele stand heute zu Johnny Aign in einem Zustand, der aus allerlei gemischt war, etwa so wie das Kindlein zum Meister, aber doch nicht ohne überlegenen Schalk, was Johnny entzückte, auch der Jungfrau zum Herrn, was Johnny schmeichelte, und des sorgenden Mütterchens ihrem großen Jungen gegenüber, was Johnny außerordentlich wohltat.

Isis stellte sich eine Frage: Angenommen, er hätte, wie so viele Jahre, Miele weiter ignoriert, aber seine Not (der Arme, er ist so liebebedürftig und so gut, so rührend gut) einer anderen in den Schoß gelegt, also nicht die allzubereite Miele um Hilfe gerufen. Wie wäre dann aus Mieles Mund die Beurteilung des verkannten Mannes ausgefallen? Nun, einerlei; Miele ist der kleine Doktor im Hause des Arztes, beim geringsten Anlaß fühlt sie Puls, legt Thermometer ein. Welcher Mann verliebt sich nicht in seine Pflegerin?

Welche Pflegerin ist dafür unempfindlich und weiß nicht noch tausend Mittelchen, den Eindruck von Tüchtigkeit, Unentbehrlichkeit und Charme bedeutend zu vertiefen?

Diese Angelegenheit spielte sich in verschiedenen Phasen ab. Die erste war die sympathischste: Zwei Menschen waren in einer durch die Umstände gegebenen Neigung ehrlich aufeinander zugegangen, Isabelle fand nichts, das sie abstieß; rechnete nur auf Takt und darauf, daß ihre eigene hochherzige Art als solche anerkannt werden würde. Isis achtete die beiden und ihr Herz war auf Seiten ihres Gatten. Die zweite Phase: eine nicht zu übersehende geringe Abkühlung bei beiden. Miele hatte zu dieser Phase einen Ausdruck geprägt, weil sie doch immer ein Mäntelchen für ihre Impulse brauchte: Puffer. Ja, sie wollte Puffer sein zwischen beiden, Johnny und Isabelle. Ja, sie ging so weit, Isis zu versichern, nur um ihr zu helfen, ihr, der diese Ehe nicht viel Glück bringe, sei sie mit ihrem Vetter etwas intimer geworden, eine liebenswürdige, aber doch nicht ganz wahre Auslegung. Isabelle sagte nichts, auch nicht, daß sie sich weder als Lokomotive noch als Wagen fühlte – also den Puffer entbehren konnte. Sie sagte nichts. Aber sie sah, wie der Puffer bedeutend mehr von einer Seite abtrieb – also kein neutraler Puffer war. Wer könnte das auch? Das gehört in das Kapitel Selbstbelügung. Bei diesem Wort, auch bei dem Wort Doppelzüngigkeit, das Isis einmal anwandte, sprang Miele hoch auf. Das war ein ungerechtes Wort Isabelles. Aber Isis war zu tief seit Jahren in die Schächte weiblicher Koketterie eingedrungen, um nicht zu wissen, daß sie sich nicht irrte.

Wohl sprach Miele zu Isabelles Gunsten beim Vetter. Aber wie bequem kann die Frau das dem Mann gegenüber, der ihr gern und angeregt zuhört?

»Ich will die beiden zusammenbringen. Ich muß beiden helfen«, sagte sie sich, ehrlich. Aber in der Praxis kam es gerade umgekehrt.

Sagte sie: »Isis ist ein außergewöhnlicher Mensch«, so kann darin Hochachtung ausgedrückt werden. Aber sie sagte es unbeabsichtigt so, daß Johnny antworten mußte: »Ein gewöhnlicher, warmer ist mir lieber«, worauf Miele mit Bescheidenheit erwidern konnte: »Nein, mein Johnny, du irrst –«

Aber sie blickte ihm treuherzig braun in die Augen; und was half es, wenn sie hinzufügte:

»Wenn du sie liebst, so zeige es ihr doch etwas mehr.« »Du bist ein rührender, selbstloser Kerl, Mielchen, hast eigentlich wenig vom Leben gehabt. Was?« Und nun kann Mielchen von Kämpfen ihres Lebens erzählen, wo sie Heldenhaftes geleistet. »Und hast du denn nie wieder heiraten wollen?«

»O ja, man hätte mich schon heiraten wollen – aber der Richtige war's nicht.« Blick in die Augen, einfaches Händezusammenlegen – ganz zufriedenes Lächeln. »Ach was – das Schönste ist, man kann einen andern glücklich machen, helfen...« usw. usw.

Isis konnte hundert solcher Szenen zusammenstellen. Immer noch lag ihr Auge an der Decke geheftet, ihr Kopf auf dem kühlen Leinenkissen in dem grünschimmernden Zimmer, das aus halbzugezogenen Rolläden nur spärlich Licht und keine Sonnenwärme empfing.

Sie war bei Mieles dritter Phase in ihrer Formulierung angelangt: Johnny hatte längst einer Perseverierenden Einlaß gewährt: »Öffentliche Anerkennung, Hochachtung Mieles, Schäkerton, gelegentliche Rührung, das war alles.«

In Miele aber hatte eine nicht zu leugnende Enttäuschung Grund gefaßt, die seit Monaten währte, ohne daß sie sich's ganz eingestehen konnte. Isis hatte in nichts ihren Ton geändert, aber sie hatte jede Schwesterlichkeit abgelegt: sprach nie mehr von ihren eigenen Angelegenheiten mit Miele, sprach nie über ihren Mann, bat um keinen Dienst, war aber heiter beherrscht, freundlich. Es lag nur wie eine Art Trägheit in ihrem Blick. Sie war wie abwesend. Aign lobte Miele bei Tisch und sonst für allerhand Leistungen. Er lobte überschwenglich, wie einer, der nicht *mehr* zu geben hat.

»Das gute, gute Mielchen, unser Mielchen.«

Isis war nicht empört, nicht aufgebracht gegen die Cousine. Nichts lag ihr ferner. Sie begriff die Lage des Mädchens – war sie nicht in ihrem Recht? Ein Mädchen will schenken, will geliebt sein, will sich geben. Es dauert lang, bis es Küsse vergißt – vielleicht das ganze Leben... Miele trat in die vierte Phase, die schmerzvoller Enttäuschung. Über sich selbst vielleicht, über ihren Mangel an Menschen- und Selbstkenntnis, auch Johnnys wegen, der längst die kleinen Augenblicke männlichen Befangenseins überlebt hatte, und dessen Verliebtheit in einen festgefügten, fast brüderlich gefärbten Zustand geraten war; diese Enttäuschung übertrug sie seltsamerweise *auf Isis* und sicherlich war ihr der Vorgang nicht bewußt – sagte ihr, sie litte – sie schäme sich – sie habe ihr Herz vollkommen *vor Isis* entblößt, nun friere sie – *Isabelle hätte sie schwer enttäuscht.* »Das Nächste, was ich nun zu erwarten habe«, sagte sich Isis, »wird sein ein tödlicher Haß Mieles, weil ich den Mann, »der ja nur mich, Gefühllose, liebt«, nicht genügend liebe. Miele wird diese Antipathie, Haß wird es nicht sein, weil sie dazu zu schwach ist, meinem Verhalten zuschreiben. Aber welchem Verhalten? Hatte sie sich nicht sublim benommen?

Sie dachte liebevoll, ruhigen Herzens an Miele; übersah und verstand sie; konnte ihr aber nicht begreiflich machen, daß sie nicht gekränkt sei. Aber gib doch zu, daß du nicht für mich, nur für mich gehandelt hast – o lerne erkennen, daß Sentimentalität und weibliche Hörigkeit unter dem Mann keine freie Tat des Weibes sind, sondern ein Naturgesetz. So schmücke es nicht aus; ich finde es ja schön, weil echt. Unmöglich für echt zu nehmen ist mir nur deine unehrliche – aber doch unbewußte Idealisierung. Nein. Das könnte Mieles Verstand wenigstens heute noch nicht fassen.

Isis blieb weise, sie ließ dies alles unberührt und wußte: Wer ist einer *kleinen* Frau gewachsen? Niemand. Immer wird sie, wenn man ihr auf den Zahn fühlt, einen anderen Zahn vorschieben. Sie tut es, ohne es gelernt zu haben, tut es ohne böse Absicht, intuitiv richtig, so daß kein Zahnarzt nachkommt. Und das von der Wiege bis zum Grab. Nein, gegen eine kleine Frau kommt keiner auf.

Aber wem gegenüber? Was ist das nur, dieses Unfaßbare an einem sonst ethischen Menschen – – dieses... Unechte, Unwahrhaftige... Haben das die kleinen Buben im allgemeinen nicht? Miele ist ein gerader, zuverlässiger Mensch, Miele ist wirklich selbstlos, sucht redlich einem gewissen Ideal nachzukommen, und doch ist sie das Unaufrichtigste, das man sich vorstellen kann in den Grenzen, die zwischen plumpen Lügnern und redlich das Gute wollenden Menschen liegen. Sie lügt nicht, sie geht sogar bewußt jeder Entstellung der Wahrheit aus dem Weg. Und – warum bin ich die einzige, die das weiß – nicht einmal sie selbst hat sich je darüber Rechenschaft gegeben.« Isabelle hatte darüber schon so oft nachgedacht, daß sie den Fall Miele überblicken und erkennen konnte wie den Kern in der Nußschale.

Sie sprach zu niemandem davon, aber eben darum war ihre Auffassung von Mieles Natur als Schulbeispiel für eine gewisse »ideale« Weiblichkeit fast zu einer konkreten greifbaren Einheit geworden. Oft schon bei Gelegenheit stilistisch unmöglich sentimentaler Briefe oder Ausrufe, war sie bereit gewesen, einmal des Experimentes wegen und aus einer nicht unedlen Absicht dem gutgewillten Mädchen eine Hilfe zur Selbstvervollkommnung zu geben, Miele vorzunehmen und ihr ihren eigenen Fall vor den Augen zu entrollen. Vieles hatte sie rechtzeitig davon abgehalten, nicht zum mindesten die Gewißheit, Miele werde – und das mußte sie, um sich selbst zu behaupten und zu verteidigen – Miele werde ihr den Vorwurf der Eifersucht machen. Auch etwas anderes ließ sie schweigen: die Sorge, Miele sei nicht stark genug, die Operation zu ertragen. Nimmt man einem Menschen sein spanisches Luftschloß, so will er in der Hütte vielleicht nicht mehr wohnen. Und was dann?

Im Augenblick dieser Frage trat Albert Kerkersheim ins Zimmer.

»Ah, Albert!«

»Guten Morgen, Tante Isis.«

»Du siehst, ich glotze. Guten Abend.«

»Das sagt Onkel Gregor auch immer, wenn er sich wohlfühlt.«

»Bei mir ist es umgekehrt. Das heißt, ich fühle mich traurig wohl in dem Bewußtsein eines Unglücks.«

Tante Isis muß lächeln, weil sie weiß, daß die Menschen immer noch da staunen, wo sie nicht mehr hinsieht; und der Philosoph Kerkersheim, allerdings unphilosophisch genug, sieht sich einem Element gegenüberstehen, auf das er nicht gefaßt war.

»Weißt du, woran ich dachte?« fuhr sie fort.

»An… Onkel Johnny?« sagte der Neffe.

»N…ein, nicht gerade. An Frauen dachte ich. Zum Beispiel wie gefällt dir die Stavenhagen?«

»Sie hat einen gräßlichen Bruder. Sie selbst kenne ich wenig. Sie interessiert mich nicht sehr.«

»Das ist schade. Ich finde sie ungemein wertvoll; denn sie kann leben, wie sie soll.«

»Ist sie nicht sehr oberflächlich?«

»Ich glaube, ja. Aber siehst du an der Natur etwas anderes?«

»Aber Tante Isis, du bist doch tausendmal wertvoller als die Stavenhagen und lebst nicht so wie sie.«

»Die Stavenhagen ist schön und ich glaube, so klug wie schön.«

»Sagt man nicht, sie habe Lanner unglücklich gemacht?«

»Man sagt es, aber *ich* glaube es nicht. Sie wird ihn beglückt haben.«

»Gut ist sie wohl nicht?« »Was verstehst du darunter?« »Daß jemand ohne Liebe lebt.« »Vielleicht lebt sie nicht ohne Liebe.« »Aber ich meine eine andere Liebe.«

»Willst du mir sagen, Albert, was du darunter verstehst?«

»Ich werde es nicht ausdrücken können. Es ist unnennbar, aber ich weiß es.«

»Wie denkst du von Miele?«

»Miele ist die unerträgliche Kopie einer guten Frau. Ah, sie meint es gut. Sie ist schrecklich.«

»Miele möchte für ihr Leben gern helfen, das ist ihre Leidenschaft. Aber eigentlich, Albert, ist dies der Tatendrang eines Mädchens, das nicht seinen hohen Zweck erfüllte, den vollkommener Hingabe.«

»Ja; aber sie stellt immer Opfertod dar und will dafür gesegnet sein. Bleibt der Dank aus, so... merkt man es ihr an.«

Isis lächelte.

»Ja, ja – du hast gut gesehen. Sie ist ganz unschuldig, leider, es langt eben nicht mit – – – dem Verstand und der Gelegenheit. Sie sollte sich kleinere Aufgaben wählen. Was bringst du mir übrigens?«

Albert hob ein Stückchen Zeitung, das er in der Hand hielt.

»Einen widerlichen Artikel über Lanners Vortrag damals. Es ist ein altes Blatt. Dr. Raßmann fand es auf Lanners Tisch und hält es für möglich, daß vielleicht infolge des Ärgers er...«

Isabelle machte eine heftige Bewegung, um den Zeitungsausschnitt in Empfang zu nehmen, griff aber dann ganz sanft danach und las ihn. Es wurde gesagt, Lanner hätte längst ausgespielt und man müsse endlich das Publikum eines besseren belehren, dieses Publikum müsse, von einer weisen Kritik zurükkgeleitet, endlich selbst erkennen, daß man es mit einem eitlen, krankhaft eitlen, Originalität suchenden, vollkommen unproduktiven, nur zersetzenden, nicht einmal von Dilettantismus freien Geist zu tun habe. Zum Schluß bat der Berichterstatter, der sich Heinz Specovius nannte, den Dichter um Erläuterungen. Es könne sich beim besten Willen niemand etwas beim Anhören der sehr konfusen Dichtungen denken. Isabelle las es aufmerksam. Dann blickte sie zu Albert, der sich zu ihr gesetzt hatte.

»Du weißt, wie der Kerl aussieht – er wurde mir einmal gezeigt: wie eine Rosine, die einer schon im Mund gehabt hat; marineblau rasiert, mit Gynäkologenpratzen. Die Zeitungen (Isabelle gebrauchte stets einen anderen, drastischen Namen) sollten die bezahlten Kritiker ganz abschaffen und aus den ›Stimmen aus dem Publikum‹ in besonderer Rubrik eine Auswahl von eingesandten Briefen abdrucken. Dem Kerl habe ich – eben wegen dieses Artikels – wortlos aber eindeutig meinen Standpunkt klargemacht. Sei nicht entsetzt, Albert.«

Isabelle lächelte zu ihrem Neffen und fügte noch hinzu:

»Weißt du, manchmal möchte ich allen Menschen die Haut abziehen und sie einsalzen – sie machen einen zu wahnsinnig mit ihrer Bosheit und Dummheit. Dann aber verzeihe ich ihnen wieder.«

Sie fühlte, daß Albert sie verstehen mußte, was er indessen nicht tat, sondern, ohne sie zu verdammen, wunderte er sich. Ein Gelehrter hat einmal entdeckt, daß das Rindvieh aus irgendeinem Grunde die Welt verkehrt sehen muß, also den Himmel unten, die Wiese oben und die Menschen darauf auf den Kopf gestellt. Es mag sein, daß die Entdeckung dieses Gelehrten anders lautete, aber sicherlich läßt sie sich in dieser Form mit dem Standpunkt der nächsten Generation, wenn diese die vorher gehende betrachtet, vergleichen. Für die Jungen stehen die Alten und die Eltern auf dem Kopf und nur sie, die Heutigen, stehen auf den Füßen. Isabelle fühlte sich in diesem Augenblick von Albert verstanden.

Er aber dachte wieder einmal von ihr: »Eigentlich sieht sie wie ein schönes Pferd aus.« Dann fiel ihm etwas ein und er sagte:

»Du gleichst Lanner, Tante Isis. Der will auch immer die Menschen totschlagen, und doch versucht er wieder, sie arm und liebenswert zu finden da, wo sie es sind. Er ist ein wundervoller Kopf, und man muß ihn lieben.«

»Du sagst etwas sehr Gescheites, mein alter Neffe«, erwiderte sie, »ich wußte ja, du verstehst mich. Du hast recht mit Lanner.«

Mehr sagte sie nicht über diesen Punkt, sondern raffte sich auf.

»Ja, ich gehe«, sagte Albert und verließ das Zimmer. Isabelle fiel mit dem Kopf in das kühle Leinenkissen zurück. Diesmal aber heftete sie die Augen nicht auf die Decke, sondern schloß sie mit einem Ruck, der allmählich nachließ.

XII

Tagebuch Alberts.
Lanner ist weggefahren, man weiß nicht, wohin.
Ich frage mich, was aus ihm geworden sein kann und ob es möglich ist, daß ihm etwas zugestoßen sei. Niemand hat ihn gehen oder packen sehen, aber es scheint, daß seine Reisetasche in Vau fehlt.
Ich begegnete Dr. Raßmann, der elend aussah und mir einige Fragen stellte, ob Lanner in letzter Zeit traurig gewesen, oder ob er meines Wissens vielleicht in irgendeiner Bar eingekehrt sei, die er nicht mit mir verlassen hätte, ob er redselig oder schweigsam gewesen wäre. Aber keine Frage Dr. Raßmanns konnte ich beantworten. Und dann... was sind fremde Sorgen? Es ist unmöglich, sie ernst zu nehmen in der Empfindung. Gewiß: etwas kann wundersam geleistet werden: die deutliche, reine Hilfe bei fremder Verwirrung; diese aber mitzu*empfinden* ist unmöglich. Die eigene Zentnerlast ruht auf allen wunden Stellen meiner Seele. Und welche wäre es nicht? Ich glaube, wer behauptet er empfinde fremden Schmerz, der ist ein sentimentaler Schwächling, oder er hat nicht richtig analysiert. Alles, was empfunden wird, ist eine (übertragene) Liebe zu sich selbst; das macht weise; da läßt sich sehr wohl über des andern Kummer nachdenken, man findet auch vielleicht eine brauchbare Lösung, man gibt ihm Gelegenheit, von seinem Leid im Wort einen Teil auf andere Schultern zu wälzen – aber mit*fühlen* ist eine Unwahrheit, wenn einer diese Fähigkeit von sich behauptet. Das fehlte auch noch. Halt: einen Fall ausgenommen: *Ein* fremdes Leid, *eine* fremde Unruhe, die teilt man nicht nur, sie martert einen mehr noch als den andern, dem man sie abnehmen möchte...

Aber läßt sich dann nicht doch eine Möglichkeit entdecken, die... Geliebte in der ganzen Umwelt, Mensch und Natur zu erblicken?

Ich will nach Vau fahren und Dr. Raßmann besuchen. Tante Isis sieht wie ein Gewitter aus, das niemand sieht, auf das man aber, einer unerhörten Julibläue wegen, wartet. Sie macht überhaupt keinen Lärm, weder im Gehen noch im Schließen einer Türe, sie spricht nur, wenn es sein muß, aber man kann nicht herausbringen, ob es ihr schwerfällt oder nicht. Onkel Johnny hat augenblicklich viel zu tun und erscheint nur zu den Mahlzeiten. Abends wird er auch oft heruntergerufen und muß in die Irrenanstalt.

Tante Isis ist jetzt regelmäßig am Nachmittag abwesend, sie pflegt irgendwo privat. Die Vettern sind in der Schule und so gehört mir der Tag. Ich denke an meine drei Pflichten: Ein Werk schreiben, zu Professor Urnacht gehen, Onkel Gregor und Stavenhagen nahe kommen – wie ein böser oder auch wie ein guter Geist – ihre Luft einatmen, vielleicht an ihnen noch ein Stäubchen einfangen von Vewis Nähe. Es wird etwas Entsetzliches geschehen. Stavenhagen ist ein vollendeter junger Mann, Bruder einer Schwester, die in der Welt gut steht. Verlobungen schlagen plötzlich ein und keine geht zurück. Ich rase auf die Straße; fünfzigmal ohne Erfolg. Welche Seligkeit, wenn ich ihr begegne. Warum immer mit Miss Brayne! Wie brennt solch eine Begegnung: kein Wort kann fallen; ein einziger Blick muß jeden Sinn übernehmen, und bei aller Eindeutigkeit ist er undeutlich. Und alles, was ich je gedacht – kann sie es diesem Blick entnehmen? Wie soll sie?

Ich war tagelang nicht bei Meister Caspar. Wenn ich an die goldenen Ringlein in seinen Ohrläppchen denke, fühle ich mein Gewissen schwer belastet. Da wartet er, drüben in der Werkstatt, wartet auf den unpünktlichen Grafen, der ihm eine Kredenz zeichnen wollte, und ein Kästchen in Satinholz zimmern soll nach allen Regeln der feinen Tischlerei. Kästchen und Kredenz hole der Teufel, ich will schreiben oder wenigstens träumen.

Ich erwarte von Wolken, daß sie durch die Gabelung zweier Pappeln ziehen, und sie tun's, von meinem Blick gebannt. Macht ist mir da gegeben, wo ich sie nicht brauche... Ich wünsche nie etwas Unmögliches, Naturwidriges... Im zoologischen Garten wünsche und befehle ich, daß sich das Kitz einer Zwergziege nicht fürchten möge vor mir, daß jener Käfer mitten in seinem Geschäftseifer innehalte, zu mir seine Fühler wende, und er tut es. Die Knospe brauche ich nicht einmal zu beschwören: sie wird mir in zwei Tagen ihr rosa Gesicht entfalten, denn die Qual des Geschlossenbleibens will sie nicht erleiden. Und ich werde warten, daß alle Blätter aller Bäume hölzern werden, daß sie müd und wesenlos auf abgegraste Wiesen fallen – und durch all dieses Scheinregieren erfüllt sich Melancholie.

Aber, aber, wo bleibt die Frömmigkeit, das »Gottvertrauen«?

Der Käfer auf meinen Knien wollte fliegen und öffnete alles, blieb aber im Elan stehen wie einer, der Beifall klatschen will und dann plötzlich die Arme sinken lassen muß, weil das Stück, das ihm gefiel, noch nicht fertig gespielt war.

Das Öffnen der Flügel ist nicht einfach.

Uns geht es zuweilen so mit dem Gähnen: man muß ein paarmal ansetzen. Aber es gelang. Und dennoch flog er nicht, trotzdem er sich nur mit den Füßchen abzustoßen brauchte. Er schloß die Hauptflügel wieder, die eisernen Tore. Manchmal beim Schließen der Fenster zwickt der Mensch Gardinen ein. So auch hier. Längere Zeit sah aus des Käfers Rüstung sein Unterzeug hervor.

Sie, Ihre Gattihosen!

Sie, Ihr Jägerhemd!

Votre jupon dépasse!

Tschuldigen, Ihr Hemdzipfel!

Sie! Was schaut denn da heraus? Rohseide? Flanell? Häuslpapier? Sie, Käfer...

*

Ich habe sie gestern gesehen und gesprochen. So traurig sah sie aus. Wo ist der lustige Kadett? Wie eine der Niobiden... Oh, ich sehe ihr Auge mit einem weichen Ruck ins meine springen, dann fiel der Deckel etwas und einen Augenblick lang streichelten die Wimpern ihre Wangen. Sie sagte: »Lieber Albert, immer wenn ich mit Ihnen gesprochen habe, macht meine Mutter Bemerkungen... Häßliche Dinge sagt sie... Aber nicht wahr, das vierte Gebot ist nicht zu überbrücken?« Dann sagte sie: »Lieber Albert, ich liebe mich nicht – ich bin nicht gut.« Ich antworte ganz verkehrt. Und man stört uns. Ich wage sie nicht zu fragen wegen... Onkel Gregor. Warum sieht sie immer so traurig aus? Mitleid mit mir? Schrecklicher Gedanke. Nein, man wird sie zu Hause quälen, das ist es...

*

Ich sah ein Pferdeschnäuzchen aus maulwurffarbenem Samt und sagte: »Vewi«. Ich sah einen Bund von zehn Dutzend rosa Tulpen und sagte: »V.«. Ich sah im Varieté einen schwarzen Pudel mit Diamanthalsband Klavier spielen und sagte: »V.«. Einen riesigen weißen Fetzen von einem Stern und biß die Zähne über ihren Namen »V.«... eine Vision von tausend laufenden Edelmardern... sagte »V.« – aber – »V.« war nicht in Europa. Ich hörte drei Quartette. Ein Rasseln in einem gläsernen Schmuckkästchen, meine Hände darin. Ich höre und sehe, entzückt und gefaßt: Haydn.

Ich hebe geblendete Augen zur Sonne, wo ein Pfiff mit einem Sonnenstrahl den gleichen Brennpunkt trafen... Und alle Blumen sprechen, ohne zu schreien, die Menschen sind selig und bekriegen einander nicht mehr... Die Wahrheit liegt auf der Hand und Wachen und Träumen sind eins geworden: Mozart.

Ich erinnere mich der Zeit, da ich noch mit Tränen in den Augen an Gott geglaubt und zu ihm gebetet, wo ich lebte und sorglos sündigte, ich gedenke der blitzschnell einsetzenden Erkenntnis alles Geheiligten: Die Liebe, die Liebe, die Liebe. Alles Vertikale, alles Horizontale tönt mit, Gott ist da, und ich bin da –

aus dem Quartett wird ein Vier-Millett... Beethoven.

Und Vewi ist nicht in Europa...

Musik, das gehackte, das geschmolzene Denken, das Fortschreiten in einer wohlbekannten, so unheimlich unwirklichen Welt von Schächten, die ideal-mathematische Aufgaben und Lösungen bringt – Musik, die Revolution des Heiligen gegen das Triviale. Schönste, weil geistigste Übertragung des Sinnlichen.

Ewiges Rätsel: Wenn sie eine Darmsaite mit kolophonierten Schimmelhaaren so und so über einem gespannten Hohlkörper aus Holz reiben, und wenn sie mit dem Finger durch Berührung der Saite einen höheren Ton erzielen neben einem tieferen, und wenn sie in eine kleine Röhre bestimmter Beschaffenheit blasen, dazu gewisse Klappen öffnen oder schließen, und wenn sie mit Hämmerchen, die sanft geledert sind, auf metallumsponnene Saiten schlagen, die über einem großen Schallbrett gespannt liegen... und wenn sie die zwölf Töne einer chromatischen Tonleiter stellen, umstellen, überstehen, dahinschnellen, zurükkhalten, gekreuzt oder in Windungen paarweise oder einzeln vorrückend, verdoppeln und spalten, wenn sie das alles tun und es mit tausend multiplizieren, nie, nie endet die Möglichkeit, durch diese merkwürdige Technik des tönenden beabsichtigten Geräusches, für welches es eine Schrift gibt, im Hörer oder Ausübenden eine Sprache und eine Erkenntnis der Welt und des Geistes zu erwecken. – Dieses Geheimnis teile ich mit Toten und möchte es einer Unerweckten enthüllen...

*

Ich war im Hause Weihgasse 8.

Aber es waren viele außer mir. Ich konnte Vewi nicht sprechen.

Sie war so schön angezogen wie immer, schwebte stolz und leicht wie ein Adlerflaum. Alle Damen trugen Hüte, sie nicht. Ihr schmaler Kopf fiel auf, das Haar lag fest darauf nur am Hals tanzten wie immer ein paar Ringel aus weißem Gold. Und wie immer, wenn sie von einem zum andern ging, betrachtete ich die unsichtbaren Spuren ihrer Fährte und wußte – wie die Weidenblättchen am Zweig müßte sie zu sehen sein.

Sie spielt nicht... Nein, sie spielt nicht. Aber wie nennt man, was die Menschen machen, ihre Art, zu sein, wenn sie nicht allein in einem Raum sind?

Was ist, was ihr ganzes Sein entzündet? Jugend und Lust am Leben. Ich empfinde das gleiche Brennen bei mir.

Sie sitzt im Hintergrund am Kamin, der nicht brennt, und nichts im Zimmer, außer den Reflexen auf einigen Porzellanstückchen, ist so hell wie ihr Haupt. Ihre Mutter hat das auch, aber es ist bei ihr europäisch; bei Vewi ist es China, neunhundert bis sechshundert vor Christi, oder Paradies vor Erschaffung der Eva, die Zeit, wo drapfarbige Hindinnen auf Perlmutterkies schlenderten und die Knospen aller zum erstenmal blühenden persischen Rosen beschnupperten.

Onkel Gregor, locker und bequem angezogen, beugt seinen breiten Rücken zu dem Tischchen hinunter, wo sie ihren Tee behandelt. Er spricht; aber man hört nur tiefe Knistertöne aus seiner Frühstücksstimme, wie wenn man Semmeln drückt, daß die Splitter abspringen. Kein Wort kann ich verstehen. Aber sie lauscht und freut sich. In ihrer Nähe ist auch Stavenhagen.

Aber wie ihn sprechen. Er wartet rastlos nur darauf, daß Onkel Gregor geht. Warum aber sollte das Onkel Gregor? Er wird so lange bleiben, als es ihm paßt. Ich fühle, wie ich ihn mit einem großen Luftzugapparat nach oben einfach aufsaugen lassen möchte. Wenn er die diplomatische Karriere nicht aufgegeben hätte, wäre er bestimmt nicht hier, sondern auf seinem Posten.

Sie hält ihn für einen tief um sie leidenden Mann. Warum sehen junge Mädchen die Dinge so anders an, als sie sind?

Ich verlasse das Zimmer mit einem starken Ruck und finde mich bei Baronin Soulavie, die gerade einen freien Platz neben sich erhält, weil zwei Damen aufgestanden waren. Ich würde mich nicht dorthin gesetzt haben ohne eine besondere Aufforderung.

Vewis Mutter begann wie das letztemal von meinem Äußeren zu sprechen, das sich so wesentlich verbessert habe, und von meinen Studien, die ich nicht vernachlässigen dürfe, denn ich sei doch so begabt.

»Ja?« sagte ich erstaunt. »Wer sagt das?«

»Ihre Tante.«

»Meine Tante?«

»Warum erstaunt Sie das so sehr?«

»Ich habe nie über die Möglichkeit nachgedacht, daß sie überhaupt von mir spricht.«

»Ihre Tante hat Sie doch lieber als irgendeine Seele auf der Welt. Das ist bekannt.«

Ich fiel von einem Erstaunen ins andere und war wirklich einen Augenblick lang von meiner qualvollen Spannung befreit. Wie freut sich der Mensch, wenn er »eitel« sein darf!

»Womit verbringen Sie Ihre Zeit?« fuhr sie fort, »jetzt wo Sie nicht studieren? Werden Sie nächstes Jahr wieder an der Universität arbeiten, oder was denken Sie?«

»Ja, ich will meinen Doktor machen, Onkel Johnny meint es auch.«

»Es fällt Ihnen nicht schwer?«

»Nein, es fällt mir nicht schwer.«

Vewis Mutter spielt. Wenn ich nur die Regeln des Spieles kennte. Es *kann* ja nicht sein, daß sie an mir Gefallen findet. Also warum das Spiel. Für alle Fälle vielleicht? Sie glitzert, und man wird klein vor ihr, aber nicht demütig.

*

Ein junger Büffel war auch da, der, während ich mit meinem rechten Ohr nach der Gruppe hinhören wollte, wo Vewi saß, mir ins linke von Niels Lyhne redete. Und nichts half: Jacobsen war doch, das müsse ich zugeben, ein feiner Kenner des Menschlichen...

Vewi gab mir die Hand, und ich wurde meiner erst mächtig, als ich zu Hause saß, wo Glauka mich mit zwei Riesenpuppenaugen betrachtete.

Siehst du, Katze, jetzt ist Albert wieder bei Bewußtsein; er hört die Uhr am Schreibtisch ticken, er kann, wenn er vom Papier aufsieht, ganz ruhig die Bücherwände entlangblicken, und sich an den müdbunten Farben ihrer Buchrücken freuen. Glauka geht mir unter das Kinn mit ihrem bläulich rauchfarbigen Rücken, ihn sich an den Ecken meines Kragens zu reiben. An der Krawatte läßt sie einige Haare hängen, schnurrt und dehnt die Krallen bei jedem Schritt aus den rosa Hautetuis heraus. Sie tritt wie ein Adler auf das Geschriebene, schwärzt sich die fünfblättrigen Sohlen, womit sie ein Stiefmütterchenmuster mitten aufs weiße Papier abdrückt.

Glauka, wir sind beide gelassen, beide, zwei beherrschte Menschen. Du aber gerätst selten aus dem Häuschen. Nur wenn du an Vogelflaum denkst, dann gehst du im Zimmer auf und ab wie ein spanischer Grande, machst aus deinem edlen Schweif einen borstigen Kaktus, womit du, weil du es vom Panther einmal gelesen hast, brünstig deine Flanken schlägst; und dann suchst du dich selbst zu fangen, indem du in einer waghalsigen Krallenschlittenfahrt unter einer Kommode verschwindest, wo du dich im selben Augenblick selbst ertappst und im Triumph herausziehst, um dann, in einem Hererosatz auf einem Schrank zu landen, den du bei Normaltemperatur selbst mit Leiter nie besteigen würdest. Bei diesen Übungen habe ich noch nicht herausgebracht, was dich bewegt: ist es Bauchweh von zu harten, hintergeschluckten Sardinenschwänzchen und Sprottenköpfen, ist es ein altindischer Priestertanz, dessen Ritus nur mehr dir bekannt, ist es Liebe zu mir und eine daraus entspringende rührende Verlegenheit, weil ich's nicht wissen soll, ist es Zorn, weil du keine Vögel fangen darfst, und die Maus rar wird – – was es sein mag, o Glauka – ich triebe es in meinem Innern viel, viel wilder als du… ich springe nicht auf Schränke, ich presse einfach die Welt aus ihren Fugen. Ich verstecke mich nicht in Kommoden und blicke tückisch wie du mit einem Ohr und einem Aug aus dem Spalt, sondern ich fahre ins Zentrum der Erdkugel und verberge und verbeiße mich ohnmächtig und zerknirscht, weil mir auch dort noch nicht Hören und Sehen verging… Ich verschlucke mich

nicht an Kieler Sprotten, aber ich zernage mir die eigenen Kiefer
– denn siehst du, Glauka, ich bin verdammt, das Köstlichste zu
sehen, zu erkennen und darf nicht einmal Hymnen singen,
geschweige denn, meine Arme darüber schließen...

Drei Tage lang und drei Nächte hatte ich mir vorgenommen,
ihr etwas bei nächster Gelegenheit zu sagen. Aber es wurde daraus etwas ganz anderes. Immer sitze ich im brennenden Dornbusch und erblinde, wenn ich ihr gegenüberstehe.

Ich will heute abend ins Konzert. Streichquartett. Haydn,
Beethoven-Trio.

*

Ich fühle mich glücklich. Es geschehen Wunder. Wer denkt an solche Möglichkeiten. Daß Häuser Rückseiten haben; daß einer ganz nahe vom Geliebten ist, wenn er gerade annimmt, er habe sich entfernt; wer denkt es? Wer erlebt es?

Am Fluß sind einerseits endlose Häuser, ein Fahrdamm und eine langweilige Promenade an einer baumbepflanzten Rampe; aber andererseits in der Altstadt sind öffentliche Anlagen und Privatgärten, und man sieht die Gebäude nicht einmal. Gleich von den Brücken weg gelangt man in die schattigen Anlagen und Wiesen. – Manchmal sind Mauern, manchmal nicht, und in einem sehr grünen, kühlen Teil dieser Gärten saß ich gestern am späten Nachmittag und kritzelte in mein Tagebuch. Amseln schrien einander zu, und der ganze Garten triefte von Pfiffen, Sonnenschein und Wasserlachen. Da hörte ich hinter mir einen flinken Hufschlag, etwas ganz Schnelles galoppierte im Gras, und plötzlich stand, mich scharf anäugend, das Kind Scarabee zu meiner Linken.

So wie jemand, der gleichzeitig O und A in seinem Munde formen will, was unmöglich ist, so benahm sich mein Herz, unfähig, im Takt zu bleiben. Und ich selbst – warum konnte ich nicht, wie Onkel Gregor, mich erheben und die richtigen Dinge und Schritte tun? Scarabee leckte sich mit dem äußersten Zipfelchen der Zunge eidechsenhaft schnell beide Mundwinkel, streckte ihre Hand und saß auf der Bank, noch ehe ich mich entschieden hatte.

Und dann sagte keiner ein Wort, bis ich fragte:

»Was macht das Theater?«

»O ich habe seitdem nie wieder gespielt.«

Sie erzählte dann, sie habe gezeichnet, Pferde, Karikaturen, Geschichten in sechs Bildern, angezogene Tiere.

Ich fragte, wie sie in den Garten käme, ohne Miß Brayne?

»Aber wir wohnen doch hier! Wußten Sie nicht?«

Hier wohnen? Wer kann sich das ausdenken? Wer kann sich das ausdenken! Wie dann bin ich in diesen Bezirk geraten?

»Ja, darf ich denn hier sein?«

»Natürlich!«

»Warum sind aber keine andern da?«

»Weil es geregnet hat und die Bänke feucht sind.« Sie hat wirklich etwas vom Leuchtkäfer.

»Und Miß Brayne?«

»Ich habe nicht gefragt.«

»Was geschieht dann?«

»Britsch, wenn man es erfährt. Aber man wird nicht. Ich bin hinuntergesprungen, weil ich Sie vom Fenster aus gesehen habe.«

»Dann wird man Sie jetzt auch erkennen können.«

»Nein. Diese Bank sieht man nicht. Man sieht nur, wenn jemand über den Platz geht. Ich habe Sie gleich erkannt, und bin gelaufen, weil ich Ihnen sagen will, daß... daß.«

»Oh, was?«

Mir wird so lebendig in der Brust.

»Ach, nichts irgendwie sehr Gutes, nur...«

»Ja?«

»Die Vewi kann gar nicht sehen, was ich sehe – – na, und Sie müssen es besser sagen und zeigen.«

Mein Herz war in irgendjemands Gebiß und wurde gebeutelt, daß ihm Hören und Sehen verging.

»Was denn?«

Sie setzte sich auf die feuchte Bank.

»Sie werden schmutzig.«

»O nein, macht nichts.«

Man beschäftigt sich intensiv mit dieser Frage – blieb aber sitzen. Sie hat keinen Hut auf keine Handschuhe, sondern leichte Schuhe, ein kurzes Waschkleid mit verwelktem rosa Band. Das Waschkleid blau, die goldene Haut gespannt über Stirne, Schläfen und Nase, das süße Schwesterchen. Es sagte mit leicht beschatteten Augen:

»Also, Sie müssen ihr einfach sagen, daß... Also das, was Sie fühlen, müssen Sie ihr sagen; aber schon so, daß – es wäre entsetzlich, wenn sie Ihnen Kummer macht... Ja... jetzt muß ich aber unbedingt wieder zurück.«

Sie gab mir die weiche Kinderhand, die einmal mit Kasperlfiguren bekleidet, auf der Bühne des Puppentheaters erschienen war, um gegen mich aufzutreten, sprang ganz schnell davon, ich konnte nichts erwidern, konnte auch nicht mehr im Garten bleiben, sondern lief den Fluß entlang und überdachte die letzten zehn Minuten. Es ihr sagen, Vewi sagen... ja, kann ich denn? Einmal tat ich es und jetzt ist mir die Stimme zugeschüttet worden. Ich darf nichts für *mich* tun, ich muß *ihr* dienen – Es ist klar, daß ich nicht von mir reden darf. Sie sieht ja, sie muß sehen, wie ich mich ihr verschrieben habe. Freilich, was wissen wir von eines andern Gedanken... Scarabee kann einen tieferen Einblick gewonnen haben. Oh, das rührende Kind kommt und sagt mir das, in ihrer Liebe zu... ja zu wem? zur Schwester, aber – dann glaubt sie daran, daß ich, Albert, zu dem Glück der Schwester notwendig bin... Gebenedeit sei sie, aber – ich kann ja nicht sprechen. Niemand sieht den Brand in meiner Seele und mein lahmer Körper erweckt die Gedanken nicht, die mir günstig wären. Zu jung, zu schwächlich, zu unansehnlich präsentierst du dich, Albert. Wie soll sie dein brennendes Herz sehen. Wie soll sie?

Ich besteige eine Straßenbahn und fahre bis an die Endstation. Das hilft.

Mir gegenüber sitzt einer... andere tragen graue oder grünliche Girardihüte... er einen blauen... ein Nachthemd mit einem blaugestreiften, bis zur Glasur gestärkten Vorsteck-Clown-Krägelchen und Hemdbrüstlein, mit einer selbst nicht zu bindenden, darangenagelten Lavallière-Krawatte. Seine kurzen Beine baumeln auf der Bank, ohne den Boden berühren zu können. Ganz rund sind die Schuhe, die er trägt; zwei Halbkugeln, aber flach. Er ist rötlich im Gesicht, mit gelbem aufgezwirbeltem Schnurrbart, einer langen überall gerundeten Blaunase, blauen Augen, hält die Wangen zu den Augen hinauf, wodurch das Auge wie in Sonnenstrahlen glitzert. Drei Lagen gestrickter Jacken trägt er, keinen Rock. Aber es zieht doch in den Hals. Hautfalten gehen senkrecht in den Umlegekragen, das Genick zeigt eine Grube, ehe die aschblonden Haare beginnen. Ein kleiner Adamsapfel sucht aus dem Kragen herauszulugen, wird immer durch die Magerkeit daran verhindert über die Brüstung des Hemdes zu lehnen. Vielleicht wenn der Mann spräche oder schlukkte. Neben ihm sitzt sein magerer Freund mit Knebelstoppeln, hohlen Wangen, ein Fanatiker, semitischer Rasse, in hellblauen Kristallaugen. Der andere erinnert an den Komiker, der in der Operette einen Theatertürken (immer eine mäßige Rolle) vorstellen soll... Seinen Mund verkürzt er durch starke seitliche Zusammenpressung so sehr, daß auch um ihn ein Strahlenkranz von Falten wächst. Diese beiden Männer erwecken eine tiefe Trauer in mir, und ich fühle mich reich, bevorzugt... Sie werden wohl bald aussteigen. Man möchte ihr Schicksal in die Hand nehmen. Wer weiß, der eine bringt den andern vielleicht in Onkel Johnnys Anstalt. Die Bahn führt dorthin. Aber, welcher wäre dann der Narr? Es ist nicht zu sagen. Beide sehen geschlagen aus. Wer weiß, in den Theatertürken mit den kurzen Rundhütchen steigt heute vielleicht zum erstenmal ein starkes Selbstgefühl, weil er den andern hinbringt; er hat für ihn bisher gesorgt. – Wer sind sie? Brüder bestimmt nicht. Freunde? Seit ich den Türken mit der Rolle des Fürsorgers bekleidet habe, zieht sich mein Herz noch mehr zusammen, und nun erscheint seine etwas barocke Tracht doch als eine ernste, denn ein Mensch, der eine Mission hat, kleidet sich so gut er kann, gibt Liebhabereien auf. Wenn dieser also dennoch so einher geht, sehe ich, daß er *nicht* anders kann... Oder er ist der Geführte – vom jüdischen Fanatiker geführt. Unmöglich; denn dieser hat nicht einen Augenblick lang die Ekstase unterbrochen, in der seine überdurchsichtigen Augen, die keinen Grund zeigen, gefangen hängen. Da ich bis zur Endstation fahre, werde ich das feststellen können. Neben mir liest ein Student in meinem Alter Kierkegaard.

Man freut sich, nicht wahr. Keineswegs. Was liest er: »Das Tagebuch eines Verführers«. Und ist das kein schönes Buch? Ein unermeßlich schönes... Aber ich weiß, und das kann ich dem Herausgeber nicht verzeihen, denn der hat die Schuld, er hat dies Tagebuch aus einem Ganzen herausgerissen, weil es so »gangbarer« ist... ich weiß, der junge Mann muß es lesen wie »Das Tagebuch einer Verlorenen«. Es ist gräßlich, daß alle Menschen lesen lernen. Denn so wird möglich, daß sie eines Dichters Worte mit Augen abheben und in ihren Gehirnen durchscheppern lassen. Und daß man sie durch nichts dahin bringen kann, das Wort mit dem dazugehörigen *Gedankenbild* aufzunehmen. Nein: denn das Gedankenbild stellt sich nur bei dem ein, der Gedankenbilder selbst formen kann... Weiß Gott, wie die Welt den »Idioten« liest, die »Brüder Karamasoff«. Charakteristisch ist, daß sie zunächst nur »Schuld und Sühne« gelesen hat.

Ausdruck des Soldaten (da sitzt einer schräg mir gegenüber): ein Schein von primitiver Geistesgegenwart...

Wohingegen die Geistesabwesenheit beim Wahnsinnigen einem tiefen Ernst gleichkommt. Ich kann nicht sehen, wie mein Nachbar den Kierkegaard liest: Die Cordelia, das ist ja Vewi! Und er liest von ihr, der Holden, und wartet gespannt auf die Verführung. Cordelia ist ihr Name, jetzt komme ich darauf. König Lears Cordelia und Kierkegaards Cordelia. Es erlöst mich, dies zu wissen. So sehe ich sie, und so muß sie sein, denn meinen Sinnen traue ich... Sie belügen mich nicht.

Ein Wichsaugenfräulein stieg aus, hatte aber ihren Schirm stehenlassen.

»Fräulein, Ihr Schirm.« Sie biß mit den schneeweißen Zähnen in die Luft, erhöhte die Brauen und vergrößerte die gewichsten Braunaugen, schloß den Mund mit zwei Knödelchen der

Herzigkeit oberhalb der Mundwinkel, dazwischen hatte sie »Dank schön« unnasal, aber mit Stockschnupfen gehaucht: »Dackschöö«. Ich glaube, diese ganze komplizierte Waffenübung sollte heißen: »Niedlich! Was? Und dabei korrekt, treu, und zwar nicht adlerklug, aber gesund denkend...«

Anfang einer Novelle: »Die Umwelt versank für sie beide. Warum? Sie haben sich gern. Jetzt fuhren sie zusammen in einer Droschke.« Und nun müßte ihre kleine rührende Geschichte erzählt werden, aber die Hauptsache ist: »die Welt versank für sie beide.«

Ich fahre weiter, man kommt, man geht. Meine beiden stummen Freunde rühren sich wenig.

Ein grauer Hotelmann mit blauer »Zentralhotel« Kappe besteigt den Wagen, ein Pferd trabt daran draußen vorbei im Brustgeschirr, das ihm feine Stirnfalten an der Brust bei jedem Schritt zieht, da, wo das breite Leder anliegt, ohne einzuschneiden. Es rückt einfach die Haut vor, die sich regelrecht plissiert.

Ein schmerzenreicher Jüngling mit der edlen Falte der Selbsterhöhung am schön geformten Mund, ein junges Mädchen mit blonden Schnecken an der Stelle der Ohren, ein junger Monteur mit Locken und einer Mandoline mit Bändern, ein Fräulein in Hosenträgern mit Spange über der Stirne, Batik und Sportstrümpfen, Batik und Sandalen, Batik und Haut, und über dem Ganzen etwas öd Blechernes. Dieses Arkadien macht mich widerspenstig. Es lügt ebenso wie die Stubenhockerei im trauten Familienkreis. Warum? Wer lügt? Albert, Albert, geh zu den Amseln zurück, was willst du?...

*

»Lasen Sie den Eckermann?« fragte mich gestern nachmittag dieser Stavenhagen, mit dem ich spazierenging.

»Nein«, sagte ich, »ich bin mit den Amseln noch nicht fertig.« Bereute aber gleich und sagte: »Natürlich habe ich ihn gelesen.« Ich will ja Stavenhagen ergründen, darf ihn also nicht mißhandeln.

Diese Antwort war jedoch auch unbrauchbar. Ich begann also von neuem: »Natürlich, dieses Frühjahr ist so unheimlich schön, daß ich fast nicht lesen kann. Haben Sie etwas vor, heute abend?« (Heute abend war bei seiner Schwester ein kleines Fest, ich weiß…)

»Ja, heute kommen ja dreißig Personen zu meiner Schwester. Sie auch?«

»Ja, ich meine aber, ob Sie bis dahin noch etwas vor haben, oder ob ich Sie begleiten darf?«

»Nein, kommen Sie mit, ich gehe nach Haus.«

Ich muß wissen, wie er zu Vewi steht. Ich muß. Mein Gott, wenn sie ihn gern hat, muß ich ihn nicht besonders kennen?

Etwas türkisch bei ihm. Es gefällt mir nicht. Perlmuttereingelegte Hocker vertrage ich nicht und geraffte sogenannte Portieren. Aber gute und viele Bücher. Ah… die hat er. Nun ja, er kauft sie eben und viel Rauchzeug. Lederstühle, da einen Renaissancestuhl und dort etwas poliertes Empire – – das ist alles nicht unbedingt für einen Menschen charakteristisch. Auf dem Schreibtisch Photographien. »Ein guter Kerl.« Aber man magert spontan ab in seinen Kleidern vor Schreck, wenn man an Vewi denkt… Vewi und: »ein guter Kerl!«

Zigaretten raucht er. Sie duften. Er ist unfrivol, das ist sicher. Denn er schwärmt. Zum Beispiel für die Oper Mignon, stellt auch auf, daß der Faust auf einer Bühne niemals auftreten dürfe, sondern hinter der Bühne sprechen müsse. Ich weiß, warum er das wünscht, und es ist begreiflich, entspringt einem richtigen Gefühl, aber es ist dumm, was er sagt. Es reizt mich unsagbar. Seien wir gerecht. – – Es ist schwer. Denn etwas trennt uns. Man kann nicht sagen, es ist Vewi, die uns voneinander trennt. Sondern es ist das, was sich für mich in Vewi verkörpert und was bestimmt nicht bei ihm ist, sonst würde ich es in ihm erkennen: die Liebe zum Himmel, mit der Kenntnis der Höllen – es ist wie mit dem Kierkegaard: Lesen kann ihn jeder, auch der Abc-Schüler… lesen kann man ihn, da er gedruckt ist…

Stavenhagen liest Vewi, denn Vewi ist seit zwei Jahren der Welt herausgegeben worden – und ich – ich habe noch, ehe ich

Vewi sah – auf sie gewartet – ich habe sie mir geschrieben... Ein Gottesurteil soll entscheiden: Wenn er nicht ihren Namen ausspricht in meiner Gegenwart, so soll mir das ein Zeichen sein, daß er besser ist als seine Perlmutterhocker... Ich werde ihn aber geflissentlich in die Nähe des heiligen Wortes führen. Will er den Namen nicht nennen, kann er immer ausweichen. Ich selbst habe mich gezwungen, vor diesen Blättern nicht einmal dieser Scheu nachzugehen, denn so süß es wäre, ihn *ihr* zuzuflüstern, so schwer wird es mir, ihn auszusprechen.

Selbst ihr kann ich nur schwer das geheiligte Wort wiederholen. »Du sollst den Namen Gottes nicht eitel nennen.« Jehovah... Dieses Gesetz verrät ein tiefes Wissen und die Hoheit des Namens. So wollte ich Stavenhagen ins Verderben führen. Ich sagte unter andern: »Es waren so wunderhübsche Mädchen zu sehen bei dem Tee Newbegin. Ich kannte die wenigsten. Woher sind sie? Auch jungverheiratete Frauen. Man spielte das unabwendbare (leider so herrliche) Air von Bach, als ob Bach nicht Millionen andere Airs hinterlassen hätte. Man spielte es, auf dem Cello, versteht sich, und ich sah nervig gefesselte Frauenfüße in ausgeschnittenen, hochgestellten Schuhen – fast jede Dame hielt ein Bein über das andere gekreuzt, und ich muß sagen – wundervoll, ich liebe den Fuß...«

»Ja, ich auch. Wer war denn da?« Ich nannte einige Namen, soweit ich sie mir gemerkt hatte. Er folgte mit gespitztem Antlitz. Einen Namen vermied ich. Er forschte aber nicht. Wir sprachen über Formen menschlicher Hände. Von der Geste des Geldzählens, die eine so widerliche ist, wenn der Sprecher innehält und die Worte durch dieses dumme Aneinanderreiben von Daumen und Zeigefinger ersetzt, gelangte ich zur Sammelpassion, insbesondere zu der Münzensammlung. Es fielen wieder keine Namen, trotzdem der Numismatiker Soulavie bekannt genug sein dürfte.

»Dieses Indieweltgehen ist eine Affenschande«, begann ich von neuem. »Es ist trostlos, daß wir nicht ungehindert, ohne die Begleitung der Mütter, mit den jungen Mädchen zusammen zu kommen, Gelegenheit haben!«

»Das wird sicher in fünfzig Jahren anders sein«, erwiderte der rauchende Stavenhagen zu dem schwitzenden Kerkersheim und zupfte einen Band aus dem nahen Büchergestell, das er gerade erreichen konnte, hervor, ohne von dem tiefen Ledersessel aufzustehen.

»Man züchtet eben eine ganz bestimmte Rasse damit«, fuhr er fort, »eine Rasse, die ich nicht missen möchte.«

Wir stritten noch etwas über die Frage, ich glaubte nicht an die Möglichkeit der Formung eines inneren Wesens, er meinte, daß eine gewisse ungebrochene und unzerbrechliche Kindlichkeit nur auf dem Wege strengster Absonderung zu erreichen sei: Ich konnte nur den Standpunkt unserer alten Herren darin sehen, die in der Frau möglichst den Backfisch herüberretten möchten.

Mein innerer Kompaß war weniger auf dieses Gespräch gerichtet als auf meine Aufgabe, Stavenhagen zur Nennung von Vewis Namen zu bewegen. Das Sicherste schien mir nun, Onkel Gregor heraufzubeschwören. Ich erwartete ein stärkeres Zeichen von Aufmerksamkeit und hatte bald einen Locksatz gefunden, der allerdings, wie mir einfiel, nichts von Bedeutung aufzuschließen brauchte, da ja Onkel Gregor eine Zeitlang als Nachfolger von Frau von Stavenhagens erstem Mann galt. Inzwischen freilich schien er längst den vielleicht nie gehegten Plan aufgegeben zu haben.

Ich wagte, den Onkel vorzuführen: »Mein Onkel Gregor ist ja leider auch ganz Ihrer Meinung. Ich begreife nur nicht, wie man jahraus, jahrein alle Feste der Gesellschaft mitmacht, ohne je die Sache langweilig zu finden.« Jetzt mußte eine bestimmte Replique erfolgen. Ich hoffte beinahe für Vewi, sie möchte nicht erfolgen – und wirklich, er sagte sie nicht, sondern:

»Ist er jemand, der seine Gefühle und Gedanken leicht verrät? Vielleicht findet er die Sache längst nicht mehr nach seinem Geschmack, ist aber sehr an sie gewöhnt?«

Nichts, nichts... der Fuchs umgeht den Köder – Albert mußte heim.

Und jetzt sitzt er immer noch in der Elektrischen. Bald ist die Endstation.

*

Meine beiden stummen Freunde wurden dort von einem behenden kleinen Nagetier von Mann empfangen – sie schwiegen, gingen willig mit, Onkel Johnnys Anstalt zu.

Merkwürdigerweise kam mir Tante Isis entgegen. Wir fuhren miteinander zurück, es war gegen halb neun Uhr.

Die schönen, schönen Abende. Tante Isis' Gesicht ist wie in Holz geschnitzt und gestrichen. Unter den Backenknochen sind zwei weiche Buchten, vom Lachen, sagt sie. Das macht mich irgendwie traurig.

Wie die Augen der Giraffe aus dem Zoo fand ich die ihren heute. Ich mußte daran denken, daß Baronin Soulavie gesagt hatte: »Ihre Tante liebt Sie mehr, als irgend jemanden in der Welt.«

Groß, ohne Lider sind sie, und ihr Hut macht eine gute Linie darüber; etwas Feuerwehrhelm. Nicht die Spur eines Doppelkinnes – daß macht, daß sie gar nicht wie eine Tante aussieht.

»Ist Onkel Johnny noch drin?«

»Nein, der muß schon zu Hause sein. Er hat mir eine Patientin übergeben, die beruhigt werden mußte, ehe sie schlafen ging.«

Tante Isis spricht immer wie ein Handwerker, etwa wie Meister Kasper, wenn er einem erklärt: »Nein, das ist nicht Kirschbaum, das ist deutsch Nußbaum«. Es kommt auch so heraus, wie wenn ein Schaffner »Endstation« verkündet, oder ein Schüler eine Regel aufsagt, samt ihrer Ausnahme: ganz affektlos, wie mit einem geheimen Lächeln, das niemand sieht: Das Meisterlächeln dem Laien, Gott Vater der Kreatur gegenüber.

»Ich wußte nicht, daß du mit Onkel Johnny…«

»Bitte, sage es auch niemand, Albert. Es ist so angenehm, wenn man seine Sachen allein weiß.«

Wie wahr! Ich möchte ihr so gern zeigen, daß ich – was eigentlich? Ich möchte »gut abschneiden«, ihr gefallen, ihren Beifall erobern.

»Erinnerst du dich, Albert, wie du mit fünfzehn Jahren warst?«

Ich erinnere mich nur qualvoller Tage beim Arzt. Meine Gedanken waren von dem Begriff Drüsen, Narkose, Knocheneiterung, Temperatur so überwuchert damals, daß ich mich nicht erinnere, wie ich selbst war; aber daß ich außer dem Patienten, den ich in den Augen der Mitwelt darstellte, auch ein ziemlich schlauer, wenn auch sehr verängstigter Hund war, das muß ich mir heute sagen. Ich las viel, lernte erst später wie andere an öffentlichen Schulen, konnte zuschauen, ohne selbst zu handeln, sah leben, ohne viel selbst zu leben, und ich weiß, daß mir nach innen Augen wuchsen. So Ähnliches konnte ich Tante Isis erwidern.

»Weißt du, ich denke an Bengi«, das ist ihr jüngster Sohn, Benjamin. »Und ich möchte zu gern wissen, ob das, was man sieht, an ihm das Wahre ist, oder nur eine Phase seiner Entwicklung. Du warst ganz anders damals, so ungeheuer dankbar und respektvoll. Es brachte mich einfach in Verlegenheit, für dich etwas zu tun, oder mit dir zu sprechen, weil du so gerührt schienst, ohne je ein Wort des Dankes auszusprechen. Und dann, erinnerst du dich, wir lasen viel zusammen, wie herrlich waren Shakespeares und Schillers Dramen, aber auch der Monte-Christo damals. Du warst ebenso gespannt wie ich, wir lasen uns manchmal hinterrücks die Kapitel voraus und verrieten uns dann irgendwie! Bengi dagegen liest höchst ungern, sitzt am liebsten mit Dienstboten, die dumme Soldatenwitze zum besten geben. Du bist so anders immer gewesen. Nie hast du Ausdrücke gebraucht wie Poussieren, »Mensch« in der Anrede usw. Willst du dich einmal unauffällig seiner annehmen und mir sagen, was du von ihm hältst? Manchmal bin ich ganz beruhigt und sehe, daß er nur unfertig ist und voller guter Anlagen. Dann aber fürchte ich, daß die auffallende Respektlosigkeit bei ihm nicht Flegeljahren entspringt, sondern einem seelischen Manko… Natürlich, wenn's so ist – muß man es ertragen. Aber suche das einmal als älterer Bruder zu ergründen. Siehst du, andere Eltern machen das selbst; ich finde es aber unmöglich in der Praxis: Wir brauchen in allen

Lebenslagen unparteiische Dritte, die für einen arbeiten, ohne dabei etwas zu verlieren und vor allem nichts zu gewinnen – und man hat sie nie, nie...«

»Oh, wie wahr«, dachte ich wiederum, konnte es aber nur nikken.

»Nun machst du wieder dein altes Gesicht, woran ich mich vorher erinnerte, als ich sagte, du warst so intensiv dankbar.«

Sie lächelte unter ihren Backenknochen und ihr Mund wurde ganz hellrot, da, wo Zähne erschienen.

Gute Tante!

Ich versprach, mich Bengis anzunehmen. Ich glaube, sie kann ruhig sein. Bengi hat Herz.

Ich wagte eine Frage.

»Tante Isis, kann Onkel Johnny einen Narren... heilen?«

Ihre Augen sprangen wie die eines Hundes, dem man »Miau« sagt, dann lächelte sie und erwiderte handwerklich:

»Es gibt so unendlich viel Arten...«

»Ja, aber heilbare?«

»Ausheilbare *gibt* es, die dann wieder werden, wie sie vorher waren.«

»Durch Onkel Johnny?«

(Wie der Handwerker, der ein Holz ansieht, dann feststellt: Kirschbaum.)

»Onkel Johnny«, fuhr sie fort, »hat eine fabelhaft sichere Diagnose, Albert. Niemand weiß wie er die Kategorien, niemand erkennt so schnell den Namen des Zustandes an den Symptomen, die andern manchmal gar nicht wahrnehmbar sind. Ich staune oft. Aber er hat wenig Geduld mit den Patienten. Sie gehen ihm schrecklich auf die Nerven.«

Merkwürdig.

Es war neun Uhr, als wir am Balkon über Amseln, die hie und da aufgescheucht schrien, zu Nacht aßen, Onkel Johnny, Tante Isis und ich.

XIII

In Vau riß sich Dr. Raßmann mit seinen vereinzelten Fingern die Haare aus vor Verzweiflung. Seit zwei Wochen erwartete er Lanner vergebens. Seine Nachfragen in der »Grille«, bei Aign, blieben erfolglos. Niemand hatte von Lanners Absicht, zu verreisen, gehört, und so blieb sein Verschwinden unerklärlich, außer eben für Raßmann, der an eine harmlose Abwesenheit nicht zu glauben vermochte. Er liebte ihn mit einer Zärtlichkeit, die niemals die Oberfläche erreichte und niemals den Untergrund seiner Seele ganz verließ; mit der Zärtlichkeit, die sich aus einem anziehenden Spiel der Wangen sammelt und keinen wirklichen Ursprung anzugeben vermag; mit einer Zärtlichkeit, die im Gymnasium begann, als Matthias Lanner und Eduard Raßmann, die Ersten in Latein und Mathematik, sich dadurch voneinander unterschieden, daß Lanner die Passion zur Mathematik ohne die Gabe des Gedächtnisses, und Raßmann, wie ein böses Insekt, alles wieder herunterschnurren konnte, was er einmal gelernt hatte. Lanner erfand mathematische Probleme, die den Lehrer in Verlegenheit setzten, Raßmann mußte ihm aber Lehrsätze einpauken, für die jener immer andere Ausdrucksweisen vorzuschlagen hatte, weil er an den gegebenen keinen Gefallen fand. Schon damals wußte Raßmann den Freund vor den Sarkasmen des Pädagogen zu schützen, indem er ihn zu dem Wort-für-Wort in eigensinnigem, unermüdlichem Vorsprechen- und Nachsprechenlassen zwang.

Nach der Matura blieben sie einige Jahre getrennt, trafen sich wieder für letzte Semester in der gleichen Universitätsstadt, lebten dann fern voneinander, der eine in Schweizer Irrenanstalten, der andere als Schriftsteller bald hier, bald dort. Die »Grille« war noch nicht gegründet, die ihn an die Großstadt fesselte.

Vor fünf Jahren etwa sahen sie sich wieder – Raßmann tief bewegt, Lanner, wie der in ein rauhpelziges Tier verzauberte Prinz, den ein Schlüsselwort von bösem Zauber erlöste.

Raßmann sagte ihm damals nach einigen Tagen stummer Beobachtung ohne Scheu, ehrlich-gerade:

»Ich liebe dich sehr, Matthias. Ich habe das starke Verlangen, ein Stück deines Lebens verwalten zu dürfen. Ich verstehe deine Art, müde zu sein, deine Art zu lachen, und ich selbst kann schweigen. Komm, wohne bei mir. Du sollst leben! –«

Raßmann sagte mehr noch.

»Du weißt, daß ich Arzt bin. Schenke mir dein Vertrauen. Lasse mich an dir meine Freude haben.«

»Und meinen Schädel zum Sezieren«, hatte Lanner erwidert. »Ich schenke ihn dir heute schon. Wenn ich nur auch erleben könnte, was du daran entdecken wirst.«

Raßmann blickte gerührt auf den viel kleineren Lanner, dessen überlegener Geist in einem engen Rahmen nicht zu schweben vermochte, wie er hätte sollen. Es gibt Hunde, die bei Anreden wie fragend einen schiefen Kopf drehen, so daß ein Ohr viel weiter herabhängt als das andere, was übergroße Unschuld mit Hilflosigkeit und Ernst ausdrückt. Vor diesem Gesicht Lanners war Raßmann in einem Sinne machtlos; im anderen schöpfte er gerade aus Lanners persönlicher Widerstandslosigkeit die Kraft, allem Feindlichen die Stirn zu bieten in einem stillen, wachsamen Kampf um die Ruhe des Freundes und um die Entfaltung seiner Seele. Er bewunderte seinen Geist, lebte aber nie ohne Angst um ihn. Er fürchtete die Gewalt der geistesfeindlichen Elemente, die er im Umgang mit Umnachteten und Gefährdeten, Minderwertigen und erkrankten Hochwertigen nur zu gut kennengelernt hatte. Lanners Hemmungslosigkeit, die Kenntnis von verschiedenen Zu- und Anfällen in früher Jugend, von Dämmerzuständen und die Furcht vor unübersehbaren Folgen des Alkoholgenusses ließen Raßmanns Augen offen, seinen Schlaf leicht, sein tägliches Leben niemals sorgenfrei sein. Lanner lernte eine Liebe kennen, die keiner Worte, keiner Gebärde bedurfte und sich ihrer auch nie bediente. Waren sie zusammen, so lag zwischen beiden ein um so tieferer Respekt vor dem gegenseitigen Gefühl, als dieses nie erwähnt wurde; getrennt, kam es vor, daß in einem sachlichen Telegramm diesem Gefühl in sorgsam ausgesuchter Wendung Wort gegeben, es selbst aber nachträglich nie besprochen wurde. Sie umarmten sich zuweilen beim Wiedersehen, zuweilen gaben sie sich eine gar nicht ausgehungerte Hand und setzten mühelos ein Gespräch fort, das vor vier Monaten durch eine Fahrt unterbrochen worden war.

Beide konnten sich an ihren Erlebnissen des menschlichen Wesens nicht satt erzählen. Sie bauten Systeme auf und freuten sich, wenn sie einer Gesetzmäßigkeit auf die Spur gekommen waren, wie zwei Reiher, die über einem Fischrücken stehen. Lanner brachte ein Erlebnis nach Hause, das Raßmanns Theorie umstieß, bis dieser wieder für ein Gesetz einen stichhaltigen Beweis aus der Wirklichkeit vorzulegen hatte. Mit Vorliebe rüttelte er an Lanners Ansicht: das Weib müsse nicht geistig minderwertig sein, indem er ihm das Gewicht des Gehirns bei der Geschlechter in endlosen Tabellen niederschrieb, die zuungunsten des Weibes ausfielen.

»Ja, Ihr bekommt auf Eure Waagen nur den zur Leichenöffnung zugelassenen Durchschnitt aller Krankenhaustoten. Und gerade der Durchschnitt ist für diese Frage nicht maßgebend, da er von dem Urmenschen ebensoweit entfernt steht wie vom hohen Kulturprodukt.«

Aber Raßmann meinte: »Dieses Material hat gerade das Reinmenschliche zum größten Teil verloren, sowohl beim Manne als beim Weibe. Das sind alles gute Durchschnittsleichen, die zu Lebzeiten soviel Triebhemmungen als Triebüberschüsse zu Lebensmotoren besaßen, infolge der doppelt vorhandenen groben Unwahrhaftigkeit und groben Natürlichkeit oder Unverblümtheit; und weil dieses Material das Reinmenschliche in Halbwildheit und Halbkultur erstickte, ist es das geeignete, um meine Theorie daran festzuhalten, daß wirklich das Weib qualitativ für die Erhaltung des Menschengeschlechts minder taugt als der Mann.«

»Verzeih: was verstehst du unter dem Reinmenschlichen?«

»Genau das, was, wenn man das Tier vom Menschen abzieht – übrigbleibt.«

»Und unter Tier?«

»Menschen mit mehr oder minder Muskelkraft, die nicht denken, das heißt, bilden können. Zum Beispiel das Pferd und viele Gewohnheitsmenschen.«

»Das Vermögen zu denken im Sinne von bilden, also auch Vorrat an Erdachtem und einen Weg durch Ungedachtes dadurch schaffen, daß etwas so lange herausgedacht wird, bis der Denker einen Schritt weiter gehen konnte, dieses Vermögen kann ich dem Weib nicht prinzipiell absprechen. Obwohl ich deine Beweise durchaus anerkenne. Theoretisch läßt sich ein ebenbürtiger Geist bei beiden Geschlechtern vorstellen, und es hat ja die so genannten Ausnahmen gegeben…«

Ihre Gespräche wurden jahrelang geführt. Der Unterschied ihres persönlichen Standpunktes blieb erhalten. Aber sie wechselten häufig den Standpunkt der Frage selbst, indem sie sie als Zoologen behandelten, als Philosophen, als Schöpfer, als Moralisten, als Politiker, als Bildhauer, als Erotiker und als Mitmenschen. Sie fingen auch von vorne an: objektiv und naiv, stellten sich vor den Urmenschen, dem sie jeglichen Geist absprachen, denn dieser schwebte noch unverbraucht »über den Wassern«, weswegen auch keine Sprache entstehen konnte. Sie stimmten darin überein, daß es nur Angstlaute, solche des Erstaunens, der Freß- und Sinnenlust gab. Dann sicherten sie dem Wort »Nein« mit seiner Gebärde eine erste Stelle in den Sprechlauten; für die Bejahung kam die Tat, das spontane Nachgeben einer Lust noch längere Zeit in Anwendung, ohne das Wort, während der Laut oder die Gebärde »Nein« sich längst als unentbehrlich erwiesen, da man zuweilen nicht mehr die Zeit hatte zu fliehen, um einer mit Unlust angesehenen Sache zu entgehen. Diese Gebärde ist ja heute noch in der Tierwelt erhalten geblieben: Eine Katze, der etwas nicht behagt, hat eine nicht mißzuverstehende Gebärde, mit der Vorderpfote, die genau so und mit dem gleichen Ausdruck von Verachtung ausgeführt wird wie die einer Heroine, die dem Intriganten ein »Genug! Nichts weiter« zuruft. Das eine Tier schüttelt den Kopf, das andere bewegt die Pfote nach der Seite. Dieses »Ja« und »Nein« ist eigentlich noch keine Sprache, noch kein Wort, sondern das Handwort zu einem Trieb; also noch keine menschliche Schöpfung. Die ersten Menschen sprachen sicherlich nicht anders miteinander als heute die älteren Säuglinge. Die Tiere sind aber bis heute Säuglinge geblieben. Zum Beispiel die einfache Gebärde des »Hinaus mit dir, dort ist die Türe.« Kein Tier könnte sie je ausdrücken, weil sie einen sehr komplizierten, wurzelreichen Begriff ausspricht. Das Tier kommt nicht über den Begriff der Unlust hinüber – knurrt, fletscht, flieht – greift an – je nach Kraft und nach Art der Verhältnisse. Das Hinausweisen ist schon eine rein menschliche Gebärdensprache. Eine Fülle von Bildern, die wiederum die Folge einer Anzahl von Errungenschaften sind, liegen darunter, sonst wäre sie unverständlich; sie ist nicht das Vorwort zu einem Trieb, sondern eine künstlerische Erfindung, die einmal nahelag.

Der Mensch ergriff stets das Naheliegende und stieg daran zum Nächstliegenden. Das Tier stieg nie. Wild oder zahm – niemals verbessernd.

Große Frage:

Waren im Anfang die beiden Geschlechter mit gleichen Fähigkeiten ausgestattet und hat nur die Gebär- und Haustätigkeit des Weibes durch die Jahrtausende sein Gehirn zu geringerem Gewicht verändert sowie an ihm die unter »weiblich« zusammengefaßten Eigenschaften großgezogen?

Der Zoologe zuckt die Achsel. Dem Zoologen aber ist zu erwidern, daß eine Löwin auch gebiert, Junge säugt, großzieht und einem Löwen in nichts nachsteht; man könnte also die Theorie wagen, daß auch das Gehirn des Menschenweibes ursprünglich nicht anders beschaffen war als das des Mannes.

Raßmann meinte in solchen Zweifelsfällen, er kenne geistreiche, korrekt denkende, erfindungsreiche weibliche Gehirne, müsse aber dann das Vorhandensein irgendwelcher anderer typischer, weiblicher Unzulänglichkeit konstatieren, zum Beispiel ein gleichzeitiges Auftreten von Schwatzhaftigkeit, Putzsucht, von kleinlichem Neid, in einem Maß, das unentschuldbar genannt werden müsse bei dem Anspruch an Gleichwertigkeit.

»Aber«, fuhr Lanner auf, »dasselbe finden wir bei Individuen männlichen Geschlechts. Das hat nichts zu sagen. Gewiß ist Schwatzhaftigkeit eine weibliche Eigenschaft – aber das sind nur Benennungen. Wir sprechen auch von weiblicher Endung im Vers – damit ist auch noch keine Minderwertigkeit der männlichen gegenüber ausgedrückt.

Ich weiß was ist. Du erzählst mir nichts Neues. Aber ob es so *gedacht* war?

Und dann, wer weiß, das Übergewicht des männlichen Gehirns, ich muß es ja anerkennen, ist es nicht ein Rudiment aus den Zeiten höchsten Dünkels, das es nie ab schleifen kann, weil immer noch gedünkelt wird? Es ist übrigens ein solcher Blödsinn, Systeme aufstellen zu wollen. Zwischen mir und einem Hotelier ist ein größerer Unterschied biologisch, psychologisch, geneologisch, phrenologisch, was du willst, als zum Beispiel zwischen der kleinen Scarabee Soulavie und mir.«

»Ich kenne sie nicht.«

»Sie ist etwa fünfzehnjährig, hat etwas vom kleinen Ministranten, der zum erstenmal hinter dem Priester kniet; wenn man Besuch macht, wirft sie einen förmlich um mit ihrem Blick beim Gutentagsagen, so intensiv ist er und jede Handlung; dann aber sitzt sie mäuschenstill. Die Mutter entdeckt sie doch in kurzer Zeit und schickt sie brutal hinaus, sie errötet rund um Stirne und Hals und raschelt als Eidechse hinaus. Sie ist scheu und stolz, keusch wie der erste Schnee, aber sie brennt und wird aus ihrem Leben ein Gedicht machen, vielleicht ein tragisches. Und hier sind wir an der Sphäre des Charakters«, war eine Lieblingswendung Lanners, der gern den Menschen mit einem sichtbaren und einem unsichtbaren Geschlecht ansah, wobei das unsichtbare Geschlecht sehr wohl beim männlichen Wesen weiblicher Art sein könne und umgekehrt. Darin stimmten sie überein. Aber sie kamen nie weiter als bis zur Feststellung gewisser Beobachtungen; so daß Lanner doch bei der Grundidee blieb: Das Weib ist zwar im allgemeinen geistig unproduktiv, aber es ist nicht erwiesen, daß dies so sein *müsse*.

Raßmann hatte den Satz geprägt: Wenn in der langen Linie Mann ein Exemplar *kein* Verhältnis zur Natur hat, das heißt zum Beispiel nicht richtig mit Händen zupackt, einen Bleistift spitzt, oder von einem Wagen abspringt, so ist es ein akuter Fall. Bei der Linie Weib ist der Zustand chronisch.

»Ja – und wenn unser verehrter Professor Aign hier wäre, würde er sagen: ›Woher kommt es wohl, daß noch kein Weib in der Musik und in der dramatischen Kunst…‹ Ich weiß alles, und im allgemeinen gehen mir Weiber auf die Nerven. Aus diesem Grunde mußte ich mir die Theorie schaffen, daß das Weib durch Gebrauch und Betrieb geistig verschlechtert wurde.«

Lanner glaubte indessen gar nicht selbst an diese Theorie, die er als Anwalt vertrat. Ihre Diskussionen waren ein Graben in dem gleichen Schacht. Er wußte, daß ihn Raßmanns Antworten auf seine Vorwürfe erst auf Einfälle bringen mußten. Um dieser Einfälle willen vertrat er seine Ansichten.

Sie suchten gemeinsam dem Gestein, das sie aus immer wieder aufgewühlten Tiefen heraufbeförderten, Namen, Kräfte, Eigenschaften zu geben.

»Nur der Erotiker kann Fragen beantworten«, sagte Lanner. »Nur der Genius des Erotikers; des Erotikers, der Genie ist. Denn nur im Erotiker ist Genie zu denken. Glaube mir, Raßmann! Glaube mir, glaube mir!«

Dr. Raßmann glaubte seinem Freund alles. Er hatte nur einen Wunsch, ihn so zu erhalten: in einer guten Mischung von Skepsis, von Zynismus mit der feurigsten Liebe zur Welt der Erscheinung. Blieb er so, war seine Stärke unbegrenzt.

Hier war ein Punkt, wo beide aneinander fühlten, daß sie, durch Welten getrennt, jeder auf vereinsamtem Boden standen. Raßmann empfand den Geist des andern, den er nicht immer begreifen konnte, Lanner wußte sich Schöpfer einem adeligen

Menschen gegenüber. Hier gaben sich die Freunde bescheiden, fast demütig, der eine, weil er mehr war, und Raßmann, weil er nicht mitkommen, wohl aber des andern Vorsprung erkennen konnte.

Immer wieder aber trieb es sie beide, bis an diese Grenze zu gelangen, Lanner, um Raßmann hinaufzuziehen, dieser, um den Bewunderten vielleicht doch das eine Mal ganz erfassen zu können.

Raßmann, der stille Forscher, war weltfremd, und teils machte ihn dies hellsichtig für die Beobachtung jedes Phänomens, teils versperrte es die Wirkung gewisser Erfahrungen. Er zitterte für Lanner, wenn dieser sich auf eigenen Wegen entfernte, sah ihn in Gefahr und war rührend in seiner abweisenden Naivität.

»Unter gar keinen Umständen fasse ich ein Weib an«, sagte er und erhoffte sich irgendwelche Wirkung.

»Ganz recht«, sagte dann Lanner, »Die Masse ist eine Herde unmöglicher Tatsachen. Aber im Einzelfall trete ich als Schöpfer auf – teils weiß ich es, teils durch eine Gnade Gottes ahne ich nichts davon, und in diesem göttlichen Zustand mache ich mir ein Weib – und das habe ich nie bereut trotz eures post... animal usw. Ich sage dir, Raßmann, sie ist *mein* Werk; wie immer sie war, ich hab's nicht bereut.«

»Dann aber hat sie gehörig bereut!«

»Ja, das ist etwas anderes, das ist der Jammer. Sie hat mich sicher verabscheut und war im guten Recht, denn wie sollte sie *verstehen*, was ich mir aus ihr machte? Sie sagte, die Arme, ›Du machst dir nichts aus mir‹; ich erwiderte: O du köstliches Gefäß der Andacht, wüßtest du doch, was ich mir aus dir mache!«

»Nun«, triumphierte Raßmann, »siehst du die Unzulänglichkeit und wie recht ich habe. Es ist nichts, lasse sie, es ist ja nur eine Suggestion, eine Verführung seit Hunderttausenden von Jahren.«

Manchmal war Vormbach zugegen. Seine Ansichten beschränkten sich, wenn vom Weibe die Rede war, auf ein strahlendes: »Gott sei Dank, daß sie ist, daß sie ist wie sie ist, Gott sei Dank!«

Gregor fühlte sich in Raßmanns Gesellschaft wohl. Da ihn seine Weltgewandtheit vor Zwischenfällen, unvorhergesehenen Lagen, die nur der Takt beherrschte, sicherte, brauchte er die Zusammenkünfte, aus denen Raßmann weniger Freude schöpfte, nicht zu scheuen. Dieser hingegen, sehr gewandt mit Irren und Nervenkranken, fachtaktisch keiner Entgleisung fähig, hätte niemals Gregors Virtuosität im Umgang mit dem normalen Menschen erreichen können.

Ähnlich erging es Lanner, der aber trotzdem Vormbach zu Raßmanns Verdruß gern aufsuchte. Gesellschaftlich beherrschte Gregor die beiden andern, indem er, unabsichtlich, die Rollen verteilte: da er sich unnachahmlich bescheiden gab, mußte er von den zwei andern mehr beachtet werden als ein gewöhnlicher Dritter. Und da er halb begierig, halb gesättigt, immerhin aber aufmerksam und vergnügt den Debatten über philosophische Fragen lauschte, zwang er die beiden andern in die Rolle der Sprecher. Seine Einwürfe, selten auf der Höhe, verrieten dennoch einen nicht einfach zu ignorierenden Standpunkt: den des praktisch Lebenden.

Sicher ist, daß die drei Junggesellen häufig zusammentrafen und stillschweigend eine Zusammengehörigkeit empfanden, die nicht zum mindesten von dem Bewußtsein eben dieses Junggesellentums genährt wurde. Als vierter war in gegenseitigem Einverständnis Albert Kerkersheim beigetreten, in welchem jeder der drei andern ein Spiegelbild seiner selbst wiederzuerkennen glaubte.

Gregor schätzte den jungen naheverwandten Aristokraten, fühlte sich dadurch bei ihm wohlverstanden, wollte ihn zu dem Seinigen machen. Lanner sah mit dichterischer Intuition den künstlerischen, vielleicht den schöpferischen Geist.

Raßmann erkannte den ernsten Kopf, gewann bei der ersten Zusammenkunft, stärker als die beiden andern, den Eindruck, es hier als Naturforscher mit seinesgleichen zu tun zu haben, wenn auch einige fünfundzwanzig Jahre dazwischenlagen.

Geist und Geist erkennen sich. Zuweilen über die Sprache, die allen ein tiefverwundbarer Punkt bedeutete, für Lanner ein heiliges Steckenpferd, in Wirklichkeit eine Geliebte, der er sich nach dem Erkennen unterwarf. Gregor war sie ein Anlaß zu kalten Wutanfällen, Raßmann sah greifbar in ihr seine Liebe zu Vaterland, Schule und Griechentum.

Albert, weil er aus ihr die herrlichsten Werke zu formen gedachte und sie dringend brauchte, um Vewi nahezukommen, nahm sie ebenfalls als ein eifersüchtig geliebtes Instrument vorsichtig in die Hand, mußte aber mit Lanner erkennen, daß sie wie die Musik mächtiger sei als das Leben selbst.

Gregor verfügte wie auch Albert aus der guten Beherrschung vieler lebender Sprachen über ein wirksam ausgearbeitetes Sprachgefühl für die Muttersprache; zwar gebrauchte er viele Fremdwörter und auch ohne Pose, nur als einen liebgewonnenen Laut aus der verflossenen Zeit im Kinderzimmer, französische festgeprägte Redensarten – wer frei von infantilen Wiederholungen ist, der werfe den ersten Stein auf ihn. –

Dafür aber konnte er sich nie entschließen »Portjeh« zu sagen, sondern blieb auch hierin seiner Kindheit treu, in der solch ein Mann *Portier* hieß, wie Papier, Rapier, Manier. »Wer wird Papjeh sagen?« so begründete er seine Aussprache.

Er behauptete, daß ein Deutscher, der den Ausdruck Pangsiohn statt Pennsiohn gebrauchte, bei allen Vorzügen und Kenntnissen, doch nur dem Buchstaben nach, oder historisch nachweisbar auf vergangenen Jahrhunderten stehe, und sonst in keinem Zusammenhang, sondern in einer kleinen isolierten, auf sechzig Jahre gemieteten Provinz. Lanner verstand Gregors Idee, die darauf beruhte, daß er dem orthodoxen Protestanten mit provinzieller Aussprache des Deutschen den Zusammenhang mit Asien, Antike, Gotik, Renaissance absprach, von einem kulturellen Standpunkt aus betrachtet. Raßmann leugnete, konnte Lanner nicht recht geben, ärgerte sich über Gregors harmlos vorgebrachte Theorie und war Kerkersheim dankbar, der ihm einen sanftschwärmenden Blick zuwarf und im Vertrauen sagte: »Ich glaube, es kommt darauf nicht an. Ich weiß, was mein Onkel meint – aber – er hat aus bestimmten Gründen gar kein Recht zu der Feinheit, die er vorbringt, weil er in anderen Fragen bestimmt in einer noch kleineren Provinz steckt und vergangene Jahrtausende nicht fühlt.«

Jetzt, wo Raßmann in seinem Schmerz über den vermißten Freund und nach Erprobung aller Mittel, ihn zu finden, nicht einen ruhigen Augenblick mehr erlebte, erinnerte er sich des jungen Albert, dessen helle, höchst lebendige Augen ihn stets angezogen hatten. Er fragte ihn, ob ihm nichts an Lanner aufgefallen wäre. Albert erinnerte sich an nichts Bestimmbares, aber da sah er sich plötzlich in Lanners Antiquitätenladen und es fiel ihm ein, wie er sich über einen Ausspruch gewundert hatte, der ihm als etwas Tiefpoetisches erschienen war, »aber das nützt wohl gar nichts für den jetzigen Fall«, meinte er.

»Sagen Sie es immerhin«, bat Raßmann. Albert empfand eine freudigbewegte Genugtuung, dieses Erlebnis berichten zu dürfen, fühlte eine merkwürdige dichterische Trunkenheit und erzählte:

»Damals fragte er mich, ob ich etwas Bestimmtes suche, ich sagte ›nein‹, und er wechselte ganz und gar den Ausdruck seines Gesichts, die Augendeckel fielen herab, und ganz leise sagte er mir: ›Ich suche etwas *ganz* Bestimmtes, ich glaube, es ist der Tod; und du suchst dasselbe. Ich suche mit größter Aufmerksamkeit, die Harmonie, etwas, das stimmt; die Balance. Nie, nie werden wir sie erhaschen. Es ist, wie wenn der Schlittschuhläufer ewig auf dem linken Fuß gleitet – notwendig wird er sich dem rechten anvertrauen müssen, und auch nur mit dem Vorbehalt, daß der linke zeitweilig für den rechten, für des rechten Freude, einspringen werde. Er gleitet also links, damit er rechts erreiche, denn machte er bloß rechts, es wäre kein rechts mehr, sondern Tod der beiden… Nein, das läßt sich nicht ausdrücken, aber ich suche, suche, sobald ich nicht schlafe. Und auch im Schlafe suchen meine Träume, aber die suchen rückwärts aus den Tiefen der Vergangenheit; ich aber, wenn ich wach bin, suche ich Vergangenheit in der Zukunft und in dem Heutigen die Gegenwart. Ich kann dir versichern, Albert, sagte er, das, was ich suche, wird mich umbringen, wenn ich es gefunden habe.‹

Ich merkte mir seine Worte genau, mir schienen sie so klar und faßlich, und jetzt, wo ich sie wiederhole, ist es, als ob der Sinn daraus entfernt worden wäre.«

»Sprach er noch von konkreteren Dingen?« fragte Raßmann eindringlich. Und Albert konnte sich wieder eines Wortes erinnern:

»Doch, er sagte, daß er den ganzen Tag nach einem Buch, nach einem alten Bekannten suche, einem alten Professor vielleicht, der ihm Unterricht gegeben habe. Wissen Sie, Dr. Raßmann, was ich glaube?«

»Nun?«

»Ich kann nur eines glauben – Er muß lieben!«

»Aber ich bitte Sie, was nennen Sie ›lieben‹!... Anhaltspunkte?«

»Ich habe keine. Mein Gefühl.«

Raßmann überlegte einige Augenblicke, ob er sprechen solle, aber Alberts Gesichtsausdruck, der ernste, vertrauensvolle eines Menschen, der auf andere bauen möchte, weil er weiß, wie er sich auf sich selbst verlassen kann und dieses Selbstvertrauen auf andere überträgt, dieser Ausdruck in Alberts Mund und Augen entfernten alle Bedenken bei Dr. Raßmann und er nahm ihn beim Arm:

»Ja, Sie haben vielleicht recht. Lanner hat vor vielen Jahren eine Krise dieser Art durchgemacht, leider habe ich nie erfahren, wie und ob er damit fertiggeworden ist; es handelte sich damals um ein Mädchen, das eines andern Frau wurde. Er spricht nie darüber, ich weiß es auch nicht von ihm selber. Es sind zwanzig Jahre gewiß vergangen, und seitdem weiß ich von keiner Anhänglichkeit seinerseits. Außer vielleicht der bekannten mit... Frau Stavenhagen. Nun kommt aber ein Umstand hinzu – und das weiß niemand, ich spreche davon nur, weil Sie mir vielleicht helfen können, Kerkersheim, ihn wiederzufinden: Ich habe gute Gründe zu der Annahme, daß er eine gewisse Periode seines Lebens vollkommen aus dem Gedächtnis verloren hat. Und Ihre Erzählung bestätigt dies noch in einem neuen Punkt; hier die allen unbekannte Tatsache: Er erinnert sich nicht, mich, als ich in der Schweiz studierte, besucht zu haben. Und das war vor zwanzig Jahren, da kam er, ein gebrochener Mensch von zwanzig, also in Ihrem Alter, sagte nichts, sondern saß in Cafés, begleitete mich, redete kaum, und auf meine vorsichtigen Fragen antwortete er lau und abwesend, kurz, was ich damals nicht wußte, heute ist es mir klar – er lebte in einem Dämmerzustand, aus dem er langsam wieder genas, konnte sich aber später nicht mehr darauf besinnen, nicht einmal, wie gesagt, daß er bei mir in Zürich gewesen war. Ich merkte im Lauf der Jahre so manches, und nun sehen Sie in mir einen Hirten, dem der Wolf etwas entrissen hat.«

Albert, ratlos erschüttert, daß ein reifer Mensch sich ihm eröffnete, empfand die Verlegenheit, die stets dem andern die herzentblößenden Worte des Sprechers verursachen.

Raßmann hatte nur mühsam seine Worte hervorgebracht, was Albert um so mehr auffiel, als er sonst den beherrschten, kühlsten Charakter zur Schau trug und stets ein feines Besserwissen; heute flackerten die Lavendelaugen unscharf hin und her und schienen wie von Tränen gewaschen. Nie hätte Albert dieses Gefühl bei Raßmann erwartet. Es ist, wie wenn sie Brüder wären, dachte er, und fand auch in ihrem Äußeren eine Ähnlichkeit, die ihm bisher entgangen war.

Liebe schafft zuweilen eine Identität der Züge, wenn die Prämissen der seelischen Anlage schon gegeben sind und diese Liebe aus einem Wiedererkennen einer Seele der anderen entsprang.

Albert sagte, einer Eingebung rückhaltlos folgend:

»Er hat mir oft von Ihnen gesprochen und aufgestellt: so wie Dr. Raßmann, so müßten Frauen dem Manne in der einen Hälfte ihres gemeinsamen Daseins begegnen. Wären nicht die Gatten, die furchtbaren, längst wären die Frauen anders; so ungefähr drückte er sich aus.«

Dr. Raßmann lächelte blaß. Sie waren beide an den Vorortbahnhof gelangt, wo der Arzt den Zug nach Vau nehmen wollte.

»Begleiten Sie mich?«

Albert entschloß sich rasch. Unterwegs erzählte Raßmann von den Briefen, die ihm Lanner übergeben hatte, in dem Glauben, er müsse des Schreibers habhaft werden und Albert könnte ihm dabei helfen.

Bald saßen sie in der rosa Kapelle, von der Kanzel strömten im grauen Gezweig die Hängenelken herab, Raßmann holte eine Ledermappe und entnahm ihr die Briefe, die er Albert einen nach dem anderen vorlas. Albert sah nicht auf, sondern ließ mit andächtig gefalteten Händen, den Kopf weit zurückgelehnt in dem niederen Polstersessel, Wort um Wort in seine Seele fallen, die in seltener Bereitschaft entfaltet, jedes tief beherbergte. Raßmann begann wahllos mit einem weniger umfangreichen Brief den er aus dem Umschlag zog. Der Stempel der Stadt gab wenig Aufschluß. Er las:

»Hyazinthen. Ich möchte sie über das Geliebte ausschütten. Was ist das? Das ist: Eiskalte Blüten mit ihrem starken Stengel auf einem Menschenleib. Sie berühren auch die Ohren, liegen in Versenkungen und Buchten, bedecken Spalten, liegen willkürlich und stehen halb aufrecht, geschichtet und vereinzelt je nach Art des Wurfs: Werden sie gelegt oder aus umgekipptem Korb einfach ausgegossen oder langsam hingruppiert.

Zwischen der Verwirklichung und der Sehnsucht nach Erfüllung liegt die Kluft. Der Gedanke an das Bild der ausgegossenen Blüten entspricht einem unvollkommenen Übersehen des Vorgangs. Der Wunsch gründet sich auf die Vorstellung des Leichtüberstreuens, die einer Liebkosung gleichkommt, sowie auf die Vorlust an dem schönen Bild hellblauer, dunkelblauer, rosa Hyazinthen und Elfenbeininseln des Körpers. Der Maler sieht dazu die dunklen Stellen, zum Beispiel die des Augenaufschlags, sieht zwei spiegelnde Kniescheiben, die keine Blume auf sich dulden und über allem schwebt die duftende Blumenzärtlichkeit.

Das ist schön zu denken, schön zu sagen – *tun* kann es keiner und keiner kann's geschehen lassen.

So würde ich lieber mit zwei starken Gurten ein kleines Harmonium packen, es auf dem Rücken in die Wohnung des

Unendlich-Geliebten tragen – und für ihn spielen, nicht salbungsvolle Winselakkorde, sondern alles was der Wind kann und Menschenorchester, einerlei ob er ein Musiker ist oder nicht. Es genügt, daß er Augendeckel hat, die nie ganz offen, nie ganz zu sind, ungedrückte Mundwinkel, weich und hold wie der Mund selbst, die eine Entblößung der Zähne, die mich entzückt, sanft damit zustande bringen. Aber… das mit den Hyazinthen will doch noch einmal überlegt werden. Es scheitert zwar bestimmt an der Technik. Wie so vieles! Zum Beispiel das ausgesprochene Wort. Das Wort gießt sich um den Gedanken, und beide schießen vereint bis zur Brust, wo der Atem ihrer wartet, sie zum Munde zu führen. Hier verweilen sie allesamt, und die unbeteiligten Augen, die gern einspringen, wo der Mund versagt, die unbeteiligten Augen füllen sich mit allem, was die Seele weiß – – und niemand spricht es aus. Käme ein Liebhaber und fragte mich um Rat, ich antwortete ihm: ›Habe nicht die Scheu vor dem Wort! Das Wort ist, worauf der Geliebte wartet, mehr als auf irgendeine Gabe.‹

Ob Sie meine Briefe lesen, frage ich mich oft… denn das muß der Schreiber wissen – das vor allen Dingen – wie ist der Leser zu seinen Briefen. Wie öffnet er sie – wie studiert er die Aufschrift. Wie besieht er sich die Seite. Wie wendet er die Blätter um. Was liest er zweimal, mehrmals. Wie schnell liest er. Greift er mitten im Lesen an die letzte Seite und sucht das letzte Wort auf? Legt er den Brief in den Umschlag zurück, wirft er diesen weg, und wie geht er dem Sinn nach, der in jedem Wort steckt? Erwartet, sucht er Bestimmtes im Brief, und was mag es sein?… Einer schreibt, ein anderer liest und produziert so das, was die Frucht des Briefes ist: den Eindruck, das ist die Wirkung des Briefes. Der liegt nun zwischen Absender und Empfänger. Unbekannt mag sie dem Absender bleiben, aber berechenbar, so daß er die Wirkung genau nach Charakter und erwarteter Seelenstimmung des Empfängers formen kann. Nicht nur inhaltlich, sondern auch in der Wortstellung und Wahl des Ausdrucks; er kann den Eindruck des Ernsten, des Nachlässigen, des Traurigen, des Heiteren erwecken, auch in der äußeren Art seines

Briefes durch Schrift, Anlage der Schreibseite, durch sorgfältiges Vermeiden aller Zeichen, die Eile oder Oberflächlichkeit verraten.

Er kann aber auch schlecht zielen.

Auch ist dem Empfänger ein anderes, vielleicht ein schlechteres Lesen zuzutrauen, sicherlich sind die guten Beobachter selten; er liest aus einem Scherz den ernsthaften Hintergrund, den der Schreiber selbst nicht kennt – kurz, keiner kann vorausbestimmen, welches Kind da zur Welt kommt, vom Absender gezeugt, vom Empfänger geboren.

So entstand die Literatur eines Volkes, wie ja auch durch ein gleiches Geheimnis der Zeugung aus bekannten Zweien, ein unbekanntes Drittes entstand und allmählich durch Wiederholung des gleichen Vorganges, das Volk selbst.

Seine Literatur verdankt es dem Mißverstehen. Denn Verständnis schafft Lethargie, niemals Formung und Vertiefung.

Mißverstehen aber fordert Verbesserung des Mißverständnisses, die Reinwaschung des Mißverstandenen heraus; Beteuerungen des Ersten, Wutanfälle des Zweiten, Melancholie reifen den Entschluß zur Tat des Stärkeren. So wird dem Ergebnis aus der positiven Tat des einen und der mehr oder weniger passiven Empfängnis des andern ein neues Merkmal auferlegt, das keiner von beiden kannte oder suchte. Manchmal brenne ich vor Lust, Ihnen zu sagen: ›Ich bin es, der Ihnen schreibt‹, aber Sie werden es nie erfahren. Darum kann ich Ihnen jetzt sagen: Ich liebe Sie.

*

Ich lebe nicht lange mehr. Denn ich weiß Dinge, die man niemals lange wissen darf.

Ich reife schon wieder! ruft das Korn zum hundertsten Male auf diesem Acker, auf dem es alle vier Jahre geerntet werden sollte. So spricht der Mensch, wenn er geprüft wird.

Gewiß... ich werde sterben. Was Du heute nicht an mir verstehen kannst, *dann* wirst Du es begreifen. In meinem frühen

Sterben liegt der Sinn, der dann auferstehen wird, und sich so einfach erklärt wie Blumen, die im Roggen stehn, die niemand mehr befragt. Dann, wenn ich gegangen sein werde, wirst Du die Blume kennen und Dir das Gewand zerreißen, weil sie dann nicht mehr lächeln wird und sprechen kann

....

Einer, der glücklich ist, kommt atemlos zum Tod und spricht: ›Nimm mich! Hol mich – ich ertrage die süße Spannung dieses Glücks nicht mehr! Wie lange dauert es schon?‹
Tod (sieht auf die Stockuhr):
›Schon vier Sekunden.‹

....

Das Weib weiß, daß der Mann irgendwie von ihm abhängt. Sonst weiß es wenig; und auch dieses wenige übersieht es nicht.

Der Mann dagegen übersieht ein Weib niemals und weiß nicht irgendwie, sondern mit größter Bestimmtheit (vielleicht ohne Berechtigung), daß er dem Weib mit seiner Kraft zur Seite stehen muß.

Aber, was wissen beide?

Ist es praktisch brauchbar, was sie wissen?

Der *Liebende* weiß alles wie ein Gott.

Kann denn ein Weib nicht oder ein Mann nicht Liebender sein, und dann alles wissen?

Niemals ein Mann und niemals ein Weib. Ein Liebender ist keines von beiden.

Ein Liebender ist die Verschmelzung der Seele in den eigenen Körper. Kann alsdann ein Körper nur ein Halb der Menschheit darstellen?

Nein, nicht wahr: der Liebende verliert und gewinnt so viel Körper, als der Geist, der geschlechtslos ist, fassen kann, also empfindet der Geist nur halb? Nein, der Geist ist ohne Geschlecht. Wenn er sich dem Körper verschmilzt, verschmilzt er sich dem Gesamt-Körperlichen – also *jedem* Geschlecht, nicht einseitig, sondern in der Gesamtheit. Der Geist übersieht die Merkmale, er weiß und benötigt den Blick nicht mehr.

Wer aber spricht zum Geist, wer teilt ihm mit, was ihn allwissend macht – wo sind die Augen, die Fühler, wo die Zungen und Kehlen, die ihn rufen?

›Du wirst finden, daß es die Sinne sind, von denen die Wahrheit ausgeht, und daß sie nicht widerlegt werden können.‹

Ich glaube, Epikur sagt es und meint die Augen, die Ohren, ehe er anderer Sinne gedenkt, die nicht so sehr einzuteilen und auszuschalten vermögen, also dem Geist nicht immer höchste Dienste leisten.«

....

»Ja, ja, ja, recht hat der Schreiber«, unterbrach Albert. »Aber die Briefe sind weniger persönlich, als ich erwartete. Sie sind noch viel anonymer inhaltlich, als dadurch, daß er sie nicht unterschrieb.«

»Es sind auch sehr persönliche darunter. Ich will gleich einen solchen hervorholen.«

»Dürfte ich mir die Schrift ansehen? oder haben Sie Bedenken?«

»Das will ich mir überlegen. Vorläufig lese ich sie Ihnen vor. Vielleicht überlasse ich Ihnen den einen oder andern zum Studium, und rechne auf Ihre Mitarbeit. Aber zunächst will ich mir die Sache durch den Kopf gehen lassen und Sie bitten, selbstverständlich strengste Diskretion zu halten. Ihr Onkel weiß nichts davon. Auch Lanner hat sich mir erst kurze Zeit vor seinem Verschwinden eröffnet und sie mir mit der Bitte übergeben, für ihn dem Rätsel auf die Spur zu kommen.«

Dr. Raßmann hatte aus mehreren neu hervorgeholten einen Brief aus dem Umschlag gezogen und las:

»Irgendwie sind Sie gefährdet, Matthias Lanner, und so bringe ich Ihnen alles, was der Mensch im Laufe der Jahrtausende zu seinem Schutze zu ersinnen vermocht hat: Rampen, Dämme, Schleusen, Brücken, warme Decken aus der Wolle gezähmter und erbeuteter Tiere, Seide aus der Wiege eines ungeborenen Insekts, Stufen zum Emporsteigen, Stützen aus dem harten Holz eines jungen Strauches, Sandalen, der rauhen Härte der Erdoberfläche zu begegnen, ich bringe Liebkosung der Hände, des Blicks, ich bringe eine Sicherheit, die größer ist, als die des Todes: die Unmöglichkeit, Sie zu täuschen und mich zu irren.

Aber, wer zwingt mich in die Finsternis meines Ihnen so fernen Daseins, ist es die Schwäche meines Herzens? Unmöglich. Und doch fließt zwischen Ihrem Ufer und dem meinigen ein unüberbrückbarer Strom.

›Ein Nachen!‹ werden Sie mir antworten.

Einen Zaubernachen müßte ich hinüberrudern dürfen; einen, der mich umwandelt.

Denn es ist Tatsache: Sie lieben mich nicht – wenngleich Sie es müßten. Nein, Sie lieben mich nicht. Niemals kann ich einholen, was da versäumt wurde. Ich verlasse mein Ufer nicht mehr. Ich sollte die Barmherzigkeit haben, Sie nie wissen zu lassen, was Ihnen verlorenging, denn ich weiß, Sie müssen, nach einem Naturgesetz, dem ich auch unterworfen bin, Wanderer auf meinem Wege sein, Luftstrom zu meinem Flügelschlag, Lachen zu meinem Lächeln, Mund zu meinem Kusse.

Nie, nie wird es sein. Kann sich ein Mensch hier je trösten? Wie bringt er die Stärke zu dem Nie auf? Nein, mein Herz ist also nicht schwach, da es so grausam sein kann. Ich bin ein Einsiedler. Ein Gewand verhüllt mich. Mein Gesicht trägt eine Maske. Ich bin stärker als der Tod, denn ich tötete mich und konnte das überleben.

....

Ich glaube nicht, daß Sie das große Geheimnis des Lebens kennen. Es Ihnen zu offenbaren war ich da. Vielleicht aber stand für mich in den Sternen geschrieben, daß ich in seine tiefsten Abgründe nur steigen könne, wenn ich gezwungen würde, es für mich allein zu behalten? Es ist wahr – ich stieg tief…

Aber, wie Ihnen dennoch das Geheimnis, dieses größte, das Sie nicht kennen, wie es Ihnen bringen, damit Sie daran teilhaben? Wie es Ihnen bringen, wenn ich nicht auch bereit bin, dafür zu sterben, das heißt Sie mit ganzer Seele zu umfangen?

Denn dieses Hinsterben ist das Geheimnis. Wer vermag es?

Solange *ich* das Geheimnis für mich behalte, lebe ich dieses Leben mit, das Herz davon erfüllt, aber einsam. Teile ich es mit Ihnen, hört die Form auf – es ist ein einziges Überströmen, eine Auflösung, ein herrlicher Tod. Doch ich sagte schon – wie wird dies sein – denn wir haben uns versäumt.

So nur kann das Geheimnis offenbar werden; bin ich aber bereit, dafür zu sterben – Ihretwegen dafür zu sterben, fließt es mit uns in die unendliche Finsternis hinab, aus der ich es hervorholte

....

....

Ich spreche unklar, das mag wohl sein. Ein Tempel ist kein Wohnhaus. Aber das Wohnhaus ist meinem Sinn nicht fremd. Wie Gott die Welt erschuf, von den Gestirnen und Wolkenmeeren zu den letzten Brocken des Gestirns, vom Licht zu den kleinsten Lebewesen, die er mit köstlichster Deutlichkeit und in entzückenden Varianten von Farben und Material bildete, so könnte ich für Sie die Welt Ihrer Umgebung formen, die Wünsche so befriedigen wie erwecken.

Nicht die Tempelsprache allein beherrsche ich. Wozu aber, wozu die andere reden? Die süße Sprache des Alltags? Die Kindersprache der Schüler, die lustige Wolkensprache der Engel, die wortkarge der kleinen Waldtiere?

Es gibt an der großen Skala aller Sprachen die beiden Endstrahlen: die Sprache des Humors einerseits, und die der Melancholie andererseits. Und wenn Sie diese große Skala so zusammenziehen, daß die Ausstrahlungen sich zu einem vollen Kreis stellen, dann berühren sich Melancholie und Humor...

Da haben Sie wieder ein großes Geheimnis: Aus dieser Vereinigung in *einem* Geist entsteht die Sprache der Götter...

Ja, ja, Matthias Lanner. Das hätte sich machen lassen... Gut bürgerlich – und dennoch himmlisch erhöht.

Hinter den Augen sitzt das Heimweh. Umkrallt und preßt sie, daß sie weinen möchten; sie aber wollen sich in der Fremde nicht ergießen. Männer sind sie geworden. Sie weinen nicht mehr. Nur *ihren geliebten* Wiesen wollen sie Tau, Regen und Sonnenschein sein. Den Fremden nicht. So wurden sie stark, jetzt weinen sie nicht mehr, wenn auch das Heimweh unsagbar gräßlich hinter ihnen sitzt. – Das Heimweh... nach *ihren* geliebten Wiesen. Das ist *Ihr* Herz, Lanner! Einzelhaft ist mein Los geworden. Aber ich bin stark. Stahl umgibt meine Schwäche, wo sie sich zeigt...

Manchmal vergesse ich, daß ich alles, alles sagen darf in meiner Narrenfreiheit, wenn ich Ihnen schreibe. Am Fenster tanzen fünf Fliegen. Ich warte, daß sie zufällig ›Dominofünf‹ darstellen. Aber immer, wenn die vier Ecken richtig besetzt sind und die fünfte der Mitte zueilt, so daß ich, aufatmend, glaube, am Ziel zu sein, rutscht eine von den oberen ab und steigt eine untere temperamentvoll in die Höhe und verdirbt die Zeichnung.

Das ist das Bild meines Lebens.

Dahinter, wie am Fenster, hängt ein einfarbiges, persisch-grünes Firmament...

Eben bringt ein Mann, sorgfältig auf einem Bogen Papier, ähnlich wie im Buch des Metzgers, das ein treuherziges ›Mit Gott‹ in der linken Ecke als Motto zeigt, folgende Zusammenstellung, gleichsam eine Rechnung:

Ein ganz kleiner Soldat.

Ein Kaninchen, das mit dem Unterkiefer vorbeißt.

Ein Herr in Gamaschen, der ausrutscht.

Napoleon III.

Ein Trambahnschaffner in Sealskin.

Ein böhmischer Gärtner.

Eine Madonna im Schlapphut.

Ein Student mit Wespenaugen.

Drei Altäre und ein betendes Kätzchen.

Drei Jahre Kerker.

Ein Fasttag.

Eine Überprüfung der Verhältnisse.

Zwei jüngere Großkaufleute.

Ein besserer Kaufmann.

Ein besonders schöner Posten Pappel.
Zwanzigtausend Kilogramm Drahtstifte.
Ein bevorstehender Rücktritt.
Das Buch Hiob.
Ludwig, der kleine Auswanderer.
Ludwig, der Fromme.
Und Ludwig, das Kind.
Und Louis quinze.
Und Louis seize.
Und ein Luis: sind zusammen??
›Bitte, addieren Sie! Addieren Sie doch! Können Sie mir das nicht addieren?‹ sagt mir der Mann. Ich kann es nicht, und weil ich unfähig bin, sage ich ihm:
›Bitte, rechnen Sie mir vor!‹
Er aber erwidert:
›Unausrottbar, aber auch nicht zu verachten, ist der den Tatsachen niemals entsprechende Verfall im Engadin und umliegenden Dörfern…‹
Dort bin ich!«
Hier unterbrach sich Raßmann: »Ist dieser letzte Passus nicht ein Zeichen dafür, daß der Schreiber im Irrenhaus weilt?«
»Ja«, sagte Albert, »nicht aber als Narr.«
»Der folgende Brief läßt eher darauf schließen, daß ihn ein Wahnsinniger schreibt. Hören Sie:
Ich bin zu Gast. Ich bin nicht Ich, Gast bin ich. In dem Hause meiner Kindheit.
Es ist Nacht, draußen im Garten, drinnen im Fremdenzimmer. Aber der Gast tritt ein, einen Leuchter mit brennender Kerze in der Hand. Ich sehe ihn, ich bin das Kind, ich sitze als Kind hinter dem Ofen verborgen, sehe mich viele Jahre später als Gast… Das Licht stellt er auf den Tisch des roten, dreimal verschnörkelten Kanapees, geht zum Toilettetisch, nimmt dort die zwei silbernen Leuchter, die zu beiden Seiten des aufgestellten Spiegels stehen, läßt seine Kerze die des ersten Leuchters küssen und bringt sie zurück. Das Zimmer erhält nun soviel Schatten wie

Licht, und beide, Licht wie Schatten, wackeln im Takt mit den drei Lichtzungen, ohne ihre Grenze zu verlassen.

Der Gast fühlt Zeigefinger, Sohlen, Kopfhaut, Schulterblätter, alles an seinem Platz, funktionsbereit, und denkt, während er sich über sein Dasein, sein Denkvermögen und seine Hilflosigkeit dem Schicksal gegenüber wundert:

Man könnte geradesogut sich *nicht* ins Bett legen wie es dennoch tun. Ich bin ebenso lebendig als müd, könnte Problemen nachgehen, einer Kreißenden beistehen, aber auch ohne weiteres der Fußmüdigkeit eines Wanderers (Felleisen, Wanderstab, Wanderers Nachtlied, Herberge. ›Was wollt Ihr, guter Mann?‹ ›Gewiß, das sollt Ihr haben, folgt mir!‹ Und er labte sich an kargem Imbiß, der aus einigen Eiern, aus einem tüchtigen Stück saftigen Schinken, dazu Rotwein und Brot bestand... Und der Wirt wies ihm ein enges, aber sauberes Lager in der Dachkammer), also der Fußmüdigkeit eines Wanderers nachgeben. Der Wille wird entscheiden. Wählen wir das Bett, das geliebte, verheißungsvolle, die Bettstatt, das Lager, das Nest! Den Weiher. Die Wiege. Die Baba (dumm). Oder wie Immermann sagt: ›Die Not- und Hilfsponde‹.

Mit der Erfindung des Bettes wurde dem Menschen eine wirkungsvolle Parade gegen die in Gottes uneforschtem Ratschluß ausgewählten Prüfungen des Individuums in die Hand gegeben, vorausgesetzt, daß Gott nicht als Gegenschlag den Schlaf zurükknimmt.

Die frommen Tanten: ›Aber das geht nicht! So darfst, so kannst du nicht auftreten. Du verleugnest ja alle Ideale deiner Erziehung. Das sind Blasphemien!‹

›Tja – – Das läßt sich nun nicht mehr ändern. Hättet ihr mich damals in meinem Sinne glücklich werden lassen, wäre ich nie zum Denken gebracht worden, da mir der Zweifel fremd geblieben wäre, zunächst euch gegenüber. Nun hat der Tiger Zweifel geleckt, dann löckte er wider den Stachel der besseren Erkenntnis, und das soll man nicht, sagt ihr. Da kommt es darauf an, wer stärker ist, der Stachel oder die Zunge. Ich habe sie mir blutig geritzt an dem Stachel, aber Leid ist es, daß die Erkenntnis befreit. Nun haltet still: Ihr selbst habt mir diesen Weg gezeigt!‹

Die Tanten: ›Wehe, wehe!‹ (verschwinden im Hintergrund).

Der Gast findet sich in den Decken zurecht, was kein Wunder ist; lag nicht alles zu Schlupf und Unterschlupf bereitgehalten? Die Kissen erhöht er sich, lehnt sich in der Mitte des Lagers sitzend auf sie zurück, bedeckt mit einer sich weiter fortpflanzenden Bewegung der Decke seine linnenverhüllten Beine, und, minus Joseph, Maria und die Stallgenossen wäre er in der starken einseitigen Beleuchtung ein dankbares Objekt für den Krippenmaler Correggio, ein sitzendes Christkindl.

Hände nehmen sich, auf Decken liegend, gut aus.

Seine Rechte greift nach dem Buch neben den Kerzen, die nun, auf dem Nachttisch vereint, dem Leser zu dritt dienen. Er schlägt die Seiten zurück, trotzdem er in dem Buche weiter ist (das Merkzeichen liegt fast am Ende der Seiten), und liest mit Augen, die sich wie ein Weberschiffchen bewegen:

›Dieser Indianerstamm‹, sagte der Freiherr, ›wohnt 63 ¾ Meilen südlich vom Äquator, auf einem Bergplateau, 2500 Fuß über der Meeresfläche. Von den schneeigten Pics der Cordilleras rings gestützt, leben jene Menschen ein einfaches Ur- und Naturleben hin. Nie suchte die Habsucht und Grausamkeit der Conquistadoren sie hinter ihren beschirmenden Felsenwällen heim. Bäume gibt es nicht auf Apapurincasiquinischtchiquisagua, wegen seiner hohen Lage, aber unendliche Flächen dehnen sich an den sonnenbeschienenen Abhängen der Pics aus, *smaragdgrün* von einer Grasart, in deren breiten, fächerartigen Blättern der Westwind, welcher da beständig weht, ein melodisches Säuseln zu erwecken nicht müde wird. Zahlreiche *Herden von pfirsichblütenen Kühen und Stieren* (so lieblich scherzt dort die Natur in Farben) weiden in den grünen Grasweiden; *die feurigen Kälber sind goldgelb, erst nach und nach nehmen sie jenen kälteren Farbenton an.* Dieses Rindvieh ist der einzige Reichtum der unschuldigen Apapurincasiquinitschchiquisaquaner. Sie leben fast nur von der sauren oder sogenannten Schlickermilch, welche ihre schönen Jungfrauen, vom

Antlitz bis zu den Fußknöcheln tätowiert, mit den feinen, rot und gelb gemalten Fingern den strotzenden Eutern der Kühe entziehen.‹

Schönes Bild! Man muß diese jungen tätowierten Mädchen sehr schlank, dabei ja nicht feingelenkig zeichnen; orange müssen die Körper werden, mit braungrauem Schatten und ja kein Zinnober ins Bild. Die Euter blitzen rosa zwischen den tätowierten Fingern im Farbenton einer Pferdenase, und Kühe und Stiere zeigen jenes saftige chinesischkräftige Pfirsichblütenrosa, in großen, rinderförmigen Flecken das Bild beherrschend. Wie aber male ich den Himmel? Man kann die Stellen, die nicht Wiese sind, mit blendendem Nebelgrau füllen und läßt einige Türkisflecken darin fallen, die man durch Kobalt vorbereitet hatte. Aber am besten ist doch der leuchtende, grüne persische Himmel. Der Perser sagt: ›Grün ist der Himmel‹.

Hauptsache bleiben die feurigen Kälber, die bunten Jungfrauen, παρδενοι, das große blütenrosa Rindvieh...

Der Leser starrt auf die weiße Wolldecke. (Das Kind sieht ihn.) Das Leben, meint er, macht keine Miene, erträglicher zu werden. Ich kann mir denken, daß Maler mit ihm leichter fertig werden, sie, die allen Ernstes einem perversen Rosa und Zuckerhutblau nachjagen dürfen oder einer fledermausgrauen Kontur, die Körper, Menschenprofil, was weiß ich, bedeutet, mit dem Horizont als Hintergrund, kurz, die mit Bleistiften in der Hand, entfernten Dingen nachspüren, während wir verzweifelte Jagden anstellen, um endlich zu erkennen, daß wir um die Achse eines Trugschlusses Karussell gefahren sind.

Der Maler hat, was immer ihm zustößt, den täglichen Trost des malerisch-zeichnerischen Sehens; Musik erinnert zu sehr an das Leben selbst und an den Ausdruck eines schreienmüssenden Menschen, eines heftigatmenden.

Aber das Malen oder Zeichnen einer noch so traurigen Sache oder mit einer noch so unheilbaren Wunde im Herzen ist doch an sich eine vom Leben abstrahierte Betätigung, muß mit so herrlich unbeteiligten Griffen und Wahlen, mit so raffinierten Pinselzärtlichkeiten hingezaubert werden, daß es wirklich an Stelle des Lebens treten kann; wahrhaftig, die Teufeleien des Lebens können ein wenig zurücktreten, weil der Maler gerade aus dem Auge und der Hand gegenüber sachlich-sinnlich bleiben darf, ebenso wie dem Erlebnis gegenüber, das er bei aller seelischen Empfindung doch zunächst konkret zu übersetzen hat; denn wie will er, zu Tränen über die entdeckte Bedeutsamkeit seines Objektes gerührt, Augen haben, es auf die Leinwand zu übertragen? Demnach wäre der Mensch im Augenblick der Begeisterung unfruchtbar. Ja, und man könnte vielleicht sagen:

Die Begeisterung ist Umarmung plus nachträglicher Empfängnis.

Theoretisch müßte jeder Begeisterte die empfangene Frucht austragen und gebären können. Der Grad und die Vielseitigkeit der Begeisterung würde für die Fruchtbarkeit maßgebend sein und es bliebe nur die Bedingung einer sicher beherrschten Technik, damit die Begeisterung bis zur Geburt des Kunstwerks sowohl gemeistert als auch erhalten bleibe. Die Technik ist also der notwendige Antikörper zur Begeisterung, die er so aufsaugt, daß sie festgebannt im Kunstwerk sich erhält. Sonst bliebe sie wild, explosiv, unverstanden, und der Begeisterte wäre dem schweren Leben noch mit der Last seiner unausgesprochenen, unaussprechbaren malerischen Begeisterung ausgeliefert.

Ich zeige Ihnen hier den Maler mit dem Malerherzen. Es kommt aber in unserer Zeit, wo akademische Bildung und pavor analphabeticus Fruchtbarkeit vortäuschen, noch der Mann mit dem starken Malertalent vor, das heißt jener Fähigkeit, auch ohne Begeisterung (herrliches Wort: Begeisterung, das ist Umwandlung von Sinnlichkeit in Geist) viel und vieles leisten zu können. Die Geburt so gekonnter Werke, also ohne Umarmung, ohne Empfängnis entstandener, ist naturwidrig. Und was hilft die Versicherung, dieser unfruchtbare Hervorbringer sei talentiert?

Das Talent habe ich verachten gelernt. Mindestens fünfzig Prozent der Geborenen haben irgendein Talent des Gehörs, des Gesichts, der Körperbeschaffenheit, des äußeren Wortes, aber diese Talente bleiben gewöhnlich körperliche, die Seele schlief, die Seele antwortete nie.

Ausgegangen bin ich vom Maler, der sich wieder zu rück auf sein Auge, auf seine Hand stützen darf, wenn er leidet – und was bleibt mir?

Ich habe kein Talent, nur eine untötbare Seele. So denkt der Gast in seinem köstlich bereiteten Bett, mit den Händen auf der Decke, dem Immermann, dessen Seiten wirr in Fächerform stehen, in der Mitte zwischen beiden, den Kopf schwärmerisch zurückgelehnt zwischen zwei vorgewölbten hochgezogenen Schultern.

Wo ist die Pieta, die ihn quer so über ihren Schoß legen wollte?

*

Lanner, das Leid eines aufrechtgehenden Einsamen ist unermeßlich. Leise, leise möchte ich Sie darin einführen. Mir ist, als kennten Sie es auch, als hielten Sie sich für den Einen. Es scheint so einfach, wenn dem so wäre, daß ich Ihnen meine Hände entgegenhalte. Ich könnte von Ihnen ein Zeichen erbitten, wenn mehr als Menschenneugierde Sie leiten sollte, ein Zeichen, daß Sie gewillt sind, eines andern Einsiedlers Überschuß anzunehmen, vielleicht, um in dem Strom dieses Überschusses rückschwimmend zu der Urquelle seines Seins zu gelangen.

Ich könnte sagen: ›Seien Sie in vierzehn Tagen an einem Donnerstag um vier Uhr nachmittags an der Universitätsbrücke Pfeiler vier. Ich werde dort stehen und mit Ihnen durch die Stadt gehen, wohin Sie wollen.‹ Ich weiß nicht, was mich davon abhält... Ich weiß es wirklich nicht. Vielleicht Müdigkeit? Vielleicht die Furcht vor einer Realität, in die ich nicht mehr steigen möchte? Warum möchte ich nicht? Vielleicht, weil ich gelernt habe, in der Unze das Weltall, in der Linie die Unendlichkeit, im

Nein das Ja zu sehen? Das war eine harte Schule. Sie werden mir erwidern, daß ich fehlging. Es ist auch dieses möglich. Aber ich hatte nicht zu wählen, mein Weg ließ mich nur hierhin oder in den Abgrund steigen. Und dies sollte ich wieder tun, in dem Raum, der seiner Zeit beraubt war?

Die Realität, die herrliche, die ersehnte, ist der Zauber unseres Lebens. Meine Hand ausstrecken nach einem Gegenstand, den ich aus Tausenden wählte, ihn beleben, indem ich ihm *meine* Seele einhauche, ihn dann dem anderen Ich darbringen statt mir selber... Welch ein Geheimnis bei unbestrittener Realität. Es könnte ein köstliches Nahrungsmittel sein – ich will, daß mein anderes Ich mit meinem Gaumen genieße. Genießen, das heißt zunächst nur in sich durch Einschlucken aufnehmen; dieses Wort erhielt aber eine höhere Bedeutung – genießen heißt auch mit höchster Lust einnehmen, aufnehmen, hinnehmen, ob nun durch Gaumen, Auge, Hand oder Seele: einerlei, genießen ist ein in sich Aufnehmen mit Lust, Vorlust und Nachlust. Und nun stelle ich mir tief begeistert vor, wie mein Ich dem zweiten Ich dieses bedeuten dürfte – in vollem Maße, oder in der Übertragung durch den Gegenstand, durch das Geschenk. Auch hier wieder erfreut das Wort: schenken erweckt die Vorstellung der früheren, sinnfälligeren Bedeutung des Einschenkens von Flüssigkeit (Die Schenke). Eine Gabe, ein Geschenk ist wiederum ein Hinüberfließen des einen Ichs in das andere, symbolisch im Gegenstand, der geschenkt wird. Zauberhaft schön ist die menschliche Sprache. Sie enthält die Lösung zu allen Fragen, sie ist nicht selbst Frage oder Mittel. Und die Menschen wissen es nicht...

Aber ich wollte ja etwas anderes sagen... Ich wollte von dem Geheimnis der Realität sprechen, nicht von der enthaltenen Bedeutung, sondern von der realen Seite des Lebens, die auch außerhalb ihrer Bedeutung unsagbar schön ist und in die ich wahrscheinlich nie werde sinken dürfen.

Ich bin Wolf und könnte meinen Kollegen sagen: Tut dem Lanner nichts, er ist mir heilig.

Ich bin ein Sybarit und möchte Ihnen eine Lagerstatt bereiten, wie Sie sich's nicht träumen lassen können. Ein Bett, kaum länger als breit, auf Spiralfedern empfindlichster Gattung, die in Deutschland nicht hergestellt werden, weil der Deutsche sich nichts erträumt, als was er schon kennt – und mein Bett kennt er nicht – dann eine Matratze, die zwar hoch, aber doch rollbar blieb, weil sie statt Roßhaar Schafwolle, kunstvoll gezupfte, enthält, eine Hirschlederauflage, ehe das Leintuch liegt, darüber das andere und diese beiden sind mit etwas Stärke so weich poliert, daß das Hineinkriechen allein eine Wonne ist, die große weiße Wolldecke und die Daunendecke über ihr werden mitsamt dem Leintuch überall gut ein gestopft, und, jede Bewegung des Darinliegenden übermittelt den empfindlichen Spiralfedern der unteren Matratze eine sanfte Wallung.

Ich bin ein Sybarit und möchte Ihnen eine Lagerstätte bereiten...

Ich bin Gärtner, obwohl mir dieses niemand glaubt... Ihnen Blumen zu schenken, Ihr Auge zu zwingen, die Harmonien meiner Phantasie mitzumachen, wenn ich rosa Levkojen und tiefblauen Rittersporn ins Fenster stelle, wenn ich saftige, orange-rosa Blumen mit punktierten, fast geblasenen aschgrauen Chantillyspitzenblumen verwende, wenn ich Sie bitte, mir mathematisch genau zu sagen, was himmlischer duftet, ein Arm voll Waldmaiglöckchen oder Jasmin, eine blutrote Ulrich Brunner fils oder frisch zerriebener Lavendel – – –

O – das können wir, solange wir leben, einander schenken – Die Speise, das Bett, die Blumen – und wir könnten zu Tränen lachen, zusammen, wenn wir uns, die wir gleich sind, gegenseitig steigern – wir könnten eines Abends zusammen im Grase liegen und die Jugend zurückrufen, die sehnsüchtig geliebte. Warum sollte sie nicht da sein? Sie hat mich nie verlassen. Aber die Realität...

Sie ist so herrlich, wie der Geist herrlich und wieder real wird, der aus ihr schöpft.

O lieber Lanner – dies wissen Sie ja alles viel besser als ich. Sagen will ich nur: Ich auch, ich auch, ich auch – und wir gingen und gehen aneinander vorbei. –

Melancholie. Im Kehlkopf drückt etwas und hinter den Augen. Aber der Mund ist locker ohne Druck, hängt wie eine Blüte, ohne zu lächeln. Menschen sitzen um mich. Ich kann sie mit zerstreuten Tieraugen besehen, langsamen Blicks, träg, feindlich ohne Angriffslust; ebensogut mit verschlafener Nächstenliebe. Nichts tut akut weh. Die Sonne mag scheinen. Wind vertrüge ich nicht.

Ich kann große Zahlen fassen, Distanzen und Winkel berechnen, kann Mozart sezieren, Manikure mit gespanntem Interesse machen, mich löwig lecken.

Soll ich eine Religion gründen, einen Menschen küssen?

Mich erschießen?

Oder soll ich warten wie die Schildwache, daß man mich ablöst?

*

Was immer ich Ihnen sage, es muß verlorengehen. Und wie kenne ich Sie! Umsonst. Was immer ich sage, es muß verlorengehen, denn Sie lieben mich nicht.

Noch erscheint Ihnen, Matthias Lanner, einiges rätselhaft an der Tatsache, daß Ihnen jemand schreibt, Ihnen allein, daß Sie nicht wissen können, wer der unglückliche Phantast ist. Aber ich kann mir vorstellen, daß, mich zu lesen, Ihnen eben solches Bedürfnis werden wird wie mir, Ihnen zu schreiben, was eine Seligkeit ist, wie aus einem Grabe. Und ich weiß, daß Sie mich nie kennen werden. Schön muß es sein, ›Dein‹ am Schlusse eines Briefes zu setzen. Ich habe es noch nie getan. Noch nie in meinem Leben. O wie unbarmherzig sind Menschen in ihrer Torheit. Es ist möglich zu denken, daß jeder von Natur aus zum andern mit freundlicher Gesinnung blickt; und daß der Haß nichts anders bedeutet als: ›Sieh mich doch, Du Hund, warum sahst Du meine Liebe nicht?‹ O daß ich Ihnen so recht klarmachen könnte, welche große Zärtlichkeit in mir ist. – Aber – in keiner Lage ist es mir gegeben, Ihnen das eines Tages zu beweisen. Ich muß ja nicht derjenige sein. Er findet sich ohne mich vielleicht. Und doch – niemand als ich wüßte mit Ihnen umzugehen. Ich weiß – Sie sind dem geraden, dem redlichen, zartfühlenden Menschen verfallen. Werden Sie ihm begegnen? Zum Teil vielleicht; wird er aber ganz in dem enthalten sein, der Ihr Freund, Ihre Freundin heute ist?

Sie könnten mir erwidern: Schon das Suchen darnach ist der Mühe des Lebens wert. Und nach vierundzwanzig einzelnen Erfahrungen am Ende, wenn Sie die Teilchen, die stimmten, zu einem Ganzen zusammenfügen, standen Sie mit Ihrer Art und Natur dem wahren Wesen Ihres Wesens gegenüber, freilich ungreifbar, da es auf vierundzwanzig Erfahrungen an vierundzwanzig Menschen verteilt ward. Aber Sie selbst: Nacheinander standen Sie vielleicht in der Wärme dieser Ihnen notwendigen Funken, und sind doch wirklich warm geworden!?...

Vielleicht ist dies der Prozeß, den die Natur für unser Vollkommenwerden fordert, vielleicht sorgt sie deshalb so systematisch dafür, daß nie zwei einander begegnen, die auf dem gleichen Wege verweilen könnten, zwei, die sich nicht Funken brachten, sondern selbst zwei Flammen eines Feuers waren, das dann täglich und nächtlich gelodert hätte. Wenn Sie mir erwidern, daß das Schicksal durchaus nicht immer zwei Liebende von einander getrennt hält, sondern häufig genug verbindet, so würde ich Sie bitten, mir diese Menschen zu zeigen. Ich bin ungläubig. Nennen Sie mir die Beteiligten. Und zeigen Sie mir jene, die jahrelang, jahrelang mit ihrer sinnlichen Befangenheit so hauszuhalten wußten, daß Seelen wie Körper zu ungeahntem Größenmaß aneinander wachsen durften, weil sie brannten, ohne zu verbrennen. Nichts von dem, was Sie mir zeigen könnten, würde mich befriedigen. Immer wüßte und könnte ich es besser, würde Schwächen aufdecken, Kläglichkeiten enthüllen, die zur Katastrophe führen müßten, das heißt zum Ende durch Erlöschen oder Verbrennung, weil der Geist – *der Geist* fehlte.

Zünden Sie den Docht an, den Sie mit Spiritus ernähren. Herrlich brennt die blaue Flamme und der Docht bleibt unversehrt. Das ist es.

Manchmal bin ich pflastermüde, manchmal verliere ich jede Schwere und bin ich selbst. Dieses letzte werde ich, wenn ich Ihrer gedenke; das andere, wenn ich daran erinnert werde, daß Sie meiner beseligten Anerkennung nicht bedürfen, oder vielmehr, daß Sie nicht wissen, wie sehr Sie ihrer bedürfen. Nie werden Sie wissen... Das macht mich heute pflastermüde.

Ich werde totgeschwiegen. Ich lebe an einem Ort mit Menschen, in deren Augen ich nicht ein *Etwas*, ein *Jemand* bin, sondern ein *Nichts*, Zement. Jeder andere ist ein Quader. Ich bin Zement. Heute begegnete ich einer jüngeren Frau. Sie liebt. Sie glaubt daran. Alle Zeichen erkenne ich wieder: Intensität des Blicks, verlorenes Lächeln eines abweisenden Mundes; sanftes Wohlwollen der Menschlichkeit gegenüber, aber auch eine große Scheu vor ihrer Nähe. Sie weiß, daß ich an sie als an die Verkörperung der Liebe glaube. So denkt sie. O nein, ich glaube nicht einmal an sie; so wenig, daß ich sie nicht einmal für wert halte, meiner Anschauung teilhaftig zu werden. Sie kann Opfer bringen, sie glüht. Aber kann sie ganz selbstlos lieben? Ja – ich weiß: Eigentlich ist ein Höhepunkt in der Liebe der Augenblick, wo der Liebende einmal in seinem Leben selbstsüchtig sein darf und weiß, er beglückt dadurch einen andern. Ein scharfkantiger Grat auf dem Berge... Ganz selbstlos lieben und ein un erwartetes Geschenk erhalten...

Das ist es... Mir scheint zuweilen, sie will den andern zu einem Schritt bewegen, ihn umstimmen. Ja, sie kann wohl versuchen, ihn umzustimmen, wenn sie klar sieht, indem sie so dient, so opfert, so duldet, so lächelt, so wartet, daß der andere, plötzlich zum Geologen entwickelt, diesen Edelstein aus tausend schrägen Schichten entdeckt, ihn hebt, und – – Nein, diese Kunst beherrscht sie nicht. Ich weiß, sie liebt und wird geliebt und geht jetzt dahin, wo sie ihn treffen wird. Wirst du Fehler begehen? denke ich mir, und auch: wenn sie welche begeht, wird er sie bemerken? Küsse ihn liebevoll, streichle seine Glieder. Es ist ein Unermeßliches, einen andern lieben zu dürfen, erwartet zu sein, ersehnt, wo man sich so von ganzer Seele hingeben möchte...

Ich liebe unentwegt und ich sterbe unentwegt daran.

Sie glauben vielleicht die Liebe zu kennen? O nein, das kann nicht sein, denn wir sprechen uns ja nicht. Wie sollten Sie wissen? So anmaßend bin ich.

Ich weiß nicht, was es ist – aber etwas wächst mir beständig über den Kopf. Merkwürdig erscheint mir der Umstand, daß ich dennoch das Leben beherrsche. Das heißt mich... mich beherrsche ich. Wozu? Ich beherrsche mich, niemals aus der Fassung zu geraten, ich tausendmal geschliffener Stein (bald werde ich so klein geschliffen sein, daß die Fassung wie ein Kranz von Dornen über mich hinwegragt und mich fallen lassen muß). Kein zu lautes Wort, wo der Affekt hindurchscheint, darf mir entfallen. Beschleunigung oder Verstärkung einer Bewegung sind nicht erlaubt. Nie spüre ich mehr, als ich will. Niemand kann mich erregen und es bemerken; doch bin ich von Natur ein Wasser mit Wasserfällen, Strudeln, Stromschnellen und sonstigen Gurgeleien. Ich beherrsche mich, das ist sicher. Niemand kennt also mein wahres Wesen. Ich habe infolgedessen viel vom Prälaten, der auf Marmor oder alten Persern seinen schnallenbeschuhten Fuß setzt, in einem uralten Gebäude, worin er nur vier Zimmer von dreißig bewohnt; habe auch viel von einem alten Fischer, der zum ungezählten Male auszieht, Sole und Steinbutt aus dem Mittelmeer zu fischen, auch etwas vom Korsaren vergangener Zeiten, der mild und bescheiden in einem Welthafen anlegt, von einer Mutter, die ihr Kind säugt und traumverloren den Schwalben nachguckt, auch von einem großen Kater, der in der Sonne liegt.

Niemand kennt mein Wesen.

Ich wohne zeitenweise bei Menschen, die Nußschalen auf dem Weltmeer gleichen. Kein Inhalt, kein Steuer. Sie sind manchmal vollkommen eine Sekunde lang, vollkommen in der Abwesenheit des Geistes. Ihr Griff in eine Schüssel nasser, weicher Nahrung, mit Fingern, die geschickt Konsistenteres zu halten wissen, während sie die Flüssigkeit durchsickern lassen, ist ungleich vollkommener als die vielen gehemmten Bewegungen, die die essende Menschheit ausführt, solange sie sich noch nicht mit steuerlosen Schiffchen auf dem Weltmeer vergleichen ließe, die aber dessenungeachtet beim Essen aggressiv unpraktisch, unzart vorgeht, unreinlich mit rohen Einhieben, Aufpackungen, Schmatzungen und Schlürfungen. Dann schwillt in mir die Ader zorniger Sehnsucht nach Vergeltung.

Ich sehe nicht nur Narren essen.

*

Viele Tiere, einige Kinder, die paar Weisen, die es gibt und gab, wissen von Liebe. Weise haben Gott ersonnen und ihm die höchste Liebe als Ureigenschaft eingehaucht. Nachdem sie sich dieses hohe Ziel geschaffen hatten, ohne an die Brücken zu denken, ja, jede Möglichkeit einer Verbindung ausschlagend, traten sie den steilen Pfad einer Nachfolge an, um ihm nahezukommen durch ›Entleibung‹, Allgegenwart, Allwissenheit, Allgüte.

Tiere lassen, wenn sie uns lieben, jeden Trieb fallen, insbesondere auch den Geschlechtstrieb, um sich nur dem selbstverlorener Kontemplation, blinden Vertrauens und einer inbrünstigen Bitte um Bedachung durch den Geliebten hinzugeben.

Kinder, die Herrlichen, die es können, holen sich den lieben Gott, pflanzen ihn in den Menschen, den sie lieben, ein, beten an, springen, tanzen, und sie ließen sich dieser Gottheit opfern.

Höchste Liebe enthält diese drei Lieben, die des Kindes, des Tieres, des Weisen. Sagen Sie es, in welcher Reihenfolge und mit der Bedeutung, die Sie wollen, immer wird dies wahr sein.

....

Nehmen Sie an, ein Weib schreibt Ihnen, und nun erschiene bei Ihnen ein weibliches Wesen mit den zufälligen Attributen ihrer Haar- und Augenfarbe, ihrer Körpermaße und -formen, Stimme und Kleidung usw. ... Sie können aus Ihrem Gesetz nicht herausbrechen und lieben, wo Sie geliebt werden, wenn Ihr Gesetz dagegen wäre... Bin ich Weib – auf *den* Versuch, der vielleicht für mich negativ ausfiele, kann ich es nicht ankommen lassen.

Bin ich Mann, so könnte es sein, daß Ihnen der Überschwang meiner Seele, die sich in Worten zeigte, peinlicher wäre als mir selbst. Diesen Unterschied ertrüge ich nicht.

Bin ich erwachsen und etwa in Ihrem Alter, so steht mir in Ihren Augen vielleicht die Sprache eines Kindes nicht an.

Bin ich eines, woher die Skepsis, woher die Überlegenheit über mich selbst und mein Schicksal?

Bin ich ein alter Mann, oh, wozu Sie in die Verlegenheit einer Enttäuschung bringen. Wie kann ich wissen, daß es Ihnen vielleicht Freude bereitet, mich zu kennen?

Bin ich jung, mein Gott, vielleicht dreht sich Ihnen das Herz im Leibe um über so viel Pose, wie Sie es nennen könnten... O wie weiß ich am besten, daß alle Wege mir versperrt sind – ein einziger vielleicht, ich werde ihn am Ende dieses Briefes nochmals aufschreiben.

....

Ich frage mich, ob es möglich sein könnte, meinen Vorsprung an Erleben an Ihnen selbst, Ihnen gegenüber je soweit abtragen zu können, daß wir gleichen Schritts einander begleiten könnten. Ich fürchte... nein! Und ein tausendjähriges Sie erleben ohne Ihre Gegenwart fügt sich nicht mehr in die Zufälle der Wirklichkeit. Aber dann wieder diese Sehnsucht nach dem Alltäglichen. O um das schöne Leben ist mir leid mit all seiner Kraft, seinem Zynismus und meinem einsamsten aller Humore.

O ein Zeichen! Ich bin der verlassenste Sträfling dieser Erde.

Liebe, Wahnsinn, Einzelhaft. Es ist ein und dasselbe in der Praxis. Und herrlich in der Idee; ja, auch der Wahnsinn; vielleicht ist Norm nur Selbstüberhebung und Menschsein eine Schande, sagen die Geister von anderen Welten, den Wahnsinnigen aufmerksamen Augs betrachtend, in der Erwartung, daß auch dieses Chaos sich formen werde.

Matthias Lanner, ich liebe Ihr Antlitz. Donnerstag vier Uhr Universitätsbrücke Pfeiler vier. Vielleicht gibt es einen Donnerstag in meinem Leben – Datum einerlei – es gibt nur einen soundsovielten im Jahre; aber zweiundfünfzig Donnerstage«..
....
....

XIV

Albert hatte tief erregt zugehört, ohne seine Stellung zu verändern. Dr. Raßmann machte eine Pause. Albert sah langsam zu ihm auf.

»Was für Briefe, was für Briefe! Und niemand weiß woher?« sagte er langsam, Ohren und Wangen hatten sich bei der Intensität seines Zuhörens heiß gerötet und die weißen, strahlenförmig geknöchelten Hände zeigten hohe bläuliche Adern, die anders liefen als das darunterliegende Skelett.

»Es muß doch eine Frau sein«, sagte er mit verhaltener Stimme, denn der Gedanke, solche Briefe zu erhalten und selbst zu schreiben, hatte ihn ganz in Besitz genommen. Das Erregendste für ihn bildete der Umstand, daß die Briefe vollkommen seiner Auffassung der Liebe zu einem andern Menschen entsprachen. Ja, er selbst könnte der geliebten Frau nur so schreiben. Er sagte es Dr. Raßmann.

»Merkwürdig«, erwiderte der Arzt, »auch Lanner schwört, die Briefe könnten von ihm selber sein.«

Ein Gedanke leuchtete blitzartig in Alberts Kopf auf. »Wie, wenn dies der Fall wäre? Lanner ist Dichter, Lanner kann alles, Lanner ist nicht ganz wie andere, er vergißt Tatsachen, er schreibt sich selbst – glaubt auch daran.«

»Nein, unmöglich.« Raßmann hatte ja den Anfang mitgemacht und wußte, daß Lanner mit ihm nicht Komödie spielen könnte. Das war die *eine* Sicherheit zwischen beiden Freunden, keiner verbarg wissentlich vor dem andern das geringste Geheimnis. »Es wird eben, wie ich ihm schon oft sagte, irgendein Dichter sein. Und dann ist es nicht Lanners Schrift.«

»›Irgendein‹ Dichter? (O Raßmann, du Rationalist!)« Albert warf einen flüchtigen Blick auf die Seite, die der Arzt hinhielt –

aber etwas bannte ihn fest. Er streckte die Hand aus, Raßmann überließ ihm den Bogen und Albert starrte darauf, starrte und verschwieg sofort alle Ausrufezeichen, die sich bei ihm meldeten und konnte nur Gott danken, daß Pulse in gewisser Entfernung nicht mehr hörbar sind.

Die Erregtheit konnte er Raßmann gegenüber leicht begründen:

»Das ist allerdings nicht die Schrift einer Frau – soviel Form, soviel Klarheit; andererseits dann wieder diese sichtbare Flüssigkeit und Undurchdringlichkeit. Es sieht sich wie Gekritzel an und ist doch so rein und fest – – Ja – – merkwürdig –«

Albert konnte sich allmählich beruhigen und Raßmann das Blatt wiedergeben. Aber er war wie versteinert.

Er hatte die Schrift von Tante Isabelle erkannt.

Tausend Gedanken schossen ihm durch den Kopf – er begriff bisher ungelöste Fragen, Wände stürzten ein, Licht drang in finstere Stellen, Angst bemächtigte sich seiner – die Last der Verantwortung drängte sich vor. – Mit Stolz empfand er das Pflichtgefühl, Tante Isis zu beschützen – aber er wußte nicht, war es Freude, war es Enttäuschung – eines blieb: Angst, eine formlose Angst. Aber er sollte an diesem Nachmittag mehr noch erfahren. Dr. Raßmann schlug einen Spaziergang längs des Flusses vor.

Sie verließen die Kapelle und traten in den Hof wo eine glühende Ausstrahlung der Mauern sie empfing. Rosen und Lavendel standen in der Jugend ihres ersten Blühens. Albert wollte allein sein, das Erlebnis zu überdenken, aber Raßmann ließ ihn nicht. Denn er empfand selbst ein zu starkes Bedürfnis, seine jahrelang eingedämmte Sorge um den Freund ausströmen zu lassen – und Albert, beinahe Kind, erschien ihm in seiner Unberührtheit und Klugheit als der einzige, vor dem er sich nicht zu schämen brauchte, die seelische Zärtlichkeit zu empfangen, deren er selbst so unüberwindlich bedurfte. Lanner war seit Wochen schon unauffindbar.

»Begreifen Sie, was das heißt – Kerkersheim? Er ist vielleicht irgendwo zugrunde gegangen – liegt in einem Gestrüpp, ohnmachtbefallen – in einem Zustand von Lethargie – vielleicht verhungert, von Raubtieren angefressen... Daß wir keine Kunde von ihm erhalten, ist betäubend... auch haben diese Briefe seit drei Wochen aufgehört. Entweder kennt der Schreiber seinen Aufenthalt – oder er weiß von seinem Verschwinden, ängstigt sich wie ich – und schweigt verzweifelt. Sicher ist, wenn wir des Schreibers habhaft würden, könnte sich die Sache aufklären...«

Im Garten begegneten sie der kleinen Mutter Raßmanns. Sie grüßte altmodisch mit einer leichten Beugung der Schultern und des Kreuzes, ohne die eng zusammengehaltenen Arme, die eine schwarze Mantille faßten, zu bewegen. Sie lächelte liebenswürdig.

»Ich habe dir Lavendel für die Wäsche schneiden lassen«, sagte ihr der Arzt.

Sie dankte mit den Augen und war vorübergehuscht.

Einige Augenblicke konnte Raßmann bei ihr in Gedanken verweilen, die sich ihr sonst in zarter Liebe zu widmen pflegten, obwohl er in einem eigentümlichen Verhältnis zu ihr stand. In den letzten Jahren ihrer Witwenschaft hatte er sie zu sich genommen, noch ehe Lanner und er gemeinsam die Wohnung teilten. Sorgsam hatte er sie einer Welt entrissen, die nur Staunen, später beinahe Spott und Verachtung der kleinen Dame entgegenbrachte, von der es mit einem Male bekanntgeworden war, daß sie sich bitterste Selbstvorwürfe über ein sündhaftes Leben zu machen gezwungen fühlte und vor öffentlichen Beichten nicht zurückschrak. Nun war nichts unbegründeter als diese Vorwürfe und nichts unmöglicher, als daß Frau Raßmann ein sündhaftes Leben geführt haben sollte, sie, ein stilles, für die böse Welt viel zu gütiges Wesen voller Ernst für die pünktliche Erfüllung ihrer Pflichten Gatten und Kindern gegenüber. Sie, die kleine zarte Frau mit Hünen von Kindern und Mann, immer altmodisch, immer ängstlich darüber, was ihren Riesen alles zustoßen konnte, bei ihrer Unachtsamkeit, sie, die stets Handschuhe und Mantillen trug in einer Zeit, wo längst die Beine, die Bluse und der Sportrock eingeführt waren, sie sollte ein verborgen sündhaftes Leben geführt haben? Undenkbar. Raßmann holte sie zu sich, warf sich vor, sie allein gelassen zu haben, und suchte ein kleines Landgut in der Nähe der Großstadt, sie gut unterzubringen fern von den Leuten, die der Lage nicht gewachsen waren und ihrer Melancholie den unrichtigen Hintergrund zu geben sich veranlaßt fühlten.

Raßmann dachte nun schon nicht mehr an sie, wußte, daß sie sich wohl fühlte und war ihretwegen beruhigt und Albert tief mit dem Gedanken beschäftigt, Raßmann in einer Lage zu wissen, die den Menschen zum Sprechen zwingt, will er nicht an innerem Chaos Schaden nehmen. Es kam sogar dazu, daß Raßmann ihm auseinandersetzte, wie er Vau gekauft habe.

»Wie? Vau gehört doch Lanner?«

»Nein – er glaubt der Besitzer zu sein – und fühlt sich wohl. Er braucht nie zu erfahren, daß er bei mir lebt. So denkt er, ich sei sein Gast.«

»Ja – aber – dann ist doch etwas mit ihm nicht in Ordnung?«

»Was weiter. Es mag so sein, ich weiß es, und ich weiß es nicht. Lanner ist mein Freund – er braucht mich – und wie er mich braucht, weiß er nicht einmal. Warum soll er auch? Mein Gott – dieses Leben ist ein unfaßbares Rätsel. Ich suche bald nicht mehr dahinterzukommen.«

»Ja... ist er denn... anstaltsbedürftig?«

»Wenn ich das beantworten könnte! Gewiß nicht – aber... Er ist wie ein Uhrenzeiger ohne Ziffernblatt. Geben Sie ihm das Ziffernblatt – und alles ist gut. Und jetzt ist er weiß Gott wo verschollen.«

Albert stand vor Raßmann und sah sein zerfallenes Gesicht. Er fragte sich, ob er selbst die Wirklichkeit sehend oder ob er bisher mit verbundenen Augen gelebt habe – stand er hier vor dem ruhigen, überlegenen Dr. Raßmann oder vor einem Irren, der ihn narrte? War Lanner das Opfer eines Verbrechens geworden – –

»Ich liebe diesen Menschen, diesen Matthias Lanner, mein Gott – Kerkersheim, verstehen Sie nicht, was es heißt, einen Bruder, den man ein Leben lang geliebt und für den man in Sorge gelebt hat, in dieser so entsetzlichen Weise verloren zu haben?

Kennen Sie ihn? Wissen Sie denn nicht, welche Welt von Zärtlichkeit und Größe in ihm war? Konnte das nicht jeder sehen? Ist es möglich, daß es den Menschen entgeht, wenn einer gut ist so wie unsereiner lebendig ist? Dieser Mensch war gut und zart – es ist nicht möglich, daß er bewußt auch nur den Schatten einer bösen Handlung begangen hätte!«

Albert blieb sprachlos. Nur eines konnte er sagen. »Ja, ich begreife, daß man das liebt – ich weiß, ich weiß, ich weiß, was das heißt.«

Sie gingen am Fluß entlang.

Albert fühlte, von ihm selbst müsse Heil ausgehen und strengte sein Denken an, konnte aber nur seinen guten Willen finden und keinen dienlichen Vorschlag.

Noch überwältigt von der Tatsache, daß Tante Isis – – ja daß Tante Isis ein Mensch war wie er selbst, was er nicht begreifen konnte – war er außerstande, für Raßmann anderes als ein williger Zuhörer zu bedeuten. Er konnte nicht sprechen. Vau war also dessen Besitz, in seinen Räumen wohnten Menschen, die nicht ganz wie er selbst im Vollbesitz ihrer Kräfte und Fähigkeiten standen, es lebten noch andere (nicht viele) stille Gäste in dem verwinkelten Schlößchen. Dr. Raßmann, der Gast von Vau, war ihr Beherrscher, Raßmanns kleine Mutter eine ängstlich vor der bösen Welt behütete zarte Seele und Lanner, der Dichter, der originelle Schriftsteller, der giftsprühende Menschenkenner, ein gütiger, unschuldvoller, verlassener Kranker – – – den vielleicht ein furchtbares Schicksal festhielt – – Über all diesen Bildern strahlte in Alberts Herz der Wunsch, Tante Isis alles zu sagen, was ihn und sie betraf. Wie aber beginnen? Albert hatte sich noch nicht ihre zwei ihm jäh offenbarten Persönlichkeiten so spurlos ineinander verbinden können: den anonymen Schreiber, verzaubert und höchste Spannung erweckend, und die Tante Isis, ihm vertraut und nie anders als die unantastbare, dem Leben, seinem Leben kaum angehörende. Immer wieder sah er sich dem ersten Phantom glühenden Herzens nacheilen, um den Weg einer fast enttäuschenden Erkenntnis einschlagen zu müssen. Irgendwie sträubte er sich gegen die Wirklichkeit und wiederum an einer anderen Stelle seines Herzens regte sich eine warme Dankbarkeit und ein starkes Gefühl stolzer Zusammengehörigkeit. Sie ist doch der größte Freund, den er haben konnte. So wie Raßmann für Lanner, dachte er.

Albert langte in der Rauchgasse an, stieg drei Treppen hoch in sein Zimmer, wusch sich Hitze und Staub ab und lehnte an einem Büchergestell, während Glauka Kopf und Flanken an seinen Knöcheln rieb. Das Fenster war offen, es roch nach Humus und Jasmin, dessen Duft der Garten in schweren Wellen heraufsandte. Alberts Kopf ruhte auf der Reihe Shakespeare, rechts in Brusthöhe war Pascal, links Browning, und neben diesem Hölderlin, Büchner, Raimund, Nestroy, Hoffmann, Molière, und wo er hinsah, ohne die Titel lesen zu können, erkannte er die Bücher. Hatten diese Toten auch gleich ihm mitten im Leben gestanden? Wurden auch sie aus des Meeres Mittelpunkt in die Brandung geworfen und von dieser wieder zurück ins Tiefe? Im Zimmer war es still.

Wer ist denn Onkel Johnny? Wie kommt es, daß Albert mehr weiß als er? Darf das vorkommen, wenn zwei Menschen mit- und füreinander leben? Was ist da geschehen? Kann sich Albert geirrt haben? Nein. Und doch – Tante Isis' Schrift war niemandem bekannt, da sie niemals Briefe schrieb. Base Miele besorgte das Notwendige, und es wäre denkbar, daß selbst Onkel Johnny ihre Schrift nicht erkannt hätte. Aber Albert besaß einen Brief von ihr an seine Mutter. Er suchte ihn, fand ihn und las die zwei kurzen Seiten noch einmal durch. Kein Zweifel. Das Schreiben begann so: »Du weißt, Briefe sind nicht mein Fall – aber das eine mußt Du doch wissen – ich bin selig zu hören, daß Du einen kleinen Albert hast. Es gibt, es gibt nichts Schöneres, denke ich mir, als dem Mann, den man liebt, ein Kind zu bringen. Das muß ein unbeschreiblich stolzes und fast wehmütig glückliches Gefühl sein...«

Tante Isis hatte schon Kinder damals, dachte Albert. Ja – das war die gleiche männlich schmucklose und doch geschmeidige Schrift.

Albert räumte den Brief wieder ein. Ein neues Rätsel fiel ihm auf: Lanner verkehrte doch bei ihnen, wenn auch selten, und da war nichts, auch nicht das geringste Auffällige zu bemerken, nie hätte er sich träumen lassen – – – freilich – eben dieses erklärt die Anonymität der Briefe. Nun fiel ihm Lanner ein, und wie entsetzlich für Tante Isis diese Ungewißheit und die Angst sein müsse. Er beschloß, ihr zärtlich gute Nacht zu sagen und lehnte wieder zwischen Molière und Hölderlin, mit Glauka, die sich bemerkbar machte, zu seinen Füßen – und aus dem Hinterhalt seines Gemütes und seiner Gedanken schoß mit einem Male heiß die Erinnerung an Genovewa Soulavie auf. Kaum zu ertragen die Sehnsucht – mit einer stärkeren Berechtigung als sonst, aber mit desto betrübenderer Hoffnungslosigkeit. Schmerzvoll sehnte er sich, war denn keine Möglichkeit, zu ihr zu stürzen?

Albert mußte zu Tisch hinuntergehen. Onkel Gregor war schon heraufgekommen, sollte offenbar mit zu Nacht essen. Barrabas servierte.

Aus dem Blätterteig stürzte beim Eingriff des Löffels ein Niagara von Farce, Trüffeln, Ragoutstückchen und eine mit Estragonblättern gesprenkelte braune dickflüssige Saftwelle hervor. Auf den Tellern mit den zitronengelben Randstreifen lagen nun in allen Formen diese Schätze und ein Stück des Blätterteiges. Barrabas goß Rotwein ein.

Isabelle saß, freundlich um sich blickend, ihrem Gatten gegenüber, Gregor zu ihrer Rechten, dann folgte zwischen beiden Schwägern Miele, die auf jeden aufmerksam besorgte Blicke warf.

»Du siehst abgespannt aus, Jonny«, sagte sie ihrem Vetter.

»Und ich?« fragte Gregor.

»Sie niemals!« erwiderte sie mit innerer Genugtuung, ihm nicht etwa geschmeichelt zu haben. Dazu hielt sie sich für zu aufrichtig. Wie aber, wenn gerade diese Aufrichtigkeit keine Offenheit wäre, sondern der Vorrichtung glich, nach welcher Schiffe, wenn sie in der Schleuse sitzen, vor einem verschlossenen Tor steigen, um, wenn es sich öffnet, vor einem neuen hinabzusausen. Man kann dann sagen – der Fluß, der es trägt, ist aufrichtig und gerade, aber noch lange nicht offen.

Diese kleine Betrachtung hatte Isabelle angestellt und dachte nichts Schlimmes. Es machte ihr Spaß, die Cousine ihres Mannes so zu kennen, daß sie sie hätte nachbilden können. Dieses kurze Wort war nur dem Fachmann verständlich, ähnlich wie Experten an einem Quadratdezimeter bemalter Leinwand den Maler zu erkennen vermögen, wo andere nur die Farbschicht sehen. Dieses »Sie niemals« war so lustig, so kreuzbrav, so älplerisch kernig und dabei weiblich graziös vorgebracht worden, daß niemand umhin konnte, Miele reizend zu finden. Johnny dachte an ihren unermüdlichen Fleiß und ihre Gutmütigkeit, Gregor an die glänzenden Augen und hübschen Zähne, Albert fand: »sie ist wirklich nicht kokett dabei«, nur Isabelle lächelte inwendig. Denn sie wußte, was sie wußte und wovon Miele selbst keine Ahnung hatte: Ein unbeabsichtigter, schalkhafter Groll lag in den zwei Worten. Miele war weiß Gott nicht in Onkel Gregor verliebt, weder heute noch je. Aber stets bereit, wie sie war, jedem Menschen alles zu sein, jedem Menschen zu helfen – hätte es nur eines leise gefaßten Entschlusses Gregors mit dem entsprechenden Ruck nach ihrer Seite bedurft, sie für ihn zu erwärmen. Die selbstloseste Bereitschaft lag vor. Wehe, wenn jemand Miele das gesagt hätte. Sie hätte es übelgenommen und entrüstet geleugnet. Isabelle wußte es und machte ihr in ihrem Herzen keinen Vorwurf darüber, sie mußte sich nur mit einer gewissen Verachtung für ihr Geschlecht sagen: »Gut, alles in Ordnung; Mädchen sind dafür da, Liebe und sich zu verschenken. Wenn sie es nur täten, statt es immer zu versprechen... Aber freilich... Wie schwer ist es, zu leben. Insbesondere für Frauen.«

Die Familie aß Spargel, man hatte über dies und jenes gesprochen. Albert sah zuweilen seine Tante an und gewann sie lieb. Sie aß ernst, und geschickt verschwanden ihr die Spargeln. Miele hatte nur zwei genommen, Gregor verbrannte sich die Finger heldenhaft. Johnny zerschnitt sie wie ein Gemüse, aß nur die Köpfe und den Hals und ließ die Schienbeine liegen. Isis formulierte mit

Blitzesschnelle zwischen Kopf und Strunk die Charakteristik Mieles, ihre eigene, die von vielen Frauen und dachte immer wieder daran, daß es keinen Weg, nicht einmal einen Ausweg gibt.

Albert hatte inzwischen seine Spargeln geschluckt und ruhte sich aus, denn auch ihm erschien ein Warten auf Auskühlung undurchführbar. »Tante Isis denkt an Lanner«, sagte er sich, und wieder liebte er sie und war stolz auf seine schützenden Gefühle. »Heute abend vor dem Schlafengehen muß ich sie sprechen. Es muß sein. – Sie muß ja entsetzlich leiden.« Eben sagte Onkel Johnny, von Dr. Raßmann sprechend: »Ich halte ihn für einen Scharlatan.« Gregor war gegenteiliger Meinung. Aber natürlich: der mußte immer widersprechen. Albert schwieg. Miele scherzte: Sie würde sich gewiß nie von ihm behandeln lassen. Schon seine Hände wären so grauslich – er habe übrigens viele Feinde – und wahrscheinlich sei er auf Johnnys Erfolg eifersüchtig.

»Raßmann hat ein großartiges Buch geschrieben über den...«, begann Isis, aber Johnny unterbrach.

»Das behauptet Lanner, der Schwindler.«

Albert zitterte. Isabelle aber zeigte auf den Käse.

»Wer nimmt noch Gorgonzola?«

»Bitte ich!« sagte Albert.

Man stand auf und rauchte auf dem Balkon. Es war Nacht – von ferne tönte die Blechmusik aus einem Vergnügungsetablissement der Nachbarschaft. Albert war tief in Gedanken an Vewi versunken, wie die Nacht sie bringt mit den hergeblasenen Tönen einer fremden Freude.

Tante Isis lag im Korbstuhl mit einem Buch, Albert lehnte an dem Eisengitter mit beiden Ellenbogen und blickte hinunter. Johnny besprach einen Fall aus der Anstalt, weil er keinen besseren Zuhörer hatte, mit dem Schwager, der seine hellbraunen Eidechsenaugen auf und ab gehen ließ. Er hatte die Narren nicht sehr gern, und gar eine Todesangst vor wahnsinnigen Frauen. Da Aign einen Monolog hielt, brauchte er sich nicht anzustrengen. Manche Frage, die er einfügte, war dem Schwager zur Beantwortung zu albern. So zum Beispiel: »Arbeitest du eigentlich mit

Zwangsjacke oder mit Dusche?« Bei einer Pause schrie Gregor sein Leid in die Nacht hinaus: »Ach Gott, wenn mir nur meine Köchin nicht davonlaufen wollte. Meine ganze Menage geht in die Brüche – mit einem Schlag verwaist – mir bleibt nichts übrig, als zu heiraten!«

Isis sagte nichts. Sie schloß die Augen. Aber im Hintergrunde ihres Denkens lauerte und zitterte eine nicht auszusprechende Sorge. »Wo ist Lanner? Was ist mit ihm geschehen? Warum hat er mich nie an das erinnert, was zwanzig Jahre zurückliegt? Was soll mir dieses leere Leben? Ich will ihn sehen, wenn er wiederkommen sollte, ich wage alles – jetzt ist meine Zeit gekommen. Ich werde da sein, wo er ist – – Aber er sieht mich ja nicht…«

Und Isis nahm sich vor, ihre bisherige Lebenslinie zu unterbrechen, im Falle Lanner wiederkommen sollte… Sie sah sich mutig ihm gegenübertreten und ihm, der hartnäckig den Tauben spielte und den Ahnungslosen, die Worte sagen – »Lanner, wir gehören zusammen, Lanner, ich liebe dich. – Siehst du mich nicht? Mein Gott, siehst du mich nicht?«

Albert blickte sich nach Tante Isis um. Sie war eingeschlafen. Miele, die andächtig zugehört und den Vetter mit zwei schwimmenden Augen angeblickt hatte, außer sich über so viel Wissen, lächelte und erforschte Vetter Johnnys Gesicht. »Na ja«, gab er Gregor schläfrig zurück. – »Es wird bald Zeit – mit vierundvierzig – so heirate doch endlich einmal!«

Gegen Mitternacht wünschte man sich Gute Nacht. Albert sah, daß es zu spät war, mit der Tante zu sprechen, aber, merkwürdigerweise verabschiedete sie sich nicht wie gewöhnlich an der Türe und ließ Albert allein hinaufgehen, sondern sie begleitete ihn.

»Bist du schläfrig, Albert?«

»Nein, Tante, ich gar nicht.«

»Ich auch nicht. Du… Albert…«

»Ja?…«

»Weißt du – ich kann dir ja nicht ›Burschi‹ sagen und ›Kuder Pupp‹ und ›Kerl‹ wie Miele; – – und… du kannst mich, wenn du willst, hinauswerfen –«

Albert fiel wie ein Habicht auf ihre Hand und stolperte über jedes Wort: »Tante, liebe, liebe Tante Isis, nein, wenn du nicht müde bist, alte, nein, junge, gute Tante, ich freue mich, ich wollte ja gerade heute...«

»Es ist so ein nettes Zimmer, deins!«

Sie setzten sich und Glauka erschien an der halboffenen Türe des Schlafzimmers und musterte mit aufwärts tastender Nase den ungewöhnlichen Gast.

»Albert, es gibt Katzenjammer, Hundskummer und Mausschmerz.«

»Ja«, antwortete er gläubig. Er kannte ihre komische Art, ein Gespräch einzuleiten.

»Aber du hast keinen der drei. Du hast ein Gefühl, was mit ihnen verwandt ist durch eine ähnliche Eigenschaft, und seit ich das weiß, zerbreche ich mir erst recht den Kopf. Ich kenne kein Mittel, dir in irgend etwas zu helfen, aber es ist schon etwas, wenn ich dir sage, ich weiß von dir, ich möchte dich an meine innerste Seele drücken und dir sagen, daß du im Recht bist – daß du den Stein der Weisen finden wirst, daß du – – na, ich finde nichts – aber wir verstehen uns. Es gibt nur eines, nur eines in dieser Welt, Albert, das ist die Zuneigung. Aber selbst wenn es einen einzigen Menschen auf der Welt gäbe – die Zuneigung müßte er haben. Verstehst da das? Nicht wahr? Ja, ja, du verstehst. Und weißt du, daß ich glaube, es vergehen immer wieder tausend Jahre, wenn ein paar Menschen das begriffen haben, ehe wieder dieses Geheimnis aufgedeckt wird?«

»Ich glaube, du hast recht«, stammelte Albert, dem alle Pulse schlugen. Er fühlte Muskelzittern.

»Wir brauchen nicht davon zu sprechen«, sagte sie. »Miele zum Beispiel würde nie verstehen – und doch hat sie so viel Herz. Sie ist unweise, unschöpferisch, unbegabt im Grunde. Und doch – sie hat das, was achtundneunzig Männer beglückt.«

»Warum hat sie nicht wieder geheiratet?«

»Ich weiß es nicht. Sie hat unzählige Male für ihre latente Verliebtheit Objekte gefunden, aber es blieb immer bei sentimentalen Zuständen ihrerseits und auf Seite der Männer scheiterte es am Minimum der Gelegenheiten. Bei der siebenten Gelegenheit zur Aussprache und Annäherung zum Beispiel kam es zu irgendeiner äußerlich nicht zu verhindernden Trennung und die Angelegenheit verlief auf natürlichem Weg im Sand.«

»Aber was war in den sechs vorangehenden Gelegenheiten?«, sagte Albert, verzweifelt darüber, daß das Gespräch eine unerwünschte Wendung nahm. Warum von Miele sprechen? Er wollte doch Tante Isis seine Kenntnis ihres Geheimnisses übermitteln, ihr seine Dienste anbieten, seine bewundernde Liebe sagen und seine Teilnahme an der jetzigen Sorge.

»Es war eben noch unreif. Miele ist übrigens gar nicht wählerisch. Sondern, der sie ansieht, der ist es, den sie reizend findet. Oft war der Mann verheiratet, oder er machte ihr unabsichtlich den Hof und sie in ihrer Ahnungslosigkeit bemerkte nur die höfliche Aufmerksamkeit, fand instinktiv den Weg, zu gefallen durch demütiges Hinhorchen und Sorgsamsein – und dann stellte sich's heraus, der Mann interessierte sich für Frauen überhaupt nicht, sondern war bloß wohlerzogen und freundlich. Und so ging es ihr fast regelmäßig. Diese Art Frauen sind treu wie nur irgend möglich, wenn sie endlich ihren Hafen gefunden haben, für ewig anzulegen. Aber sie sind vorher ungeheuer flatterhaft, weil unsicher in Beurteilung des Partners. Es spielt sich nicht viel ab, sie sind prädestiniert, hundertmal hereinzufallen, und werden niemals klug, weil sie weder sich noch den andern kennen. Mich liebte sie und anfangs glaubte ich daran. Dann entdeckte sie Onkel Johnny und liebte uns beide. Da konnte ich nun nicht mehr mit.«

Tante Isis lachte herzlich. Albert war einen Augenblick lang versucht, die Tante zu fragen: Hast du Onkel Johnny geliebt? Vierundzwanzig Stunden vorher hätte er es ruhig wagen können. Jetzt konnte er unbefangen diese Frage nicht mehr stellen.

»Wie du so lustig sein kannst!« sagte er.

»Du etwa nicht?«

»Von Natur aus wohl.«

»Die bricht immer wieder durch.«

Albert schwieg. Er wollte nicht sagen, daß er selbst vor dem Zerbrechen stand, eben weil seine Natur leben wollte und ihr die Luft dazu geraubt wurde.

Isabelle fühlte eine schwere Ratlosigkeit des Augenblicks. Es fiel ihr nur das Gleichnis ihres eigenen Lebens ein. Aber der Neffe, halb so alt wie sie, würde er begreifen?

»Weißt du, was das Schlimmste ist? Das Aneinandervorbeireden«, begann sie. »Und wir tun allesamt nichts anderes. Und warum? Wir können schwer einander die Wahrheit sagen, wie, wir sie sehen. Ich selbst fühle mich dazu berechtigt, weil ich glaube, meine Proben von Selbstlosigkeit, Gerechtigkeit und am meisten von Sachlichkeit bestanden zu haben. Glaubst du, das ist möglich? Keine Spur. Was immer ich mit meiner ruhigen unbelebten Stimme sage, es muß persönlichen Motiven entstammen. Das verschließt mir den Mund sofort. Onkel Johnny glaubt steif und fest, daß er, der Unglückliche, ein Mannweib geheiratet habe. Nichts kann ihn davon abbringen. Je klüger und affektloser ich darüber zu reden versuche, desto mehr bestätige ich seine Vermutung.«

»Das ist ja furchtbar komisch! Tante, das ist ja...« »Zum Rollen – aber nicht für mich. Würde ich weniger sachlich mit ihm diesen Punkt besprechen, würde ich meiner Empörung wider diese falsche Voraussetzung freie Bahn im Affekt lassen – so wäre er für mich sofort mit einem neuen Titel bereit: ›Hysterisches Frauenzimmer‹.«

»So etwas sagt er dir?«

»Spielend leicht, wenn ich nicht aufpasse; nie vor Zeugen, nur in der Intimität. Nun ist Folgendes zu bemerken: Er ist Nervenarzt und sollte wissen, was Hysterie ist und was nicht, oder er sollte wenigstens wissen, was bestimmt nicht Hysterie ist. Aber – Taschenspielertrick: Ohne es selbst zu wissen, ist er hier ein deutscher Freiherr, vergißt seine Kollege, vergißt die Symptome – ruft mir einfach diese unverlangte Diagnose zu und verläßt das Zimmer. Du mußt nicht denken, daß ich mich hier schamlos bei dir beklage und mir billiges Mitgefühl hole; es soll dir nur zeigen, wie man aneinander vorbeiredet oder aneinander vorbeischweigt, und daß es das Schlimmste ist und leider das Häufigste. Ich sage es dir, weil ich immer an dich geglaubt habe, weil du das Kind von zweien bist, die ich sehr geliebt und die sich sehr geliebt haben. Merkwürdig – – das scheint die Vorsehung ungern zuzulassen... Solche trennt sie durch den Tod...«

»An Miele redest du auch vorbei?«

»Ich mußte bisher, weil ich ihr das Erfassen der Wahrheit nicht zutraue. Menschen, die man wirklich durchschaut, und denen man das Ergebnis mitteilt, vergöttern einen dafür oder hassen. Ich würde es wagen, nur wenn ich wüßte, daß sie freudig beim Wiederaufbau arbeitete, frage mich aber wozu? Lassen wir sie wie sie ist. Onkel Johnny braucht sie so – und ich brauche sie überhaupt nicht. Unangenehm ist nur, daß ich nicht vermag, den alten Ton einzuhalten.«

»Warum ein neuer Ton? Was war? Ich habe nie etwas bemerkt.«

»Nein, Albert, an mir wirst du auch nichts merken. Wir können doch nicht, weil wir gemeinsam miteinander in dieser Welt leben, aufgedeckten Herzens verkehren. Was gewesen ist – ist ganz einfach. Sie hat sich in Onkel Johnny verliebt.«

»Miele?!«

»Ja, nachdem es ihr jahrelang nicht in den Sinn gekommen war. Sie hat es mir auch bald gestanden in der Art Offenheit, die ihr eigen ist.«

»Und du?«

»Ich habe ihr gesagt, ich begriffe es durchaus; daß mein Mann sie sehr schätzte, wüßte ich; ich sagte ihr nicht ein Wort, das nicht ruhig und gütig gewesen wäre, spielte nicht Entrüstung oder Weltschmerz, den ich auch keineswegs empfand; ich dachte nur, nicht ohne Wärme für ihr selbstloses, treues, aufopferndes Verhalten in all den Jahren, sie wird sich, wenn sie mit vollen Segeln in diese Sache fährt, wundern und verwunden. Vielleicht aber auch nicht. Onkel Johnny braucht diese Art Weibchen: schmiegsam, charakterlos, dienstbereit, wirklich aufopfernd und völlig blind. Kurz, ich war nur gütig, philosophisch, fatalistisch, phlegmatisch. Mehr kann solch eine kleine Idealistin nicht erwarten.«

Und Isis erzählte einiges, in der Absicht, Albert Selbstbeherrschung zu zeigen, vielleicht auch ihm das Bild eines etwas seichten, wenn auch wohlmeinenden Mädchens auszumalen.

»Und wirklich so ist es«, schloß sie. »Miele fühlt sich doch unsicher genug, nie bis zum letzten die Konsequenzen ihrer kleinen Koketterien zu ziehen. Sie kann nicht handeln: sie ist für achtundachtzig Männer also die ideale Gefährtin: bringt Bewunderung entgegen, selbstloseste Hingabe, einen sonnigen Charakter. Sie will gestreichelt sein, sie wird dafür Maria *und* Martha in einer Person spielen. Sie ist nicht mit Geld aufzuwiegen. Und siehst du, Albert (aber Albert wußte dies längst und vieles andere dazu), das ist, was der gewöhnliche Mensch ein ideales Weibchen nennt. Ideal in ihrer Unzulänglichkeit. Für die Liebe geboren. So sagt man. Und nur äußeren Umständen verdankt sie ihre trostlose Existenz.«

»Tante Isis, ich bin ganz erstaunt!«

Albert sah die Tante mit tanzenden Augen an. Sie erschien ihm in so fremden Umrissen und Zügen, daß er nicht zu sprechen vermochte. War sie verzweifelt? Keineswegs. Sie lächelte und ihre mongolisch gefalteten Augendeckel verschwanden rückwärts, weil sie ihn so gerade ansah.

»Weißt du, warum ich dir das so ausführlich erzähle? Deinetwegen. Ich möchte dich vor Leid bewahren. Deine Griechen und deinen Michelangelo kennst du und alle körperliche Schönheit, die die geistige enträtseln hilft. Nun mußt du den Menschen kennenlernen mit all seinen Möglichkeiten. Siehst du, es ist eines, sich in einem herrlichen Beethovenquartett auszukennen. Aber es wird von dir noch gefordert, daß du alle Töne menschlichen Lebens hören lernst: den Schrei, das Wort, die Silbe, den Ruf, den Hauch, die Intonation, das Tempo, die Grimasse, die Lüge —«

Albert hörte aufmerksam zu, Tante Isis mit ihren Vierzig oder Achtunddreißig hatte gut reden. Vor Leid bewahren? Albert scheute sich nicht davor. Das Süßeste dieses Lebens wächst im Leid. Er grübelte. Tante Isis saß ernst gegenüber, ihre Schläfen im Schatten, die Stirne unter schärferem Licht in ihre Formen zerlegt, der Mund wie der Buddhas, allen Sprachen geöffnet, aber diesen Augenblick locker geschlossen. Sollte man jetzt von Lanner sprechen? dachte Albert. Aber wie beginnen. Nicht er war der Beschützer, sondern sie, der er etwas als Wissender zu sagen hatte, und gerade sie suchte ihn aufzurichten, als wäre er gebeugt. Das war er nicht. Er liebte. Wie kann das niederbeugen. Tante Isis meinte vielleicht, er sei blind und renne ins Verderben. Kennte er ihre Briefe nicht, würde er den Standpunkt ohne weiteres bei ihr vorausgesetzt haben. Was wissen die Großen von der Liebe? Und die Alten? Sie aber, sie wußte... Als ahnte sie seine Gedanken, sagte sie:

»Ich bin zwar eine Matrone, Albert, Mutter, Tante, demnächst Großmutter, wie du weißt – aber – wir können einander verstehen, wie beide. Glaube mir.«

»Ja, das weiß ich, Tante Isis«, sagte er, der es erst seit einigen Stunden wußte, und verfiel gleich darauf in angestrengte Denkarbeit. Sie hält mich für blind. Das tut sie. Wen Liebe blind macht, der war vorher schon kurzsichtig. Nein; Liebe blendet nicht. Wie soll die blind machen. Liebe erleuchtet: ihr Licht steck ja *im* Liebenden, nicht *zwischen* ihm und dem Geliebten. Der Liebende mag also blenden, nicht ihn die Liebe. Vielleicht macht Geliebtwerden blind. Das will ich glauben! Darum sehe ich so gut... Laut sagte er: »Liebe ist: wenn der Weise, der Philosoph, der Naturforscher, der Dichter, der Priester erkannt haben, wovor sie auf die Knie niedersinken. Und nachträglich sollen sie davon erblinden?«

»Farbenblind sind wenige«, erwiderte Buddha. »Tonblind fast alle. Hier meine ich Farbenton und auch den Ton an sich, der durchaus sichtbar ist. Ich begreife nämlich nicht, wie man Töne lediglich mit Ohren hören kann.«

»Ich bin nicht tonblind.«

»Ich bin absolut davon überzeugt, Albert. Wir beide sind nicht nur durch die Adern verwandt, du und ich.«

Das ist ja wahr, sagte sich Albert, der sich verwunderte, niemals früher daran gedacht zu haben. Da war ich wohl tonblind und wir redeten aneinander vorbei, wie sie sagt. Er faßte einen Entschluß: Jetzt sage ich ihr, was ich weiß: »Tante Isis, ich muß mit dir reden.« Er war rot geworden und aufgestanden. Isabelle aber wollte das, was *sie* zu sagen hatte, nicht einer Antwort anvertrauen, dazu war es zu hart, so mußte sie den Anfang machen, wartete ab, bis Albert wieder von der Bücherwand, an der er ruckweise entlangging, zum alten Platz zurückgekehrt war, und dann senkte sie die Augen.

»Albert, lasse mich vorher etwas sagen. Du kennst Onkel Gregor.«

»Ja?« Noch ahnte er nichts, sondern war nur bemüht, den Anfang *seiner* Rede noch einmal zu betrachten.

»Also Onkel Gregor denkt ernstlich daran, sich zu verloben.«

Jetzt war ein kalter Fremdkörper an Alberts Sinne gestoßen. Er erbebte wissend, fragte aber förmlich:

»Er will sich verloben? Aber er weiß wohl noch nicht mit wem?«

»Er weiß es. Und... weil ich dir das so sage... weißt *du auch* mit wem... Er bat mich heute nachmittag, ich möchte dort... hingehen und die Eltern fragen...«

Alberts Wangenhaut prickelte, weil alles Blut daraus gewichen war.

»Und?«

»Ich habe abgelehnt.«

»Wei...?«

»Weil ich diese Sache nicht vertreten kann.«

Albert war aufgestanden, hob einige Bücher auf, die auf dem Tisch lagen, öffnete sie und legte sie zurück. Tante Isis stand jetzt auch. Er ging zu ihr.

»Es ist spät, Tante, jetzt werfe ich dich hinaus.«

Isabelle nahm seine Hand in ihre beiden und ehe er sich's versah, hatte sie sie geküßt und war gegangen. Dann blieb Albert im Zimmer stehen, berührte die aufgeschwollenen Augen, die so brannten, riß seinen grauen Hut vom Ständer und taumelte die drei Stockwerke mit versagenden Füßen herab. Das Haustor fiel leise zu, und er stand draußen in der menschenleeren Straße. Es war gegen drei geworden, Sterne klein, Mond riesig in seiner unbestrittenen Gewalt über die Nacht. Albert flog gewichtslos durch die Straßen. Wenn einem Menschen die schlafende Stadt ganz gehört, fühlt er sich mächtig, auch wenn ihn tiefes Leid gefangen hält. Es ist so groß, gemeinschaftlich mit den verschwiegenen Gestirnen auf der eigenen sicher erkannten Bahn Häuser und Straßen zu kreuzen. – Nichtig ist alles, was diese Bahn nicht ist. Grausam wie der weiße Himmelskörper betrachtet der Mensch das Sein der andern. Er schreitet gewichtlos wie ein Toter – mit siegreichem Willen wie ein Lebender. Und, was der Stern nicht kennt, Musik ist im Menschen, dem die Nacht gehört. Albert stand heiß wie ein Rennpferd gegenüber dem Hause in der Weihgasse, ganz verdeckt durch den schrägen Schatten eines Vorbaus. Er blickte auf. Alle Fenster waren verdunkelt. Was wollte er?

Hunde, die mit spitz erhobener Schnauze feuchten Auges an einer Schwelle sitzen und Vorübergehende sanft auffordern, doch so lieb sein zu wollen und die Klinke aufzudrücken, erwecken unser Mitgefühl. Menschen, die ein ganzes Haus mit ihrem Blick umfangen, den sie starr in den Mörtel bohren, Fenstern entlang, und bei keinem Einlaß für das hungrige Auge finden – – solche Menschen erinnern mehr an Verbrecher, wir fürchten sie, ehe wir sie in unser Mitgefühl fassen. Wie wenige mögen davon erfahren, daß, während sie im Zimmer gingen oder ruhten, eines andern Sehnsucht die Mauer ihres Hauses leise niederriß und ein Mensch in die Öffnung drang, den ein Herz, groß wie die Unendlichkeit, vorwärtsstieß. Der Stein läßt keinen durch – nicht den Blick, nicht den Wunsch, nicht die Liebe eines heißen Willens vermögen auch nur ein Körnchen Mauer loszulösen.

XV

... Tage vergangen. Nichts geschrieben. Es geht nicht mehr.
Wenn das Entsetzliche geschieht – ich werde nicht mehr leben können.

*

Tage vergangen. Nichts.
Abends im Zimmer allein. Die ganze Welt ist schwarz verhängt. O diese Vögel in den Gebüschen! Diese Himmel von Schönheit! Die sattgewachsenen Bäume. O das spröde Sommergeschrei der Elektrischen auf ihren Schienenreibungen. Über all der Fröhlichkeit ist wie ein Aschenregen, der tötet.
Es wird nicht gehen.

*

Es ergreift mich ein Wahnsinn... Wenn sie Onkel Gregor... dann wird sie mit mir... es ist entsetzlich – sie wird ja nahe verwandt sein – – Ich werde die Welt verlassen müssen.
Nein, sie wird es ja nicht tun.
Hier schwöre ich, daß mir nie der Gedanke kam an eine Heirat – – ich kann's nicht schreiben.

*

Tage vergangen. Ich bin ein charakterloser Schwächling. Diese Hefte wollte ich anfüllen mit Gedanken, mit meinem Leben – – und nun versagt die Hand.

*

Sie wiedergesehen. Bei ihnen im Hause gewesen. Glück, Wonne, Verzweiflung dieser Gegenwart. Einige Minuten ganz allein mit ihr, sie ein Wunder an Güte.

»Albert, wir wollen unser Leben lang Freunde bleiben.« Ihr Mund zitterte.

»Ich bin dein Bruder, Vewi.«

»Ja, Albert, Bruder.«

Sie war so nah.

»Gib mir einen Kuß auf die Stirne. Ich bete dich an, Schwester, Liebe!«

Ich sagte es – ich sagte es – ich sagte es.

Und sie – tat es! Es war, es ist geschehen, und auch auf meine Wange drückte die Sonne ihr liebes, heiliges Gesicht.

Ich kann nicht schreiben.

*

Tage vergangen. War es ein Abschied? Nein, nein, nein – eine Freundschaft auf ewig... Mir ist so bang trotzdem.

Ich darf mich nicht gehen lassen.

Ich werde es von mir verlangen.

*

Christi Himmelfahrt. Ich zwinge mich, sitze auf einer Bank. Es ist heiß. Ich will wie einer, der zeichnet, schreiben, was vorübergeht – – mir ist, als hätte man mir das zum Leben Wichtige aus dem Leib gerissen. Warum bin ich nicht schon daran gestorben?

Onkel Gregor – Tante Isis... Ich weiß nichts, als was sie mir in der Nacht mitteilte... Es kann nicht sein... Wird Vewi ja sagen? Nein, *das* kann ja nicht geschehen...

Christi Himmelfahrt. Hitze. Es blendet. Die Sonne ist überall... Die Menschen so arm und festlich. Grau angezogener Vater.

Knallrosa Bub. Vater macht zu große Schritte... überm Arm kastanienbraune Jacke seines Sohnes. Mutter trägt Arbeitsbeutel. Bub unter knallrosa Bluse weiße Hosen, ein X- und ein O-Bein. Heiße Familie. Wagen von »Neuen Eiswerken«. Glänzender Rapp' mit Rippen. Buschiger Schweif. Zu lang, falscher Schick. Rückwärts Bockhufe, vorne normal. Dame mit stichelhaarigem Skieterrier an Leine. Verbundene Vorderpratze. Galoppiert auf drei Beinen, Leine gespannt, Ohren von plötzlichem Windstoß horizontal rückwärts gerichtet. Zwei Mädchen Arm in Arm mit kurzen Ärmeln. Von rückwärts vier rote Ellenbogen zu sehen. Alter Herr. Altmodisch weit ausholender Melon. Schneeweißer Bart. In der Mitte an Stelle des Mundes runde Nikotinbartöffnung. O schöne lavendelblaue Demoiselle auf der Brücke. Sittsam, sehr. Gerader Rücken... Warum ist sie nicht Vewi? Noch immer im Schatten der Allee, wo sie einbog, blinkt das Lavendelblau. Ja, wenn sich die Farben zusammentun, zur Freude... Dame häßlich. Aber weil Christi Himmelfahrt, Konzertkleid: Farbe: Rotweinfleck auf Tischtuch, mit Salz bestreut. Eine Droschke bleibt stehen. Unter dem Bauch des Pferdes leuchtet der gegenüber herabgelassene zitronengelbe Vorhang eines geschlossenen Geschäfts. Vielleicht Obst oder Tabak. Kindsfrau weiß, Kinderwagen weiß. Kleines Kind, braune Haare, hellblaue Jacke. Pflegerin hängt schwarzer Kopfschleier den Rücken herab, aus häßlicher papierartiger Kopfbedeckung. Droschke mit gelbem Gepäck. Zwei Büberlinge mit Matrosenkrägen, groß wie Tischplatten. Schimmelpony, braunes Lederzeug. Kleiner gelber Wagen, siebzig Kinder darin. Kutscher mit Bart, einige Väter und Mütter. Riesenauto. Pelzdame trotz Hitze. Koffer steht vor ihr auf seiner Schmalseite. Reise mit Vewi. Wald mit Vewi. Abendhimmel. Viele Stunden Bahnfahrt... Wieder Kristalleis. Zwei gute Pferde. Ganz alter Mann aus Holz, blaue Schildmütze. Stiefel gehen nur um ihre eigene Länge vorwärts. Schnurrbart steht weiß an Wangen, die nicht mehr sind. Vorne Kante. Hochzeitswagen weiß gefüttert. Zylindermenschen drin. Keine Braut. Gutes Zeichen!

Lanner? Lanner steht auf einmal da! Mit einer Reisetasche kommt Lanner. Ich springe hin. Lanner ist schlecht rasiert. Er strahlt aber aus den Augen lichtgrau, heiter. Tiefe Grübchen in den Wangen.

»Grüß dich, Albert!« Die Stimme ganz verrostet, wie von einem, der lange zugehört. Wir geben die Hand.

»Von der Reise?«

»Ich?«

»Ja.« Er lächelte wieder. Auf der Handtasche klebt ein Zettelchen in drei Farben. »Hotel Europe, Athènes.«

»Waren Sie in Griechenland??«

»Griechenland, Griechenland« – er sucht wie einer, der schlecht gelernt hat. »Ich werde wohl – – – ja. Aber wir duzen uns, soviel ich weiß?«

»Ja, Lanner.«

»Du bist sonderbar, Albert. Was hast du gestern angestellt?«

In unerhörter Verwirrung gab ich ihm zur Antwort:

»Nichts, Tante!«

Er lachte und schimmerte über dem ganzen Gesicht, während seine Stirnader schwoll. Ich aber hätte weinen mögen. Ihm nicht sagen zu können, daß ich etwas wußte, das ihn vielleicht beglücken würde, sondern die Rolle des Dummkopfs zu spielen... widerlich fatal. Ich ging mit ihm zum Vorortzug, und dann fuhr er ab, während ich Dr. Raßmann telephonisch von der Hauptpost aus benachrichtigte. Und dann nach Hause zu Tante Isis.

Sie ist rätselhaft in ihrer Selbstbeherrschung, nicht einmal die Farbe wechselte sie. Nur eines sah ich: sie fuhr mit der Hand auf ihre vollkommen glatten Haare und strich sie den Kopf entlang.

»Vielleicht hättest du ihn bis nach Vau begleiten sollen«, sagte sie.

»Ich wollte dir seine Ankunft so schnell als möglich erzählen.«

Mir war elend zumute. Ich mußte meinen Stolz bezwingen und fragen: »Hast du von Onkel Gregor gehört?«

Sie hatte nichts gehört.

»In Onkel Johnnys Anstalt sind leider mehrere Typhusfälle.«

Aber dann sprachen wir doch von Lanner. Weiß Gott, was er getan und wo er gewesen sein mag.

Onkel Johnny, der später erschien, meinte, er habe eben wochenlang, wie schon häufig, bis zur Besinnungslosigkeit berauscht, gelegen und sich selbst geschämt, in die gesittete Welt zurückzusteigen, er sei eben teils hochbegabt, teils minderwertig, Neurastheniker, Quartalsäufer und etwas verkommenes Subjekt; er hätte nichts dagegen, ihn einmal zur Beobachtung überwiesen zu bekommen, aber Raßmann wolle davon nichts hören, vermutlich aus begreiflicher Scheu, den Fall selber zu verlieren. Übrigens sei Raßmann vollkommen im Irrtum betreffs Lanners. Der halte ihn für geistig hochstehend, für moralisch unantastbar und gerate in Affekt, so daß man sachlich nicht darüber reden könne.

*

Im Theater Vewi gesehen.

Es gibt viele hübsche Erscheinungen. Niemals sehe ich an anderen das, was Vewi ist. Was ist es nur? Es ist das, was an einer griechischen Statue, auf griechischen Vasen berückt: und der Stein oder das Vasenbild wissen nichts von der ungeheuren Wirkung.

Solch ein Marmor, wenn er ehrgeizig, rührend in seiner Naivität, sagt sich vielleicht, ehe er aus dem Berg gebrochen wird: »Ha, welch köstlichen Straßenschotter werde ich abgeben, statt hier in dem langweiligen Felsen vergraben zu sein! Freilich, daß ein Künstler mich zu einem menschlichen Leib zurechtmeißelt, ist gut und ehrenvoll. Aber – ich bin Stein, ich will auf Straßen liegen, Sonnenstrahlen auffangen, Füße spüren…« Vewi sieht nicht die berückende Neigung ihres Hauptes, den rahmweis und goldenen Hals daran, den lächelnden, tief melancholischen Mund, die Schultern und Arme unter dem aschgrauen Tüll, die so göttlich zart aufquellenden Formen, die ich anbete. Sie weiß ja nur, Kind ihrer Zeit, daß sie gut gewachsen sei, und ihr Spaß ist es, sich ebenso anzuziehen. Oh – das berührt mich nicht – ich will das gar nicht. Sie glaubt, sie habe den frischen Hundeausdruck, und den hat sie auch, mit einem Stich ins Kalmückenhafte, tragisch in ihrer Lustigkeit. Ich sehe weit, weit.

Vewis Gefühl für... ist eine Übertragung. Ihr wahres gehört mir. Es *kann* ja nicht anders sein! Aber sie kann es nicht sehen. *Ihn* hält sie für mich. Ja – so ist es... Ausreden könnte ich es ihr nicht. – Ich muß ja schweigen – – weil »befangen« – o *wie* gefangen! Und ich kann sie verstehen; denn wie gut sieht Onkel Gregor aus! – Die Figur, die Art sich anzuziehen, die krachende tiefe Stimme, die er nie anstrengt, seine Zähne, wenn er lacht... Ach, er wirkt unfehlbar. Aber *ich* kenne doch meinen Onkel. Wie könnte ich sie davon überzeugen – Vewi, Vewi, deine Augen, Geliebte!

XVI

In Johnny Aigns Irrenanstalt waren mehrere Insassen an Typhus erkrankt, sowohl unter den Patienten als auch unter dem Personal. Der Chefarzt leistete Übermenschliches, sagten die Angestellten, und erstaunten, wenn sie ihn, ohne daß er je ermüdete, bei der Arbeit beobachten konnten. Er brauchte keinen Schlaf, leitete umsichtig alle Vorkehrungen, um, die Ursache der Krankheit entdeckend, ihrer Herr zu werden, und fand zu Hause noch Zeit, Miele einige wichtige Artikel zu diktieren, die in der Medizinischen Wochenschrift erscheinen sollten. Bei Tisch war er von gewohnter Laune, ließ niemanden zu Worte kommen, weil er, Schall und Echo in einer Person, den Monolog des Tüchtigen hielt.

Frau Marie Jonas hatte auch viel Arbeit und war in der Rauchstraße nur mehr Gast. Man durfte sie aber nicht daraufhin ansprechen.

Gregor Vormbach aß bei der Schwester oben oder im Restaurant, denn seine heilige Familie hatte ihn verlassen; der neu aufgenommene Diener war unverheiratet, und zu einer Köchin hatte es Gregor noch nicht gebracht, hilflos und verwöhnt wie er war.

Albert Kerkersheim lebte in schmerzlichster Spannung. Seine Liebe zu der jungen Soulavie, seine Erschütterung als Mitwisser von Tante Isabelles Geheimnis, seine Zweifel über die Rolle, die er zu spielen habe, die Angst um Lanner, seit er von Dr. Raßmann erfahren hatte, wie gefährdet er war – all diese Fragen standen in seinem Kopf nacheinander und nebeneinander auf und niemand war da, dem er sich hätte eröffnen können. Sich Tante Isis anzuvertrauen, ohne mehr lange zu warten, erschien ihm manchmal tunlich, ja geboten; dann aber hinderte ihn das nicht verständliche Verhalten Lanners, der ja nicht im entferntesten die Wahrheit sah. Warum ging Tante Isis nicht hin und sagte ihm, was sie ihm von weitem schrieb? Sollte Albert Dr. Raßmanns Rat erbitten? Aber ihm das Geheimnis auszuliefern brachte er doch nicht über sich; denn Isabelle war eigentlich seine Mutter und darum schon die Tatsache seiner liebevollen Einstellung ihr gegenüber auch jetzt noch eine Leistung seines Herzens und Verstandes, die mancher vielleicht nicht zustande gebracht hätte. Wie würde sich ein etwas älterer Bengi verhalten? Albert überlegte, warum wohl soviel Haß, Verachtung, ja Spott einen Menschen treffen, von dem bekannt ist, wohin er sich hingezogen fühlt. Allein das Hingezogenwerden. Warum? Woher, konnte er sich denken; warum aber – da doch jeder sich hingezogen fühlen muß, so dachte er – und schließlich: wenn jeder dem nachzöge, wo wäre das Unglück? Ach, darin liegt es ja, darin, daß wir nicht nachziehen...

Ist Tante Isis vielleicht Onkel Johnnys wegen so zurückhaltend? Dann, wie kann sie furchtlos wagen, trotz dem sie, wie jeder wußte, seit Jahren niemals Briefe schrieb, Lanner *solche* zu schikken?

Albert schlief wenig, magerte ab, sah blaß und kränklich aus. Der Gedanke an Vewi nahm doch am meisten von seiner Seele Besitz, so daß er sich außerstande fühlte, irgend etwas anderes zu tun als sich rastlos hin und her durch die Straßen der Stadt zu bewegen.

Wenn niemand sein Aussehen bemerkte, so war dies dadurch zu erklären, daß jeder zuviel mit sich selbst und eigenen Sorgen beschäftigt war. Onkel Gregor machte bisweilen Witze, aber Alberts Gesicht nahm dann einen so verzweifelten Ausdruck an, daß Vormbach nicht weiter eindrang.

»Du mußt es so halten wie ich in solchen Fällen, genau so. Ich mache das Richtige, kannst mir glauben. Wenn du mit Weibern etwas hast, dann komme nur zu mir, ich...«

Albert ließ ihn aber nicht ausreden.

In Vau herrschte eine ähnlich schwüle Luft. Lanner aber war

heiter und lebhaft, während bei Dr. Raßmann, dem es nicht gelang, von ihm eine befriedigende Antwort über den Verlauf der letzten vier Wochen zu erhalten (Lanner verwechselte die Daten, verlegte in ein Gestern, was sich im verflossenen Monat ereignet hatte), schließlich die Hoffnung auf eine Aufdeckung so vieler Rätsel erlosch. Er sagte sich, daß Lanner offenbar irgendwo gut gepflegt und entlassen worden sei, und nahm sich vor, noch umsichtiger für sein Wohl zu leben. Lanner war ungewöhnlich heiter, Humor und Spannkraft erschienen neu und unverbraucht. Zuweilen saß er in seinem Antiquitätenladen, schrieb und versprach ein neues Buch für die allernächste Zeit.

An einem Donnerstag aber las er in einem alten Brief die Stelle: »Universitätsbrücke, Pfeiler vier, vier Uhr nachmittags...«

Einen Augenblick dachte er, Raßmann den Gang zu diesem nebelhaften Stelldichein zu verheimlichen. Dann aber, von Raßmanns bekümmerter Miene betroffen, teilte er ihm sein Vorhaben mit und verließ Vau.

»Universitätsbrücke, Pfeiler vier...« wird jemand da sein? Er konnte sich kein Bild machen; sah Genien, sah einen begeisterten Jüngling, auch die Stavenhagen, für die sein Herz und seine Phantasie (wunderbare Brücken) geschlagen – und er gedachte ihres reizvollen Watteaumundes mit der hagebuttenroten Unterlippe, die er einst in einer seligen Stunde entdeckt und für sein eigenes Glück mit anbetenden Lippen ergriffen hatte. Aber die Stavenhagen und schreiben? Niemals solche Briefe. Sie war dann, wie er sich erinnerte, einem Hirtenknaben in der Art Alberts, einem Studenten begegnet, und Matthias Lanner, der damals im Schatten dieser Frau gelebt, ohne zu bemerken, wie sie zweien ganz gehörte, sah sich eines Tages um die Erkenntnis bereichert, daß es eine männliche Eigenschaft sein müsse in der Alternative zwischen einer oder vielen Geliebten zu leben, und eine weibliche, genau bemessene Zwei zu haben.

Dieser männlichen Eigenschaft scheine man aber zuweilen bei Frauen zu begegnen, ebenso wie sie sich umgekehrt bei Männern vorfindet. Welchen Geschlechts und welchen Charakters aber war der Schreiber der Briefe?

Heute mußte er es bestimmt erfahren.

Weshalb nur zu so ungeeigneter Stunde und an dem belebtesten Stadtteil?

Lanner traf einige Minuten vor vier Uhr ein und sah sich langsam um, zählte die Pfeiler ab und wußte nicht, von welcher Seite beginnen. Dann überlegte er zum hundertsten Male, wie er wohl auf den ersten Blick sie oder ihn, den Unbekannten, falls er wirklich erschiene, von andern erkennen sollte? Er biß sich tief in die Futtertaschen seiner Wangen, und sein Mund machte unwahrscheinliche Fahrten von der rechten zur linken Seite. Es war nicht heiß, denn am Vormittag war ein starkes Gewitter niedergegangen, die Steine trockneten noch etwas an einer neuen Sonne, der Fluß erfrischte von unten und rauschte geschwollen, daß die Brücke zitterte, die schon von ersten Nachmittagsschatten wie ein längliches Schachbrett gewürfelt erschien. Noch blies ein trocknender sanfter Wind über den stehengebliebenen Wassertümpeln, denen die Passanten zufrieden und abgekühlt auswichen.

»Nur keine Bekannten jetzt in meiner Schicksalsstunde...« dachte Lanner beklommen, da er die groß und größer werdenden Umrisse einer sich ihm nähernden Frau wahrnahm, die aus Verschwommenem ins scharf Geformte sich umwandelnd, einer beweglichen Statue gleichend, auf ihn in natürlicher, schon lange eingeschlagener Richtung zukam.

Eine fast unüberwindliche Wut packte ihn, als er Isabelle von Aign erkannte, die, wahrscheinlich wie alle Bekannten, ihm eine unbändige Freude über sein Wiederdasein ausdrücken würde. Sie trat auf ihn zu, großer Schimmel mit Mongolenaugen, unter einem schattigen Gärtnerhut, eine Hand vorgestreckt.

»Matthias Lanner! Sie sind wirklich gekommen!«

Ihr Blick war gerade und der Mund lächelte weich in die Wangen hinein.

Reuig wollte er sich auf ihre Hand stürzen und sagen:

»Isabelle Aign, Sie sind eine so gute Frau – Sie scheinen so viel zu verstehen: Sehen Sie in mir einen, der der Stunde seines

Lebens entgegenwartet. Lassen Sie mich allein, wenn sie schlägt!« Hätte er es ihr nur gesagt. Sie hätte tief beglückt in dieser Antwort, die zwar entgegengesetztem Denken folgte, doch die ihr eigens gewidmete, die erwartete, herausgehört und sich ihrerseits enthüllt. Aber Lanner sagte: »Ja, ich bin gekommen, Sie würden mir aber einen großen Gefallen, nein, nicht nur das, sondern das Liebste tun, was ich mir augenblicklich denken kann, wenn Sie mir nichts darüber sagten. Auch überhaupt nichts aus der Vergangenheit. Ich habe für meine eigene Vergangenheit im Munde der andern keine Geduld.«

Isabelle gab zu Tode getroffen seinem Wunsche nach, sagte aber in demütigem Tone und sah sich dabei seine beweglichen Augen an und den erregten Mund: »Ich mache was Sie wollen. Aber einmal, einmal müßte ich doch geredet haben, Matthias Lanner.«

Er sah an ihren Schultern vorbei, durchwühlte die Gruppen der Ankommenden, sie stand geduldig da und fühlte sich schuldig.

Endlich entfuhr es ihm:

»Jetzt nicht, es ist mir einfach nicht möglich, ich stehe... mitten in der Arbeit... hier, ja hier auf der Brücke. Es ist ein Zufall – aber ich gehe nicht von dieser Brücke, hier kommen mir die Gedanken. Oh, Baronin Aign, Sie sind eine kluge und gute Frau, lassen Sie den Poeten – Sie meinen es so gut mit ihm, ich weiß es, aber lassen Sie ihn, lassen Sie ihn allein, liebe Baronin Aign, lassen Sie ihn, er geht seinem Schicksal entgegen!«

Er streckte ihr die Hand hin, sie ergriff sie, einen schweren Felsblock im Halse plötzlich tragend – sie lächelte tapfer, fast glücklich, ihm einen Wunsch erfüllen zu können, und der große Schimmel kreuzte langsam über die licht- und schattengewürfelte Brücke zurück und verschwand.

Und Lanner atmete schwer ein, bis zu den äußersten Grenzen seiner Lungenflügel unter der Brust, die er auch im Ausatmen noch gewölbt trug, ehe er sie, ausruhend, sinken ließ.

Viele Menschen gingen vorüber. Von allen aber war Lanner völlig sicher, daß sie ihm nie geschrieben hatten. Um fünf Uhr verließ er die Stadt und traf um sechs Uhr in Vau ein, wo er Albert mit Dr. Raßmann im Garten sitzend fand.

»Es ist nichts. Es war nichts. Alles umsonst.« So begrüßte er die beiden und erzählte. Albert fühlte, wie sich ihm an den Haarwurzeln das Blut zurückdrängte, er durfte kaum die Augen zu Lanner erheben, aus Furcht, seine Erregung nicht mehr verbergen zu können.

»Ja, ist es nicht immer so? Ist nicht immer jemand gut zu einem im Augenblick, da dieser jenen töten möchte? Sie war aber keineswegs gekränkt. Sie ist viel zu klug und hat mich von jeher verstanden.«

»Siehst du sie denn oft?«

»Zwei-, dreimal im Monat vielleicht.«

»Tante Isis ist die wundervollste Frau, die ich kenne.«

Albert bebte, als er es sagte.

Und Lanner lag tief im Stuhl zurückgelehnt, die Wangengrübchen fast zum Lächeln eingesenkt, aber mit einem gut geschlossenen ernsten Mund.

Unfaßlich, was da geschehen sein mag, dachte der junge Kerkersheim. Vielleicht ist *sie* das Mädchen, von dem Dr. Raßmann erzählte, er habe diese Angelegenheit ganz aus dem Gedächtnis verloren.

Aus Kerkersheims Tagebuch

V. ist unruhig, unklar, gequält. Ich sehe das ihrem Blick an. Zuweilen kommen wir zusammen, aber immer nur unter tausend Augen. Wie gut wir uns verstehen. O sie ist so lebhaft, so klug. Alles übersieht sie. In der Kindheit hat sie sich nichts entgehen lassen, was Auge und Ohr bringen. Sie ist gleich zu Hause; weil sie viel beobachtet hat, braucht sie keine Erklärungen. Und wie schimmert das verstehende Auge zu meinen Worten. Alles aus der Natur erfaßt sie, und wir übertrumpfen uns gegenseitig. So liebe Dinge sagt sie. Zum Beispiel »Der Mond riecht nach Wachs. Manchmal nach Lindenblüten. Er hat auch schon ganz bitter gerochen, so im Winter, wenn es friert.« »Welche köstlichen Dummheiten könnten wir zusammen machen!« »Wir müssen lernen, uns selbst zu überwinden.« »Wenn Beethoven die Winterreise von Schubert gekannt hätte, wie selig wäre er gewesen.« »Wagner ist ein Schwindler ohne es zu wollen. Aber kurz vor dem Einschlafen hat er es wahrscheinlich doch gewußt.« »Haben Sie auch so gern irgendein Tier im Wald gefangen und versucht, daß es einen gern hat, wenn's vielleicht auch nur ein Hirschkäfer ist?« »Damen sind gar nicht wie Menschen.«

Diese und noch viele andere Dinge sagt sie mit so viel Begeisterung und Ernst, daß man gläubig werden muß. Aber wenn ihre Mutter naht, verstummt sie und wird ängstlich. In ihr ist Sturm und Ruhe, Ewiges und Irdisches, Härte und Weichheit zugleich.

Sei du, Große, meine Führerin. Deinem Blick lasse mich folgen!

*

Wie glücklich diejenigen, die sprechen können, geben, sich selbst äußern.

*

Navigare necesse est, vivere non est necesse.

*

Große, heilige Natur. Du mußt mich retten, wenn das Schlimmste kommt. V. wird mir genommen... Nein! wenn wirklich das Entsetzliche geschieht mit Onkel Gregor... sie kann mir nicht verloren sein. Denn meine Liebe ist anderer Natur. Nur der Losgelöste *kann* besitzen. Nur der *jenseits* Besitzende kann es *hier*, sonst ist alles Bitterkeit und jede Liebe Qual. Alles wahre Fühlen ist transzendent; alles Diesseitige, jede mögliche Form der Äußerung, Metapher. Nur Menschen, die dieses Wissen gemeinsam teilen, können lieben; und dieser gemeinsame Boden erst kann den Untergrund zu dem Kunstwerk bilden, das zwei dann miteinander errichten, selbst in der Trennung... Alles zu vergeistigen ist das Ziel...

Aber wahrscheinlich gelangen wir dahin nur durch Erleben und Durcheilen aller, auch der gegenteiligen Phasen...

*

Vielleicht ist das wahrste, tiefste Glück unter Menschen stets notwendig mit Qual verbunden. Ja – sicher, so muß es sein.

*

Die Askese ist vielleicht doch ein notwendiger Durchgangspunkt für eine *freie*, Werte schaffende Lebenskunst. Die gewollte oder die erzwungene Askese.

Der ist der wahre Genußmensch, der ––– *zugleich* Asket ist, und zwar ohne Spannung, eine harmonische Verbindung (une verité de La Palisse?).

*

Selbstachtung... Bei komplizierten Naturen unendlich schwer; vielleicht nur durch Spiegelung an einer anderen, überstehenden (überlegenen) Natur möglich. Das unendlich mannigfache Spiel der Kräfte, das Auf und Nieder von Kraft und Stimmung, der Einfluß der Willensempfindung ohne Übersicht über alle zugehörigen Teile einzelner Augenblicke, alles führt zur Zerreißung, Verschiebung, Fälschung des Bildes. Der Moment entscheidet, der Fixierpunkt gibt den Ton, alles andere ist trüb. Ein solcher Mensch braucht eine reine, klare Seele, die alle Strahlen in sich sammelt und ihm wie ein Spiegel das Bild vor Augen bringen kann. Wieviel Kraft kann für ihn daraus fließen!

*

»Ich habe gerne, wenn Sie lachen«, sagte sie mir gestern. Das heißt, sie hat gern, *wenn* ich lache, nicht *mein* Lachen. Oder? meinte sie *mein* Lachen??

*

Eine gute Studie wäre zu machen: Ein Mensch, der nur in der Einsamkeit lieben kann. Völlige Hemmung durch »Situation«, Bindung durch Bewußtheit. Ein grauenhafter Gedanke.
    Vielleicht dem Genie eigen?

*

Den Untergrund des Leidens bildet die Funktion aller Seelenkräfte; jedes Wissen, Können und Erkennen, jede künstlerische, menschliche Möglichkeit, *jede* Energie leidet mit.

*

Sah heute eine Venetianer Vase, braunes Glas mit violetten Lichtern, blaugoldener Flammung, sie hat mir weh getan. V. hat sie mir bei ihrem Vater gezeigt. Sie wußte nicht, wie unglücklich ich mich fühlte. Wie muß man seinen Willen wach erhalten, um sich nicht durch unaufhörliche Eingriffe lähmen zulassen.

*

Mein Gott, wie entsetzlich vieles geht verloren! Nichts läßt sich so ausdrücken. Doch ein reiches, empfangendes Bewußtsein ist möglich, das der gebenden Phantasie gleich ist – eine herrliche – vielleicht die herrlichste Ehe.

*

Einen Tag an der See…
   Die höchste Vollendung eines Körpers liegt in seiner Eigenschaft, restlos ein Wesen zu schildern. Er braucht dann nicht einmal vollkommen schön zu sein. – Ich sah einen… der so in jedem kleinsten Ausdruck ist – – und, er ist schön dazu! Kein Mensch kann die Wonne nachempfinden, die Geist und Sinne zugleich fühlen, wenn sie ihn in sich aufnehmen. Es ist nichts Reineres und Köstlicheres als er…
   O Geliebte unter allen, du und das Meer, wo ich dich sah!

*

Tante Isis ist hart und stumm. Sie sieht schön aus, aber müde.
   Ich muß es ihr sagen. Ich will ihr zeigen, daß sie sich vor Lanner enthüllen kann. Er muß sie lieben. Vielleicht aber ist das gerade, was er *ihr* nicht geben kann. Morgen wage ich es.
   Onkel Johnny weiß nicht, daß ich Mathematik und Chemie studiere. Im größten Elend trösten sie, so groß in ihrer Rätsel-

haftigkeit sind sie! »Vor den Erfolg haben die Götter den Schweiß gesetzt, vor das Glück die Not. Gesetz der Spannung. Rein harmonische Folge hört auf, Harmonie zu sein. So kann Mißklang in ein Ganzes von Glück eingehen...«

So las ich kürzlich.

Allein sein. Nur keine Menschen. Alle erfüllen mich mit Ekel. Jede kleinste Menschlichkeit stößt ab. Nur der natürliche Teil der Eitelkeit läßt mich überhaupt noch mit jemand reden.

Allein will ich sein im freien Äther mit dir. Dort bist du ja auch. Und je höher ich steige, je höher bin ich bei dir.

Aber man muß doppelt sein und einfach. *Da* sein können und *dort*, und doch eine Einheit. Höchste seelische Ausbildung und mitfühlendstes Eingehen in das Kleine der Umgebung, in jede kleine irdische Betätigung etwas von dem Licht bringen, unmerklich. Harmonie von höchster Spannung und höchster Reinheit: Das soll mein Ziel sein.

Du! — — — Du *kannst* nicht mehr von mir? Mit tausend Banden an mich gekettet, kannst du es wirklich? Wäre ich nur immer bei dir, so wie ich es im Geiste bin!

*

Sie hat sich mit ihm verlobt.

XVII

Nach langer Pause war in Vau wieder ein Brief an Lanners Adresse gelangt, der ihn mit äusserster Unruhe erfüllte und ihn aus einer beinahe beendeten neuen Arbeit herausriss; ein Brief, den er Rassmann brachte und der keinen Zweifel mehr über das Geschlecht des Absenders zuliess:

»Lanner, dies ist mein letzter Brief an Sie. Ich bin ausserstande, Ihnen Lebewohl, und unfähig, meinen Namen zu sagen. Aber Sie sollen wissen, dass ich zu allem bereit war; zu geben, was ein Weib einem Mann zu geben hat, dass aber ein Dämon meinen Willen gelähmt und unser Schicksal in die Hand genommen hat, ein Dämon der Selbstlosigkeit, der Bescheidenheit, der Furcht vor der eigenen Unvollkommenheit. Ich bin Ihr Schatten und Ihr Licht – er aber zwang mich in der Dämmerung zu bleiben. Ich habe Sie vergöttert und war zu schwach, Ihnen zu dienen, aber auch zu unwissend über Ihre Träume. Was mögen sie gewesen sein, diese zwanzigjährigen Träume? Ich allein habe Sie erkannt, und mein Dämon liess mich Sie verleugnen. Ich bete Sie an, aber ich schwieg. Und heute weint meine Seele... Sie weiss, dass sie an Ihnen vorbeischweben soll, ohne Sie zu berühren. Ich sah Sie furchtsam und traute mir nicht den Vorrang zu, Sie auf meinen Händen zu tragen, weil Sie mich nie sahen, nicht sehen wollten, vielleicht. Ich schwieg und verbarg mich; und ich weiss nicht, ob es recht oder unrecht war. Mussten Sie mich nicht erkennen? Sie taten es nicht. So empfing ich den Todesstoss, ich muss nun in der Stille sterben.

Sie sind schön, Sie sind gross, sind mein Leben, meine Hoffnung, mein Ziel, mein Erzieher, mein anderes Ich – ich liebe Sie, o wie sehr, wie innig, wie mit allen Tränen des Leides und des

Jauchzens – rührt es Sie nicht? Nein... sonst hätten Sie den Weg zu mir gefunden wie einst.

Ich bin dem Leben nicht mehr gewachsen. Ich kann die Qual der verflossenen zwanzig Jahre nicht einfach ablegen – diese zwanzig Jahre stumpfen Schweigens im Gefängnis bei entsetzlicher Einzelhaft.

Obgleich ich sorgfältig verborgen war, *Sie* hätten mich finden müssen, Lanner. Aber haben Sie gesucht? Vielleicht war das nicht Ihre Aufgabe... Vielleicht war es meine, gegen die große Rivalin zu werben, die den Mann in Bann hält: seine Arbeit.

Und doch bin ich stark, denn zur Selbstverleugnung gehört die gleiche Kraft wie zur Menschwerdung eines Gottes.

Wie liebe ich Ihre Unschuld, Matthias Lanner. Grenzenlos.

Lebwohl, zweimal mir entrissener Geliebter, den ich nie bekennen durfte.«

Dr. Raßmann gelang es nicht, den erregten Freund zu beruhigen. Welches mochte wohl der Grund zu der systematischen Verhüllung der Schreiberin sein? Diese Frage zu beantworten erschien ihm ebenso schwer wie die nach ihrem Namen. Lanner beklagte ein Schicksal, das ihn von Enttäuschung zu Ekel geführt und ihm nun die einzige Möglichkeit der ewigen Glückseligkeit auf immer raubte, nachdem es sie ihm vorenthalten hatte.

Er fühlte sich außerstande, den Schlußstein an sein Werk zu legen, das eine Auseinandersetzung mit dem Dasein des Menschen, und zwar des höchstgearteten darstellte und den Titel führte: »Liebe, Wahnsinn, Einzelhaft« oder »Die Tragödie des Schöpfers«.

Dr. Raßmann hatte in seiner Sorge um Lanner den abenteuerlichen Plan erdacht, die Briefe der Frau von Stavenhagen zu zeigen und sie zu veranlassen, sich als die Schreiberin auszugeben. Während der kurzen Fahrt nach der Stadt überlegte er sich bis ins kleinste ein einleitendes Gespräch mit der Dame.

Vorher aber wollte er Albert Kerkersheim besuchen, ihn von diesem Schritt zu benachrichtigen.

Er läutete oben, Albert erschien so bleich und verstört, daß Raßmann ihn verwundert ansah. Albert lächelte freundlich und sah dadurch noch trauriger aus.

»Aber was ist Ihnen, Kerkersheim?«

»Meine Tante Isis ist schwer erkrankt. Sie liegt unten besinnungslos mit hohem Fieber. Ich glaube, man fürchtet Typhus.«

Für Dr. Raßmann erklärte sich Alberts verstörtes Aussehen, das freilich einem anderen Kummer galt.

Er sagte die freundschaftlichen Worte, die dem Mitmenschen zu Gebote stehen. Dann fügte er sein eigenes Anliegen hinzu und erzählte von Lanners besorgniserregendem Zustand und von dem Plan, die Stavenhagen zu überreden.

»Tun Sie das um Gottes willen nicht, Dr. Raßmann«, sagte Albert – »verzeihen Sie mir, wenn ich so anmaßend erscheine, aber ich muß gestehen, daß ich Ihnen in der Briefsache einen Dienst erweisen kann, der einen Besuch bei der anderen Dame unnötig werden läßt, ja gefährlich.«

»Den müssen Sie mir sofort mitteilen – bitte.«

»Jetzt wird es fast unmöglich sein – – –«

»Es wäre unmöglich, daß Sie schweigen, denn Sie wissen nicht, in welcher Gefahr sich Lanner befindet. Sagen Sie mir, was Sie wissen!«

»Ich kann nicht, denn gerade, daß Lanner es erfährt, wäre undenkbar – – jetzt. In einiger Zeit, vielleicht. Jetzt läßt es sich nicht machen. Ich bin verzweifelt, Ihnen nicht dienen zu können.«

Aber Raßmann ließ sich nicht abhalten. Der Wunsch nach einer Lanner erlösenden Nachricht war stärker als jede andere Rücksicht. Er mußte Albert das Geheimnis entreißen.

»Was ist: kennen Sie die Schreiberin?«

»Ja.«

»Wie ist Ihnen das gelungen?«

»Die Schrift.«

»War Ihnen bekannt?«

»Ja.«

»Ich muß es wissen.«

»Es geht nicht, Dr. Raßmann, ich bitte Sie – warten Sie – es kann so nicht gemacht werden. Ich muß erst mit der Dame sprechen.«

»Kann das nicht geschehen?«

»Jetzt unmöglich.«

»Lebt sie hier?«

»Sie lebt hier. Fragen Sie nicht.«

»Ich muß, lieber Freund, es hilft nicht, meine Pflicht ist sicher nicht geringer als die Ihre.«

»Ja, das glaube ich, ich bin verzweifelt.«

»Kerkersheim, was für Rücksichten können Sie haben?«

»Dr. Raßmann, die allergrößten. Ich bitte Sie nur um Geduld. Ich denke, Sie werden alles erfahren.«

»Aber warum nicht sogleich? Ich muß Lanner eine gute Nachricht und vielleicht eine glückliche Lösung bringen.«

Er gab Albert den letzten Brief zu lesen:

»Es ist erschütternd, vielleicht läßt sich alles zum Guten wenden – nur jetzt noch nicht!«

»Wer ist es, Kerkersheim – – – wenn Sie wünschen, gebe ich Ihnen mein Wort, Lanner nicht den Namen zu nennen.«

»Lassen Sie mich mit ihr erst sprechen, Dr. Raßmann, und dann sage ich Ihnen den Namen. Bitte erlassen Sie es mir heute und die nächsten Tage. Es muß sein, glauben Sie mir, wenn ich auch jung bin. Sie wissen, wie sehr ich selbst Lanner verehre.«

Dr. Raßmann mußte gehen, und während der Heimfahrt überlegte er und fand eine gute Art, Lanners Hoffnung zu bestärken, ohne von Kerkersheim zu sprechen.

Albert war bald nach der Unterredung zu seinem Onkel Johnny geeilt, um sich zu erkundigen. Aber er durfte nicht in das Krankenzimmer, Tante Isis delirierte. Er mußte ihre Genesung abwarten und machte sich die bittersten Vorwürfe wegen seiner Schüchternheit, die ihn gehindert hatte, beizeiten mit ihr zu sprechen.

Vielleicht wurde die Erfüllung dieser Pflicht die einzige Macht, die ihn vor einem unseligen Schritt bewahrte; denn die

Verzweiflung, die sein Herz erfüllte, war so breit und überflutend, daß er, ein Ertrinkender, den Widerstand nicht versuchte; Tante Isis, selbst so machtlos, daß sie vom Tag nichts mehr wußte und Nächte nicht mehr unterschied, bewahrte ihn so, ohne ihre Mission zu kennen, vor der Sünde.

Sie selbst kämpfte nicht um ihr Leben. In den wenigen Augenblicken, wo sie bewußt lag, erlaubte sie ihren Gedanken wurzellos zu schweben, äußerte keine Wünsche und ließ die Pflegerin glauben, sie sei nicht bei Besinnung. Sie genoß das hohe Fieber als eine Kraftleistung und ihre Machtlosigkeit als eine selbstauferlegte Enthaltung von allem, das sie als wertvoll zu erfassen bestrebt gewesen war.

Einmal ließ sie Albert kommen, als er aber erschien, war sie wieder dem Bewußtsein entzogen, und er hörte sie leise, unverständliche Worte flüstern.

Onkel Johnnys Verzweiflung, die sich in erregtem Auf- und Abgehen in Nebenzimmern äußerte und in dem entsetzten Ausdruck seiner Augen, erinnerte Albert an die längst vergangene Geschichte mit dem Telegramm an den Kollegen, dessen Frau gestorben war, wobei Lanner den Fall mit der Wäscherin erfunden hatte. Albert verwünschte die Erinnerung, aber wider Willen tauchte sie mmer wieder auf.

*

Baronin Soulavie hatte nicht das geringste unternommen, ihre Tochter mit Gregor Vormbach zu verheiraten, konnte sich in dieser Angelegenheit aber auch nicht die kleinste Unterlassungssünde, die das Verlöbnis verhindert oder verzögert hätte, vorwerfen.

Die Politik im Privathaus gleicht derjenigen, die der äußeren Weltordnung zu ihrem Bestehen verholfen hat und der die zivilisierte Menschheit das Familienleben, die Aushebung zum Militärdienst, die Anmaßung des Nächsten zu verdanken hat. Unternehmungen sind Eingriffe, die sich nach einiger Zeit am Unternommenen rächen. Wer aber, ohne zu unternehmen, nur

Sorge trägt, niemals zu unterlassen, hat wohl häufig dieser Anpassung an Umstände, Ausnutzung des Zufalls mit der weise vor der Welt verborgen gehaltenen Verwendung, seinen Ruf als Genie und Staatsmann zu verdanken.

Gregor, der sich nicht wenig vor den Formalitäten einer Verlobung gefürchtet und schließlich den Neffen Albert in der Angelegenheit als Unparteiischen zu Rate gezogen hatte, ohne zu sehen, wie sich dessen Herz in Verzweiflung zusammenzog, während das Auge hilfesuchend die Worte an den Lippen des Onkels ablas, ohne sie fassen zu können, Gregor sah sich, wenige Tage vor Isabellens Erkrankung, als der Verlobte Genovewas und hätte niemals sagen können, wie sich die Sache zu diesem Resultat hatte wenden können. Von dem Tage an betrachtete er sich als einen glücklichen Erfinder, der, wie bei den meisten Erfindungen, mehr entdeckt als er gesucht hatte, und schalt sich einen Siebenschläfer, weil er nicht schon zwei Jahre früher sein Leben in diesen für vorteilhaft angesehenen Zustand versetzt hatte. Überdies gefiel er dem Vater Genovewas, verstand zwar nichts von Münzen und Cameen, wurde aber sympathisch gefunden, wenn er, der kaum um zehn Jahre Jüngere, dem Schwiegervater im Schülerton Fragen stellte, um sich auf dem Münzengebiet zu orientieren.

Bei Genovewa spielte sich ein fast entgegengesetzter Vorgang ab: trotz kindlichen Stolzes über ihre wichtige gesellschaftliche Stellung als Braut des begehrten Grafen Vormbach, trotz strahlender Zufriedenheit über die allgemeine Hochachtung, die ihr ziemlich neidlos zuteil wurde, trotz der regelrechten Verliebtheit Gregors, die ihr ebenso schmeichelte als sie berauschte, trotz der Glückseligkeit ihrer Eltern, erkannte Genovewa zum erstenmal in ihrem neunzehnjährigen Leben, daß sie mit sich selbst irgendwie nicht mehr ganz aufrichtig war. Tauchten ehrliche Gedanken auf die eine Stellungnahme von ihr forderten, solche, die etwa nach Zweifel aussahen. so ertappte sie sich erstaunt bei der ungeduldigen Antwort: »Ach was, das findet sich, das mache ich dann schon!«

*

Albert Kerkersheim saß im Krankenzimmer, aus dem sich soeben Onkel Johnny, der verstört aussah, entfernt hatte. Er erwartete Tante Isabelles Gesundung, fast vom gleichen Fieber wie sie betroffen. Dieser Fanatismus im Warten und Wünschen bewahrte ihn vor einem unseligen Schritt: Lange Nachtstunden hindurch hatte er am Ufer des Stroms verbracht, blaß wie der Halbmond über den Dächern der schlafenden Stadt. »Nicht mehr leben« war sein Seufzer gewesen; »nicht mehr leben« die finstere Sehnsucht seines einsamen Herzens. »Nur nicht mehr leben« erschien ihm als das einzige, was zu fordern war, und nur eine Bewegung blieb ihm zu tun übrig. Ein Entschluß – eine Bewegung. Aber der Zwiespalt öffnete sich da: »nicht mehr leben, *um leben zu können*« sprach die innerste Stimme seiner Seele. Und langsam, aber mit dem Willen, sein Leben auf sich zu nehmen, trat er den Heimweg an.

Tante Isis öffnete zwei entfremdete, tiefliegende Augen. Eine Besserung hatte sich seit dem Morgen gezeigt, und das Fieber war auf ein Minimum gesunken...

»Albert!«

»Tante Isis?«

»Mein Kind, wenn für dich das Unabwendbare wirklich eintrifft, und du glaubst, die Frau, die du lieb hast, ganz verloren zu haben...«

Sie war erschöpft und ihre Lippen so trocken, daß sie kaum sprechen konnte.

»Tante, denke nicht an mich, ruh dich aus, bitte, liebe Tante.«

»Nein, lasse mich sprechen; wenn du also sie ganz verloren hast, dann ist es doch, als wäre nichts geschehen – glaube mir. Sie wird heiraten. Das ist gleich. Darauf kommt es nicht an. Laß sie ziehen, wohin sie will – aber bleibe bei ihr. Glaube mir. Eine Heirat ist nichts. Das ist eine menschliche Einordnung – aber glaube mir nur. Verliere den Kopf nicht. Ich weiß, du hast in diesen Tagen viel, viel ausgestanden. Du hast den Fluß betrachtet und du hast die Höhe von den Fenstern deines Zimmers gemessen und du hast an Gifte gedacht, an Hungertod, an Omnibusse, die dich über den Haufen fahren – – – Omnibusse – – – Schienen – – – Schienen – – – Kugeln – – – Kugeln – – – du kannst ihm sagen, Albert – – – sage ihm – – daß – – –«

Ihre Augen fielen zu, sie flüsterte und Albert rührte sich nicht. Er sah, daß sie nicht mehr bei klarem Bewußtsein war. Eine namenlose Angst packte ihn, ihr niemals sagen zu können, wie sehr er sie liebte und begriff, und wie unendlich er sie verehrte.

Tage vergingen – er trug sein Leid durch die Straßen der Stadt, stundenlang suchte er seinen Geist zu konzentrieren im Studium von Chemie und Anatomie, und bis tief in den Morgen studierte er neben den Philosophen medizinische Werke. Sein Entschluß, Arzt zu werden, hatte sich in den letzten Wochen so befestigt, daß, wie er wußte, nichts und niemand ihn mehr hätte umstimmen können.

Die Kollege besuchte er regelmäßig und sah in dieser Leidenschaft der Arbeit den einzig möglichen Ausweg aus der Hölle seines Daseins. Wenn er nicht durchhielt mit seiner etwas fragwürdigen Gesundheit, war auch die Folge davon ein Ausweg.

Niemanden sah er, keiner konnte ihn sprechen. Dr Raßmanns wiederholte Versuche, ihn zu treffen, scheiterten an seinem hartnäckigen Widerstand.

Tante Isis ging es weniger gut. Ihr Herz wurde schwächer, es war ein kaum unterbrochenes Bergabgehen. Eines Nachmittags schien es ihr selbst, als wäre sie in einem Tal angelangt, so tief, daß ein ferneres Hinabsteigen nicht mehr zu denken war. Jeder Tag hatte qualvolle Stunden gebracht. An diesem aber hatte sich ihr Gesicht verändert. In seiner Abgezehrtheit erschien ein neuer Ausdruck von Lebenskraft. Die großen schwarzen Augen leuchteten, und die Kinder glaubten, die frühere Mama wiederzusehen und waren voller Zuversicht.

Als Albert einen Augenblick allein im Krankenzimmer saß, bat sie ihn, einen Briefumschlag an sich zu nehmen, der sich in der Schublade des Tisches am Bett befand.

»Öffne es in einigen Tagen, Albert«, sagte sie, »nicht eher.«

»Ja, Tante Isis.« Er sah, daß sie nicht mehr sprechen wollte und blieb ruhig, ohne sich zu bewegen, sitzen.

Sie atmete kurz und schnell mit wenig geöffneten Lippen. Die Augen schlossen nicht scharf. Der Mund sprach ganz leise:

»Ich möchte anders... anders... ich möchte woanders sterben...«

Onkel Johnny trat wieder ein. Er weinte. Alberts Herz zog sich zusammen. Er drückte des Onkels Hand. Aign ging ans Fenster und stützte den Kopf gegen das Kreuz. Seine Schultern bewegten sich.

Wenn nur das nicht geschieht, wenn sie nur wieder gesund wird – dachte Albert flehentlich – denn er erkannte mit jeder Minute, wie sehr er und sie gleichgeartet waren. Wie hatte er nur so viele Jahre mit ihr zusammen leben können, ohne es zu sehen! Wir sind ja alle blind, und jeder ist es in seiner Art, der Arzt, der Freund, das Kind, die Geliebten – – jeder, jeder ist blind. Vewi ist es, Onkel Johnny, Dr. Raßmann, Lanner – – nur ich darf es nicht mehr sein. – O werde gesund, geliebte Frau, die du zarter als Mutter und sehender als die Geliebte für mich warst! O lasse mich mit dir zusammen ein schönes Menschenleben führen – ich will werden wie du. Große, Gute, ach, werde gesund!...

Von allen, die zu Tante Isis Familie gehörten, war vielleicht keines Mitgliedes Wunsch so brennend wie der Alberts.

Aber Tante Isis war nicht mehr zu halten. Ihr Schicksal endete hier. – Zwei Tage darauf, nach qualvollen Versuchen, dem Sterbebett zu entfliehen, »in den Wald, in den Wald, wie eine Geiß will ich verenden«, rief sie mit zitternder, kaum tönender Stimme: »Im Moos will ich liegen, in einem Gebüsch, wie eine kranke Geiß.« – Sie redete von Wiesen und Waldlichtungen aus ihrer Kinderheimat – nach zwei qualvollen Tagen gegen drei Uhr morgens hatte sie ausgelitten und lag da, wie eine Bronze aus Siam, die schweren Lider zu zwei Lächeln unter der großen Stirne gespalten. Der Mund blieb für immer geschlossen, ein groß geschwungener Bogen mit ungestraffter Sehne.

*

Die Türe des Eingangs für Lieferanten in dem Hause an der Rauchgasse stand offen und Männer und Mädchen gingen trauerlos, aber mit würdigen Mienen ein und aus. Kränze, Blumen wurden gebracht. Wagen hielten und entfernten sich, und Passanten erkannten gewitzigten Auges, daß hier jemand gestorben sein müsse. Jeder warf einen Blick nach den Fenstern, die ihr Geheimnis nicht verrieten.

Miele erfüllte die Pflichten gegen Gesellschaft und Polizei und die des Anstandes. Sie führte auch ein Gespräch mit dem Inhaber einer Sargfirma, der persönlich erschienen war, als Albert mit einem Briefumschlag in der Hand das Zimmer betrat, in welchem Miele in dem Katalog des schwarzgekleideten Herrn einen Sarg bezeichnete, der diesem aber nicht als geeignet erschien, so daß er sich erlaubte, sie darauf aufmerksam zu machen, daß »dieser Sarg für starke Leichen nicht vorrätig sei«, und zu einem ähnlichen, der aber nur in bestem Material hergestellt werde, riet, und daher zum Preis von – – »Lies das erst«, sagte Albert. – »Und bitte bringe es Onkel Johnny.«

Miele las und Tränen fielen auf den großen Bogen. Sie schüttelte den Kopf und sagte leise zu Albert:

»Das geht nicht. – Das ist unmöglich. Johnny wird es nicht tun können.«

»Er muß es aber unbedingt. Und tut er es nicht, so werde ich dafür sorgen.«

Vor Alberts flammendem Auge wagte Miele keinen Einwand.

»Gut, ich geh zu ihm. Komm mit Albert.«

Johann Aign saß in seinem Arbeitszimmer, das Gesicht so grau und verfallen, daß Miele erneut in Tränen ausbrach.

»Johnny – sie hat ihren letzten Willen hier – – willst du es nicht jetzt lesen – – – es ist wegen der – – – Beerdigung…«

Er nahm den Bogen in die Hand und las für sich die wenigen Worte:

»Ich bitte Euch, verbrennt meinen Leichnam und hebt die

Asche nicht in einer Urne auf, sondern werft sie von der großen Brücke in Vau in den Strom, ich möchte vorbeifließen, wie ich gelebt habe.

Die großen Huchen in seiner Tiefe mögen darnach schnappen.

Man trage nicht schwarze Kleider in meinem Namen. Wer sich meiner in Kleidern erinnern will, der trage schottisch. Es kann nicht bunt genug gewürfelt sein.

Und wenn Ihr ein sichtbares Zeichen meines Hierseins benötigt, so pflanzt in meinem Andenken ein Lavendelstöckchen und setzt einen Stein davor mit der Inschrift:

Ihr Sterben ausgenommen,
War alles ihr heilig und ernst.
Dein Lachen wird vollkommen,
Wenn du das von ihr lernst.

Sommer 1899.«

Aign war aufgestanden.
»Ihr habt es gelesen?«.
Albert bejahte.
»Das ist natürlich – leider – – die Arme — nicht ernst zu nehmen. Sie ist ja leider nicht nur in den letzten Wochen – sondern sie neigte immer etwas zu – – – ach, es ist leider… entsetzlich für mich.«

»Onkel Johnny«, wagte Albert, »Onkel Johnny mir hat sie es übergeben, sie wollte, daß ich es für sie durchführe – es muß genau so, wie sie sagt, geschehen ich habe es mir und ihr versprochen.«

In diesem Augenblick meldete Barrabas die Herren Dr. Raßmann und Matthias Lanner.

Albert wollte sich rasch zurückziehen, es war aber nicht mehr möglich. Schon fragte Miele leise, ob man »sie« sehen wolle – sie sei so wunderschön.

Albert empfand einen tiefen Abscheu, einen fast unüberwindlichen Haß gegen die Lebenden. Er fühlte ein Weinen den Hals emporsteigen, weil er noch leben mußte, und nicht wie die Heimgegangene in überirdischen, entlegenen Welten schweben durfte.

Wie ist sie glücklich und stolz, diese Heilige! – Dann überkam ihn ein tiefes Mitleid um all ihr Menschliches, und die Tränen ließen sich nicht zurückhalten.

Mit einem Male tönte von drüben, wo sie lag, ein markerschütternder Schrei – etwas Grauenhaftes an Tönen, wie das Brüllen eines entzweigerissenen Tieres. Türen fielen zu – laufende Schritte und ängstliches, einander Worte Zurufen vernahm er – – dann riß jemand die Türe ihm gegenüber auf, und Raßmann und Aign trugen Lanner und legten ihn auf den Diwan.

Miele folgte mit einem Glase Wasser.

Albert fühlte sich am Arm gepackt und von Dr. Raßmann ins Nebenzimmer geschoben.

»Sie sind schuld – Sie haben ihn auf dem Gewissen – – Ich kann Ihnen den Vorwurf nicht ersparen.«

»Was ist geschehen?«

»Ihre Weigerung, den Namen der Dame zu nennen, hat das angerichtet. Der unselige, wundervolle Mensch – –«

Raßmann war so fassungslos, daß er nicht weitersprechen konnte. Da aber Kerkersheim nichts erwiderte, weil er fast willenlos den Ereignissen gegenüberstand und wieder vor der Frage, ob er denn jetzt, wo es zu spät war, den Namen Isabelles preisgeben durfte, was vielleicht durch die Unmöglichkeit, ihn und den Zauber seines Trägers je wieder lebendig werden zu lassen, noch hoffnungsloser für Lanner werden mußte, und da Raßmann Alberts tiefbetrübte Ratlosigkeit sah, suchte er weniger Härte in seinen Ton zu legen als er fortfuhr:

»Beim Anblick der Toten wurde er mit einem Male blaß, fast so blaß wie die Entseelte, die in überirdischer Anmut vor uns lag, und auf einmal lösten sich seine Züge, seine Hände krampften sich auf die beiden Bettpfosten am Fußende des Lagers und der ganze Körper zitterte in einem furchtbaren Anfall, für den er

Erlösung in dem Schrei fand, der uns allen etwas offenbarte, was kaum mehr einen Zweifel zuläßt... Sie haben nicht gehört, was er dann schrie. Er stieß Worte hervor, der Unglückliche – – ach, wenn Sie nur nicht so hartnäckig Ihre Antwort betreffs des Namens verweigert hätten, er *war* zu retten und Sie in Ihrer eigenwilligen Jugend, Sie wußten es besser!«

»Dr. Raßmann, ja, ich wußte es besser, auch heute noch muß ich darauf bestehen... Warum können Sie es mir nicht glauben? Und wenn ich vierzig Jahre älter wäre, ich wußte es besser.«

»Nein – denn sehen Sie, er hat in der Toten plötzlich die Geliebte gesehen – so rief er sie an in Gegenwart Dr. von Aigns: ›Du – du, Geliebte – du, Eine, Meine – was liegst du da – steh auf – Geliebte – du bist nicht tot – du –‹ und dann stieß er den furchtbaren Schrei aus und fiel zu Boden. – Und es wird keinem von uns je gelingen, diese Erkenntnis, die ihm so geworden ist, wieder von ihm zu nehmen. Die Tote wird in die Erde gesenkt werden, und mit ihr sein auf immer gefangener Geist. Ja – wenn sie aufstünde und gesund wäre und er säße wie sonst hier zu Gast, er würde selbstverständlich nie in die Nähe eines solchen Gedankens geraten, wie er ihn der Toten gegenüber äußerte.

»Selbstverständlich...« gab Albert zu, »ach, Dr. Raßmann, nichts versteht man mehr von selbst in unserem furchtbaren Dasein.«

Dr. Raßmann überhörte Alberts Antwort, da er wie ein Schatten an ihm vorüberfegte, um nach dem Freunde zu sehen. Die Türe fiel ins Schloß und Albert, der sich gesetzt hatte, legte den müden Kopf in die Hände.

Alles schien um ihn zusammenzubrechen. Die Menschen, die er kannte, der Glaube an eine höhere Ordnung, die Hoffnung auf Freude, die Zuversicht auf seine eigene Kraft. Und doch, ganz tief in seiner Seele regte sich ein winziges Licht – die Erkenntnis. »Ich weiß es besser, und weil ich es besser weiß, muß ich arbeiten, tragen, vorwärtskommen, und ich werde da stehen, wo die anderen zusammenbrechen, und ich werde groß dastehen. Und Vewi ist mein Stern. Sie wird mich führen.«

*

Isabelle Aign wurde liebevoll in der Familiengruft eines städtischen Friedhofes beigesetzt, sie erhielt einen schönen Marmor mit Inschrift und Jahreszahlen, Geburtsdatum, Sterbetag, einen biblischen Spruch und ein Eisengitter um den länglichen Hügel.

Albert pflanzte ein Lavendelstöckchen und Efeu, der den Stein überwuchern sollte.

Die Kinder, namentlich die beiden jüngsten, Gottfried und Benjamin, litten tief und hoffnungslos, und wie vom Geist der Mutter beseelt, hielten sie sich an den Vetter Albert, weinten bei ihm und fühlten, wie gut er ihr Leid verstand und ihre Herzen in seine guten Hände nahm.

Nur er konnte so von der heimgegangenen Mama sprechen. – Es war beinahe, als wäre sie wieder bei ihnen. Er konnte alles von den beiden Kindern erreichen, so wußte er die Trivialität ihres Alters in ein Höheres umzuwandeln; er fühlte, wie er in dieser fast seelsorgerischen Betätigung nicht nur ein Vermächtnis erfüllte, sondern auch selbst groß und selbständig wurde: denn er folgte nicht allein dem Gefühl von Mitleid mit den beiden Kindern, sondern hatte sich ein kompliziert ausgebautes System zurechtgelegt, nach welchem er seine eigene Person fast ganz ausschaltete, wie er sich erinnerte, daß Tante Isis getan und gepredigt hatte.

Nun verstand er auch, wie groß die Anhänglichkeit und Verehrung der Kinder für diese Mutter gewesen sein mußte. Er sah es an seinem eigenen Werk. Namentlich Bengi gegenüber empfand er die Sicherheit des ihm von dem Vierzehnjährigen geschenkten Vertrauens.

Eines Abends nahm er ihn in sein Zimmer und sagte ihm:

»Bengi, dir allein werde ich ein Geheimnis sagen: Dein Vater denkt, ich studiere Jus – und ich weiß, er wäre sehr erstaunt, wenn er die Wahrheit erführe: ich will Arzt werden, aber nicht so, wie alle andern – auch nicht wie er, wie dein Vater; so wie Tante Isis Mutter und Mensch war, so will ich meinen Beruf als Arzt auffassen. Und in vielen Jahren erst werde ich dir sagen können, wenn du bis dahin ihrer würdig bleibst, was für eine Heilige sie gewesen ist – denn nur ich weiß es.«

Und an diesem Tage beschloß Albert sein Tagebuch mit den Worten:

»Den Spruch, den sie auf ihrem Grabstein wünschte, will ich mir tief ins Herz eingraben und danach leben, denn er enthält tiefe Weisheit:

Ihr Sterben ausgenommen,
War alles ihr heilig und ernst.
Dein Lachen wird vollkommen,
Wenn du dies von ihr lernst.«

Als er das Haus verließ, sah er sich im Vorübergehen in dem Spiegel und gedachte der Zeit, wo er, den Kragen seines Überziehers hochgeklappt, den Hut sehr weit nach vorne gestülpt, sein Profil betrachtet hatte... Ein wenig zu perlmuttern die Hautfarbe und die zu roten Ohren – aber die Linie des Kragens und die des Hutes als abschneidender Rahmen zum Gesicht – der junge Seni... das hätte jemand doch vielleicht sehen müssen...

Er wurde unter seinen eigenen Augen so blaß, daß er sich abwandte. Er ging, die Last im Herzen.

Nie stürzte sich ein junger Mensch mit tieferer Trauer in den Abgrund der Arbeit.